文化政治经济学

——中西经济哲学的比较与会通

刘云龙 著

中国财经出版传媒集团
中国财政经济出版社

图书在版编目（CIP）数据

文化政治经济学：中西经济哲学的比较与会通 / 刘云龙著. --北京：中国财政经济出版社，2021.4

ISBN 978-7-5223-0277-5

Ⅰ.①文… Ⅱ.①刘… Ⅲ.①经济哲学-哲学思想-对比研究-中国、西方国家 Ⅳ.①F0

中国版本图书馆 CIP 数据核字（2020）第 259919 号

责任编辑：刘五书　　　　责任印制：张　健

封面设计：孙俪铭

中国财政经济出版社 出版

URL：http：//www.cfeph.cn

E-mail：cfeph@cfemg.cn

社址：北京市海淀区阜成路甲 28 号　邮政编码：100142

营销中心电话：010-88191522

天猫网店：中国财政经济出版社旗舰店

网址：https：//zgczjjcbs.tmall.com

北京富生印刷厂印刷　各地新华书店经销

成品尺寸：170mm×230mm　16 开　31.75 印张　425 000 字

2021 年 4 月第 1 版　2021 年 4 月北京第 1 次印刷

定价：115.00 元

ISBN 978-7-5223-0277-5

（图书出现印装问题，本社负责调换，电话：010-88190548）

本社质量投诉电话：010-88190744

打击盗版举报热线：010-88191661　QQ：2242791300

前　言

一、由理念世界而现实世界

梁漱溟有言，“我始终不是学问中人，也不是事功中人，我想了许久，我是什么人？我大概是问题中人！”①

梁漱溟以人生为学问，非以学问为人生，代表学问之道的他途。以人生为学问，则以把握时代命运和现实问题为出发点，以生活世界和现实世界为立足点，以社会建设为学场，以悲悯之心为书斋。梁漱溟的所言，对于未来中国经济学之发达，启发在于经济学需要从理念世界回到现实世界。

1998年，我从中国社会科学院研究生院毕业，进入金融企业从事政策研究工作。大概在2000年前后，我概括了当时国有企业决策的“三段论逻辑”：美国企业怎么做？民营企业怎么做？我们就怎么做。民营企业决策同样有“三段论逻辑”：美国企业怎么做？欧洲企业怎么做？我们就怎么做。这样，中国企业的决策逻辑可以简化为：美国怎么做？我们就怎么做。

从中国企业当时的决策逻辑看，既看不到中国文化的影子，也看不到中国历史的影子。尽管我在一些公开场合以此作为调侃之语，但是当时我并没有认为这种思维方式和决策方式的不对之处，因为中国

① 梁漱溟：《梁漱溟全集》第四卷，山东人民出版社2005年版。

金融市场落后于美国。落后需学习，“模仿即创新”，谁模仿得逼真，谁模仿得神似，谁就脱颖而出。

但是，这个经济现象始终在我心中挥之不去。后来读到民国书画家吴昌硕的所言，“学我，不能全像我。化我者生，破我者进，似我者死”①。后来又读到吴冠中所言，“笔墨等于零”②。于是，我结合熊彼特、奈特的经济学思想，继续思考中国企业是否需要创新？如何才能创新？如何才算创新？进而思考西方经济学的本土化问题。

因为身处金融企业，交流对象不离银行、保险、证券、基金的金融人士。我既能感受到他们的进取和专业，也能感受到他们的急功和近利。对“利益决定意识”、资本缺乏节制、制度缺失公心等严重社会问题感受尤深。因为喜爱法学，我对法社会学和法经济学有所研究。在我看来，宗教精神和法治精神既为市场经济奠基，又为市场经济护航。相对而言，中国金融市场存在着道德风险以及人性之恶，让人防不胜防。于是，我开始由思考制度转向思考文化，着手构思儒家经济学，希望通过文化来扭转时风。

从 2000 年到 2012 年，我幸运地参与中国养老金体系第二、第三支柱的制度建设，基本上专注于养老金研究。5 部养老金著作，凝聚我的儒家思想，体现学以致用、影响政策、参与制度、富强中国的儒家情怀。我有一个“养老基金梦”，尽写我对养老基金的一往情深。

2015 年，我完成儒家经济学一书的初稿，即是本书的第二编文化政治经济学思想的历史生成。

二、由儒家思想而周易思想

因为家世和家学影响，我从小就接受儒家思想，家国情怀充溢。从 2005 年到 2015 年间，我大量研读文化和哲学经典。首先读《孟

---

① 邓锋：《金石写意　世界承变——吴昌硕与二十世纪写意花鸟画风传承略论》，《荣宝斋》2014 年第 9 期。

② 吴冠中：《笔墨等于零》，江苏文艺出版社 2010 年版。

子》，我对仁政王道、广土众民、养老治国的思想叹为观止，一一引用到养老金著作。接着读《中庸》，《中庸》与我十分相契。《中庸》言诚，因此而有“诚体论”的想法；《中庸》言智仁勇三德，因此而有“德与力”的想法。接着读《周易》，让我饱览开放之学、通达之学、自由之学的中国文化精神。读到唐朝学者孔颖达的“易之三名”，因此而有“先秦诸子通论”的想法。此后接着研读《老子》《庄子》《大乘起信论》《六祖坛经》等经典，更加激荡我对中国文化的感悟。其中，《六祖坛经》带给我无穷无尽的人生思考，也带给我莫名其妙的学术启迪，我因此而有唐文如周文、千年有长歌的学术论断，即将出版的《德与力》一书中予以展示。

《文化政治经济学》是“理解中国”之哲学三书的第一部，旨在阐释经济哲学。即将出版的《德与力》为第二部，旨在阐释历史哲学。即将出版的《诚体论》，旨在阐释文化哲学。三部书稿几乎同时撰写，本书以经济哲学为主体，夹杂了文化哲学和历史哲学的不少内容。

本书的第一编文化政治经济学思想的哲学建构，就源于对《周易》文本的解读和阐释。

三、由中国哲学而西方哲学

对中国文化经典的哲学解读，促使我不断研读西方哲学经典。现象学家胡塞尔，存在论哲学家海德格尔，阐释学家伽达默尔，与我心有戚戚焉。同时，我努力研读牟宗三、李泽厚的著作，他们以通达康德哲学为己任。沉浸在牟宗三的书中，我感觉既受益又享受，往往被牟宗三宽厚的学识、睿智的识断所笼罩而不知。有时找不到牟宗三的著作，就如深夜读书没有烟抽一样烦闷不已。我国台湾学者韦政通有言，“在牟先生那里，我只认识他，不认识自己”①。好在我先读《中庸》和《周易》，已有一定之见。

① 王讃源：《思想的探险者：韦政通教授访问录》，《湖南科技学院学报》2019 年第 1 期。

正是这一定之见，让我对牟宗三既仰慕不已又不能心心相印，胸中总是纠缠和激荡，持续数年而不能释怀，写作完全停顿，苦不堪言。直到我读过叶秀山的系列著作，我与牟宗三之间的纠缠化解了，我与自己的纠结释怀了，我与社会的隔膜消除了。

叶秀山以自由论、论自由而著名，不以建构哲学体系为意。他所言之自由，非形而上学之自由，非概念论、知识论之自由，而是实践论、审美论意义上的自由。因心起用，以身躬行。我从叶秀山的文字中，读出了“不是人拥有自由，而是人就是自由”的思想，读出了“即自己即自由即创造”的思想。

叶秀山的哲思是流淌出来的，是娓娓道来的，不在感动他人，不在影响社会，读叶先生的书如坐春风，他有“即学问即人生”的自然境界，既与牟宗三不同，也与梁漱溟不同。后来，读到雪峰禅师“鳌山成道”的记载，其中有言，“他后若欲播扬大教，一一从自己胸襟流出。”① 思想从自己胸襟中流淌出来，非殚精竭虑之造，非冥思苦想之作，正是学问之道，学思之道。叶先生如此，牟先生、梁先生同样如此。

就哲学文本和哲学人物而言，我以《周易》《中庸》与胡塞尔、海德格尔、伽达默尔进行激荡和会通。当然，会通不是会同，激荡意在通达。我致力于凸显《周易》“一个世界的世界观”“一层存有论”；致力于凸显柏拉图理念论的“两个世界的世界观”“两层存有论”。就此而言，现象学、存在论、阐释学的思想，为我心仪；徐复观“一个平铺地人文世界”的思想，唐君毅“心灵结构”的思想，为我所用。

学习和思考西方哲学，是一个艰难的过程。好在我在邵阳师范专科学校学习时期接受过马克思主义政治教育，对西方政治学经典有较好理解，并且苦苦自学樊映川编写的《高等数学讲义》，数学是通达

① 普济：《五灯会元》，中华书局1984年版。

西方哲学的基础。我在中南财经大学（现为中南财经政法大学）接受过政治经济学、东欧经济学的教育。我在中国社会科学院研究生院接受过现代经济学的教育。胡适有言“功不唐捐”。我所接受的高等教育，为我通达西方哲学准备了接口。

通过会通牟宗三和叶秀山，通达中西哲学的学术立论油然而生。我以“易之三名”即不易、简易、变易的思想，通达印中西三大文化形态，通达先秦时代的道儒法三家之争，通达当代西方经济学界的三大流派之辨。三易殊途，同归道境，道境即是印度佛教文化所言的佛境，中国文化所言的天地之境，西方文化所言的自由之境。道境无高下，三途有殊胜。

本书的第四编为中西经济哲学思想的会通，意在凸显时空互摄、德力并举、仁智并用的自由思想。

四、由经济结构而社会生态

2012年，我出版了《养老金通论——关于人口结构、养老金结构、金融结构变迁的一般理论》[①]一书。这本书是我在2003年博士后研究出站报告《养老基金发展与金融结构变迁》的基础上扩展而成的。

之所以放弃《养老基金发展与金融结构变迁》这个深思熟虑、颇有新意的标题，使用《养老金通论》这样一个没有学术特色的书名，是因为我认为前者只是我10年前养老金融学思想的代表，后者则是经济生态学思想的开新和起用。

所谓“通论”，意为“通达之论”，应是大历史观、通史观的体现。我言“通论”，包含由结构通达整体、由世界通达中国的两个含义。此时，因为对哲学的学习和思考，已经有了一定之见，希望凸显自己的经济生态观，突破“由金融发展谈养老基金”的狭窄视角，走

① 刘云龙、肖志光：《养老金通论——关于人口结构、养老金结构、金融结构变迁的一般理论》，中国财政经济出版社2012年版。

向更加广阔和深远的视角：以优化经济生态来定位中国养老金改革、养老基金发展的重要性、必要性、紧迫性，希望实现将养老基金发展推高至国家战略的写作初衷。2012年之后，参与国务院“中国养老保险顶层研究成果交流会”等各种会议，我既讲养老基金发展改变中国金融结构的重要性，更讲养老基金发展对于中国社会生态建设、经济生态建设的紧迫性。

可以说，《文化政治经济学》的经济哲学思想，已经在2012年出版的《养老金通论》一书中得到应用。

五、由制度变迁而文化变迁

从1840年到1949年，代表中国近代化进程。从1949年至今，代表中国现代化进程。就经济变迁而言，中国近代化进程中的重大历史事件包括：孙中山的《建国方略》、中国国民党的“新三民主义”、中国共产党的“新民主主义”。它们涉及古今之变、中西之别、涣节之道、国共之争等重大理论问题。中国现代化进程的重大历史事件包括：新民主主义经济纲领、计划经济模式、改革开放、市场经济模式。它们涉及新民主主义经济与计划经济、计划经济与市场经济、改革开放前后30年等一系列重大现实问题。

近代西方哲学别开生面，在柏拉图理念论的基础上，发展出主客相分的认识论、知识论、实体论，进而发展出结构主义、逻辑主义、实证主义新思想。近代中国知名学者大多学贯中西，接受实体论思想，运用结构主义方法。改革开放以来，哲学、史学、社会学、经济学等社会学科，更是以结构主义为学术范式、学术圭臬。西方哲学的实体论和结构观，一方面推动中国的学术发展，另一方面造成中国学术界的思想对立，原因在于将绵延不绝的历史变迁过程完全转换成空间主义、结构主义、数量主义的实体比较。这种断裂时间、凸显空间、纯粹理念的做法，导致学者之间莫衷一是，左右相争。

本书的第三编文化政治经济学思想的现代阐释，旨在刻画出近代以来欧洲和中国的社会变迁，旨在刻画出时间绵延的空间变迁过程。首先，将历史变迁重新还原为结构变迁、制度变迁、文化变迁、心灵变迁的连续过程。其次，将历史变迁的主体还原为文化人、政治人、经济人的三者相分和三者统一。最后，在人之三分三合的基础上将制度变迁进行三分，区分为基础性制度变迁、突破性制度变迁、发展性制度变迁，并且将基础性制度变迁与自由人的公共选择对接起来，而且基础性制度变迁往往代表社会变迁的基础性和历史性。

经过上述努力，建立起了文化政治经济学的新视角：时间得以连续和蔓延，空间得以扩展和凸显，做到时空互摄和时空同显。

六、由约取而博观

北宋时期苏轼在《稼说送张琥》一文中，提出了“博观而约取，厚积而薄发”的经典之说。苏轼时代群星灿烂，其中有著名的“北宋五子”。苏轼看到了博观与约取的差异，希望由博观而约取，避免彼此对立，做到彼此相济。他既希望由博观而有通达，又希望由约取而有精深。由博观而约取、由厚积而薄发，代表了苏轼的学思之途。当然，博观与约取、厚积与薄发，圆融为上，中和为佳。但是，各执一端，各走一途，反而成为治学之法，为学之方。南宋时期朱熹与陆九渊的“鹅湖之会”，既有理学与心学的学术思想之争，也有博观与约取的治学方法之辩。

近代以来，以知识论为代表的社会科学日益朝着职业化、专业化、学术化方向发展，越来越规范化、细分化、精致化。实际上，社会科学的学术化，恰如自然科学的工业化，成为分工、专业、精深的代名词，有专业化则有现代化。经济学家斯密在《国富论》中说：分工而业精，业精而多产。当然，社会分工、市场分工、管理分工越来越发达，代表生产效率越来越提升。但是，甘蔗没有两头甜，利弊相生相杂，分工发达既有收益也有代价，代价就是交易费用太高，隔行如隔山，碎片化的知识遮蔽整体上的通达。对此，经济学家杨小凯称之为“分工与交易”的矛盾。

近代以来，我国开风气之先的学者，大多学通中西、淹贯古今，他们做到了苏轼所言的“博观而约取”。就博观而言，他们有着中国传统的文化修养；就约取而言，他们有着西方新学的知识修养。改革开放以来，我国社会科学发展的整体取向是由博观而约取，文化论意义上的修养和工夫越来越稀少，知识论意义上的见地和新知越来越丰富。目前，知识化、约取化的学风持续流行。不管是撰写博士论文，还是出版学术著作，都提倡化整为零、小题大作的研究方法，体现专业化、规范化、国际化的学术精神，贡献以小见大、见微知著的学术成果。这种“小即美”的审美观、学术观，一方面推动了我国社会科学研究的专业化、精细化；另一方面也导致了我国社会科学知识的碎片化、繁琐化。对此，哲学家李泽厚称之为“思想与学术”的矛盾，思想家淡出，学问家凸显。社会学家则称之为“碎片化与整体化”的矛盾，多见树木，少见森林。

近代以来，经济学发展经历了二百多年的时间，由文化政治经济学而古典的政治经济学，由古典的政治经济学而新古典经济学，由新古典经济学而宏观经济学，由宏观经济学而经济增长理论。可以说，由博观而约取，代表了经济学二百多年来思想变迁的基本特点。由文化政治经济学、政治经济学、经济学、宏观经济学、经济增长理论，既是一个由博而约的学术深化过程，经济学不断地专业、精深，也是一个去文化、去政治的视野狭隘过程，不见文化，不见政治。可以说，近代以来的经济学舞台上，先是不见文化的伴舞，后是不见政治的伴舞，当前只有经济的独舞。独舞之下的经济学，虽有约取，已无博观。

实际上，我国传统的经济学思想以文化论为代表，近代以来的经济学思想以知识论为代表。文化论的极致，只有博观而无约取。知识论的极致，只有约取而无博观。两种极致的情况，皆有不足之处。有博观而无约取，则是坐而论道，泛泛而谈，无知识之贡献，无改良之建议。有约取而无博观，则是闭门造车，玄之又玄，无社会之通达，无历史之关照。两者皆为文弊，脱离生活世界，走向理念世界。

由博观而约取、约取主导一切的经济学之学风，不仅导致经济学界的思想观点理念化、抽象化、琐碎化，而且导致经济学理论变迁与社会实践发展相互隔膜，相去甚远，既不能很好地研判经济问题、预测经济危机，也不能很好地理解经济现象、解释历史变迁。可以说，持续二百多年的经济学之风，遭遇到来自超越性和现实性的双重挑战。对此，国内外不少学者皆有扭转经济学时风的呼吁和努力，国际经济学界倡导由经济学回返政治经济学，中国经济学界倡导从书斋经济学回返社会经济学，两者都致力于推动经济学研究方法的转向，由约取而博观。

一股学风之生起，一种学术范式之形成，时势使然，学人使然，积淀（李泽厚之语）使然。虽然学风之兴、范式之成，非规律使然，但是学风和范式之转变，如水成冰，自有来由，需要时势、学人、积淀之发达，需要天时、地利、人和之匹配。

由博观而约取，并非易事，需要有概念思维、逻辑思维、结构观、比较观的长期训练，需要有文献跟踪、实证分析、量化分析的持久工夫。由约取而博观，亦非易事，需要有整体观、生态观、生成观思维的不断熏陶，需要有数理化、文史哲、儒释道、印中西的深刻通达。

笔者撰写本书的初衷，并不是为了迎接经济学研究方法的转向，只是希望换一种思维看自己，换一个视角看世界。不过，当掩卷而思之时，犹能感觉到本书的一个特点也在于由约取而博观。这样，本书也可以视为与当前学风相激荡相损益的一种努力。

就今日知识界的学术标准而言，笔者的这个努力仍然属于边缘和边远，并非中心；仍然属于开新和立异，并非主流；仍然属于思想的呐喊，并非学术的深化。就此而言，本书的写作，可谓勇猛精进，可能误打误撞。

孔子既有“为己之学”的说法，也有“学而不思则罔，思而不学则殆”的说法。虽然就“为己之学”而言，本书有心得。但是就“学思辩证”而言，笔者所思多于所学，本书有不足。因为身在实务界，与学术界相去甚远，难以有学术意义上的交流和碰撞。就此而言，虽然对经典和大师有阅读，但是挂一漏万、孤陋寡闻的地方不少，希望读者谅解，敬请方家指正。

就朱熹的工夫论、境界论而言，笔者虽然有传统文化的家学，但是学习传统文化的时间太晚太少，研究传统文化的基础太薄太弱，每次读到学者们在哲学、史学、文学方面精深的专业研究、学术贡献的时候，总是仰慕不已，赞叹不已。本书对前贤和方家的思想观点，有评价有评论，可谓初生牛犊，实则自不量力，敬请前辈和师长的包容。作为“在海边拾贝壳”的后生和学生，我仍然在“接着讲”前辈和老师的观点。

《大乘起信论》有言，“一心开两门”。一心开两门，旨在凸显德性与理性、生活与学问、现实性与超越性的通达。身处实务界，心向学术界，“身在曹营心在汉”，一心两用，如人饮水，冷暖自知。由于缺乏学术环境、学术条件、学术气氛的支持，文献获取、资料考证、观点辨析等等方面皆有困难。虽然我自知不足，尽力避免，但是错漏之处仍然不免，敬请批评指正。

本书蕴含“守破离”之意。对儒家经济学、佛教经济学、中国经济思想史、政治经济学、经济学的传统思想，有守、有破、有离。本书饱含“各美其美，美美与共”之意。于我而言，政治经济学之美，经济学之美，结构之美，数理之美，美不胜收，心向往之。我出版的著作《民主机制与民主财政》[①]《养老金通论》等，皆以制度分析和结构分析为主。结构分析之美，美在凸显空间、凸显理性、凸显富强，有结构分析才有现代经济学。文化政治经济学之美，美在凸显时间、凸显德性、凸显文明、凸显人类的心灵之美。当今经济学界，结构分析为显，整体分析为隐，需要隐显结合。人类不仅需要富强，同样需要文明。文明而富强，富强而文明，一体两面。本书包含“开放、通达、自由”之意，希望通达古今、通达中西、通达天下，希望为空间主义、技术主义、专业主义的问题时代注入时间、德性、合作的人文精神。

刘云龙

2020 年 12 月 15 日于北京

① 刘云龙：《民主机制与民主财政政府间财政分工及分工方式选择》，中国城市出版社 2001 年版。

目　录

绪论
以美利利天下

一、经验之知、科学之知、现象学之知

言自然科学和社会科学，必言认识论，必言近代。言近代，必言工业革命，工业革命的成果表现为机器生产代替手工生产，机器工业代替手工工业。工业革命的成就代表人类理性对自然界的利用和改造，成为思想变迁、技术变迁和社会变迁的分水岭。

“工业革命”一词，本来用于刻画社会变迁的技术现象，并非代表一个永恒不变的技术实体。根据工业革命的特点，学者们将18世纪的工业革命区分为第一次工业革命和第二次工业革命。当前，学者们有第三次、第四次工业革命之说。未来，还将有第五次、第六次、第N次工业革命之说。根据工业革命的内容，则有蒸汽革命、电力革命、信息革命、数字革命、人工智能革命、生物化学革命、量子革命等说法。可见，“工业革命”为学术概念之“名”，其“实”则是自然科学的思想变迁和技术变迁，即科学革命。

工业革命和科学革命，离不开认识论，离不开逻辑，离不开数学，离不开以数学为基础的物理学。牛顿的经典力学，为机器工业奠定了理论基础。在此之后，则有爱因斯坦的狭义相对论和广义相对论。爱因斯

坦不但是相对论思想的提出者，而且是量子力学、量子物理学即量子理论的奠基者。量子理论诞生于20世纪初期，汇聚了普朗克、爱因斯坦、玻尔、德布罗意、薛定谔、海森堡、玻恩、狄拉克、泡利等众多科学家的智慧，既是工业革命的延续，又是科学革命的长征。

实际上，每一次技术革命，每一次科学革命，都伴随文化哲学思想的变迁。爱因斯坦的相对论思想，对牛顿的经典力学思想提出了挑战。量子理论则对近代西方哲学的确定性、物质性、客观性思想提出了挑战。量子理论指向随机性，以不确定性挑战确定性；量子理论指向相互性、相互关系和普遍联系，实验方式直接影响实验结果，挑战一一对应的因果关系；量子理论指向心意性，确认心意感物的存在性和天人合一的神秘性，挑战近代西方哲学心物二元的物质观，导向心物一元的世界观。

非常吊诡的是，正是因为突破了人文主义、自然主义的德性之知和经验之知，才有近代以来自然科学的思想变迁：经典力学理论，相对论思想，量子理论，弦理论。然而，相对论、量子理论、弦理论的哲学意蕴，反而越来越指向天人合一、心物一元、心意感物的人文主义，指向万物相联、万有相通的自然主义。

工业革命标志着近代以来的认识论突破和认识论转向。在此之前，人类认识自然界的方法表现为自然主义、文化主义、经验主义，即德性之知、见闻之知、经验之知。在此之后，认识论表现为科学主义、数学主义、实验主义，即逻辑之知、科学之知、规律之知。

现象学创始人胡塞尔将人类认识论的思想变迁进行分类：前工业社会的认识论为经验之知，认为“此物对我有用”，天人合一，物我一体，主观与客观同一，凸显人文性，但是缺乏客观性。工业社会的认识论为科学之知，认为“有物在我之外”，物我两分，主观与客观两分，思维与存在对立，凸显客观性，但是流失人文性。胡塞尔将自己创立的现象学，视为认识论发展的第三个阶段，即现象学之知。胡塞尔倡导“无我之知”“纯粹之知”，旨在“以无入有”，通达自然现象，通达空间结构，既获得真知，又拥有人文，将人文与科学融为一体。

胡塞尔所言的现象学之知，旨在将人文与科学、主观与客观、物与我融为一体。胡塞尔的现象学，是对西方传统哲学的挑战，是对近现代哲学的反动，是对中国古典哲学思想的借鉴和亲近。胡塞尔之后，海德格尔的存在论思想，伽达默尔的阐释学思想，与中国古典哲学思想更为亲近，几乎殊途同归。

二、文化论、知识论、存在论

从根本上讲，工业革命离不开人，离不开思想，离不开社会生活。引发工业革命的文化哲学思想，远有古希腊哲学家柏拉图的理念论，亚里士多德的实体论、四因论。近有笛卡尔、培根开创的近代哲学，康德、黑格尔建立的德国古典哲学，即现代哲学。

20 世纪英国哲学家怀特海认为，“两千年的哲学不过是柏拉图的注脚”。柏拉图提出理念论思想，建立理念世界，区分理念世界与现实世界，既满足了对确定性知识的追问，消除“仁者见仁，智者见智”的个人意见，又开创了西方哲学追求确定性、追求同一性的传统。

法国数学家、科学家笛卡尔，提出了“我思故我在”的哲学名言，并且提出物质实体具有广延性的思想，物质实体的广延性意味着物质实体一定要占有空间，具有空间属性，具有无限的可分性。笛卡尔凸显理性，代表唯理论思想，其物质实体的广延性思想，与亚里士多德的实体论思想遥相呼应。英国哲学家培根则凸显经验，代表经验主义，强调科学归纳法的重要性，视其为获得新知识的工具。

康德将培根的经验主义和笛卡尔的理性主义融为一体，既强调知识来源的经验性，又强调知识达成的先验性。康德通过剖析知识结构，凸显认识能力，论证知识具有普遍必然性。在康德这里，知识源于经验，囿于概念，只能抵达现象，不能抵达“物自体”。康德之后，黑格尔致力于统一现象和物自体，他创造性地将康德哲学中坚硬不动的概念“动起来”（叶秀山之语）。这样，“概念”不断地逼近物自体，最终抵达物自体。据此，黑格尔建立起无所不包的“精神现象学”哲学体系，通过可观察的现象和可变动的概念，认识可以抵达物自体。

从近代哲学和现代哲学来看，文化哲学的思想变迁都绕不过工业革命。工业革命不仅代表技术革命而且代表社会革命。一方面，工业革命的成就和成果，蔓延和弥漫至整个社会，覆盖社会生活的方方面面，于是工业革命由技术革命、科学革命延伸为社会革命、生活革命。另一方面，近代哲学和现代哲学，致力于理解工业革命和由之引发的社会革命。于是，理解自然世界、工业革命的认识论和知识论，直接地、原封不动地运用于理解人类社会和社会革命。

近代以来，知识论成为社会科学的代名词。自然科学的认识论，与社会科学的知识论，两相呼应，互为表里。两者之统一，则为近代以来的认识论转向，即科学的认识论。于是，科学的认识论思想，由哲学向社会学、历史学、政治学、经济学、法学等社会科学领域蔓延和浸染，并且纷纷冠以“新学”之名，如新史学、新政治学、新经济学，区别于工业革命之前的传统史学、传统政治学、传统经济学。

因为认识论的转向，社会科学有“新旧之分”。新旧之分不仅代表时间先后的区分，而且代表思想观念、研究方法的区分。就思想观念的变迁而言，社会科学的“新学”普遍持有真理观、规律观、进步论、进化论、科学主义、客观主义等一系列的新观念。就研究方法的变迁而言，社会科学的“新学”普遍采取实体主义、结构主义、科学时间观、比较分析法等一系列的新方法。

我们以新史学为例，新史学家们首先将时间进行断裂。或断裂为农业社会、工业社会；或断裂为原始社会、奴隶社会、封建社会、资本主义社会、社会主义社会；或断裂为历朝历代。然后，将一个个的研究对象视为一个个的社会实体。接着，将社会实体进行结构主义分解，进行纵向的制度史的比较研究，最后提供新的史学发现和史学知识。

我们将史学观变迁同样区分为三个阶段，分别为文化论史学观、知识论史学观、存在论史学观。

文化论史学观可以传统的中国史学为代表。汉武帝“罢黜百家，表彰六经”，此后的史学家以春秋大义为标准，以五经为经典，经学高于史学，以经学指导史学，旨在提供文化意义、价值发现、伦理道德，重在论是非之道、经常之道。一言以蔽之，文化论史学观以论心、论人为上。

明末清初时期的思想家顾炎武、黄宗羲、王夫之，开始对文化论史学观进行因革损益。顾炎武在《日知录》一书中撰有著名的“风俗论”，推崇东汉光武帝时期的社会风俗，“东京风俗”之说影响至今，代表对文化论史学观的坚守。黄宗羲主治宋元明时期的学术史，《明夷待访录》一书则对君权天授观念以及君主专制的做法，从史学和哲学两个方面进行批判，被视为启蒙思想家的代表。王夫之撰有《读通鉴论》《宋论》等史学著作，《读通鉴论》为历史哲学经典，《宋论》则为史学经典。《读通鉴论》以“通天下之志”“公天下之心”为标准，臧否历史人物和历史变迁。《宋论》对南宋历史上的三大事件绍兴和议、庆元党禁、韩侂胄北伐，进行历史真相揭示，并且以民族利益原则为标准，作出与道学家不同的价值判断①。王夫之的《宋论》，可以视为知识论史学观的先行者。

知识论史学观可以近代西方新史学为代表，以思想史、制度史、经济史研究为重点，旨在提供客观、真实、科学的史学知识，重在论逻辑之理，知识之新。近代以来，梁启超发表《中国史叙论》《新史学》等文章，倡导知识论“新史学”，推动文化论史学观向知识论史学观转变，开风气之先。陈寅恪学贯中西，通达古今，以西方新史学的实体观、结构观、比较观为研究方法，以政治史、制度史研究为突破口，将魏晋、南北朝、隋唐时期的社会变迁和文化变迁进行揭示和呈现。《隋唐制度渊源略论稿》《唐代政治史述论稿》既是陈寅恪的代表作，也是新史学观、知识论史学观的经典之作。难能可贵的是，陈寅恪的知识论史学观为显，文化论史学观为隐，既挑战传统的史学方法又接续传统的文化思想。陈

① 许苏民：“王夫之对宋朝士大夫政治文化的批判——以《春秋家说》《读通鉴论》《宋论》为中心的考察”，《天津社会科学》2017 年第 5 期。

寅恪之后，唐长孺的《魏晋南北朝史论丛》、胡如雷的《中国封建社会形态研究》，以经济史研究见长。田余庆的《东晋门阀制度》，以政治史研究见长。他们的著作，同样为知识论史学观的经典。不过，文化论思想有所流失。一言以蔽之，知识论史学观以论迹、论事为上。

存在论史学观可以司马迁的《史记》为代表，将意义与知识、时间与空间、主观与客观融为一体。也可以海德格尔的存在论、伽达默尔的阐释学思想为代表，将文化论史学观和知识论史学观进行综合，进行圆融，避免偏失。

存在论史学观秉持开放、通达、自由的哲学观，否定历史决定论、历史进步论。既论心，又论迹，心迹互证；既论人，又论事，人事互参。历史变迁即人之行走，是人走出来的道路，是人创造出来的事情，人之两足即是超越性和现实性、德与力、心与迹，一步一脚印，一步一擂台①。存在论史学观认为，没有一个客观的真理或规律在己之外、在己之上，真理和规律皆由事物自己绽放、自己呈现。真理即是去蔽的状态，澄明的境地。即自己即自由，即自由即真知，即真知即创造。存在论史学观旨在理解历史变迁的创造性和不确定性，理解历史至于存在，阐释变迁基于自由，存在论史学观即自由历史观。

知识论代表人与自然的关系，凸显理性的伟大，凸显理性对人的解放，凸显人之自由。意想不到的是，知识论演变为人造物对人的关系，人造物即人造的思想观念，即人造的学术概念。知识论凸显了人造观念的伟大，但是导致人造观念对人的压制，对心灵的遮蔽。于是，奠基工业革命的科学观、技术观、实体观、物质观等理念，由流变的思想观念进而成为坚硬的思想实体，不可动摇的学术概念。

---

① 笔者在即将出版的《德与力——中国千年兴衰的文化政治经济学解释》一书中，将对存在论意义上的史学观进行详细阐述，并且以文化政治经济学的存在论视角对中国千年兴衰的历史变迁进行阐释。

三、情本论、仁本论、诚本论

近代以来，以知识论为代表的西方文化，成为自然科学和社会科学共同的旗帜，既强大又强势。为了推进工业化和现代化，西方之外的国家或地区，不得不依傍西方文化，不得不学习西方文化，不得不“散发”西方文化。在西学东渐之风的吹拂下，中国的社会科学同样如此。以胡适、冯友兰为代表的中国哲学，以陈寅恪、傅斯年为代表的中国史学，以何廉、马寅初为代表的中国经济学，以陈焕章、唐庆增、巫宝三为代表的中国经济思想史学，皆以知识论治学，以西化中，开风气之先，成一代宗师。就哲学而言[①]，所谓的“中国哲学”，其实只是“哲学在中国”，并没有“中国的哲学”之独立地位[②]。

2011 年，李泽厚等出版《该中国哲学登场了?》一书[③]。2012 年，李泽厚等出版《中国哲学如何登场?》一书[④]。这两部著作，都将“中国哲学”与“登场”联系在一起，旨在揭示近代以来中国哲学和中国文化的百年沉浮。李泽厚所言的“登场”，既不是中国哲学在舞台上自说自话，也不是舞台下无人观赏。我们理解，“登场”一词，意在将中国哲学和中国文化“散发”给世界观众，激发和激越观众的灵感，让中国哲学在 21 世纪为人类重建生活世界之意义、文化世界之通达、精神世界之圆融发挥作用。“登场”一词，意在中国哲学“不缺场”，意为中西哲学与其他哲学一齐“同场”。“该”之一词，既表达对中国哲学的文化自信，又表示中国哲学登台适当其时，时势使然。

---

① 实际上，史学、经济学、经济思想史学皆是如此。所谓的中国史学、中国经济学、中国经济思想史学，其实都是西方史学、西方经济学、西方经济思想史学“在中国”而已，并没有中国之学、中国学派的独立地位。

② 李翔海：“从‘哲学在中国’到‘中国的哲学’——中国哲学发展历程的回顾与展望”，《学术月刊》2007 年第 4 期。

③ 李泽厚、刘绪源：《该中国哲学登场了？——李泽厚 2010 年谈话录》，上海译文出版社 2011 年版。

④ 李泽厚、刘绪源：《中国哲学如何登场?》，上海译文出版社 2012 年版。

李泽厚治哲学，始于马克思主义哲学和康德哲学，以人类的实践性、社会性为学术领地，他既有基于社会性的美学思想，又有基于实践性的认识论思想，也有探究“度”的本体性思想。“经验变先验、历史建理性、心理成本体”三句话，可以视为其进入西学的学术成就①。李泽厚由西方现代哲学进，由中国古典哲学出，“情本论”可以视为他通达中西哲学、建构中国哲学之创作。李泽厚为中国哲学登场贡献的代表作，可为“情本论”②。

2014年，陈来出版《仁学本体论》③。《仁学本体论》一书为陈来响应“该中国哲学登场”之声而作。陈来以《仁学本体论》为“新原仁”之作，是对冯友兰“新理学”的“接着讲”。冯友兰提出“理本论”，陈来则提出“仁本论”（或曰仁体论）。陈来凸显北宋道学“生发之仁”的大用，凸显朱熹理学“仁包四德”的大本。进而提出“仁体”统贯仁爱、自由、平等、公正新四德，并且有“仁体和用”之说。陈来认为，李泽厚所言的“情本”承担不起“本体”的大化作用，只是“心体”而已④。

我们在“情本论”“仁本论”之后，提出“诚本论”（或曰诚体论）之说⑤。我们所言的诚，源自《周易》之“闲邪存诚”“修辞立诚”，源自《中庸》之诚。情、仁、诚，三者皆源于现实性的社会生活、社会实践，源自远古时代的巫史传统、礼仪活动。仁由古代之尸礼而来，显示“仁爱”之心，“爱人”之情，“仁者爱人”。诚由古代之祭礼而来，显示“毋我”之心，“无蔽”之情，“祭人如人在”，“心诚则灵”。《中庸》之

① 李泽厚：《人类学历史本体论》，天津社会科学出版社2008年版。

② 李泽厚的“情本论”思想，奠基之作有“情生于性”“巫史传统”等学术论文，又有《中国古代思想史论》等学术著作。李泽厚将“情”视为中国文化之本，源于生活，源于历史，源于社会实践。

③ 陈来：《仁学本体论》，生活·读书·新知三联书店2014年版。

④ 陈来凸显“生生之仁”的生发大用，展示了儒家学者的风采。陈来认为，李泽厚所言的“情本”，仍然有西方哲学认识论、知识论的意味，有概念和理念之嫌，不如“生生之谓仁”的“仁本”之大化流行、生化不已。

⑤ 笔者在即将出版的《诚体论：中国哲学认识论与实践论的突破》一书中，将对“诚体论”有更为详细的论说，这里简要介绍“诚体论”的要点。

“诚”，恰如《周易》之“易”，无思无为，开放而已，毋我而已，无蔽而已。因为开放、毋我、无蔽，而有通达，通达祖先、鬼神[①]、天地、生民。因为开放、通达而有自由。因此，诚体指向开放、通达、自由。

我们以“毋我”界说“诚体”。毋我即诚，诚即自己，自己即自由。此一自由非一己之自由，更是万万人的成己成人之自由。我们视“诚”为究竟真实，即万物遍在之诚，万物自身之诚。此种真实是万物之中个别本然独具的殊有，却又因万物皆有此一真实，而作为一种普遍的共在。万物因诚而有真实，因诚而有开显。因真实而有呈现，因开放而有接口，万物因而可通，天下因而相通。

我们以“诚明之知”代表诚体认识论。知全、知周、知阴知阳、知结构知整体。此知为德性之知，为仁，能知本体；此知为理性之知，为智[②]，能知现象。此知为主客同一之知，为物我同一之知。

我们以“智仁勇三达德”代表诚体实践论。“智仁勇三达德”为诚体之德，亦即诚德。智仁勇三德，仁德居中，起统帅和统领的作用。三德可分，各自成道。相比仁德，诚德更加开放，更加丰富，更加贴近现实，更加贴近生活。智仁勇三德，体用一如，乾坤一体，德力并建，仁智并举。诚德即诚行，诚德诚行是通达世界、变革世界、生发世界的枢纽。

我们以“致中和”代表诚体价值论。即诚即中即和。中和之境，即诚境，即天地之境，即自由之境，即优良秩序，即太平之世，即理想社会。

仁与诚，皆为情。情本论、仁本论、诚本论三说，皆为存在论。

---

① 《管子·心术下》写道：“故曰，思之思之。思之不得，鬼神教之。非鬼神之力也。其精气之极也。”《管子·内业》写道：“思之，思之，又重思之。思之而不通，鬼神将通之。非鬼神之力也，精气之极也。”《管子》所言“精气之极”，即是《周易》所言之“易”，《中庸》所言之“诚”。因为诚，可通鬼神；因为诚，可有“鬼神之力”“精气之极”。对此，《中庸》有言，“不诚无物”“至诚如神”。

② 请参阅本书第十一章《技术变迁的文化政治经济学解释》，我们对诚体认识论的理性之知进行了阐述。

李泽厚由西学入，由中学出；由在天的“理念论”入，由在地的“情本论”出[①]；由马克思主义的实践论入，由中国哲学的“心学”出。李泽厚出入西中，通达中西，虽然始终不离实践论，但是实践论、认识论、本体论有分，因而有多“本体”之说[②]。人类学与人学、一个世界观与两个世界观的内在张力，成为“情本论”的难解之题。

陈来由中国哲学史入，由朱熹理学入，由冯友兰“新理学”入，同样通达中西。相对而言，儒家思想重用重德，道家思想重体重道，西方哲学重理念重理性。陈来致力于为儒家思想“讲理”，“讲理”旨在论证儒家德性德行思想的高明和高远，即德性之“合理性”，德行之“合乎理性”。可以说，陈来由德性入，由理性出；由在地的践履躬行之学入，由在天的“道理之学”出。虽然仁学本体论思想一以贯之，但是有淡淡的理念论味道。

我们所言的诚本论，直接凸显“一个世界的世界观”，将本论、认识论、实践论、价值论融为一体，打成一片，既凸显诚体的超越性、价值性，又凸显诚体的现实性、实践性。超越性与现实性、德性与理性，皆在生活世界和现实世界当中一气呵成。

李泽厚的“情本论”，指向人性，指向人群，指向情理。我们的诚本论，直指人心，指向自己，指向自由，指向创造。陈来的仁本论，提出“仁体和用”之说。我们的诚本论，提出“诚体仁用，中和为相”之说。

诚本论旨在通达印中西三大文化，通达儒释道三家思想，通达体相用三种方法，通达真善美三种德性。诚代表真，代表自己，代表一人之诚，诚为体；仁代表善，为二人之诚，仁为用；和代表美，为天下之诚，和为相。真善美同出一原，同成一体。可有三分，可有三途。即诚，即

---

① 刘悦笛：“从‘人化’启蒙到‘情本’立命：如何盘点李泽厚哲学？”，《中华读书报》，2012年1月1日。

② 钱善刚：《本体之思与人之存在——李泽厚哲学思想研究》，安徽大学出版社2011年版。

真即善即美。

四、以诚本论奠基文化政治经济学

本书以《文化政治经济学》为题，以诚本论的存在论哲学为之奠基，旨在激荡近代以来康德哲学意义上的知识论。《国富论》意义上的政治经济学，旨在以西方现象学、存在论、阐释学之眼来理解历史变迁和经济变迁，旨在以中国本体论哲学之眼来理解文化政治经济变迁之整体关联。本书不以近代以来的知识论、政治经济学思想立论，而以中国古典哲学的本体论思想、西方现代哲学的存在论思想进行论说。

本书旨在将存在论意义上的哲学、经济哲学、经济学、经济政策学融为一体，打成一片，揉成一团。首先，构建和阐释存在论意义上的诚本论，为经济学、经济哲学、经济政策学奠基存在论哲学基础。就此而言，本书挑战近代以来知识论和政治经济学意义上的经济学、经济哲学、经济政策学。

文化政治经济学不是文化经济学，不是文化论，不是道德论，不从纯粹的超越性来立论，所以不是文化论意义上的经济伦理学著作。也不是政治经济学，不是政治论，不是经济论，不从纯粹的现实性立论，所以不是知识论意义上的政治经济学著作。文化政治经济学坚守“一个世界的世界观”，将超越性和现实性结合起来，将仁与智结合起来，将德与力结合起来，将心与迹结合起来，即现实性即超越性，即超越性即现实性。因此，本书将哲学、经济哲学、经济学、政治政策学四者融为一体，不以贡献经济学新知识为心意，而以开新存在论经济学为己任，惟愿存在论思想开出知识论之花，即存在论即知识论。

文化政治经济学不是决定论，没有一个超越的、抽象的“规律”“真理”在世界之外，在世界之上。同样，没有一个超越的、抽象的“规律”或“真理”在人之外、在人之上。文化政治经济学立足于人、立足于心。“道不远人，远人非道”。

简而言之，文化政治经济学既不是文化决定论，也不是政治经济决定论，而是存在论、整体论、道论，而是人本论、心性论、心灵论。

言人、言心、言存在、言现实世界，皆以时间立论。《周易》有言，“阴阳之道，继善成性”“凡益之道，与时偕行”。存在论哲学家海德格尔认为，时间即存在。我们以文化政治经济学为题，从文化政治经济整体立论，旨在凸显社会变迁的时间观、生态观、生成观。制度变迁、技术变迁、经济变迁，从来就不是独立独行的数量变化，从来就不是断裂时间的空间变化，而是整体的、生态的、绵延的时间过程、文化过程、心理过程。

五、哲学：一个世界的世界观

本书的第一编，以“文化政治经济学思想的哲学建构”为题，旨在建立存在论、诚本论的哲学观。

首先，我们论说“一个世界的世界观”。对此，我们将神话传说、三易之变、三易首卦之变、殷周之变，从义理上贯通起来，采取经史互证方法展开论证。进而，通过“一个世界的世界观”来理解《周易》哲学的阴阳之道，凸显“在世之道”“在世觅道”“在世行道”的道论思想。

我们视《周易》为中国文化哲学思想的源头，其文化哲学精神为开放、通达、自由。“一个世界的世界观”之建构，由《夏易》开端，由《殷易》继承，由《周易》定型。“一个世界的世界观”可以包容“两个世界的世界观”，而不是相反。“两个世界的世界观”，即理念世界与现实世界的分立和对立。

《周易》之后，中国哲学构建“两个世界的世界观”之努力，不绝如缕，先秦时代有老子的思想，西汉时期有董仲舒的思想，东汉时期有《白虎通》的思想，南宋时期有朱熹的理学思想，他们对《周易》的哲学思想有继承有开新，但是有偏离有偏失。西方哲学从柏拉图开始，建立理念世界。然而，从亚里士多德开始，由理念世界向现实世界亲近，致力于贴近现实世界。古希腊之后，西方哲学回向“一个世界的世界观”之努力，同样不绝如缕。

当前，中西哲学都致力于圆融主观与客观、思维与存在、物与我、心与迹的关系。其中，现象学、存在论哲学、阐释学，尤其致力于圆融理念世界和现实世界，回向现实世界和生活世界。

本书立足于真实世界、生活世界、现实世界。即现实世界即超越世界，即超越世界即现实世界，将现实世界与超越世界融为一体，“烦恼即菩提”。本书以“一个世界的世界观”进行哲学立论，旨在将生活世界、现实世界、心理世界、心灵世界打成一片，融为一体。

其次，我们论说天下一体的社会生态观。文化哲学上的殷周之变，以《周易》的诞生为标志，建立了“一个世界的世界观”。政治经济上的殷周之变，以封建制的诞生为标志。这样，从实践到理论、从理论到实践，中国文化彻底摆脱了决定论、理念论思想。有破则有立，摆脱决定论、命定论，建立生态观、生成观。《周易》的天下生态观、社会生态观、世界生成观，包括文化生态观、政治生态观、经济生态观，成为理解世界、变革世界、生发世界的视角。

今天，国内外的思想家和哲学家，多言中国文化和中国哲学的天下观、一统观、生态观、中和观、关系论、实用理性、共同体思想，富有真知灼见。不过，我们认为，作为中国文化和中国哲学源头的《周易》，建立起来的“一个世界的世界观”为第一义，天下观、一统观、生态观、中和观、关系论、实用理性、共同体思想，皆为第二义。第一义为一，第二义为多，第一义统率第二义，第二义由第一义生发。第一义隐而不显，第二义多姿多彩，第一义和第二义的关系体现为一多之道。

再次，我们论说乾坤之道、泰否之道、损益之道、涣节之道。此四道既是《周易》道论思想和生态思想之具化，亦是社会生态之四象。四道和四象，皆是社会生态观思想的贯通。

本书的第一编，几乎没有涉及国内外已有的经济学理论。确实如此，本书第一编旨在论证“一个世界的世界观”，旨在阐释天下生态观、社会生态观、经济生态观，旨在为存在论意义上的经济哲学、经济学、经济政策学建立诚体论的哲学基础。所以，我们选择返璞归真、寻根究底、溯源开新的方法，即回归即开新，即开新即回归。

六、经济哲学：文化政治经济三位一体

本书的第二编，以“文化政治经济学思想的历史生成”为题，旨在将存在论意义上的中国经济哲学思想刻画出来。通过阐释文化、政治、经济三者的生态结构观，我们将中国经济哲学的思想概括为三句话：文化塑造政治，政治主导经济，经济发展文化。

万物相联，万有相通，心物一元，天下一体，既体现了文化政治经济学的“一个世界的世界观”，也体现了文化政治经济学的社会生态观、社会生成观。中国文化和中国哲学的本体论思想，定型为一种成熟的、稳定的经世济民之道和治国安邦之策，并非完全由文化精神和哲学形态单独塑造，而是由文化哲学思想与社会实践经验共同形成，是为历史生成，历史生成由超越性与现实性共同建构。

本书第一编重在阐释存在论的哲学观，本书第二编重在阐释存在论的经济哲学观。我们将“一个世界的世界观”、社会生态观、社会生成观，通过历史变迁之“心迹”“行迹”，转化为文化、政治、经济学的生态结构观，从三者之间的相互关系和相互作用入手，深化出中国经济哲学思想。

概括中国经济哲学思想的三句话：文化塑造政治、政治主导经济和经济发展文化。与近代以来的知识论经济学、斯密的政治经济学思想，有着显著的差异。近代以来社会科学的知识论，以认识论转向、去文化论的身份登场。斯密将《道德情操论》与《国富论》分离，因此告别文化论和伦理学，得以建立政治经济学。可见，文化与政治经济学的分离是近代西方经济哲学思想变迁的首要特点。同时，斯密在政治经济学的

新框架下，通过论证自由贸易有利于国民财富增长来反对经济管制和贸易限制。于是，政治经济学意义上的“斯密传统”“近代传统”得以诞生：经济基础决定上层建筑。知识论意义上的西方政治经济学传统，可以概括为两句话：经济主导政治，政治服务经济。

概括和刻画出中国经济哲学思想，不仅凸显了中西经济哲学思想的差异，而且可以凸显改革开放以来中西经济政策思想的差异。

20 世纪 80 年代初期，日本经济学家小宫隆太郎来到中国以后，发表了一个很有影响的观点：“中国没有企业”。20 世纪 90 年代，中国改革开放的成就为世人瞩目，不少西方经济学家认为中国经济发展不符合西方经济学理论，属于“歪打正着”，言外之意是：中国没有经济学。中国改革开放做对了什么？中国经济发展的路数是什么？中国经济政策的原则是什么？对于这些发问，经济学家众说纷纭，莫衷一是。理清和通达经济学家的分歧，需要经济哲学的思辨。

2008 年美国金融危机爆发，进而引发欧洲国家的主权债务危机。对此，西方经济学家重视对西方经济学原理进行反思，侧重对宏观经济学理论进行批判，进而有不少学者呼吁应该由经济学向政治经济学回归。面对西方经济学界的自我反思和自我批判，中国文化和中国哲学对此能否作出贡献？如何作出贡献？理解和参与西方经济学的范式变迁和思想变迁，需要经济哲学的思辨。

2011 年，《中国的和平发展》白皮书提出，“不同制度、不同类型、不同发展阶段的国家相互依存、利益交融，形成‘你中有我、我中有你’的命运共同体。”“命运共同体”涵盖文明共同体、政治共同体、经济共同体，思想核心是“一个世界的世界观”以及由此衍生的生态哲学观、共同体哲学观。如何理解这个新时代命题与中国传统文化的关系？如何让西方学者理解这个新时代命题对世界发展的意义？理解世界和理解中国，都需要经济哲学的思辨。

实际上，中国经济哲学思想的文化塑造政治、政治主导经济和经济发展文化，既可以回应改革开放以来西方学者的发问和疑问，也可以帮助西方学者理解中国，也可以为国际社会应对现代化困境提供新的视角。

本书的第二编，不以揭示中西经济哲学的差异为己任，而以论证中国经济哲学思想的历史生成为心意。一方面，我们致力于将“一个世界的世界观”的哲学观，扩展为文化政治经济三权分立、三方制衡的经济哲学观、生态结构观。另一方面，致力于将周秦之变、秦汉之变、汉唐之变、唐宋之变的社会历史变迁和文化思想变迁，动态地揭示出来，旨在凸显文化与历史、经济与社会、理论与实践的共生共成。

通过文、史、哲三个维度的一齐努力，我们论证并回答：有独立的中国经济哲学，有独立的中国经济学。我们认为，西方经济哲学以认识论奠基，凸显经济理念论；中国经济哲学以存在论奠基，凸显社会心意论。

七、经济学：历史变迁、经济变迁与制度变迁的绵延

本书的第三编，以“文化政治经济学思想的现代阐释”为题，旨在阐述本书的经济学思想，旨在凸显文化政治经济学思想的现实运用，旨在对结构变迁的连续性、动态性、生态性进行理解和阐释。

历史变迁、社会变迁、经济变迁的主体在人，根源在心。人心易变，一念三千，经济变迁总是背离中和，远离平衡。因此，经济变迁的目标在于平衡，止于中和。经济变迁的过程是社会生态的平衡—失衡—再平衡的循环往复。变迁之途永无止境，永无终结，充满不确定性。对此，《周易》有言，“天地之大德曰生”“生生之谓易”。世界变迁、历史变迁，社会变迁、制度变迁、技术变迁、经济变迁，总是由既济而未济，没有“历史终结论”之说①。

我们以经济变迁为例：经济变迁是一种经济现象，表现为空间变迁和数量变迁，可以概括为结构变迁。结构变迁的背后则有人口、资本、

---

① 弗兰西斯·福山：《历史终结及最后一人》，黄胜强、许铭原译，中国社会科学出版社2003年版。

技术的长期变迁，即丁财技的长期变迁，可以概括为制度变迁，包括文化制度、政治制度和经济制度在内的正式制度变迁，制度变迁仍然是一种经济现象。制度变迁的背后还有文化变迁、观念变迁、习俗变迁，可以概括为文化变迁。文化变迁仍然不是经济变迁的根源所在，仍然是一种文化现象和社会现象。文化的背后是心灵，文化变迁即心灵变迁，即人心之变。心灵变迁不再是现象而是存在。

以文化政治经济学视角来关照经济变迁，由经济变迁而有结构变迁，由结构变迁而有制度变迁，由制度变迁而有文化变迁，由文化变迁而有心灵变迁。这是一条上行的路线，由现实性而超越性，由显而隐，由阳而阴。实际上，这条上行路线也可以表述成下行路线，由心灵变迁而有文化变迁，由文化变迁而有制度变迁，由制度变迁而有结构变迁，由结构变迁而有经济变迁。下行路线的特点是由超越性而现实性，由隐而显，由阴而阳。不管是上行路线还是下行路线，都体现了事物变迁和历史变迁的阴阳之道、变易之道。对此，司马迁有言，“究天人之际，察古今之变”，即是对阴阳之道、变易之道的理解。言历史变迁不究天人，不至存在，则未到根本。

本书的第三编，旨在对近代以来西方和中国的收入变迁、技术变迁、制度变迁，进行文化政治经济学的解释。

我们将西方世界的兴起视为收入结构的连续变迁。我们不把封建社会、资本主义社会视为截然不同的社会实体。同样，我们不把农业社会、工业社会、现代社会视为有天壤之别的社会实体，而将其视为流变的社会生态体、社会生命体，是社会心理上的思想变化，是存在论意义上的社会变迁。因此，我们通过低收入（陷阱）、中等收入（陷阱）、到高收入（陷阱）的收入变迁，来描绘和刻画西方世界经由农业社会、工业社会、现代社会的历史变迁，凸显丁财生变迁、丁财生结构的经济学思想。而且我们区分“韦伯之问”与“韦伯之思”，凸显知识论意义上的经济社会学思想，以与存在论意义上的经济生态学思想进行激荡。

我们将技术变迁理解为技术创新。创新是不确定性的代表，是无中生有的突破，技术创新和制度创新一样，最终需要落实到人，落实到纯粹兴趣。于是，我们将技术变迁的主体还原到人，还原到社会。并且将纯粹兴趣理解自由精神，不仅个人要有自由精神，而且社会要有自由精神，社会需要包容纯粹兴趣之人。“乾道变化，各正性命”。与近代以来的科技哲学史学家一样，我们将自由精神、自由之学与技术变迁联系起来，进而理解自古至今的重大技术革命。

我们对先秦时代中国文化和中国哲学精神进行深入剖析，旨在论说中国古典哲学的“曲全之道”不仅是中国哲学认识论的特色，而且是中国文化自由精神的体现。我们认为，中国技术变迁的停滞，开始于宋明理学的文化变迁和南宋之后的政治经济变迁。简言之，是因为社会生态的改变，导致中国技术变迁的停滞。所以，我们由技术变迁而政治经济变迁，由政治经济变迁而文化变迁，进而回答“李约瑟之问”。

我们将制度变迁理解为心灵变迁和自由人参与。对制度变迁的文化政治经济学解释，标志着存在论经济学的努力结出了知识论经济学的开新之花，即存在论即知识论。“一个世界的世界观”，文化政治经济三位一体的生态结构观，人有一心但有三意（三意分别为文化人、政治人、经济人意识），皆为存在论意义上的论说，这些论说贯通起来，则有知识论意义上的经济学新发现。

首先，我们将制度变迁区分四种类型：基础性制度变迁、突破性制度变迁、发展性制度变迁、管理性制度变迁。就时间而言，基础性制度变迁千年一遇，突破性制度变迁百年一遇，发展性制度变迁数十年一遇。基础性制度变迁之所以千载难逢，是因为参与制度变迁的主体由文化人、政治人、经济人的三分而三合，成为汇三归一的自由人。基础性制度变迁即社会革命、制度创新，与基础性技术变迁和技术革命一样①，因为

① 基础性制度变迁与基础性技术变迁的相同之处，在于参与者的自由人身份。不同之处在于：基础性技术变迁，可由一人或极少数人来发动。严格意义上讲，基础性制度变迁则由全体社会成员来参与和推动，是基于“一致性同意”的公共选择过程。因此基础性技术革命的周期，可能会短于基础性制度变迁的周期。

自由人的参与而得以诞生。诞生之后，则对未来的制度变迁有强大的牵制作用。以此为标准，我们对中西千年的历史变迁重新进行分类、审视和评价。

其次，我们将西方近代以来（15 世纪至今）的制度变迁进行分类和审视，并且对西方近代之变、现代之变，作出文化政治经济学的解释。

再次，我们对中国近代以来（1840 年至今）的制度变迁进行分类和审视，我们将 1840—1949 年中国革命视为基础性制度变迁，将 1978 年开始的改革开放视为突破性制度变迁，将 1994 年开始的分税制改革视为发展性制度变迁。

最后，我们将 1840—1949 年的近代革命、1949—1978 年的计划经济、1978 年开始的改革开放，视为连续的历史变迁和社会变迁，作出统一的、通达的文化政治经济学解释。我们认为，新民主主义经济纲领是近代基础性制度变迁的重大成果，体现《周易》所言的“节制”精神。计划经济是对新民主主义经济纲领的偏离，代表《周易》所言的“苦节”；改革开放是对新民主主义经济纲领的回归，是对外部世界的回应，代表《周易》所言的“中节”。这样，我们将改革开放前后 30 年的连续性，从存在论意义上进行揭示。

八、新制度经济学、新结构经济学、经济生态学

1901 年，严复翻译出版《国富论》，成为近代知识论经济学思想西学东渐的标志性事件。20 世纪 30—40 年代，何廉、马寅初、刘大钧、方显廷，被称为民国时期的“四大经济学家”，他们西行东归，熟稔西方经济学。何廉对中国近代经济学发展的贡献在于“中国化”：一是经济学理论的“中国化”；二是经济政策的“中国化”。

改革开放以来，经济改革和经济发展成为中国经济变迁的两大主题。经济改革以市场化、民营化、法制化、现代企业为标志，经济发展以产业化、城市化、科技化、开放经济为标志。总而言之，经济改革和经济发展，皆为经济变迁，皆为结构变迁。分而言之，经济改革为制度结构

变迁，经济发展为经济结构变迁。改革开放以来，西方知识论经济学，西行东归的经济学家，主导中国经济学界。

民国时期的经济学家和改革开放之后的经济学家，还是有所差异。以何廉为代表的民国经济学家，自觉主动地推进经济学“中国化”“人文化”，赓续文化传统，旨在让知识论激荡文化论，让现代经济学在中国生根发芽，获得中国学术界的认可。改革开放以来的知识论经济学家，一方面致力于推进现代经济学教育，旨在建立中国知识论经济学的新范式；另一方面致力于推进知识论经济学的应用研究和理论研究，期望获得西方学术界的认可，希望中国经济学成为知识论经济学的新学派。

与经济改革和经济发展的中国实践相呼应，与对内改革和对外开放的中国政策相适应，中国知识论经济学同样可以区分为两大研究领域：一是新制度经济学；二是新结构经济学。

改革开放以来，新制度经济学发展经历了三变：首先，将计划经济与市场经济、计划经济时代与改革开放时代，从时间上进行断裂，视其为两个社会实体，然后将这两个社会实体进行结构化处理，侧重将经济结构变迁理解为制度结构变迁，制度结构变迁的动力在于成本—收益的比较，进行成本—收益比较为理性计算，权衡利弊得失则为理性选择①。于是，从计划经济向市场经济的发展，从计划经济时代向改革开放时代的迈进，视为理性计算、理性选择、理性设计②。这样，新制度经济学揭示了制度变迁的纯粹理性，揭示知识论意义上的经济可计算性③。其次，面对制度变迁陷入“停滞”“闭锁”的状态，经济改革出现“不想改”“改不动”的困境，新制度经济学则进入政治经济学领域④，通过引入制度结构、政治结构、利益结构、利益集团⑤的对立性、对抗性、损

① 刘世锦：《经济体制效率分析导论——一个理论框架及其对中国国有企业体制改革问题的应用》，上海三联书店 1993 年版。

② 吴敬琏、周小川等：《中国经济改革的整体设计》，中国展望出版社 1989 年版。

③ 樊纲：《渐进之路——对经济改革的经济学分析》，中国社会科学出版社 1993 年版。

④ 樊纲：《渐进改革的政治经济学分析》，上海远东出版社 1996 年版。

⑤ 张宇燕：《经济发展与制度选择——对制度的经济分析》，中国人民大学出版社 1992 年版。

益性来进行解释，希望由“帕累托改进”朝着“卡尔多改进”变迁。“帕累托改进”代表人人受益，差别在于或多或少；“卡尔多改进”代表有人受益、有人受损，受益者可以补偿受损者，致力于获得改革共识。再次，面对利益结构的变迁和社会结构的分化，新制度经济学则朝着过渡经济学、转型经济学、转轨经济学方向发展，期望以理想制度、制度理念、制度目标来引领进一步的改革开放。但是，不对经济生态、社会生态、社会心理进行再评估、再评价、再理解。可见，新制度经济学从现实性入，从超越性出；从制度探索入，从制度目标出；从心意入，从理念出。新制度经济学虽有三变，但是越来越远离生活世界和真实世界。

20 世纪早期兴起的发展经济学，是西方结构主义经济学的代表，通过对发达国家和发展中国家进行纵向横向的结构分析和比较分析，致力于通过经济变迁实现社会变迁，旨在推动发展中国家成长为发达国家，其重中之重在于从农业社会成长为工业社会，经济政策的核心是加速资本形成。

改革开放以来，中国的结构经济学、发展经济学同样经历了三变：首先，在对外开放条件下，改善人口与资本、丁与财的矛盾，旨在将中国人口结构优势、劳动力优势转变为开放经济条件下的竞争力优势、市场优势、经济优势，即将人口的优势转变为资本的优势，将丁的优势转变为财的优势，推动开放型经济、外向型经济的发展[①]，融入全球经济分工和产业分工体系[②]，核心是将人口力量转变为资本力量，推进市场化改革，实现资本形成。其次，在对内开放的条件下，处理城市与农村、工业与农业、生产与消费的关系，将中国的城乡结构进行转变，实现劳动人口由农村向城市的转移，推动城市化进程，推动基础设施发展，推动消费发展，推动房地产发展，推动科技发展，推动技术变迁。再次，凸显政府的有为，凸显政府产业政策的有效，凸显政府对市场失灵的救

① 江小涓：《体制转轨中的产业政策：对中国经验的实证分析及前景展望》，上海人民出版社 1996 年版。

② 林毅夫、蔡昉、李周等著：《中国的奇迹：发展战略与经济改革》，上海人民出版社 1994 年版。

助，凸显政府宏观调控的作用。实际上，第三期新结构经济学的学术旨趣，在于凯恩斯主义经济政策的中国化、中国宏观调控的理念化、亚洲模式和中国模式的国际化[①]。

新制度经济学和新结构经济学，从经济哲学上讲，属于知识论经济学，属于经济动力学，是近现代西方哲学实体观、结构观、比较观在经济学上的应用。知识论经济学，与我们所言的存在论经济学、经济生态学、经济生成观不同。我们将经济变迁视为收入变迁、技术变迁、制度变迁，将其还原为结构变迁，即制度结构、技术结构、收入结构的历史变迁。进而，我们将结构变迁还原为文化、政治、经济的生态变迁。最后，我们将经济变迁、结构变迁、生态变迁，统统归结为心理变迁、心灵变迁。社会心理变迁和个人心灵变迁不再是现象，而是本体，即存在论经济学和经济生态学。

新结构经济学，重视政府的作用，重视政策的力量，与我们所言的"政治主导经济"之说相近，西方学者称之为"东方模式""威权模式"。该模式既有中国和日本的经验，又有"亚洲四小龙"（即韩国、中国台湾、中国香港、新加坡）的经验，还有"亚洲四小虎"（即印度尼西亚、泰国、马来西亚、菲律宾）的经验。我们言"政治主导经济"的文化传统和历史经验，并非经济理念，不是"经济规律"，而是"文化塑造政治、政治主导经济、经济发展文化"的社会生态观、经济生态观。"政治主导经济"之"政治"、政府，不仅是理性的代表，而且是德性的代表。"政治主导经济"意在凸显政治、政府需要始终保持"公天下之心""通天下之志""无为而无不为"的自由精神。如果政府不能坚持"中性立场"，不能确保"中道而行"，不能做到"天下为公""至诚无息"，则政府和政治同样会有"败德""失德"之误[②]。

① 林毅夫：《新结构经济学》，北京大学出版社2012年版。

② 《公有制宏观经济理论大纲》一书创造性地提出了"计划者秩序"之说。建立"计划者秩序"初衷十分高远，但是最终失效，既因为"信息不完全""理性有限"，也因为"计划者"做不到"大公无私"。参见樊纲（主笔）、张曙光（副主笔）、杨仲伟、张燕生、袁刚明：《公有制宏观经济理论大纲》，上海人民出版社1994年版。

新制度经济学、新结构经济学、经济生态学，皆致力于理解和探索历史变迁、经济变迁、制度变迁、结构变迁。有结构分析才有现代经济学。由现象学、存在论哲学奠基的经济生态学、文化政治经济学，同样需要借鉴新制度经济学、新结构经济学的思想，同样需要通达制度结构、经济结构。

九、中西经济哲学会通：仁智并举，德力并建

本书的第四编，以“中西经济哲学思想的会通”为题，旨在以现象学、存在论意义上的经济生态学思想，激荡认识论、知识论意义上的经济动力学思想，实现德性与理性的通达，实现仁智并举、德力并建、会通中西。

经济学和经济哲学，不能离开物而专言人，离物言人则为文化学、伦理学。亚当·斯密将《道德情操论》与《国富论》一分为二，将政治经济学独立于文化学、伦理学，十分高明，但非完美，他让政治经济学失去了存在论哲学基础。

经济学和经济哲学更不能离开人而专言物，离人言物则为数学、逻辑学、物理学。以保罗·萨缪尔森为代表的新凯恩斯主义，将复杂的生态化的经济变迁理解为纯粹的数量化的经济增长，将经济学方法归结为“求最大值”的数学方法，导致经济学“只见物，不见人”。萨缪尔森的做法，偏离了斯密建立的政治经济学传统，偏离了柏拉图和亚里士多德建构的美德经济学传统。

理解经济变迁，既不能离物言人，更不能离人言物，必须见人见物、见物见人。做到既言人又言物，需要为脱离现实世界的知识论经济学、理念论经济学，重新奠定心物一元、天下一体、社会生态的哲学基础。从西方现代哲学而言，有胡塞尔的现象学、海德格尔的存在论为其打开智慧之门。从中国古典哲学而言，有《周易》《中庸》的本体论思想可以作为他山之石。

理解世界变迁、历史变迁、制度变迁、技术变迁、经济变迁，不能离开心灵变迁这个根本。《中庸》有言，“不诚无物”“至诚如神”。作为经济学家，理解世界，理解他者，理解经济，需要有“诚心”、有“道心”，才能做到北宋思想家张载所言的“横渠四句”：为天地立心，为生民立命，为往圣继绝学，为万世开太平。

理解止于存在。理解止于整全。理解止于事物是其所是、世界如其所是。

十、21世纪的经济政策学：以美利利天下

《周易》提出了“以美利利天下”的德性思想，这是中国文化和中国哲学的经典之语，是文化政治经济学的点睛之笔，体现了中国文化的德性精神、利他精神、节制精神、合作精神。

亚当·斯密提出了“市场是一双看不见的手”的理性思想，后来的经济学家建立了利益最大化、效用最大化、路径最优化的功利原则和力量原则，体现了西方文化的理性精神、利己精神、逻格斯精神、创新精神。

从经济哲学而言，中国文化重视德性、时间、生态，西方文化重视理性、空间、动力，两者都有各自的超越性，各有优长，各有短缺。面对现实，会通中西、德力并建、仁智并举，可能是未来发展的一个方向。

《庄子·天下》有言，“道术将为天下裂”。《庄子·德充符》有言，“自其异者视之，肝胆楚越也；自其同者视之，万物皆一也。”法国哲学家伽达默尔认为，“他者可通”。学者、学派、文明、文化，有自由、通达、开放的精神，才能“究天人之际，通古今之变”。自由、通达、开放的精神蔚然成风，则天裂可补，天下可通，大同可成。

通天下之志，公天下之心，“以美利利天下，不言所利”。中国文化和中国哲学的德性思想、生态思想、节制思想，有助于化解文明的冲突、政治的冲突、贸易的冲突。为世界发展注入德性精神、合作精神，有助

于推动全球经济合作、区域经济合作、经济全球化发展。

对中国文化和中国哲学的现代阐释，有利于推动国际社会深化对人类命运共同体、天下共同体的理解，有利于推动由经济学向政治经济学、文化政治经济学的回归，有利于推动世界发展的长期繁荣和持久和平。

本书意在理解中国。不仅希望中西会通，让世界理解中国，而且期盼古今会通，让中国理解中国。不但希望从经济方面理解中国，而且希望从文化、政治、经济整体方面理解中国。

第一编　文化政治经济学思想的哲学建构

本编共有五章。

第一章概述《周易》的文化政治经济学思想。分而言之，《周易》文化哲学观为通达与自由之学，政治哲学观为民本与德本之学，经济哲学观为聚人与理财之学。《周易》以现实世界中的人作为出发点和立足点，人唯一心但有三意，心之三意，分别对应文化意识、政治意识、经济意识。生活世界中的人，同时具有三种身份，分别对应文化人、政治人、经济人角色。实际上，三种意识、三种身份，共同成就生活世界的现实人、真实人。文化政治经济学思想凸显了文化、政治、经济三者的统一性、生态性，哲学基础在人，在心。

第二章、第三章、第四章、第五章，分别讲述文化生态、政治生态、经济生态、生态文明，由乾坤、泰否、损益、涣节四组关系来代表。四组关系可以理解为社会生态“生发”的过程，或者“开显”的相状，分别为盛衰之本、盛衰之象、盛衰之始、盛衰之变，可以称之为历史变迁之“社会四象”，分别对应德与力、开放与封闭、国富与民富、发展与稳定四组关系。

现实的生活世界，总是有对有错，有此有彼，人们总是容易陷入非此即彼、彼此对立的思想境地，《周易》哲学强调阴阳交通、阴阳相济的生态关系。《周易》的生态观同时包含文化、政治、经济三分的结构观。生态观凸显一，结构观凸显多，生态观和结构观的关系即一与多的关系。生态哲学视野下的结构观，强调生态化的结构和结构化的生态之一体两面，凸显生成关系，即一多之道。一多之道，与西方哲学的实体论、结构观不同，西方哲学凸显实体论上的空间化、数量化的逻辑关系，没有生态意义上的生发关系，凸显理事关系，可以视为一多之理。

本编五章致力于展示文化政治经济学思想的哲学建构，意在凸显超越性和现实性的统一。乾坤之道、泰否之道、损益之道、涣节之道，是文化政治经济学思想的四维。四维当中，乾坤之道最为根本，其他三维由其生发。

第一章
文化政治经济学思想的源头

《易经》是中国文化和中国哲学的源头，被称为“群经之首，三玄之冠”，为儒家和道家所共尊。

《周礼·春官》写道：“掌三易之法，一曰连山，二曰归藏，三曰周易，其经卦皆八，其别皆六十有四。”①《周礼》所言的《连山》《归藏》《周易》是三种不同的占筮方法，由8个经卦重叠出64个别卦组成。《连山》代表《夏易》，《归藏》代表《殷易》。

《夏易》《殷易》《周易》，三易相传，《夏易》《殷易》后来亡佚，《周易》流传至今。三部易经的首卦分别是艮卦、坤卦、乾卦，三卦分别代表夏、商、周的时代精神。《周易》以乾卦居首，开出了中国文化的独特气象，凸显了自强不息、刚健有为的中国文化精神。

儒家视《周易》为家珍，认为《周易》是由《易经》和《易传》组成，《易传》相传为孔子所作，《周易》当仁不让地成为儒家的经典。

《易传》有十篇：《彖》（上下）、《象》（上下）、《文言》《系辞》（上下）、《说卦》《序卦》《杂卦》，故称“十翼”。“翼”有辅翼、辅佐之义。

---

① 孙诒让：《周礼正义》，中华书局1987年版。

司马迁在《史记·孔子世家》中写道："孔子晚而喜易，序彖、系、象、说卦、文言。读易，韦编三绝。曰：'假我数年，若是，我于易则彬彬矣。'"[①]

班固在《汉书》中指出，"易道深矣，人更三圣，世历三古。"[②]"人更三圣"是说《易经》的诞生和变迁要归功于三位圣人：伏羲、文王、孔子；"世历三古"是指《易经》成书经历了上古、中古、下古三个时期。

孔颖达在《周易正义》中写道："夫子作十翼，谓上彖、下彖、上象、下象、上系、下系、文言、序卦、说卦、杂卦也。"[③]

《四库全书总目提要·易类》写道："易之为书，推天道以明人事者也。《左传》所记诸占，盖犹太卜之遗法。汉儒言象数，去古未远也。一变而为京焦，入于机祥。再变而为陈邵，务穷造化，易遂不切于民用。王弼尽黜象数，说以老庄。一变而胡瑗程子，始阐明儒理。再变而李光、杨万里，又参证史事。易遂日启其论端。此两派六宗已互相攻驳。又易道广大，无所不包，旁及天文、地理、乐律、兵法、韵学、算术，以逮方外之炉火，皆可援易以为说，而好异者又援以入易，故易说愈繁。"[④]从《四库全书》的记述来看，《周易》思想源远流长，对中国文化的塑造始终与时偕行，未有中断。

《周易》为开放、通达、自由之学，建立了一个世界的世界观，通过三才之道将天地人囊括其中，开创了道论、易道、阴阳之道、乾坤之道，并建立了天下一体的生态观、整体观，万有相通，万有相联。一个世界的世界观，在世觅道的方法论，天下一体的价值观和实践论，成为《周易》思想的代表。

我们将生态化的现实世界进行简易化、结构化对待，将社会生态和社会整体简易为文化、政治、经济三大结构。虽然社会生态一分为三，

① 司马迁撰，裴骃集解，司马贞索引，张守节正义：《史记》，中华书局2014年版。
② 班固撰，颜师古注：《汉书》，中华书局1962年版。
③ 王弼注、孔颖达疏：《周易正义》，北京大学出版社1999年版。
④ 永瑢、纪昀等：《四库全书总目》，中华书局1965年版。

由三大结构分别代表，但是三者可以合一。三者合一的道理，在于我们将生活世界和现实世界中的人，理解为文化性、政治性、经济性的统一，三个身份集于一身，发于一心。作为真实的社会人，虽然只有一心，但是心有三意，分别为文化意识、政治意识、经济意识。可以看出，社会生态奠基于社会心理。

《周易》哲学的生态观、生成观、整体观，并没有因为结构观、简易观而被解构，阴阳之道一以贯之，生态性、生命性、生发性得以全幅保存。生态化的结构观和结构化的生态观，一体两面。

第一节　通达与自由：《周易》的文化哲学观

一、一个世界的世界观

（一）从“地天相通”到“绝地天通”

从中国历史变迁来看，夏朝之前为五帝时代，关于五帝时代的社会变迁主要通过神话传说来记载和传承。其中，以颛顼帝时期发生的“绝地天通”事件最为重要。在此之前，为“地天相通”的时代，天代表神，地代表民，地天相交相通代表民神相通相杂。在地天相通的时代，蕴藏着宗教文化和政治文化、超越性和现实性的共存和冲突。

天与神是宗教文化的代表，是意义世界的代表；地与民是政治文化的代表，是秩序世界的代表，是世俗世界的代表。因此，地天相通的时代，从共存角度而言，存在着神权与政权的共治和争雄。从考古发现来看，红山文化时期的牛梁河遗址表明神权高于政权，而凌家滩遗址表明政权高于神权。从秩序冲突而言，当意义世界由巫来统一管理的时期，意义世界对民众完全开放，虽然民众拥有意义自主，但是需要通过巫作为中介来得以实现，而且因为“意义冲突”“文明冲突”而发生部落之间、方国之间的战争，即历史上的“诸神之战”。“诸神之战”的现实表现则是部落之战、方国之战，是对政治秩序的严重挑战。

所以，颛顼帝启动了“绝地天通”的历史性变革。通过“绝地天通”，社会变迁进入了宗教文化和政治文化两者合一的阶段。于是，取消意义自主，开启由统治者来垄断意义世界的建构。但是，不得不付出的代价则是意义和文化由分散走向集中，由多元走向一统。在宗教和政治走向合一的历史过程中，并不是统治者简单地粗暴地依靠政治权力就能够轻而易举地一次性完成，而是一个漫长的文化建设和文化融合的过程。

根据《国语·楚语》等多种文献的记载，绝地天通并不是在五帝时代完成的一次性事件，而是一个在颛顼时代、尧舜时代发生的连续性事件。“颛顼受之，乃命南正重司天以属神，命火正黎司地以属民，使复旧常，无相侵渎，是谓绝地天通。其后，三苗复九黎之德。尧复育重、黎之后，不忘旧者，使复典之，以至于夏、商。故重、黎氏，世叙天地而别其分主者也。”绝地天通事件的多次发生，表明帝（天子）与神（诸侯）分级而治的政教秩序的确立，并不是一蹴而就的，而是一个长期复杂、充满斗争与冲突的过程①。

余敦康指出，“颛顼‘绝地天通’对中国宗教文化的影响，关键在于初步确立了天神崇拜与祖先崇拜的信仰体制，这是后世敬天法祖的宗法性宗教的滥觞，逐渐演变成为华夏族的共同的宗教信仰。……颛顼遵循不离不杂的原则来处理此二者的关系。”② 而且余敦康还有一个重要的论断：中国文化的源头在文化不在政治。在陈赟看来，绝地天通包含着民神分业，内蕴着将政治镶嵌在文化中而不是将文化镶嵌在政治中的政教安排形式，这一形式正是传统形态的中国政教的根本特点。

（二）从《夏易》《殷易》到《周易》

余敦康和陈赟分别阐释了“绝地天通”事件的宗教文化意义和政治

① 陈赟：“绝地天通与中国政教结构的开端”，《江苏社会科学》2010 年第 4 期。

② 余敦康：“夏商周三代宗教——中国哲学思想发生的源头”，载姜广辉主编：《经学今诠三编》（《中国哲学》第 24 辑），辽宁教育出版社 2002 年版。

文化意义。在我们看来，“绝地天通”事件还有一层十分重要的文化哲学意义，就是回到现实世界，建立一个世界的世界观。而且“绝地天通”的文化哲学意义由《易经》所接受和传承，并且经过《夏易》《殷易》《周易》来继承和发展。

《列子·汤问》《淮南子·天文训》《史记·补三皇本纪》等书，都记载了“共工怒触不周山”的事件。其中《淮南子·天文训》中写道：“昔者，共工与颛顼争为帝，怒而触不周之山，天柱折，地维绝。天倾西北，故日月星辰移焉；地不满东南，故水潦尘埃归焉。”①

我们将“绝地天通”和“共工怒触不周山”两个事件联系起来看，地天相通的“桥梁”应为山，可为不周山，不周山应为高山大山。由于“共工怒触不周山”，结果是山毁，天柱折，地维绝，于是不周山与天相绝。虽然不周山不复存在，但是人们仍然念念不忘，遥想不周山，继续念兹在兹。

为此，《夏易》立艮卦为第一卦，“艮”为山，有节制之意，有“见山知止”“高山仰止”之说，与“望洋兴叹”之说有异曲同工之妙。这样，从《夏易》建立的文化哲学观来看，天与山开始分离了。同时，山还有一层含义，山代表地，天与山的分离同样意味着天与地的分离。进而言之，地也代表人，代表万物。我们进一步推论，从《夏易》的文化哲学观来看，天地相分、天人相分的趋势已经开始显现，并且作为一种文化哲学思想就体现在《夏易》当中。

这样，从《夏易》开始，中国哲学的目光就从天上拉回到了地上。实际上，中国哲学的起源与西方哲学的起源具有同样的特点。西方哲学的源头在苏格拉底，苏格拉底对西方哲学的历史性贡献就是将哲学的主题和目光从关注天转向关注人，从天上回到人间。

《殷易》立坤卦为第一卦，坤代表地，有厚德载物之意，也有贞定不易之意。这样，从《夏易》到《殷易》，天地相分、天人相分就不仅是趋势性的表达，而且是现实性的表达，已经成为《易经》思想的显著

① 刘文典：《淮南鸿烈集解》，中华书局1980年版。

特点。殷朝的统治者虽然重祭祀，敬鬼神，严惩罚，但是目的不是要回到天上，而是希望借助天命和天志来凝固在地的、在世的统治权，希望将当前的权力结构永久化和固定化，希望获得永恒的现实权力。可以说，《殷易》的属地性特点，相比《夏易》反而更加凸显。

《周易》立乾卦为第一卦，乾为天，有生生不息、自强不息之意。如果我们分别从乾坤两卦的特点来看《殷易》与《周易》，则《殷易》与《周易》有着天壤之别。一为地一为天，一为阴一为阳，一主静一主动，一为不易一为变易。《周易》立乾卦为第一卦，不能简单地理解为《周易》哲学要从“人间”再次回到“天上”，从“在地”再次回到“在天”。需要看到《周易》的深意所在，即借助“天命”言“人事”，借助乾卦来高扬人的自由意志、自强精神，世界变化皆由“人成”，皆由“心成”，皆由“事成”。虽然乾元能够通达天，但是同样由现实而生，由人事而生，由地而起，由心而起。可以说，《周易》赞美天，深意在于赞美人，赞美心。《周易》凸显人道合于天道的必要性，深意在于凸显人道合于天道的可能性，强调人能通天、心能通天的无限通达性，凸显生生之德、继善成性的无限可能性。

所以，《周易》相对《殷易》而言，有突破性和革命性的思想变迁。《殷易》强调坤元精神，《周易》强调乾元精神，强调生生不息、自强不息、刚健不息，这是对坤卦稳定性、静止性、封闭性、不易性的直接否定。

从《夏易》到《殷易》再到《周易》，三部易经的主导思想已经出现显著的变迁和差异，其中以《殷易》和《周易》之变最为剧烈①。其

① 王国维在《殷周制度论》一书中写道，“中国政治与文化之变革，莫剧于殷、周之际。”“殷、周间之大变革，自其表言之，不过一姓一家之兴亡与都邑之移转；自其里言之，则旧制度废而新制度兴，旧文化废而新文化兴”。王国维提出了三大论点：“周人制度之大异于商者，一曰立子立嫡之制，由是而生宗法及丧服之制，并由是而有封建子弟之制、君天子臣诸侯之制；二曰庙数之制；三曰同姓不婚之制。”王国维所言的三大论点，对应的主要是文化与政治两大方面：从文化来看，“故知周之制度、典礼，实皆为道德而设。”从政治来看，封建制度与“嫡庶之制相辅”，“天子、诸侯君臣之分，亦由是而确定者也。”当然，王国维先生未明确言经济，但是封建制本身就是一种与人口、土地相关的基础性经济制度。

王国维未言《殷易》《周易》之差别。我们强调《殷易》《周易》的差别，意在凸显制度变迁背后的思想变迁、精神变迁、心灵变迁。

实，这是“显”的一面，是“阳”的一面。同时，三部易经自始至终保有连续性和继承性，这是“隐”的一面，是“阴”的一面。这个“阴”“隐”的一面，即是坚定不移地回到一个世界，回到一个平铺的人文世界，回到一个现实的生活世界。这个“阴”“隐”的一面，恰恰成为三部易经变易中的不易之处、不易之道。

二、在世之道的道论思想

（一）阴阳之道

《周易》把事物或世界理解为阴阳，阴阳为一物，一物分阴阳。阴阳又被理解为隐显两种方式，事物总是或隐或显，不是全隐或全显。或者说，事物总是侧显，而不是全显。对此，西汉思想家董仲舒在《春秋繁露》一书中，对阴阳的显现方式进行了经典概括：阴阳“不二起”“不俱出”“或出或入”“一出一入”“一入一出”。这样，世人可观察、可感受、可经验的总是事物的一个侧面、一个局部，事物总是有另外的一个侧面、一个局部不为世人所见识、所感觉、所经验。这样，事物的整体性、整全性就不会同时显现出来，可以经验的东西总是事物的一个片面或者侧面。

于是，《周易》发问：事物何以全知？如何知全事物？

对此，《周易》的回答是：“一阴一阳谓之道。继之者，善也；成之者，性也。”“形而上者谓之道，形而下者谓之器”。这样，《周易》开创了道论，通过道论来寻求事物的整体性和整全性，事物的整全性即是道，即是事物自身，即事物如其所是、如其所来，是其所是、是其所全。

《周易》的道论思想，包含三个方面的重要含义：

首先，道不在事物之外，不在事物之上，而在事物之中，在事物自身。事物自身即该事物“是其所是”“如其所是”“如其所来”，我们称之为“道即事物自身”“道即自己”。

其次，事物自身的特点是整全性和整体性。所以，我们把《周易》

的阴阳之道、道论思想概括为“整全性即道”“整体性即道”。

再次，事物自身的整全性和整体性在于事物内部的一阴一阳，阴阳相济才有事物自身的全幅显现。

概括而言，《周易》的道论思想可以表达为：事物自身即道，整体性和整全性即道，阴阳相济即道。

接着《周易》继续发问：人何以明道？世人如何把握事物的自身性、整全性、阴阳性？

对此，《周易》的回答是：继善成性、与时偕行。

继善成性是指要因顺事物自身的阴阳变化，不以“自我”“有我”去干预事物自身运行，让事物是其所是，让事物尽其所是，让事物自然绽放。《周易》提出继善成性的说法，表达了事物自己开放自己、自己显现自己的思想，即事物可以向世界一览无余地开放自身和显现自身。事物如此，世人同样如此。于是，一个澄明的世界、一个无遮的世界，就得以全幅绽放，道在此时此境得以显现。

那么，世人如何才能继善成性？如何才能全幅开放自己？

《周易》的回答是：人有诚心，可以做到“闲邪存其诚”；人有中孚心，可以做到“有孚挛如”。

这样，世人可以全幅显现自己，事物可以全幅显现自身，道自然而然地随时开显。于是，有至诚心的人，有中孚心的人，就能够明道，就能够得道。继善成性者可以明道，道向继善成性者开放；有至诚心的人可以明道，道向诚者开放，向有孚者开放。

《周易》写道，“凡益之道，与时偕行”。与时偕行则是行道，道即时，道即几。在中国古代汉语中，时的本意是时几，几为几微，表示细微的变动。所以，时几不是现代汉语所言的时间，而是充满变化和变易的时间性、心意性。因此，几的本意是时间性、心意性、历史性。与时偕行的说法，表明道不在人之外，不在人之上，而在人之行、时之中、心之动。

《周易》通过道论来贯通超越性和现实性、整全性与局部性、知道与行道。发问方式也很独特，不问“道是什么”①，不走古希腊的概念之路、理念之路，而是问“道在哪里?”走体道、明道、行道的天人合一、心物合一之路。所以《周易》哲学的特点是在世觅道，不是离世觅道；向自身觅道，不向他者觅道。

可见，《周易》的道论与柏拉图的理念论大不一样。《周易》不去建立一个新的理念世界，不去增加一个新的世界主体，不离开现实世界去觅道。所以，中国文化的特点是不离现实世界而又超越现实世界，总是与现实世界若即若离，进而完成在世觅道的使命。

对此，费孝通和徐复观有过论述。费孝通在“过年过日子与过渡心理”一文中写道：“我常说若要明白中国文化的特性，我们必得借鉴于植物，植物不择地，随处而安；植物不择时，春荣秋枯。中国人讲顺，就是接受一切，不择地择时，更不择命。我们并不需要一个虚设的天堂，才能在这个世界上做好人。我们可以为自己预备寿材，为自己选定墓地；我们可以看孩子们不断入世，弄到穷无立锥之地，既无柏拉图之理想国，亦无但丁的地狱，有的是一堆过不完的日子，一年一节地度过去，自己辞世了，儿子们随着再过。‘逝者如斯，不舍昼夜’。”② 徐复观在《两汉思想史》一书中写道：“我研究中国思想史所得的结论是：中国思想，虽有时带有形而上学的意味，但归根到底，它是安住于现实世界，对现实世界负责；而不是安住于观念世界，在观念世界中观想。”③

在世性、生活性、现实性、时间性，代表了中国人的文化心理。

（二）在世之道

《周易》有“一阴一阳谓之道”的阴阳学说。阳为可经验、可观察、

---

① 当代西方语言哲学从中西文字之别来理解中西哲学之分。西方文字的特点是语音，中国文字的特点是象形。语音文字与逻格斯精神相亲近，适合于对事物进行定义，发展出“是什么”的概念思维。象形文字与存在论哲学相契合，适合于发展整体主义的“道论”思想，并且追问“道在哪里”，这是因为象形文字本身就保留了事物原始的存有性。参见张光直：“论中国文明的起源”，《文物》2004 年第 1 期；杜维明：“存有的连续性：中国人的自然观”，《世界哲学》2004 年第 1 期。

② 费孝通：“过年过日子与过渡心理”，《费孝通全集》第三卷，内蒙古人民出版社 2009 年版。

③ 徐复观：《两汉思想史》（卷二），（台湾）学生书局 1979 年版。

可辨识，代表“有”，可以称之为“既有”“已有”。阴为不可经验、不可观察、不可辨识，与阳的特征恰好相反，所以不能代表“有”。但是，阴也不代表“无”。可以说，阴在“有无之间”，可以称之为“临虚”，可以称之为“未有”。称“阳”为“既有”，称“阴”为“未有”，可以与既济、未济的说法相仿佛。“未有”之说，也可以理解为当下为阴、未来为阳的变易思想。

虽然人们看不见“阴”，摸不着“阴”，但是人们仍然可以感受阴，可以体会阴。因为阴仍然“在”现实生活，仍然“在”人世间，并没有超越和远离现实生活，而且随着时间的到来，阴反而会转变为阳，为世人所经验、观察、识别，成为可辨识的内容。所以，阴和阳都具有在地、在世、可感受、可经验的特点，并非“阴”在天上而不可知，阳在地上而可知。所以说，《周易》的阴阳观、道器观、体用观，为在世之道，非为离世之道。

《周易》有“形而上者谓之道，形而下者谓之器”的道器之说。虽然道器有分，但是道不离器、器不离道，道器之说并非构建“两层存有论”[①]。整体而言，《周易》持有一个世界的世界观，在世之道的道论。现实世界是一个“平铺的世界”[②]，并非另有一个“超越的世界”与之相对待。

---

① 新儒学重镇牟宗三借用佛教经典《大乘起信论》中“一心开两门”的说法，构建起“两层存有论”的“良知坎陷说”。“良知”对应“一心”，是内在超越性的代表。康德所言的“物自身”对应“真如门”，“现象”对应“生灭门”。牟宗三构建“两层存有论”，意在通达康德哲学即通达中西，同时实现儒学的“返本开新”即通达古今，希望经由儒家思想而发展出民主、科学。相对于牟宗三所言的“两层存有论”，我们强调《周易》哲学的“一个世界的世界观”即“一层存有论”，更加强调开放、通达、自由、创造。实际上，我们所言的“一个世界的世界观”与徐复观所言的“平铺地人文世界”更为接近。我们认为，《周易》作为中国文化的源头，是一个开放、通达、自由的思想体系，可以容纳和包容“两层存有论”的建构。在中国文化发展史上，老子的思想、董仲舒的思想、《白虎通义》的思想、朱熹的理学思想，同样体现了构建“两层存有论”的努力。

② 牟宗三、唐君毅、徐复观同为熊十力的弟子，并且分别以智、仁、勇著名，牟宗三重哲学，唐君毅重文化，徐复观重历史。徐复观与牟宗三治学方法有别，不以形而上学的理论建构为己任，徐复观提出“形而中者谓之心”“平铺地人文世界”等说法，致力于将本体论（存在论）、认识论、价值论（实践论）“打成一片”，而不是“分成三截”。参阅李维武：《徐复观学术思想评传》，北京图书馆出版社 2001 年版。

（三）在世觅道

《周易》之后，孔子开创了儒家，儒家由言道而言德，进一步贴近生活世界。老子针对儒家言德，转向由言德而言道，推崇自然之道。老子有言，“人法地，地法天，天法道，道法自然”，表达了疏离生活世界、朝向超越世界的思想。老子之后的庄子，继续坚持老子的自然之道，不过庄子开始向现实世界回归，针对儒家讲庙堂之重、事功之大，庄子则言江湖之远、渔樵之静。后来，到了黄老道家的时候，盛言道术，强调功用，完全回到现实世界。

东汉初期，印度佛教自西而来，经过本土化、中国化之后，唐朝的时候诞生了以禅宗为代表的中国佛教。六祖慧能倡言“明心见性、见性成佛”的大智慧，凸显“烦恼即菩提”[①] 的大道理。六祖之后，南宗禅师更是倡言，“立处即真”“触类是道”“平常心是道”。

概括而言，儒释道三家始终坚持一个世界的世界观，始终坚持在世之道的道论思想。

唐朝思想家韩愈在《原道》一文中写道：“博爱之谓仁，行而宜之之谓义，由是而之焉之谓道，足乎己而无待于外之谓德。”[②] 韩愈对仁义道德的解说富有创见，影响深远。20 世纪 40 年代，哲学家金岳霖出版名著《论道》一书，他在该书中就采用“由是而之焉”来界定道。

《中庸》开篇写道：“天命之谓性，率性之谓道，修道之谓教。”对此，南宋思想家朱熹在《中庸章句集注》中写道：“命，犹令也。性，即理也。天以阴阳五行化生万物，气以成形，而理亦赋焉，犹命令也。于是人物之生，因各得其所赋之理，以为健顺五常之德，所谓性也。率，循也。道，犹路也。人物各循其性之自然，则其日用事物之间，莫不各有当行之路，是则所谓道也。修，品节之也。性道虽同，而气禀或异，故不能无过不及之差，圣人因人物之所当行者而品节之，以为法于天下，

① 《六祖坛经》写道：“凡夫即佛，烦恼即菩提。前念迷即凡夫，后念悟即佛。前念著境即烦恼，后念离境即菩提。”“烦恼即菩提”一语，亦写作“即烦恼即菩提”。

② 韩愈：《韩昌黎文集校注》，上海古籍出版社 1986 年版。

则谓之教，若礼、乐、刑、政之属是也。”虽然朱熹是理学思想的代表，重视对道之超越性的探索和阐释，他视道为理，视天道为性理，但是朱熹认为道与理皆在行，即在人之践行。其中，道犹路也，当行之路谓道，朱熹的这些说法仍然凸显在世觅道、在世行道。

明朝思想家李贽写道：“夫道者，路也，不止一途；性者，心所生也，亦非止一种已也。……夫君子之治，本诸身者也，至人之治，因乎人者也。本诸身者取必于己，因乎人者恒顺于民，其治效固已异矣。夫人之与己不相若也。有诸己矣，而望人之同有；无诸己矣，而望人之同无。”①

韩愈言“由是而之焉”为道，朱熹言“道犹路也”，李贽言“道者，路也”，经典地概括出了《周易》道论思想为“在世之道”的特点。

（四）在世行道

社会学家费孝通在《乡土中国》一书中写道：“每一家以自己的地位作为中心，周围划出一个圈子，这个圈子的大小要依着中心势力的厚薄而定”“以己为中心，像石子一般投入水中，和别人所联系成的社会关系不像团体中的分子一般大家立在一个平面上的，而是像水的波纹一样，一圈圈推出去，愈推愈远，也愈推愈薄。”②

我们把费孝通的“差序格局”思想换一个说法，称之为“波心文化”。波心为自己，代表人心。孔子言仁者爱人、推己及人，“己”就是波心。进而言之，《周易》的道论涵盖了从人心、人生、文化、政治、经济、天下的方方面面。从大处而言，道论思想其大无外。从小处而言，其小无内。可以说，《周易》的道论思想，塑造了乡土中国、民生中国、文化中国、天下中国的大格局。

---

① 李贽：《焚书 续焚书》，中华书局2009年版。

② 费孝通：《乡土中国》，上海人民出版社2006年版。

我们提出"波心文化"[①] 的说法，是为了更好地将《周易》的"一个世界的世界观"形象地刻画出来。"波心文化"表明这是一个平铺的人文世界（徐复观之语），是一个生态化的生活世界，生活世界的起点和终点都是人。进而，我们将《周易》道论的覆盖范围区分为五个渐次扩大的圈层，分别是人生、文化、政治、经济、天下。在天下一体的生态圈和生态场当中，人心为核心，为圆心，五个圈层皆由人心来缘起和发用。

生态圈的第一圈层是人生。从《周易》的文本来看，祸福吉凶、趋利避害、逢凶化吉、遇难成祥的表述，随处可见。我们很容易得出《周易》的道论为人生哲学的判断。确实如此，《周易》把人生置于圈层的中央，人生最幽微之处即人心。从《周易》开始，中国文化论道不离人生和人心。为此，梁漱溟写过一本名著，即是《人生与人心》。

生态圈的第二圈层是文化。文以成人，文以化生，文以成俗，化民成俗，是文化让人得以成长。但是，文化根基于人心。虽然文化代表超越的理想，高于现实生活，但是《周易》所言的文化恰恰不离人心人生，不离衣食住行的生活世界，不离恩怨情仇的情感世界，不离情理法通融的现实世界。所以，《周易》言诚心、中孚心，言继善成性，强调和凸显在世行道的要求。

生态圈的第三圈层是政治。文化塑造政治，是中国政道和治道的特点，政治制度的合理性和合法性建立在文化认同的基础之上，建立在民心民意的基础之上。孔子认为，"为政以德""政者，正也"。曾子言大

---

① 我们将中国文化称之为"波心文化"的说法，意在刻画"绝地天通"之后的《周易》建立了一个世界的世界观。从此之后，现实世界和生活世界是心海的文化，是心理的文化，是心灵的文化，同时也表明世界是平的，不以力平，而以心平，心如水平。相对而言，西方文化可以表述为"塔基文化"，西方神话传说中有"通天塔"之说，《圣经旧约创世纪》中写道："来吧，我们要建造一座城和一座塔，塔顶通天，为要传扬我们的名，免得我们分散在全地上。"西方文化的"通天塔"之传说，意在表达地天相通的两个世界，一个是理念世界，一个是现实世界，两个世界由通天塔相连。两个世界之间是决定论关系，理念世界决定现实世界，这里也有心力和神力的思想。不过，就建塔而言，塔之高度完全要由塔基来奠定，同样是决定论思想，主要是物力的思想。相对而言，称中国文化为波心文化，强调其心力的特征；称西方文化为塔基文化，强调其物力的特征。

学之道，大学之道即君子之道、大人之道、圣贤之道。《大学》写道："古之欲明明德于天下者，先治其国；欲治其国者，先齐其家；欲齐其家者，先修其身；欲修其身者，先正其心；欲正其心者，先诚其意；欲诚其意者，先致其知，致知在格物。物格而后知至，知至而后意诚，意诚而后心正，心正而后身修，身修而后家齐，家齐而后国治，国治而后天下平。"① 大学之道可以概括为"心意知物，修齐治平"的八字箴言。治平即治国平天下，代表政治事功，心意即正心诚意，代表文化源头。所以，政治发展离不开民心民意。孟子言王道仁政、民本政治、内圣外王，正是将优良的政治归结为民心民意、正心诚意。可见，政治的基础在民在心，在于民心民意。

生态圈的第四圈层是经济。《周易》写道："天地之大德曰生，圣人之大宝曰位。何以守位？曰仁，何以聚人？曰财。理财正辞，禁民为非曰义。""乾始，能以美利利天下，不言所利。""天地交，泰。后以财成天地之道，辅相天地之宜，以左右民。"② 《周易》提出了三个重要的经济思想，分别是理财思想、美利思想、财成思想。《尚书》提出了"正德利用厚生惟和"③ 八字箴言。可见《周易》和《尚书》都十分重视民生和理财，把民生和理财视为检验优良政治的重要标准。《尚书》把政治理解为正德，把理财理解为厚生，认为正德先于厚生，而不是相反。

生态圈的第五圈层是天下。前面四个圈层都是讲内部，第五个圈层是讲外部。天下一词不对应现代汉语中的国家。古代汉语中有"国"与"野"之分，并有"体国经野"之说。国是相对于野而言，野是城邦的四周，国是城邦中心，相当于都城。国与野的区分，本意是讲城邦中心和城邦外围之间的关系，即内外关系。现代汉语所言的国家，指代民族国家（nation state）。民族国家的概念出现得很晚，是15—16世纪在近代欧洲出现的政治现象和政治术语。西方政治学意义上的国家是政治实体，

① 朱熹：《四书章句集注》，中华书局1983年版。

② 王弼注，孔颖达疏：《周易正义》，北京大学出版社1999年版。

③ 孔安国传，孔颖达疏：《尚书正义》，北京大学出版社2000年版。

中国文化意义上的天下为内外关系，两者的含义相去甚远。

总而言之，《周易》的道论思想至大无外，至小无内，笼而统之、弥纶天下，覆盖人生、文化、政治、经济、天下五个圈层。波心为核心，为圆心，为人心。

人之心迹，人之行迹，即是在世行道。

三、天下一体的生态观

（一）生生不息的生成观

《周易》写道："日新之谓盛德，生生之谓易。""易有太极，是生两仪，两仪生四象，四象生八卦。""天地之大德曰生""生生之谓易"，被后世学者称之为生生之道，体现了《周易》哲学特有的生成观。

《周易》不但讲阴阳之道、两仪之道、天地之道、乾坤之道，而且讲天地人三才之道。《周易》写道："有天道焉，有人道焉，有地道焉。兼三才而两之，故六。六者非它也，三才之道也。""是以立天之道，曰阴与阳；立地之道，曰柔与刚；立人之道，曰仁与义；兼三才而两之，故《易》六画而成卦"。

天地人为三，表达空间结构，讲述秩序之道，代表复杂的生命体，描述复杂的社会生态。阴阳为二，既表达空间结构，又是时间和时机的代表，凸显事物在时间中的空间开显，讲述和谐之道。那么，"阴阳之道"如何"生化"出"三才之道"？"三才之道"如何能够"简易"而成"阴阳之道"？

实际上，这个"生化""简易"① 的通途就是"生生之谓易"。"三才之道"标识天地人，"阴阳之道"标识阴阳，"生生之道"标识"易"。在《周易》哲学的"生成观"看来：首先，天地为阴阳的代表，

① 《周易》所言的"简易"，不同于西方还原论所言的"简化""化约"。两者虽然都包含有化繁为简的意思，但是"简易"强调"阴阳之道在其中"以及对差异性包容、差异性的相通相济。西方哲学的"简化"和"化约"强调"同一性在其中"，同一性不流失。

天地生万物，人为万物之灵秀，说到底人为天地所生，所以阴阳之道可以“生化”出三才之道。其次，人通过修养的功夫和境界的提升，可以达到与天地并列为三的高度，即《周易》所言的“与天地参”（“参”通“三”），所以三才之道可以“简易”成阴阳之道。这样，通过《周易》独具特色的生成观，化空间为时间，化“三才之道”为“阴阳之道”，最后又回到了“阴阳之道”。化空间为时间，化三才之道为阴阳之道，正是“以时间统摄空间”的《周易》哲学精神。

生成论是中国哲学的重要思想，体现了中国哲学的宇宙观、世界观、时间观、空间观。由于《周易》建立一个世界的世界观，所以生成论的立论基础就在现实世界。现实世界的丰富多彩、千差万别，不是由他者、天帝、上帝所创造，而是由现实世界自身“生”出来，“长”出来。

（二）和和美美的中和观

《周易》写道：“乾道变化，各正性命。保合太和，乃利贞。首出庶物，万国咸宁。”① 《周易》提出了“太和”之说。

《中庸》写道：“喜怒哀乐未发谓之中，发而皆中节谓之和。中也者，天下之大本也；和也者，天下之达道也。致中和，天地位焉，万物育焉。”② 《中庸》提出了“中和”之说。

《国语》写道：“夫和实生物，同则不继。以他平他谓之和，故能丰长而物生之。”③ 《国语》将“和”解释为“以他平他”，是指事物发展既能够保持自身特性，“是其所是”“各正性命”，又能够和和平平地“在一起”，能够“共生共荣”。因此，和代表对差异性的包容。“同”是指同一，消除各自特色，泯灭各自差异，只保留同一性。《国语》认为，和则共同繁荣，共同发展；同则不可持续，不可持久。

《左传》提出了“和如羹焉”的经典说法，并且写道：“先王之济五味，和五声也，以平其心，成其政也。声亦如味，……君子听之，以平

① 王弼注，孔颖达疏：《周易正义》，北京大学出版社 1999 年版。
② 朱熹：《四书章句集注》，中华书局 1983 年版。
③ 朱熹：《四书章句集注》，中华书局 1983 年版。

其心。心平，德和。”[①]《左传》论“和”与《国语》更加接近，同样强调既要保持事物自身的差异性，又要实现事物之间的和谐性。

中国哲学认为事物的生成，不能离开阴阳相济与阴阳和谐。阴阳和谐则长盛不衰，则生生不息，有生有长，生而不灭。一旦离开了阴阳和谐，共同体和生命体就会走向争斗、战争，最终走向衰落和毁灭，即生而有灭。因此，中和观、德性观，与生成观、体用观浑然一体。

《周易》言太和，《中庸》言中和，《国语》言平和，《左传》言德和，“和”因此成为中国文化的重要代表，所以中国文化亦被称为“和文化”。同时，“和”也成为中国哲学的重要思想，所以中国哲学亦被称为“和哲学”。从中国文化和中国哲学而言，“和”可以通达真美善，可以通达体相用。

首先，“和”代表和和美美的社会生态，和和气气的社会关系，和和平平的共同体、生命体、生态圈。因为致和，才有事物的生生不息，才有共同体的天长地久。所以，和代表永恒之道和永生之道，和为用，和为善。

其次，“和”代表美，代表相。中国文化有和谐致美的说法，美代表事物相状与事物结构的和谐关系，因为和谐才能致美。和而美的思想，成为现代美学理论的重要基石，是中国对世界文化的重要贡献。

再次，“和”代表本体，代表真实。这是和文化最深厚、最高远的地方。《周易》言“各正性命，保合太和”，把“各正性命”作为“保合太和”奠基石。《左传》言“以他平他曰和”，强调“和而不同”，反对消灭差异性求取同一性，主张保持差异性达成和谐性，凸显开放、通达的重要。所以，和为真，和为体。

《周易》的中和观、生态观、生成观，三者密不可分，共同塑造了中国文化和中国哲学的底色，即天下一体的生态观。

（三）生态观的历史生成

历史学家傅斯年提出的“夷夏东西说”，考古学家家苏秉琦提出的

---

① 左丘明传，杜预注，孔颖达正义：《左传正义》，北京大学出版社2000年版。

"满天星斗说"，揭示了中国历史变迁对中国文化哲学思想变迁的影响，有助于我们理解中国文化生态观、生成观、天下观的历史形成。

考古学家苏秉琦提出了关于中国文明起源的"满天星斗"之说。在苏秉琦看来，新石器时代的中国，同时并存发展水平相近的众多文明，散布在中国的四面八方，犹如天上群星之星罗棋布，而中原文明只是众星之一，而且在很长时间里并不是众星之核心，而只是并列的重心之一。文明之间存在着相互交通、相互影响的社会交往，经过长期的发展之后才出现"月明星稀"的统一状态。满天星斗时期大约持续了2500—3000年或更长时间，占去中国文明发展史的一半或一半有余的时间，应该是中国文明的奠基阶段。

苏秉琦的"满天星斗"之说并没有否定中原文明有其本地根源，但是指出了中原文明的形成具有明显的合成性质，有着来自东西南北各个方向的文化因素，尤其是来自北方"原生型文明"的影响，其中，北方文明的南下影响形成一个"Y"型通道，即辽西文明和内蒙古河套文明通过山西晋地到达晋南的通道，这个"Y"型路径被认为是中华文明多根系中的关键性"直根"[①]。

苏秉琦从考古学的实证分析出发，提出中华文明起源的"满天星斗"之说，对于我们理解《周易》文化中的"保合泰和"的自由思想、共同体思想、生态思想富有启示。

历史学家傅斯年对中华民族和中国文化的历史生成进行了深入研究，研究成果凸显了中国历史变迁的地理空间特征。他在《夷夏东西说》一文中写道："在三代时及三代以前，政治的演进，由部落到帝国，是以河、济、淮流域为地盘的。在这片大地中，地理的形势只有东西之分，并无南北之限。历史凭借地理而生，这两千年的对峙，是东西而不是南北。现在以考察古地理为研究古史的一个道路，似足以证明三代及近于三代之前期，大体上有东西不同的两个系统。这两个系统，因对峙而生

① 苏秉琦：《满天星斗：苏秉琦论远古中国》，赵汀阳、王星选编，中信出版集团2016年版。

争斗，因争斗而起混合，因混合而文化进展。夷与商属于东系，夏与周属于西系。”①

概括而言，天下一体的生态观，不仅是《周易》文化哲学思想的开新，也是对中国历史变迁过程的总结。

第二节　民本与德本：《周易》的政治哲学观

作为文化哲学的文本，《周易》的思想开新不离历史变迁的启示。实际上，作为政治哲学的文本，《周易》对当时的社会政治环境作出了回应。

作为文化哲学文本，《周易》发问的主题是何以全知？追问事物的可知性，进而提出阴阳之道的道论思想。作为政治哲学文本，《周易》发问的主题是天命何在？追问政治的合法性，进而提出了天命在民的民本思想。

政治哲学的基础性问题是政治合法性，求解政治合法性奠定了中国政治哲学的基础。《周易》之后的千百年来，中国对政治合法性的发问和解答，始终没有离开《周易》奠定的文化基础和政治基础。可以说，《周易》既是中国精神的文化宣言，又是政治宣言，还是经济宣言。就文化与政治两者的关系而言，《周易》将政治架构镶嵌在中国文化的网络当中，通过阴阳之道奠基了天命在民的伟大政治思想。

对于天命何在的发问，商纣王的回答是“王命在天”“我命在天”。商纣王的这种回答，其深层意识是通过天命和天志来确保“我—王”的天经地义和“王—命”的天长地久。商纣王的回答，并不能简单地看做是维护个人利益和集团利益的主观意愿，而是有着深远的文化哲学和政治哲学的底气，正是因为有了这种文化哲学和政治哲学的底气，商纣王

① 傅斯年：《民族与古代中国史》，河北教育出版社2002年版，第2页。

才能够如此理直气壮地回答。商纣王的底气，与《殷易》立坤卦为首卦的做法分不开，两者之间有着千丝万缕的紧密关系，甚至可以说，是《殷易》给了商纣王以足够的底气。

但是，《周易》不同于《殷易》，《周易》挺立乾卦为首卦，坤卦则屈居第二卦。面对天命何在这个重大问题，《周易》的回答是：天命在民、在己、在德①。于是，《周易》对《殷易》的政治哲学思想进行了彻底颠覆和根本变革。

《周易》作为中国文化的源头，彻底斩断了天命和天志的观念，反对一切“外己”的决定论，完全回到一个世界的世界观，强调只有一个真实的生活世界。在现实世界当中，民众不仅对现实政治的合理性感同身受，而且对现实政治的合法性心知肚明，最为重要的地方在于民众可以通过“乾道乃革”的社会实践来推翻没有合理性、合法性的王权，重新建立称心如意、天下为公的政治权力。

从文化哲学来看，《周易》开创性地建立了“开放之学”“通达之学”“自由之学”。从政治哲学来看，《周易》坚守一个世界的世界观，否定天命和天志作为“在天之道”对“在世之道”“在地之道”的决定。于是，坚定不移地回到人之本身，回到人之为人的基础，从而建立了“民意政治”“民主政治”“德性政治”的思想。

《周易》的“民主政治”思想，与近代西方政治哲学定义的“民主政治”概念，两者存在显著差异。民为邦本，由民作主，这是《周易》政治哲学思想的原初之意，旨在强调由民心民意来选择政治制度。当然，从“政治主体在民”的前提和原则而言，《周易》的“民主政治”思想与近代政治哲学的基本思想，遥相呼应，并无二致。尽管西方政治哲学强调权力分立和权力制衡，其深远意义还是在于对民心和民意的保护。权力制衡只是手段，只是工具，关键在于顺应民心，通达民意，这是根本。

① 这个概括是将《尚书》和《周易》的政治哲学思想结合起来得出的。

一、维新政治

司马迁在《史记》中写道："文王拘而演《周易》"。《周易》的政治思想肇始于殷周之际的政治鼎革。在商纣王时期，商和周的地位相差悬殊。殷是大邦，周是小邑。周作为小邑，即使能够推翻大邦殷，仍然面临小邑周能否承担起领导大邦殷的现实政治问题。这个现实政治问题的核心，仍然是政治合法性问题。

周文王没有站在殷周对立、殷周冲突的现实立场上扬周抑殷，而是站在超越的、未来的立场上[①]，站在民众的立场上，进行文化和政治思想立论。因此，文王的伟大之处就在于他对政治合法性的求解和回答自始至终体现了开放、通达、自由的精神，希望不仅对殷适用，而且对周也适用，甚至对未来的千秋万代都适用。于是，周文王构建了"文化塑造政治"的崭新政治理念。所以，哲学家余敦康讲道，中国文化的源头在文不在政[②]。

《周易》写道："富有之谓大业，日新之谓盛德。生生之谓易，成象之谓乾，效法之谓坤，极数知来之谓占，通变之谓事，阴阳不测之谓神。"

《诗经》写道："周虽旧邦，其命惟新"[③]。

南宋思想家朱熹对此的解释是，"周国虽旧，至于文王，能新其德以及于民，而始受天命也。"《尚书·康诰》把"日新其德"的观念概括为"作新民"。朱熹对此解释道，"鼓之舞之之谓作，言振起其自新之民也。"[④]

《周易》将日新其德视为政治生活的头等大事，对后世的政治影响无与伦比。日新其德体现了乾卦特点，正是《周易》立乾卦为首卦的深远意义所在。

---

① 黄裕生：《站在未来的立场上》，三联书店2014年版。

② 余敦康："儒家伦理思想与中国传统文化"，载《文化：中国与世界》第3辑，三联书店1988年版。余敦康：《哲学导论讲记》，北京大学出版社2017年版。

③ 毛亨传，郑玄笺，孔颖达疏：《毛诗正义》，北京大学出版社2000年版。

④ 朱熹：《四书章句集注》，中华书局1983年版。

二、德性政治

（一）天命在民

《尚书·泰誓》中写道："天视自我民视，天听自我民听。"这是武王伐纣时战前动员讲话的思想要点，意思是天命以民众为依归，天道以人道为依托。武王发表的这番演讲，意在强调天命在民，正义在周。

《尚书·五子之歌》写道："皇祖有训，民可近，不可下。民惟邦本，本固邦宁。予视天下愚夫愚妇，一能胜予，一人三失，怨岂在明，不见是图。予临兆民，懔乎若朽索之驭六马，为人上者。奈何不敬?"

我们将《尚书》与《周易》的政治哲学思想连在一起。就此而言，《尚书》与《周易》把人道从天道的笼罩下独立出来，以民心民意来承接天命。"天命在民"的观点，与"人民主权""主权在民""民主政治"的思想，虽然时隔千年，非为同一，但是从哲理上讲，他们一脉相承，遥相呼应。

（二）天命在德

殷商政权的特点是重祭祀、敬鬼神、扬天命、严惩罚。商纣王宣扬他的统治是天命所在，王命在天，上天所予，莫之能夺。意思是他的统治地位天长地久，贞定不易，再大的错误也不能改变上天赋予他的王命。可见，殷商时期所言的"天命"实际上是一种"天命决定论""天命意志论"，由异于人、高于人的上天来决定世人的命运。

针对殷商的政治文化，《尚书·蔡仲之命》写道："皇天无亲，惟德是辅；民心无常，惟惠之怀。"这段文字从两个方面对"天命决定论"进行批判：一是上天公正无私，不论亲疏，不重祭祀，只论德行，辅弼有德之人，再隆重的祭祀并不能改变上天的公正之心；二是上天以民心为心，以民意为意，以民生为重，以厚生为重。上天之选，唯以德才为标准，能够惠民保民者为王。后来，孟子提出"保民而王"的政治思想，与此相通相达。

（三）天命在己

《周易》不但否定了殷商政权宣扬的“我命在天”“王命在天”的文化政治观念，树立了日新其德、天命在民、天命在德的政治理念，而且进一步强调“德在己身”的文化政治思想。

王命既不由天命决定，也不由鬼神决定，而由王者自己决定。是王者自己对自己负责，是自己决定了自己的命运，是自己的行为和思想决定了自己的未来。天命在己的政治思想，与“继善成性”的文化思想若合一契。

第三节　聚人与理财：《周易》的经济哲学观

《周易》写道：“天地之大德曰生，圣人之大宝曰位。何以守位？曰仁。何以聚人？曰财。理财正辞，禁民为非曰义。”

《周易》写道，古者包牺氏“作结绳而为网罟，以佃以渔”；神农氏“日中为市，致天下之民，聚天下之货，交易而退，各得其所”“黄帝、尧、舜垂衣裳而天下治”；夏商时期，“刳木为舟，剡木为楫，舟楫之利，以济不通，致远以利天下”“服牛乘马，引重致远，以利天下。”

上述文字，提出了聚人之说与理财之说，成为《周易》经济思想的基石。《周易》在泰卦、否卦、损卦、益卦等其他地方所表达的经济思想，可以由聚人和理财的思想来统摄。

一、聚人与理财

理财、正辞、禁民为非，分别指向和对应经济、政治、文化。《周易》从经济、政治、文化三者并列的横向关系出发，提出了聚人与理财两个思想。

首先，《周易》将经济政治文化视为社会生态，视为社会整体，将经济行为置于社会生态和社会整体当中进行考察。从经济生态观的角度，提出了聚人之说，这是总说。为了保持共同体、社会生态、社会整体的繁荣昌盛，需要发挥财货聚人的社会功能和社会价值。将财货的价值和意义确定为聚人，这是中国文化的精神所在。发展财货，发达财货，“聚天下之货”，其价值和意义在于“致天下之民”。聚人之说，凸显了社会生态、社会整体、社会共同体的重要性。

其次，《周易》对经济行为、理财行为的独立地位和自身价值进行考察。将统一的社会生态，进行结构化分析，对经济、政治、文化进行分门别类的考察，意在凸显各自的独特性。从结构观的角度，提出了理财之说，这是分说。分说的意义在于重视财货发达和财货增长。

通过总说和分说，《周易》完整的经世济民思想得以形成，表现在三个方面：第一，实施富民政策，用财富来凝聚人民，使人民安居乐业。对此，《周易》最早提出“理财”思想。第二，颁布政令律令，做到辞正言顺，取信于民。第三，开展教化和教育，禁民为非，避免不教而诛的社会痛苦。

这样，《周易》就有了聚人之说与理财之说的完整思想。聚人之说和理财之说，对中国文化精神和经济思想产生了十分深远的影响。

理财之说，重在凸显财货的发达和增长之意，凸显财货增长的重要性。聚人之说，重在凸显财货利用的社会功能和社会价值，凸显民生性和厚生性。聚人和理财，两者有独立的含义，一为发达财货，可以由生产来代表；二为财货利用，可以由分配来代表。但是，两者相互影响、相互作用。分配影响生产，生产同样影响分配。从《周易》文本来看，没有凸显两者的对立性，反而强调两者的关联性和并举性，这是因为《周易》秉持阴阳之道的思想，生产与分配的关系恰好就构成了阴阳之道。

可见，《周易》的高明在于同时提出了聚人之说和理财之说，而且两者为阴阳之道、乾坤之道，可以阴阳相济。但是，后世学者各执一端，要么重视聚人，要么重视理财，展开了持续至今的争论。孔子的义利之道、曾子的德财之道，子思子的用中之道，继承了《周易》的道论思想。孟子重视聚人，荀子重视理财，法家、黄老道家重视理财，对《周易》的道论思想皆有突破，皆有偏颇。

二、理财变迁与商业发展

横向而言，《周易》有聚人之说和理财之说。纵向而言，《周易》有理财变迁之说。理财变迁即经济变迁，为社会变迁的重要内容。理财变迁由包牺氏时期的农业生产和渔业生产，到神农氏时期的产品交换和市场交易，再到黄帝、尧、舜时期的自然主义政策和商业主义政策。

神农氏时期，出现了市场贸易的盛况，“日中为市，致天下之民，聚天下之货，交易而退，各得其所”。黄帝、尧、舜时期，出现了远距离的水路贸易，“刳木为舟，剡木为楫。舟楫之利，以济不通，致远以利天下。”夏商时期，出现了远距离的陆路贸易，“服牛乘马，引重致远，以利天下。”

在《周易》看来，由农业而商业的理财变迁，代表了历史变迁的大趋势和大方向，而且《周易》还刻画了商业出现、商业发达的历史过程。初期，近距离的商业贸易得到发展，“日中为市”“交易而退，各得其所”。后来，远距离的水路贸易得到发展。再后来，远距离的陆路贸易得到发展。这样，商业发达，由近而远，由水路而陆路，由一地而天下。

三、商业发展与以利天下

通过考察理财变迁的方向以及商业变迁的过程，《周易》提出了“以利天下”的重要思想。“以利天下”之说，与聚人之说和理财之说，三者一气贯通。首先，理财变迁、商业发达，具有理财效应。理财变迁、商业发达、财货发达，三者具有同向性、一致性。其次，理财变迁、商业发达具有聚人效应。远距离的水路贸易、陆路贸易，驱动了商业发展，以济不通，引重致远，以利天下，达到了提升国民福利、凝聚人心的社会效应。

《周易》关于从农业到商业的理财变迁思想，关于商业发展以利天下的理财思想，非常高明和高远。但是，西周之后，东周时期的经济政策就倾向于对大商业、大资本进行节制。春秋战国时期，节制资本的思想进一步让位于重农抑尚的思想，进一步偏离了《周易》的理财思想。

第四节　文化政治经济一体与三分

《周易》的核心思想为易道、阴阳之道。道为通达，为道路，四通八达，无所不通。庄子有言，“道通为一”。道通为一代表道境，道境即是存在，即是自由，可以理解为存在论哲学家海德格尔所言的“澄明之境”“天地之境”。在道境当中，遮蔽得以去除，知识、真理、存在得以呈现。

一、一多之道与一多之理

文化政治经济原本是统一的社会生态，三位一体，不可分离。对统一的社会生态进行整体考量，可以获得整全之道。但是，为了把握和驾驭社会变迁和历史变迁的动态过程，需要从观念上、理论上将统一的社会生态进行分离和分立，不得不采取一分为三的做法，从而形成社会生态的结构观。

前者代表整体观，后者代表结构观。结构观与整体观如何统一?

古希腊哲学家将整体和结构的关系，理解为“一与多”的关系，理解为共相与殊相的关系。一多关系是古希腊哲学家共同关注和求解的重大问题。柏拉图和亚里士多德的理解是：共相统摄特相，殊相寓于共相。这种理解，已经将一多关系转变为理事关系，理为一，事为多，一统摄多，多隶属一，同时，一多不二，一多不悖，两者可以相容和兼容。古希腊哲学对一多关系的理解，具有浓厚的理念论、实体论、决定论色彩，不能称之为一多之道，应该称之为一多之理。

对《周易》哲学和中国哲学而言，结构通达整体，整体包容结构，其内在理路可以表述为：阴阳之道没有流失，生发性、生态性、生命性的胚胎和基因，全部得到保留。中国哲学对此的理解，具有浓厚的道论、生成论、体用论色彩，旨在凸显世界的通达性和开放性，应该称之为一多之道，但是不能称之为一多之理。根本原因在于中国哲学持有一个世界的世界观、一个世界的生成观。

二、易之三名与易之三分

唐朝学者孔颖达创造性地提出“易之三名”的说法，分别为不易、简易、变易。易之三名，易之三分，分而为三，合而为一，一为道境。佛教有体、相、用三学之说，由体、相、用三学或三门可以通达佛境。体相用，分而为三，合而为一，一为佛境。人类精神有真、善、美三德之说，至真、至善、至美三德，都可以通达本体、存在和自由，真善美三德，分而为三，合而为一，一为自由之境。《中庸》有智仁勇三达德之说，智仁勇三德，分而为三，合而为一，一为圣人之境（见表 1－1）。

表 1－1　整体与结构

	结构/道路			整体
《周易》	不易	简易	变易	道境
佛教	体	相	用	佛境
人类精神	真	善	美	自由之境
《中庸》	勇	仁	智	圣人之境

整体即道，结构可以达道。不易、简易、变易，三易各自成道。真、善、美，智、仁、勇，三德各自成道。体、相、用，三学各自成道。结构之所以能够通达整体之道、整全之道、道之境界，与整体相通相达，

是因为结构承载了整体的全息性、无限性、生命性、生态性。对中国文化而言，结构与整体不二，其深厚基础在于他们拥有和分享共同的生命性、生态性。

三、三易与先秦诸子思想

按照“易之三名”、易之三分的标准，我们将老庄道家对应不易学派，将儒家、墨家对应于简易学派，将法家、兵家、黄老道家、阴阳家对应变易学派。分而言之，儒家由简易之道进入道境，道家由不易之道进入道境，法家由变易之道进入道境。很显然，各自的进路不同，但是道境无有差别。就道境而言，儒家称之为圣人之境，道家称之为自然之境，佛教称之为佛之境界。

按照“易之三名”、易之三分的标准，我们可以对儒家内部的思想流派再次进行了简单的区分：孟子推崇仁义，强调超越性，重视本体，可以对应于不易思想。孔子、曾子、子思子强调超越性和现实性兼顾，文与质兼顾，凸显中庸之道、文质彬彬之道、体用之道，对应于简易思想。子夏、荀子重视现实性，强调变易，重视功用，可以对应于变易思想。

由于结构可以达道，所以进入道境的路径不是（唯）一，而是多（途）。整体为一，结构为多，一即多，多即一，一多不二，一多不悖，即一多之道。一多之道，标识了中国文化的开放性、通达性、自由性特点。所以，我们将《周易》哲学理解为开放之学、通达之学、自由之学。

四、生态结构观与空间结构观

从单一的经济结构入手，探索社会生态的整体变迁之道，即中国哲学所言的经济之道，由经济之道通达社会生态和社会整体。这条通道的奥秘在于：“一心三观”。“一心”是指通达文化政治经济整体的诚心诚意，三观是指平视文化、政治、经济三者的互动、互联、互通。

对此，钱穆在《如何研究经济史》① 一文中写道："我们要研究中国政治史，或社会史，或经济史，只当在文化传统之一体性中来作研究，不可各别分割。我们当从政治史、社会史来研究经济史，亦当从政治思想、社会制度来研究经济思想，又当从政治制度、社会制度来研究经济制度。……在此三者之上，则同有一最高的人文思想在作领导。"钱穆所言的研究方法，其精髓在于文化政治经济三者，虽分而有合，合在文化一处，和在人文一处。这样，生态化的结构观，结构化的生态观，都由文化一脉所生发，三者可以实现完美的结合。

德国社会学家马克斯·韦伯在《新教伦理与资本主义精神》② 一书中阐释了新教伦理精神推动了资本主义兴起的内在关系，凸显和坚挺了宗教改革、宗教革命的深远影响。关于资本主义兴起的原因，要么归因于以金融革命、财政革命为代表的经济革命，要么归因于以民主革命、宪政革命为代表的政治革命。但是韦伯提出了宗教革命导致经济革命和政治革命的因果关系，而不是相反。于是宗教革命对欧洲社会变迁和历史变迁的影响，相比政治革命和经济革命而言，更加深远、广阔。

实际上，韦伯是以经济社会学方法来揭示资本主义兴起。首先，韦伯将前资本主义社会视为一个统一的社会生态。然后，他将社会生态进行文化政治经济的三分，将宗教精神即文化作为解释变量。最后，他以新教革命即文化变迁作为逻辑分析原点，进而揭示财富观、积累欲的思想变迁，进而揭示思想变迁对经济变迁和政治变迁的扩展性影响，进而导致理性的资本主义精神诞生。看得出来，韦伯的经济社会学方法，与钱穆的经济历史学方法相通相达，最终都将政治变迁、经济变迁归因于文化变迁，即将社会历史变迁归因于社会文化变迁和社会心理变迁。

---

① 钱穆：《中国历史研究法》，三联书店2005年版。

② 马克斯·韦伯：《新教伦理与资本主义精神》，于晓、陈维纲等译，三联书店1987年版。

美国社会学家丹尼尔·贝尔是韦伯之后重要的人文社会学者，他著有《资本主义文化矛盾》《后工业化时代》等经典著作。贝尔与韦伯的相似之处在于：将统一的社会生态三分为文化、政治和经济三大领域，持有结构观。两人不同之处在于：韦伯持有生态化的结构观，接近于《周易》哲学的道论思想；贝尔持有空间化的结构观，三者之间为板块式的组合关系，而不是生态化的生发关系。所以，贝尔自言，他“在政治领域是社会主义者，在政治上是自由主义者，而在文化方面是保守主义者。”[①] 从贝尔对自我的评说来看，体现了个人思想体系的特点，即组合型的思想结构，同时也体现了贝尔的社会结构观，即组合型的社会结构。

可以看出，韦伯和钱穆的思想特点是贯通式的，他们的思想“如玉走盘”“一根直发”。贝尔的思想特点则是组合式的，结构化的，不能一气贯通。

---

① 丹尼尔·贝尔：《资本主义文化矛盾》，赵一凡、蒲隆、任晓晋译，三联书店 1989 年版。

第二章
乾坤之道与文化生态

乾卦与坤卦，分别代表天与地、阳与阴。乾卦亦称乾道，坤卦亦称坤道，乾道和坤道合称乾坤之道。乾道和坤道都不能单独代表《周易》的道论思想，唯有乾坤之道才能代表。因此，乾坤之道是一种文化生态，标志着乾道精神和坤道精神的共建和共体，标志着文化生态建设。同时，乾坤之道代表阴阳相济的和谐关系，德力共建的和合关系。

《周易》的世界是现实世界，已判天地，已分阴阳，从这个意义上讲，言阴阳之别已经蕴含着“阴阳两分”的理论建构。但是，《周易》分判阴阳不在凸显阴阳的对立对峙，而在强调阴阳和合与阴阳共济，强调事物整体和社会生态。

从乾坤两卦的义理上看，乾元代表美力，为生生不息的开物之力，“以美利利天下”的德性之力，自强不息的自由之力；坤元代表厚德，为厚德载物的成务之德，为含弘光大的自由之德。乾坤之道意味着美力和美德的统一。

第一节　乾卦：开物之美力

一、乾元生美力，元亨利贞

乾为万物之始，能主万物。乾之六爻，纯阳无阴，尽显刚健之美。乾卦的卦象为天为马，所以有天马行空之象，天马曰龙，所以有潜龙在渊、见龙在田、飞龙在天、亢龙有悔之说。

乾卦之《文言》写道："元者善之长也，亨者嘉之会也，利者义之和也，贞者事之干也。君子体仁足以长人，嘉会足以合礼，利物足以和义，贞固足以干事。君子行此四者，故曰：乾，元、亨、利、贞。"乾元可以理解为初九之爻，为一画开天之创举。元为始，为天下大始，意义与圆相通，有功德圆满之象。元亨利贞为乾之四德，乾元之德居四德之首。

《周易》讲"太极生两仪，两仪生四象，四象生八卦"。元亨利贞可以理解为易之四象，四象也可以理解为春夏秋冬四时。元为春之生，亨为夏之长，利为秋之收，贞为冬之藏。宋明理学家重视孔子仁学思想，他们以乾元来代表仁，即元即仁，元和仁都主生发。对此，南宋朱熹提出了"仁包四德"[①]"仁统五常"的说法。孟子有"心之四端"的说法，"恻隐之心，仁也；羞恶之心，义也；恭敬之心，礼也；是非之心，智也。仁义礼智，非由外铄我也，我固有之也，弗思耳矣。"在朱熹看来，孟子所言的仁义礼智"四德"皆由仁所生发。董仲舒将仁义礼智信称之为"五常"，仁居首位，仁为"五常"之统领。

夏衍写过一篇杂文，题目叫做《种子的力》。这篇文章把种子和小

① 陈来：《仁学本体论》，三联书店2014年版。

草顽强不屈、倔强成长、生生不息的生命力和意志力描写得惟妙惟肖，淋漓尽致。实际上，夏衍正是通过种子和小草来赞美中国军民，赞美抗战期间不畏艰难、不惜力命的抗战之力。种子的力，小草的力，抗战的力，其实都是乾元之力。

《周易》在肯定本原生命力的基础上，将乾元之力进一步标识为君子之力、大人之力、圣贤之力，强调君子、大人、圣贤的道德力。乾卦有“君子终日乾乾”“君子进德修业”的君子之说，也有“利见大人”的大人之说，还有“圣人作而万物睹”“贤人在下而无辅”的圣人、贤人之说。

乾元之力为德力和美力，主要表现在三个方面：一是表现为政治之德力，有“乾道乃革”的井革之力；二是表现为经济之力，“以美利利天下”的理财之力；三是表现为文化之力，有“各正性命，保合太和”的自由之力。

二、或跃在渊，乾道乃革

乾卦有“或跃在渊，乾道乃革”的说法。通过“乾道乃革”，《周易》把乾卦与革卦联系在一起，乾之进德修业就体现在革井事功之上，体现了乾元在政治上的德力。

《序卦传》写道：“井道不可不革，故受之以革。”井道为什么不可不革？《周易》通过井卦对“井道”做了这样的表述：改邑不改井，无丧无德，往来井井。井道的特点是稳定性、安定性，安土重迁，尽显坤卦阴柔之德。但是，事物过于稳定、僵化、凝固，就会产生松懈，滋生腐败，失去活力，就会丧失乾元刚健之德。就会像水井一样年久失修，淤泥落叶污秽一团，需要适当地加以变革。所以，井道不可不革，故受之以革。

革卦的卦象是水火相息之象。水居火上，水要浇灭火；火居水下，火要烧干水。两者成水火不相容、相煎何太急之势。革卦有言，“天地革而四时成，汤武革命，顺乎天而应乎人。革之时大矣哉。”变革有当与不当之别，革而当则功成，得民众信任支持；革而不当则功败垂成，失民众信任支持。决定变革成败的关键、判断变革是否合理的标准，全在民心向背。当社会处于安定、稳定、太平的时期，上统御下，君领导民。但是当社会处于“井革”“鼎革”“变革”的时候，下决定上，民决定君。民之所欲，天必从之，这是革卦之时义。

革卦与大决战、大对峙等军事行动相关，“国之大事在祀与戎”，可以说，这是乾在进德修业过程中面临的最大挑战和最后考验。不但要考验仁德，而且要考验胆识和勇武，胆识代表智德，勇武代表勇德。在挑战和考验当中，由仁德而有智德、勇德的一并展示。于是，《中庸》提出了“智仁勇”三德的说法，旨在凸显“智仁勇”三德的完整和圆满。三德当中仁居首，智德和勇德为仁德所生。于是乾元之德，有“智仁勇”三德之表现①。乾道乃革之时，由乾而革之时，正是对乾德的全面考验之时。正如《革卦》写道：“大人虎变”“君子豹变”。经过虎变和豹变，一变再变，乾由此而进入建功立业的巅峰时刻。

井卦的特点来自坤卦，革卦的特点来自于乾卦。井革相连，因此有井革之道的说法，井革之道代表变革性、批判性对保守性、守旧性的否

---

① 相对于坤元有“直方大”三德，我们将《中庸》所言的“智仁勇”三德赋予乾元，即乾元有“智仁勇”三德。这样，乾坤两元皆有三德，分别为智仁勇、直方大，而且乾坤两卦都有“元亨利贞”四德。《中庸》文本，则是以智仁勇三德来打开世界，理解世界，通达世界，改造世界。牟宗三以《周易》与《中庸》相连，合称为易庸两书，并且认为两书不同与《论语》与《孟子》即语孟两书，易庸的特点是言天道，语孟的特点是言人道。

受牟宗三的启发，我们同样把《中庸》和《周易》结合起来考虑，但是与牟宗三不同，我们不把易庸看做是言天道的经典，体现“两层存有论”的思想，而把易庸两书同样视为以天道而言人道之书，仍然是“一层存有论”“一个世界的世界观”的代表之作、经典之作。

笔者在本书或其他著作中，始终将《中庸》所言的“智仁勇”三德，与《周易》所言的乾元之德联系起来，强调对现实世界的通达。笔者把智仁勇三德视为理解世界的钥匙，改造世界的枢纽。《周易》言“继善成性”“与时偕行”，分别代表觅道和行道，《中庸》则以“诚者”“诚之者”“致曲者（曲能有诚）”来觅道，以“智仁勇”三德来行道。易庸两书所言的认识世界和理解世界，不是西方哲学所言的认识世界之认识论，不需要“两层存有论”的架构，而是通过“闲邪存诚”“有孚挛如”的诚心、中孚心来通达。易庸两书所言的行道，相当于改造世界的说法，即对世界的井革，井革之道同样不在天上，而在人心人意。

定。革卦的变革性、进取性、创新性、否定性，实际上正是乾元生生不息精神的体现，正是乾元德力、美力在制度变迁、政治变迁、历史变迁当中的发用。

三、以美利利天下，不言所利

乾卦之《文言》写道："乾始，能以美利利天下，不言所利。"

"以美利利天下"，体现了乾元在经济上的德力。不但代表了义利之道，同时代表了理财之功。这是中国经济哲学思想的源头，奠定了中国经济哲学主流思想的基调，同时也凸显了中西经济哲学源头上的差异。

（一）何为美利

"乾始，能以美利利天下，不言所利。"这是中国文化政治经济学思想的开山之语，后世所阐发的义利之道、德财之道、生财之道、货殖之道、穷富之道都肇始于此。

"始"之一字很重要，是讲乾之初心。乾元贞动，动则几微立现，所以《周易》和《中庸》对动之几微十分重视，几微一起，吉凶祸福随之而起。用现代的语言来讲，几微就是初心，就是人们开启创业创富活动的初心。初心之正与不正，与吉凶祸福相依相连。

乾元一开始就能够怀有"以美利利天下"的初心，这是乾卦的中正精神，我们把乾元的中正之心称之为"美丽的初心"。言经济，言变迁，必言初心。初心既中又正，代表乾卦的美丽起点，预示乾卦的圆满结局。

"以美利利天下，不言所利"。乾元以此作为自己的初心，此初心是无我之心，无私之心，利天下之心。不管是以私利利我之心，还是以私利利家之心，即便是以私利利国之心，都是有偏有私之心，非乾元之心。以私利利国，容易陷入狭隘的民族主义困境，则有贸易战、侵略战、世界大战的危险。以私利利己，以私利利家，则有巧取豪夺、假公济私、垄断经营、官商勾结的危险，容易陷入狭隘的利己主义困境。

乾之初心为《周易》所言的"中孚心"，为《中庸》所言的"诚心”，为《尚书》所言的“道心”，为佛经所言的“佛心”。正是因为心有中孚，“乾始能以美利利天下，不言所利”。乾元初心之正，在于利益天下。

乾卦言“美利”，美利首先是利，然后才是“美利”。

何为利?《周易》写道：“利者，义之和也。”何为美利?《周易》写道，“乾始能以美利利天下，不言所利”。这样，“美利”之说的高明和阔达就显现出来了，由义利之分重回义利之合。义利之合，合在何处?合在“美利”一处。

《说文解字》对美的文字解释是：甘味，从羊从大。羊的特点为温顺，大为广大光大。从字意上来讲，乾为大，坤为美。从中国文化关于真美善、体相用的思想来看，美代表事物之间和事物内部的和谐关系，和谐为美。结合文字解释和文化意蕴，美和义，具有坤卦的特点；利，具有乾卦的特点。“美利”一词本身就有阴阳相济、乾坤合体的精神，已经将义和利完美地统一起来了。

美利，可大可小，可多可少，可厚可薄，为正义正当之利，非为不正不当之利。当然，美利不能是暴利，不能是掠夺之利，不能是战争之利，因为它们都失之于义。所以，《周易》只讲利益天下的美利，不言所利。

（二）美利何来

美利有两大来源，一是由创利而来，生产出利益，创造出利益，源源不断地做大利益。二是由分利而来，在利益分配上实现利益共享、分配合理、皆大欢喜，使得参与者源源不断地投入生产要素。前者代表创利，意在实现全社会的生产性努力，而不是全社会的再分配努力。后者代表分利，意在实现包容性经济增长，实现有分工有合作的和谐局面。

生产性努力是新制度经济学的重要概念，表明全社会成员都致力于推动经济发展和经济增长，致力于将社会生产最大可能性边界外移。非生产性努力是一种再分配努力，不致力于经济发展和国民财富增长，而致力于个人或者团体的利益增长，即不关心社会生产和社会财富是否增长，只关心自我或者利益集团的财富规模是否持续增长。从社会公平和社会正义而言，非生产性努力是一种恶的力量，破坏的力量；生产性努力是一种善的力量，建设的力量。

包容性经济增长是新发展经济学的重要术语，由亚洲开放银行在2007年首先提出。它与乾之美利的思想遥相呼应。美利和包容性经济增长，两者的说法不同，但是核心思想一致，意在强调公平、正义、和谐的分利关系，提高社会经济发展的德性水平。不言美利，不重美利，不保护美利，包容性经济增长自然无法实现，空谈而已。

（三）美利无害

美利是利益天下之大利全利，因为大而全，所以美利无害。

《周易》关注现实世界，现实世界重在人事。人事由何主导？由人心主导；人心由何主导？人心由人欲主导。人欲有善恶之分，合理之欲为善，不合理之欲为恶，为天下大病。人欲离不开利，人欲思利，司马迁有言，“天下熙熙，皆为利来；天下壤壤，皆为利往”。

人欲之善恶，表现为利害关系。利为害之对立面，有利则有害。如何趋利避害？《周易》提供的解决方案是求全利。全利何在？《周易》的回答是“利者，义之和也。”求利必取之于义，唯义者无不利。“羲无不利，即无事不利。”求全利，必须向义中求。

何为义？《中庸》写道：“义者，宜也”。义为宜，意为相宜适宜。宜此宜彼、宜我宜他、宜已宜群、宜天宜地，无不宜也。

何为宜？

宜者，中正也，中和也。从《周易》和《中庸》来看，因有至诚，乃有至中至和；因有至中至和，乃有至当至宜，无偏无私。所以说，至中则无不宜，可以称之为大义，亦可以称之为大利。若有一时一地的不中不正，就会出现不和不宜、非义非利，祸害由此产生，利未得而害先至。这样，失人道之正，背天道之和，离阴阳之时，就会“生出”祸害。所以说，财货可以生利，同时可以生害。

当然，人行利贞之道，利贞之道本为天道，以人道合天道，则可以致中和。天地位，万物育，则无物不宜；万物相宜，则为全义；得全义，则得全利，得全利则无害，有利（益）无害则为元亨。所以说，美利为大利，为全利，为大全之利，为无害之利。依于利贞，而得元亨。

（四）以美利利天下

将“美利”与“利天下”相连，意义十分高远。

利益是否可以计算？是否可以比较？是否可以考量？《周易》没有明确讲出来。但是，从“美利”“利天下”两词来推敲，我们倾向于认为《周易》不主张去计算利益和比较利益，因为《周易》讲“阴阳之道”，阴阳之道的核心思想是“看不全”“知不全”“算不清”。用现代学术语言来讲，就是不能以“理性”去认识它，应以“德性”去体会它。所以说，《周易》所言的“利天下”，不是“理性计算”的要求，而是“德性关怀”的要求。

但是，世人毕竟生活在真实的现实世界当中。世人总是想方设法地去计算和考量利益之大小多少。是否理性与德性就截然两分、水火不容？

实际上，“理性计算”还是可以通达“德性关怀”。理性计算代表功利主义思想，德性关怀代表道德主义思想。按照《周易》所言的“阴阳之道”，或者按照老子在《道德经》中所言的“物极必反”的道理，“功利主义讲到头，就是道德主义”。

这样，利益的计算，利益的考量，不在“计算”和“考量”有错失，而在范围、幅度是否无所不包。按照《周易》的要求，以天下为限，以天下为度，以天下为怀，则无不利，则无不益。所以，以美利利天下，即是利计天下。

下面，我们简略地展开经济文化上的中西之辨。

西方哲学以本体论意义上的“是”（being）来界定该事物，强调事物是其所是，非其所不是，强调事物的同一性和理念性，进而将世界万物进行分别和标识。从柏拉图建立“理念论”开始，西方哲学区分了理念世界和现实世界，理念世界高于现实世界，理念世界决定现实世界，事物的本体在理念世界之中，不在现实世界之中。

从古希腊时代开始，西方哲学就凸显“利是财货”的思想。从柏拉图和亚里士多德开始，西方经济哲学致力于探索财货背后的价值形成，旨在探索关于财货的“价值论”“决定论”。实际上，“价值论”“决定论”的思想，正是柏拉图“理念论”思想的延伸。

自《周易》开始，中国哲学建立了一个世界的世界观，所谓的“一个世界”就是真实的现实世界，是体用不二的世界，是道器不离的世界。所以，中国文化和中国哲学则以关系、生态、共同体来界定事物，强调事物之间的万有相通、阴阳相交、彼此通达的整体关系和广泛联系，以通达为核心，通达即为道。道者，路也，四通八达，无所不通，这是《周易》道论最为本源的意义。后来，儒释道三家都讲道，追问“道在哪里”，而不问“道是什么”①。

因此，《周易》从义利两者之间的关系中来解说财货，界定财富。不去追问财货究竟是什么，而去追问财货究竟在哪里。《周易》的回答是：“利者，义之和也”。用现代汉语来解释，“利在义中”“因义而生利”，利由“和义”所生。可见，利是从分工与合作的社会关系和社会生态中“生”出来、“长”出来。

四、各正性命，保合太和

乾卦之《彖曰》写道：“乾道变化，各正性命。保合太和，乃利贞。”体现了乾元在文化上的德力，提出了以人道合天道的思想。

乾道贞动，变化不已。变化为命，不变为性。性不变而常在，命随变而时化。乾道为天道，天道变而不失其常。人道异于天道，人因为变

① 当代西方语言哲学从中西文字之别来理解中西哲学之分。西方文字的特点是语音，中国文字的特点是象形。语音文字与罗格斯精神相亲近，适合于对事物进行定义，发展出“是什么”的概念思维。象形文字与存在论哲学相契合，适合于发展整体主义的“道论”思想，并且追问“道在哪里”，这是因为象形文字本身就保留了事物原始的存有性。参见张光直：“论中国文明的起源”，《文物》2004年第1期；杜维明：“存有的连续性：中国人的自然观”，《世界哲学》2004年第1期。

而失其常。这是天道和人道之差别所在。人道异于天道的根本原因，在于人有欲有情。

乾卦之《文言》写道："乾元者，始而亨者也。利贞者，性情也。"这样，乾之元亨利贞四德的意义就显现出来。乾元恒动是其本性，因为恒动才有元亨利贞。乾卦纯阳，坤卦纯阴，不夹杂，不改变，如其所是，从一而终。

因为人有性情，所以人道异于天道。天道有元亨利贞，人道何以有元亨利贞？《周易》的回答是：以人道合天道。人道合于天道，则有元亨利贞。人道合天道，虽然都可以实现元亨利贞的结果，但是实现路径不同。人道得到元亨利贞的次序是：先利贞，后元亨，以利贞致元亨。贞者，正也。贞者何正？以性正命。以人之天性来匡正行为。

从现代学术而言，"各正性命"之说可以理解为做自己，成为自己。首先是因顺自性，不违逆自性，不以他人的喜好和世人的标准来塑造自己，从而保持个体的独立性、独特性、唯一性。其次是贞定自性，既不主动也不被动接受外部环境的影响和侵扰，做到与世并行直至生命终结，从而真正展现出自己与"他者"之间的无限差异性，这个"他者"不仅包括当今之世人，也包括自有人类以来的过往者和远在天边的未来者。极致而言，"各正性命"的完成，一定标志着每个人都是自有天地以来独一无二的存在者，不独不足以言"各正性命"。

"保合太和"之说，可以理解为"在一起"。乾卦之《文言辞》中写道"上下无常，非为邪也；进退无恒，非离群也。"虽然乾元始终保持贞动的特性，但是乾元有合群之宜，始终维护着共同体的和谐与稳定。因此，"各正性命"与"保合太和"，两者看似不相容、不兼容，其实并非如此，能够做到并行不悖的关键点在于利贞，利贞则能够实现"成己"与"合群"的统一。

概括而言，"各正性命""保合太和"的文化理想，与马克思所言的"自由人联合体"相通相达。"各正性命"之人为"自由人"，"保合太和"之"太和"则为自由人的联合体、共同体。

第二节　坤卦：成务之厚德

一、坤道顺承天，元亨利贞

坤卦六爻皆为阴爻，为纯阴之卦，正好与乾卦相对，乾卦之六爻皆阳，为纯阳之卦。乾为一，坤为二，数始于一，成于二。乾元始，坤元成。

与乾卦相同，坤卦也有元亨利贞之四德。坤之元称为坤元，与乾元相应，主万物之生化。但是，坤之利贞称之为“利牝马之贞”。牝马为母马，坤因柔顺而贞，因持守母性而得利。乾卦的卦象为天，卦德为刚健；坤卦的卦象为地，卦德为柔顺。乾总是先行，总是领跑；坤总是后行，总是跟随。乾坤一前一后，一领导一跟随，相伴不悖，离散两败。

所以，坤卦之《彖曰》写道：“至哉坤元。万物资生，乃顺承天，坤厚载物，德合无疆，含弘光大，品物咸亨，牝马地类，行地无疆。”从坤卦之《彖曰》来看，天始地终，天施地生。天无所不覆为无疆，地载物有限为有疆。但是地顺承天，本乾而行，载之又载，结果地之德同天一样无疆无限，进而坤德由有限而无限，由有界而无疆。含为包容含容，无所不包；弘为远为大，无所不被；光为明，无所不明；大为广，无所不有。正是因为坤德含弘光大，所以万物无不亨通。含弘光大，品物咸亨，极言坤德生化之功。至此，坤乾合体，乾坤合德；乾坤并建，德力具足，成就天地之大用全用。

二、成务之德，直方大

坤卦有言，“直方大，不习无不利”。

“直方大”为坤卦成务之德，厚德所在。直为正直，表明内有贞守，贞静而能顺承，不失中正故为直；方为端方，表明对外有为，柔以方外，适时而亨利，以至于无疆；大为广大，孔子讲过，“德不孤，必有邻”，有邻则众，有众乃大。大表明德之成用，以生成万物乃能光大。

“不习无不利”之“不习”，表明坤之直方大三德，不用熏习和学习，不习而有成。为什么直方大三德可以不习而成？是因为它如其所是，不需修营，大功自成。坤德之直方大，不在有作，不在有为，自然而然，无为而无不为。

“直方大，不习无不利”，坤卦此语对中国文化发展的影响十分深远。道家讲无对无待、无为而无不为的“无为”思想，与此如出一辙。禅宗讲“平常心是道，本分事接人”“直心是道场”的思想，同样与此合辙。

《赵州录》记载了赵州从谂和尚师从南泉普愿禅师得道的一段对话，这段对话的核心思想与“直方大，不习无不利”之语同样十分贴近。

他日问泉曰：“如何是道？”

泉曰：“平常心是道。”

师曰：“还可趣向也无？”

泉曰：“拟向即乖。”

师曰：“不拟争知是道？”

泉曰：“道不属知，不属不知。知是妄觉，不知是无记。若真达不疑之道，犹如太虚，廓然荡豁，岂可强是非邪？”

师于言下悟理。①

上段文字很简约，但是道理很深刻。“趣向”“拟向”可以理解为思考、认识，“不拟”为不作思考，“争知”即“怎知”，意为如何得知，“妄觉”为幻觉、虚幻。佛教言一切法分为善、不善、无计三性，无计

① 文远记录、张子开点校：《赵州录》，中州古籍出版社2001年版。

为非善非不善。

《周易》讲“直方大，不习无不利”。老子讲“为学日益，为道日损”。《中庸》讲“诚者，天之道”。南泉普愿禅师讲“平常心是道”“道不属知，不属不知”。其实都在讲同一个道理：心正意诚，可得天德天道。

三、含章可贞，无成有终

坤卦有言，“含章可贞，或从王事，无成有终。”此言尽写坤卦之合作精神、利他精神、厚德载物精神、成功不必在我之牺牲精神。

世人皆有求成之欲望，视无成为贱，视有成为贵，可见求成求功与求名求利无有差别，为人之常情，世人难以摆脱此种欲望。但是，能够从这种世俗观念中超脱出来，不在意贵贱，不计较贵贱，以“成功不必在我”“我无成而天下大成”的精神安身立命，恰是坤德之含弘光大。

儒释道三家对待有成与无成问题，各自都有完整的理论解释。坤卦不计“有成”、愿得“无成”，为儒家所赞善，视为高风亮节之举。中国禅宗同样推崇这种利益他者和利益众生的大乘精神，在成佛之上之外，中国禅宗别出心裁地提出了“乘愿再来”“留惑润生”的道德境界。

道家异于儒家和禅宗。在道家看来，世界本来就没有“有成”和“无成”之对待，“有成”与“无成”是人们自己制造出来的观念而已。在老子和庄子看来，区分有成与无成，重视有成，轻视无成，皆是世人之俗见，都是以他者、外己、世俗的价值观念来评判自己，而不是以道眼和道心来论人阅世，从而产生偏见，偏离正道。

庄子在《秋水篇》[①] 中写道：

> 北海若曰：以道观之，物无贵贱；以物观之，自贵而相贱；以俗观之，贵贱不在己。以差观之，因其所大而大之，则万物莫不大；因其所小而小之，则万物莫不小。知天地之为稊米也，知毫末之为丘山也，则差数睹矣。以功观之，因其所有而有之，则万物莫不有；因其所无而无之，则万物莫不无。知东西之相反而不可以相无，则功分定矣。以趣观之，因其所然而然之，则万物莫不然；因其所非而非之，则万物莫不非。知尧、桀之自然而相非，则趣操睹矣。

在庄子看来，用自然观、无对无待观来看待世界，万物平齐，无贵无贱；用物体观来看待世界，以自身为贵，以他者为贱；以世俗观来看世界，贵贱在于他人，不在自身。实际上，区分“有成”与“无成”，源自于思想和观念上的区分，并没有通达事物自身。

概括而言，坤卦有直方大的成务之德，有“含章可贞、无成有终”的利他之德，成就了坤卦之元亨利贞。

第三节　乾坤之道与文明富强

乾坤两元有德有力。乾元之德在力，表现为开物之美力，乾元开物，生生不息。坤元之力在德，表现为成务之美德，坤元成务，成之又成，终成不息。乾坤之道，代表德力一体，代表文明富强一体。

一、乾元生美力

称乾元之力为德力和美力，而不称大力和巨力，旨在言力量之美丽，

① 郭庆藩：《庄子集释》，中华书局1961年版。

力量之圆满。乾元之美力，既能“各正性命”又能“保合太和”。既有内圣之德又有外王之功。乾以天下为公，利益天下，成就德利之美。

概括而言，乾元精神主要表现为两个方面：

一是创新精神。乾元之力，代表了自强不息、生生不息的创生精神、创新精神、创业精神。“敢为天下先”，最能凸显乾元生生不息的创生精神。乾元的创新精神集中体现了乾元的变易性。变易性与不确定性、未决定性相联。

二是批判精神。乾元之力既表现为创生性、创新性、创造性、建设性，又表现为否定性、革命性、批判性、破坏性。乾元的批判精神与创新精神一起，共同代表了乾元的自由精神，是自己对自己的批判，是自己对自己的否定。

二、坤元生美德

合而言之，坤元的精神为含弘光大的厚德载物精神，表现出稳定性、安定性、凝聚性、包容性的特点。分而言之，坤元精神主要表现在三个方面：一是利他精神；二是合作精神；三是分工精神，即精益求精、惟精惟一的工匠精神。

三、德力并建

乾坤之道，指向乾坤并建、德力并建，意味着乾坤两德、两性、两力的统一，代表文化生态建设。就经济哲学思想而言，代表分工与合作、创新与守成、变易与不易、文明与富强的统一。

第四节　乾坤之道与历史变迁

《周易》作为中国文化的源头，涵盖了中国文化政治经济思想的方方面面，影响了中国历史变迁的上上下下。极简而言，自西周至近代的千年命运兴衰、文明富强转折，可以通过乾坤之道来求解。

乾坤是理解《周易》精神的门户。《殷易》将坤卦立为首卦，旨在凸显坤德之厚重。《周易》将乾卦立为首卦，旨在凸显乾元德力和美利之高远。以乾坤并建、德力并建为指向的乾坤之道，代表开放通达的中道思想、中庸思想、文质彬彬思想。

春秋时代，儒家和道家继起。儒家重视乾元精神、开物之力、井革之功以及利益天下之德。道家重视坤元精神，强调成务之德，无成有终；强调道法自然，德由道生。儒道两家，一乾一坤，各持一道，将乾坤之道进行分解。

从儒家内部而言，孔子、曾子、子思子秉持乾坤之道，中道而行。战国时代，孟子重视坤道，朝着超越性、道德性发展，重视坤元的不易性特点。子夏、荀子重视乾道，朝着现实性、功用性方向发展，重视乾元的变易性特点。孟子与荀子，一左一右，一东一西，一乾一坤，再次对乾坤之道进行分解。孟荀之别，基本上可以视为乾坤之别。

法家思想有两个来源：一是受到子夏和荀子的儒家思想影响，产生儒家类型的法家思想；二是受到老庄道家的间接影响，受到黄老道家的直接影响。在两股思想的影响之下，诞生了以韩非子、李斯等代表的法家思想。他们在荀子重视功力、重视功用的基础上，进一步贴近现实性、强调政治性、推重乾元精神，进而推动文化政治经济变迁。法家思想可以视为荀子思想的延续，与荀子同属于变易学派，重视乾元精神。从孟子和荀子对中国历史变迁的政治影响来看，两汉时代主要是荀子思想占据上风，北宋之后直到近代主要是孟子思想占据上风。

从中国历史变迁的整体来看，西周时期由乾坤之道主导。春秋时期、战国时期、秦汉时期，基本上以乾元精神为代表，西汉武帝时期乾元精神体现得尤为显著和精彩，东汉时期以“东京风俗”闻名，在乾元精神主导下重视坤元精神的发展。隋唐时期，特别是唐朝前期，基本上回到乾坤之道的主导。两宋时期、元明清时期，则是由坤元精神主导。

从大历史观和通史观而言，乾坤之道只在西周和唐朝初期流行。春秋战国和两汉时期由乾元精神主导，两宋时期和元明清时期由坤元精神主导。乾坤之道流行，可以称之为太平盛世。乾元精神主导的时期，重视功利，重视武功，力量强盛，文治有失。坤元精神主导的时期，重视道德，重视文治，勇武不足，武功有失（见表2-1）。

表2-1　　　乾坤之道与历史变迁

历史变迁	坤道	乾坤之道	乾道
先秦诸子	道家、老子、庄子	周易	儒家、法家、黄老道家
儒家内部	孟子	孔子、曾子、子思子	子夏、荀子
西周		√	
春秋战国			√
秦朝、西汉			√
东汉	√（后期）		√（前期）
唐朝（前期）		√	
宋、元、明、清	√		
近代			√
古希腊	柏拉图	苏格拉底	亚里士多德
古希腊时代		√	
罗马时代			√
中世纪	√		
文艺复兴之后			√

明末清初的思想家王夫之，身处乱离之世，总结明朝灭亡的教训，提出重建中国文化的主张。他撰有《周易外传》《周易内传》两书，提

出了乾坤并建的重要思想，希望摆脱两宋以来坤元精神主导的文化局面，回到乾坤之道、乾坤并建，建立德力具足、文明富强的新文化。

乾坤之道弥纶天下，不仅代表文化，而且塑造政治，进而影响经济。从中国历史变迁来看，乾坤之道体现了文化塑造政治、政治主导经济、经济发展文化的全幅关系，体现了文明与富强的辩证统一，体现了仁与智的兼容兼顾。

第三章
泰否之道与政治生态

泰卦代表通达，四通八达，具有无限的通达性。泰卦代表平和，和和美美，具有无限的和谐性。泰卦代表中正，坦坦荡荡，具有无限的正义性。泰卦建立起来的政治秩序是阴阳相济的自发性秩序，为自由通达之秩序，非为管理管制之秩序。因此，泰卦源于开放，有开放则有交通和流动，有交通流动则有生机活力，有生机活力则有事物的繁美和共同体的强盛。

否卦的特点为天地不交，否塞不通。不交则绝则离，不通则穷则痛，所以否卦为穷绝离苦之卦，代表事物的凋谢和共同体的衰落。

用现代政治学语言来表达，否卦代表封闭，是流动性的丧失，是自由精神和开放精神的丧失，代表利益集团的板结，天下为私的乱离。泰卦代表开放，是流动性的保持，是创造性和通达性的绵延，代表利益天下的德性，天下为公的和谐。用现代经济学语言来表达，泰卦代表开放经济，否卦代表封闭经济。

第一节 泰兴之道：共同体的强盛

泰卦的卦象是上坤下乾，为天地相交、乾坤相合之象。泰卦六爻为三阴三阳，上下相当，刚柔相济。自乾坤两卦到泰卦，中间数卦阴阳错行，刚柔消长，而泰卦不同，阴阳各半，平均分配，相济为用。泰卦为春光明媚、生意盎然、物用丰富、民生安康之象，为太平之世、盛美之国、大有丰年之象。

乾元贞动，永不知足，永不知止，既有鲜明优点，也有美中不足，最后导致亢龙有悔。坤元贞静，守成有余，开创无力，同样有得有失。坤元先行则迷失道，后顺则得常。坤卦只有成务之功，而无开物之力。希望坤卦变成乾卦，结果只会是“龙战于野，其血玄黄”。泰卦则将乾坤两卦的优点，完美地集于一身。

《周易》说卦止于 64 卦，别无他卦。《周易》称乾为天为父，坤为地为母，天地生万物，乾坤生 62 卦，62 卦是通过乾坤两卦的爻变而成，从而组成一个丰富多彩的大家庭。乾坤两卦分别代表阴阳，其他 62 卦一般不讲阴阳。但是，爻有阴阳，所以爻变要分阴分阳。

《周易》对卦变和爻变的界定，本身包括非常深刻的含义和启示。一是可以从继承性和发展性的关系来看，一个卦中出现三阳之乾或者三阴之坤，表明对乾卦或者坤卦的继承性最为充分，当然继承性越大同时表明自身发展的空间就越小，遗传和继承父母双亲的成分越多，自身的个性发展就会越少。二是从内生性和外生性的关系来看，内生性一般讲先天的继承性，具有稳定性和连续性；外生性一般讲后天的发展性，发展的力量可大可小，但是持续性和稳定性较差。内生性主要体现为继承性。三是可以从整体性和部分性的关系来看，一个卦中出现了三阳之乾或者三阴之坤，表明该卦是对乾卦或者坤卦的整体性继承，反之则为部分性继承。

乾坤生泰卦，泰卦既整体继承了父亲的优点，具有乾卦刚健的秉性，又整体继承了母亲的优点，具有坤卦柔顺的秉性。而且泰卦充分发展出了自身的特点和优点，藏阳于内，行阴于外，内外亨通，从而获得了自己的秉性，以正性命。虽然泰卦与否卦对乾坤两卦的继承都很充分，但是两卦在自身发展上出现了天壤之别的差异。

通俗地讲，在乾坤所生的62个子女中，泰卦是继承父母秉性最为充分、发展方向最为和谐、自身成长最为顺畅的一位，在所有的兄弟姐妹中最为殊胜。以乾卦喻君王，则坤卦为皇后，泰卦则为太子。荀子《劝学篇》中讲，“青，取之于蓝，而青于蓝；冰，水为之，而寒于水。”① 泰卦虽然出于乾坤两卦，但是“青出于蓝而胜于蓝”。

以泰卦言治世，百世难逢。太平盛世之所以难遇，是因为经济、政治、文化三者齐盛，所以中国文化只讲尧舜禹“三代之治”为太平盛世，有文治，有武功，有财用，文化政治经济三者一齐隆盛。至于政治和经济两者齐荣，汉代有“文景之治”，唐朝有“贞观之治”。至于经济发达，清朝有“康乾盛世”。

自古以来，文化隆盛、国运昌盛、经济繁盛，必言泰卦。分解而言，求经济繁盛，必求政治清明；求政治清明，必求文化隆盛。文化之和、政治之清、经济之平，代表了泰卦精神。

一、和和美美，文化中和

（一）礼之用，和为贵

《周易·序卦传》写道：“履而泰然后安，故受之以泰，泰者，通也。”从卦序上看，继履而泰，先遵礼而后得泰。泰卦的特点为通，四通八达。首先是从最高处相通，即为上下相通，天地相通，人道与天道相

① 王先谦：《荀子集解》，中华书局1988年版。

通。其次是从最深处相通，左右相通，人心相通，人心与万物相通。所以，泰卦之通为亨通，上下左右无不相通，古今内外无不相通。

乾卦具有无限的发展性，因为生生之力，自强不息；坤卦具有无限的包容性，因为含弘光大，厚德载物；泰卦具有无限的通达性，因为小往大来，天地交泰。可以说，乾坤泰三卦，在《周易》64卦的家族中最有特色。

为什么泰卦具有无限的通达性？

泰卦之《彖曰》写道："泰，小往大来，吉亨。则是天地交而万物通也，上下交而其志同也。"这是从卦象上来解释：天地相交，万物相通；上下相交，其志相同。从卦理上来解释，是因为泰卦打破了上下之间的森严壁垒，做到了上下平等；打破了万物之间的己我之别、我他之别、内外之别，做到了左右平等、上下平等、内外平等。从根本上讲，无平等不通，无自由不通，泰卦之通在平，在于平平淡淡、平平荡荡、平平坦坦。因为有平才有和，因为有和才有通达。

泰卦由履卦发展而来，履卦则由小畜卦发展而来。小畜卦所指代的社会现象，是社会变迁跨越小畜阶段之后出现了社会失序。继之而起的履卦则强调遵循礼节的重要性，强调以礼节来节制失序，所以履卦代表秩序的重新建立。泰卦则在履卦的基础上，再向前迈进一步。泰卦强调中和，是和和美美的社会秩序，这个秩序来自于阴阳相济的自发性秩序（spontaneous order），代表自由秩序（free order），并不是来自于差别森严的礼制管理出来的人为性秩序（administrative order）。可见，泰卦代表了和谐社会的建立[1]。

礼治代表政治秩序，秩序对共同体的存在和发展非常重要，但是依靠礼治来获得稳定秩序不是最高层次，获得稳定秩序的最高层次在于和谐，和谐性比秩序性的层次和位置更高，和谐性包含了秩序性。因此，中国文化把"致中和"看做是社会发展的基本原则和理想目标。《论语》

---

① 余敦康注著：《周易》，国家图书馆出版社2017年版。

中写道："有子曰：'礼之用，和为贵。先王之道斯为美，小大由之。有所不行，知和而和，不以礼节之，亦不可行也。'"孟子讲"天时不如地利，地利不如人和"。荀子讲"万物各得其和以生"。董仲舒讲"和者，天之功也。举天地之道而美于和。"都是对自然秩序、自发秩序的赞美。

（二）体用不二，道器不离

在生活世界中，和与礼的关系表现为体用关系，礼代表用，和代表体，体不离用，用不离体。礼与和之统一，正是泰卦的体用之美，也是中国文化所倡导的礼乐之美、和谐之美。

这样，从泰卦的卦象和卦理当中，我们可以体会到泰卦之通达不仅在于和谐性包含了秩序性，实现了礼与和、礼与乐的完美统一，而且在于"由对立而统一"的思想能够贯彻落实到行动上、实践上，能够行于中道。

这样，行中道与致中和，可以理解为前因后果的关系，手段和目标的关系，于是泰卦的通达之美就得以实现。孔子讲，"质胜文则野，文胜质则史，文质彬彬，然后君子"。实际上，泰卦完美地体现了文质彬彬的中道精神，形上与形下、道与器、体与用、乾与坤、德与力、仁与智、文与质、心性与事功，无不通达，无不和谐。

二、坦坦荡荡，政治清平

泰卦的恢宏气象常常用来称颂理想中的太平盛世。

泰卦之《彖曰》写道："内阳而外阴，内健而外顺，内君子而外小人。君子道长，小人道消也。"泰卦首先辨小人与君子，并且以君子之道来赞美和刻画太平盛世的气象和格局，开创了中国政治哲学的重要传统。

君子与小人如何识别？泰卦以阴阳之道来进行标识：君子用柔，小人用刚；君子治内，小人治外；君子利物，小人利己。柔刚、内外、自他，三者都是阴阳之道的内容。泰卦扩展阴阳之道而有三才之道，分别对应文化、政治、经济三个方面，柔刚代表文化，内外代表政治，利他利己代表经济。

泰卦辨别君子和小人，没有简单地用善与恶来进行价值评价，当然也不可能用数与理来进行科学判断，而是用阴阳来通达君子和小人，把他们理解为平等的社会成员，他们的差异体现为阴阳的差别，并不是善恶的差别。太平盛世不是说只要君子不要小人，只有君子没有小人，而是君子与小人和谐相处，并行不悖，各行其道。泰卦以阴阳来辨别君子和小人，肯认和通达人的无限差异性，这个无限的差异性只是乾和坤的差异而已，只是人和人的个性差异而已。这样，在太平盛世，君子和小人都可以得到包容和宽容，都可以获得发展，都可以各正性命，而且还能保合太和。

研读泰卦时总会联想到太史伯所言的“以他平他曰和，和实生物，同则不继”。同时，也会情不自禁地反问，中国文化“致中和”所达到的政治世界不正是泰卦所言的太平盛世吗？在太平盛世之中。所有的人都可以得到自由的发展，所有的差别都可以得到包容，小人自有君子来方正，君子也自有小人来砥砺，以君子方平小人，以小人砥砺君子。其实，这个太平盛世何尝不是中国文化一直称颂的“大同世界”，何尝又不是马克思所讲的“自由人的联合体”。

无通达的精神，不能理解君子和小人；无包容的思想，不能平等对待君子和小人。所以，我们反复地讲，《周易》和《中庸》两书的思想内核是自由之学，是开放之学，是通达之学。作为学者，需要用诚心和道心来理解《周易》和《中庸》两书的精彩。

身处太平盛世，君子和小人的事功成就会有重大差异，“君子道长，小人道消”，小人当然不会得志，无法大行其道；君子自然建功立业，享受元亨利贞。但是需要特别指出的是，君子和小人在事功成就上的差异，并不是因为太平盛世建立了对治小人的特别制度（Special Treatment，ST），即实施有针对性的制度设计和人为干预，而是君子和小人在“以他平他”的自然状态下的自由发展的结果，恰恰是社会的自由导致了君子和小人都能够上下各如其分，生成各如其志，利物利人，成己成物。

君子和小人各有千秋，各得其所，是个人自由发展的结果，是社会平等自由的结果，并非制度设计和人为干预的结果。

三、财成之道：经济繁荣

《周易》写道："天地之大德曰生，圣人之大宝曰位。何以守位？曰仁，何以聚人？曰财。理财正辞、禁民为非曰义。"

这段文字很精要也很经典，代表了《周易》的经济观，对中国文化的影响十分深远。"天地之大德曰生"，塑造了中国文化独特的"生成观"，按照《周易》的说法，天地"生"人，天地人"生"万物，天地人"生"财。财是由天地人三者共同"生长"而来，所以有"生财之道"的说法。

《周易》所言的"生财之道"，不同于西方经济学所言的"商品价值论"。在西方经济哲学看来，商品是独立的"价值实体"，由劳动或效用所创造和决定。在《周易》来看，财既不是商品，也不是货币，更不是具有内在价值的财富实体，而是天地人之间的和谐关系，所以中国文化有"和气生财"之说。财富由天地人所"生"，本身并非财富实体，而是社会关系的理顺。

泰卦之《象曰》写道："天地交，泰。后以财成天地之道，辅相天地之宜，以左右民。"《周易》的理财思想即生财之道，在泰卦中得到进一步的阐述，表述为财成之道，从"理财之道""生财之道"，到泰卦的"财成之道"，可以认为是理财思想的进一步发展。在古代汉语中，财与裁、栽、才都可以通用。天时地利人和，三者齐备则有财成。所以，财成之道，重点在"成"。

可见，泰卦关于财富的表述，更加凸显了财成、生财、理财的文化政治经济环境，强调财成和生财的社会生态，特别是政治生态。社会政治生态的意义在于：有利于栽培财富，即财富之生发；有利于裁剪财富，即财富之分配；有利于成就财富，即财富之社会效用。成就财物的目的在于利国利民，利益民生。

这样，泰卦所言的财成之道，正是《周易》生态哲学思想的重要体现。一方面，泰为治平之世，为繁美之时，百姓安居乐业，有利于“生财之道”发挥作用，推动社会财富的生发。另一方面，生财之后，财成之后，有利于“用财之道”发挥作用，实现利用阜生、人归物与的民生政策，实现广土众民、天下归一的大同社会。《尚书·大禹谟》写道：“正德、利用、厚生惟和”，则是对“用财之道”“民生之道”的揭示。

泰卦不仅言“财成之道”，还言“公平之道”。泰卦有言，“翩翩，不富以其邻。不戒以孚，中心愿也。”在泰卦看来，财富分配必须坚持公平正义的原则，不能因为邻里关系、亲属关系而有偏重。“财成天地之道”。所以，不富而能泰，因为均平；虽富而不能泰，因为偏富。孔子在《论语》中写道：“丘也闻有国有家者，不患寡而患不均，不患贫而患不安。盖均无贫，和无寡，安无倾”。

概括而言，财成之道是对理财之说的发展，凸显了社会财富的生成观，财富生成的生态观。

四、泰兴与既济：太和万事兴

《周易》第63卦是既济卦，上水下火，称为水火既济。既济卦每个爻都当位，每对爻都有正应，处于最为圆满的极致状态。《周易》第64卦是未济卦，也是《周易》的最后一卦，上火下水，称为火水未济。既济卦象征着事物前一个发展阶段的完成，未济卦标志着下一个发展阶段的开始。

《周易》的阴阳观、时间观、历史观、发展观，在既济和未济两卦的安排上展示得十分精彩。可以说，既济和未济两卦集中体现《周易》的“时间绵延”“发展连续”“阴阳相济”的观念，事物总是处于“未济—既济—未济”的“生生不息”之中。既济是暂时的、过渡性的，未济是永恒的、绝对的。

将泰卦与既济卦联系起来，可以获得三个重要的启示：

一是阴阳相济才有泰兴和既济。泰卦为阴阳相济之象，所以有泰兴之说。既济为水火相济之象，所以有“功德圆满”之说，泰卦与既济卦的精神相通相达。既济之时，天时地利人和三者齐备，所以事物发展顺风顺水。泰兴和既济，都在于社会生态的和谐。

二是事物发展充满不确定性。由泰卦演变为既济卦的过程，反映了事物变迁的内在逻辑：在一个相对稳定的复杂系统中，只要其中的某些因素发生变化，该事物就会演变成一个新的事物，新旧事物之间既有区别，又有联系。既有继承，又有发展。既济卦可视为泰卦的升级版。

三是事物发展总是相互转化。既济卦由泰卦演变而来，未济卦由否卦演变而来，而且既济与未济还能相互转化，由此可见，成功与失败、泰与否、好与坏、安全与危险、畅通与阻塞、适当与不适当等对立的状况，皆是相对而言，均可相互转化。

第二节　否塞之道：共同体的衰落

一、阴阳对立为否

简言之，阴阳交易为泰，阴阳对立为否。

泰卦和否卦，阴阳之数相同，但是阴阳结构迥异。正是因为两卦在阴阳结构上存在天壤之别，结果在事态发展上谬以千里。泰卦与否卦，都是三阴（为坤）三阳（为乾），为乾坤各半之卦。

泰卦的卦象为坤上乾下，三阳在内（下卦为内），三阴在外（上卦为外）。阳主升，在下则上升；阴主降，在上则下降。阴上阳下，一升一降，交相辉映，泰卦因而亨通。

否卦的卦象为乾上坤下，三阴在内，三阳在外。阳主升而在上，阴主降而在下，上者益上，下者益下，上下不交，两相背驰，中道隔绝。所以讲否卦为天地不交，否塞不通。不交则绝则离，不通则穷则痛，所以又讲否卦为穷绝离苦之卦。

泰否两卦可以理解为自然时令的春秋两季，也可以理解为世道人心的炎凉两态。泰卦代表三阳开泰，春暖花开，宜人宜物。否卦代表三阴成否，秋风萧瑟，残枝败叶。从时令而言，三月为春，七月为秋。泰否两卦皆为三阴三阳，正好符合春秋两季之象。冬去春来，泰卦以阴生阳为春，否卦以阳成阴为秋。所以，以泰否两卦指代春秋两季，简单明了。

《序卦传》写道："泰者，通也。物不可以终通，故受之以否。"在否之时，乾上坤下、天尊地卑的秩序定位僵化凝固，阻碍了阴阳相互之间的交通往来，因而否卦之《象曰》写道："则是天地不交，而万物不通；上下不交，而天下无邦也"。在余敦康先生看来，否卦的卦爻结构只是反映了现象层面的外观，而没有反映本体层面的内涵；只反映了阴阳之间的对待，而没有反映阴阳之间的流行①。

用现代政治学话语来表达，否卦代表封闭和板结，是流动性的丧失，是利益集团的崛起。泰卦代表开放，是流动性的保持，是利益天下的实现。用现代经济学话语来表达，泰卦代表开放经济，否卦代表封闭经济。

"天地之大德曰生"。天与地，阴与阳，只有两者结合方为一个有机整体，实现"阴阳合体"才能"生物不已"，因此"天地生物"是结果，"阴阳合体"才是在先之原因。阳与阴合，阴与阳合，絪缊化育，才能"生生不已"，表现出一个大化流行的动态的过程。因此，《周易》讲"一阴一阳谓之道"，是把"阴阳合体"视之为道，并且有"阴阳成道"之说。处泰之时，阳唱阴和，双向互动，交通往来，畅达亨通。因此，泰卦被视为"阴阳成道""天地生物"的完美代表。虽然否卦也有阴有阳，但是"阳者益上，阴者益下"，阴阳相离，不能"阴阳合体"，自然不能"阴阳成道""天地生物"，所以否卦表现阴阳之间的相互对立、相

---

① 余敦康注著：《周易》，国家图书馆出版社2017年版。

互对待，而没有体现阴阳之间的相互交易、大化流行。

当然，我们也可以按照“阴阳成道”的说法来加以推论，则泰卦所成之道为“人道”“君子之道”，否卦所成之“道”是“匪人之道”“小人之道”。实际上，否卦片面凸显天尊地卑的秩序定位，并且使之僵化凝固，各自独立，结果就是“天地不交而万物不通”，整个宇宙变得死气沉沉，丧失了生机活力，停止了大化流行。就人类社会而言，为了科层管理的需要而分阴分阳，建立君臣上下之间的等级从属关系，有君必须有臣，有上必有下，有精英必有平民，两两相对，在现象层面也就自然形成了君尊臣卑、上贵下贱的秩序定位，但是，这种等级秩序并不是封闭隔绝，矛盾对立，而必须双向互对，交通往来，才能组建成为一个“上下交而其志同”的和谐整体（泰卦的意蕴），因而社会组织的实质性的内涵不在阴阳之分而在阴阳之合[①]。所以，就人类社会发展而言，虽然难以消除阶层性、秩序性，但是需要尽力保持社会阶层之间的流动性、变化性，而不是依靠门阀制度、身份制度来阻止阶层之间的流动，从而将社会阶层固化下来，由门庭、出身来决定个人的穷富之命。

二、小人道长为否

简言之，君子道长为泰，小人道长为否。

否卦之《彖曰》写道：“否之匪人，不利君子贞，大往小来。”其中“否之匪人”一语为理解全卦的纲要。处否之时，君子不利、不宜、不顺，因为“小人道长，君子道消也。”《周易》讲天地人三才之道，“立天之道，曰阴曰阳；立地之道，曰柔曰刚；立人之道，曰仁曰义。”人居天地之中，兼天地之道。天地人三者相交才有人道之立，三者相离则人道消亡。所以，处否之时，天地不交，否塞不通，以仁义为代表的人道隐而不显了，显现于世的也就不是真正的人道了，而是“匪人之道”。

---

① 余敦康注著：《周易》，国家图书馆出版社2017年版。

否卦讲大小往来，“大”指乾阳，“小”指坤阴，“往”是向外，“来”是向内。乾为健，坤为顺；阳代表君子，阴代表小人。所以泰卦讲“内阳而外阴，内健而外顺，内君子而外小人”。以“小往大来”而亨通，因为“君子道长，小人道消”。否卦与泰卦相反，所以否卦讲“内阴而外阳，内柔而外刚，内小人而外君子”。以“大往小来”而否塞，因为“小人道长，君子道消也。”

“小人道长，君子道消”还可以从“义利之辨”来理解。小人重利，追逐利益，“小人道长”意味着整个社会逐利成风；君子重义，讲求仁义，“君子道消”意味着整个社会不讲仁义道德，不论是非曲直。“大往小来”就是社会上小人当道，大行其道；君子退隐，贞守仁义的做法被认为不合时宜，所以有“不利君子”之说。

前面，从否卦之卦爻结构来解读否卦的精神。后面，从否卦的名称入手，对“否”字的字体结构进行分析[①]。否字为上下结构，上为不，下为口。“不”可以理解为“非”“毋”“勿”“不然”“弗为”等，有否定、不可为、不宜为、不能为等意思。“口”可以理解为言语、辞令、交流、对话等意思。中国文化非常重视言语辞令，可以从文化道德、历史政治两个维度来理解。

从文化道德来看：中国文化重视言语辞令，背后是重视心性修养，有“言为心声”之说：善恶生于心，发为言，利害相随，吉凶相伴。所以，行道之士，口必择言；修身之人，心必知言。《周易·乾·文言》写道：“君子进德修业。忠信所以进德也。修辞立其诚，所以居业也。”在《周易》看来，修辞立诚，言语周详，为善为德。孔子（《论语里仁》）写道：“君子欲讷于言，而敏于行。”讷言既是智慧也是品性，孔子批评“巧言令色”者。老子讲过，“善者不辩，辩者不善”，同样提倡讷言。而且，中国还有一句古语，“水深则流缓，语迟则人贵”。中国文化强调为人要稳重，要有修养和内涵，说话的语速要不紧不慢，最好是

① 佚名：《易经证释》，电子书。

能够慢条斯理地说出深思熟虑过的话语，从说话的语速和神态往往可以看出人之贵重。

从历史变迁来看：言语的社会效果和历史作用非常重大，不得不谨慎。《尚书·大禹谟》讲“惟口出好兴戎”。“兴戎”是指引发战争，言语不慎往往引发战祸。《论语·子路》讲到，“一言而兴邦，一言而丧邦”。可见重要人物的重要言语，影响十分重大，不可不慎重。《论语·为政》讲到，“多闻阙疑，慎言其余，则寡尤；多见阙殆，慎行其余，则寡悔。言寡尤，行寡悔，禄在其中矣。”要谨言才能从言语上减少过失，要慎行才能从行为上减少悔恨。

从政治变迁来看：“个人有言”与“邦国有道”密不可分，言语的方式与社会的自由程度相关，言语的内容与社会的开放程度相连。《论语·宪问》写道：“邦有道，危言危行；邦无道，危行言孙（孙同逊）。”这段文字的意思是：国家有道，则正言正行；国家无道，行要正，但说话要随和谨慎。《论语·泰伯》进一步写道：“笃信好学，守死善道。危邦不入，乱邦不居。天下有道则见（同现），无道则隐。邦有道，贫且贱焉，耻也；邦无道，富且贵焉，耻也。”李泽厚对这段文字的解释是：“信仰坚定，喜爱学习，重视死亡（即为生命），履行正道。不去危险的国家，离开动乱的国家。天下太平就出来工作，天下不太平就躲藏起来。国家好，贫贱是耻辱；国家不好，富贵是耻辱。”①

《国语·周语》记载了“召公谏厉王弭谤”的事件，从反面揭示出“无言”与“无道”的关系，非常经典，警示深远。周厉王无道，国人莫敢言，道路以目。处在这样极端的否世当中，人不敢言，人不能言，检举揭发之风盛行，风闻言事之势蔓延，因言获罪之事广见，整个社会封闭否塞，人人倾轧自危。与太平盛世的情况完全相反，处在泰世当中，人人敢言，人人能言，心直口快，危言危行，整个社会开放包容，相互对话交流。

---

① 李泽厚：《论语今读》，安徽文艺出版社1998年版。

简言之，通过老百姓的言语，可以反映出一个社会的开放程度和自由程度，可以反映出一个社会的安危和治乱状态，可以说言语是政治生活的晴雨表。

三、包承包羞为否

简言之，包荒包涵为泰，包承包羞为否。

泰卦有言，“包荒，得尚于中行，以光大也。”泰卦所讲的包荒，是指君子行于中道，光明正大，能够包涵和包容小人，各行其道，各行其是，“乾道变化，各正性命”。

否卦有言，“包承。小人吉，大人否，亨。”包承是指小人包围君主。小人先是包围君侧，顺承君意，受其宠信；然后上下勾结，内外串联，朋党相济。这样，国与君、君与民，皆受其害。所以，中国古代历史上的“革命”，总是举起“清君侧”的大旗，当然一方面是出于政治智慧的策略需要，另一方面确实存在消除“小人乱政”的社会需要。

否卦有言，“包羞，位不当也。”包羞一词代表了非常严厉的批评，可以从四个方面来理解：一是从文字来看，“羞”兼指“馐”，为珍馐，珍馐既指珍宝美玉，也指锦衣玉食，代指一些美好的东西。小人当道，聚敛财富，中饱私囊，都是包羞之意。可以说，一个社会的腐败程度，就是这个社会的包羞指数。二是从义利关系和公私关系来看，包羞代表从天下为公到天下为家的堕落。三是从节制精神来看，否卦讲“否之匪人”，是指小人当道，肆无忌惮，内无节制，外无法度。四是社会风俗来看否卦，社会逐利成风，毫无礼义廉耻，成为藏污纳垢的场所，是为包羞。所以，《易经证释》中写道：“虽有人，与无人同。虽有国，与无国等。是世间可羞之事，亦人类不幸之时，故曰包羞，以其包含一切羞辱也。”① 简单而言，包羞为谋财、谋私、无义、无节，为藏污纳垢。

① 佚名：《易经证释》，电子书。

四、休否倾否，否极泰来

否卦有言，“休否，大人吉。其亡其亡，系于苞桑”。

《易经证释》写道：“其亡其亡者，因惧亡而自警惕不已也。苞桑者，有本之木也。系于苞桑，则不亡矣。亡之大患在无本。桑而苞生，其本必固。从而系之，其安可知。故戒于亡，反能图存。惕于乱，反能就安。可见大人之吉。”[①] “其亡其亡”的意思是“快要灭亡啦，快要灭亡啦”。《周易》深言“忧患意识”，即使居安也要思危，何况“亡国亡天下”在即，必须有救亡图存的紧迫感、危机感，才能改变现状。

“系于包桑”可以理解为“休否”的关键举措和战略突破。苞桑为有本之木，“系于包桑”意为有根有本才能牢固稳定。隐喻“休否”不能离本，必须抓住“根本”。对于人类社会而言，有文化、政治、经济三要素，文化是根。所以，“休否”必须从根本上入手，必须围绕文化这个“根本”做文章、下功夫。所以，中国历史上以“休否”为目标的“变法”运动，莫不以收拾人心、倡导仁义为首要，辅之以整顿吏治、打击豪强，再辅之以抑制兼并、均平财富。这种政治安排，体现了文化先行、政治紧随、经济殿后的次序。

否卦之上九写道：“倾否，先否后喜”。否世否时，社会民众苦不堪言，穷不堪言，“穷则思变，变则通，通则久”，否世否时不可长久，所以有“否极泰来”之说。物极必反，往者必复，否到极处则自倾。于是，苦尽甘来，否极泰来。

---

① 佚名：《易经证释》，电子书。

第三节　泰否之道：开放与封闭

总而言之，泰兴之道和泰否之道，既覆盖文化政治经济整体，又覆盖文化、政治、经济三大结构。分而言之，其重要意义表现在三个方面：一是代表了文化政治经济整体建设方向；二是代表了政治生态建设的独特作用；三是代表了政治生态建设对于经济生态建设的主导作用。泰否之道对于经济生态建设的意义，还可以作进一步的扩展和衍生。

泰卦提出了财成之道的思想，表达了财富由天地人所生，由社会生态所生，代表了周易哲学的财富生成观。所以，财成之道直接指向社会生态建设，美好的文化生态，正义的政治生态，有效率的经济生态，不在理念世界，就在生活世界和现实世界，就在阴阳之道，阴阳相济即是太平盛世，社会生产的可能性边界才得以全幅打开。

泰卦首开君子和小人之辨，提出了君子之道的文化、政治、经济思想。就政治思想而言，君子之道对应于生产性努力，小人之道对应于非生产性努力。泰平盛世由君子之道主导，社会政治制度旨在鼓励生产性努力，奖励生产性努力，实现全社会的生产性努力。

但是，社会不会总是处于泰平盛世，往往会遭遇否塞之世。否塞之世由小人之道主导，政治制度倾向于适应非生产性努力，满足非生产性努力，结果陷入全社会非生产性努力的“陷阱”当中。面对否塞之世，惟有弘扬乾卦精神，发挥乾元的井革精神，以井革之道来对治否塞之道，打破世族政治、门阀制度、利益集团的板结成块，打破文化、政治、经济三者的盘根错节、结晶成体，推动社会变迁由否塞之世回返泰平之世。

概括而言，泰兴之道和泰否之道，旨在建立开放和谐的社会生态，特别是建立公平正义的政治生态。

第四章
损益之道与经济生态

损卦的特点是损下益上，强调自我减损的牺牲精神。损卦对应的经济现象为国家税收，国家通过向民众征收税赋来建设社会经济共同体。《周易》讲损卦元吉，其深厚的思想是肯认共同体存在的必要性和合理性。

益卦的特点损上益下，强调天施地生的仁政精神。益卦对应的经济现象为国家赈灾济贫，国家作为共同体的代表积极为社会成员提供经济援助。

损益之道讲“损有余补不足”，实际上是讲收入再分配、收入均等化的思想。通过损益之道，不但可以天施地生，“生出”巨大的社会财富，实现经济总量、国民收入总量的增长，而且可以实现收入均等化，实现社会福利总量的提升，获得迁国之福。

第一节　损卦：共同体建设与税赋征收

一、由泰而损，尽显牺牲精神

损卦的卦象是山下有泽，泽体自我减损以增益山体之崇高。损卦由泰卦而来[①]。泰卦之象为地天泰，地在上，天在下，体现天地之美，和谐之美。损卦之象为山泽损，山在上，泽在下，体现山水之美，山泽之美。所以，损卦的卦辞里讲“有孚，元吉”。

损卦（第41卦）和鼎卦（第50卦）的卦辞中有元吉的说法。说鼎卦元吉，我们好理解，鼎在古时候是煮饭的用具，是生活的代表，自古有“民以食为天”的说法。初唐时期王勃在《滕王阁序》中写道：“闾阎铺地，钟鸣鼎食之家”，钟鸣鼎食即为繁荣富强的说法。据说夏禹铸了九鼎代表九州，所以鼎就成为国之重器，成为国家政权的代表，后来也有问鼎、扛鼎之说。说鼎卦元吉，是因为鼎卦代表一个国家的建立，既言建国，当然元吉。

那么，损卦为什么元吉？

一个简便方法是把损卦理解为“损己利人”，因为减损自己的利益去帮助别人，去帮助他者，吃苦的是自己，得到好处的是别人，这是“利他主义”的道德行为，当然会是元吉。上面这个解释和理解，可以称之为“横向之损”，是从自我与他人、自我与左右、自我与邻里关系来解读，损己以利人，自然元吉。

我们对损卦元吉的理解和解释，可以称之为“纵向之损”，是从上下关系、君民关系、国民关系来解读，我们理解损益之道在共同体建设中的意义和作用。所以，损卦和益卦可以从税收获取与转移支付、公共收入与公共开支、国家财政与民众家计的对立统一关系来理解。

二、损下益上，以税收建设共同体

损卦对应的经济学现象是国家税收，国家通过征收税赋来建设社会经济共同体。税收虽然是一个现代的经济学概念，但是税收现象早已有

① 余敦康在《周易现代解读》一书中认为，泰卦是坤上乾下，减损下卦乾之九三，去增益上卦坤之上六。于是，九三由刚变柔，上六由柔变刚，泰卦经过变化而成损卦。见余敦康《周易现代解读》，华夏出版社2006年版。

之，征、贡、赋、税等词语，都是讲税收现象。

《周易》讲损卦元吉，是以共同体思想来立论，它不同于现代经济学关于最优税率的数量分析，而是从最原初、最本源的意义上讲个人与集体之间的利益关系。建立共同体对每个社会成员而言有益处，但是共同体需要建设，需要管理机构和管理人员，需要有支出，自然需要有财货。这样，通过税收方式，国家从民众那里获得财货支持从而维持一个共同体的运营和管理。征税虽然会损失每一个人的利益，但是这是满足共同体建设的需要。所以，损卦可以理解为：民众举己之利（力）建设共同体，共同体为民众服务，即国家税收取之于民，用之于民。因此，损下益上也是元吉。

《周易》讲损卦元吉，体现共同体共建共荣的思想。首先肯认共同体存在和国家存在的必要性；其次肯认民众承担税收（即损下）的合理性。所以，损卦之《彖曰》中写道："损下益上，其道上行。损而有孚，元吉。"

三、节制欲望，税赋合德合理

共同体本是基于对民众有益处才得以建立，并且以君王作为共同体治理的代表，君王本是民众的公仆，应该为民众服务。但是，在现实世界当中，民众的力量过于分散，民众的分量过于轻微，民众与君王处于不对等、不对称的位置，往往是君贵民贱、君重民轻。就税收征收而言，一旦君王滥用权力，很可能源源不断、愈演愈烈地向民众横征暴敛，从而出现"苛政猛于虎"的状况。

对此，《周易》早有深刻洞见。《周易》以地来喻民，以天来喻君，既有"数往者顺，知来者逆，是故易逆数也"的说法，又有地天泰（泰卦）的赞言，还有天地否（否卦）的警示。地在上，天在下，为泰卦。民在上，君在下，则国泰民安；天在上，地在下，为否卦；君在上，民在下，则否塞不通。

《周易》从文化哲学层面来思考君民关系，并且有天地君民的说法，实际上已经揭示现实社会中君民力量的不对称、君民关系的不平等，恰恰体现《周易》深厚的忧患意识、历史意识。以徐复观为代表的中外学者，赞美《周易》强烈而深远的“忧患意识”①。

可见，《周易》看待君民关系的文化立场，旨在强调君利民、君亲民、民拥君、民敬君的天长地久。《周易》与西汉董仲舒的《春秋繁露》有大差异，与东汉章帝时期的《白虎通义》有天壤之别。《白虎通义》强调“三纲六纪”，其看待君民关系的文化立场，旨在凸显君治民、君牧民的天经地义。

荀子在《荀子·王制》篇中写道：“君者，舟也；庶人者，水也；水则载舟，水则覆舟。”② 唐朝贞观时期魏征在《谏太宗十思疏》中写道：“怨不在大，可谓惟人，载舟覆舟，所宜深慎。”③ 吴兢在《贞观政要·论政体》中写道：“君，舟也；人，水也；水能载舟，亦能覆舟。”④

荀子、魏征、唐太宗所言，更多体现政治哲学的思想。《周易》从文化哲学的角度，通过损卦提出了一系列的办法，既肯认损下的必要性，又约束损下的扩大化，希望中道而行。

一是要求“君子以惩忿窒欲”。惩忿窒欲就是要求君王和官员管理自我，节制欲望，不文过饰非，不好大喜功，不兴师动众。孔子在《论语·里仁》中写道“放于利而行，多怨。”不管是作为普通的民众，还是作为管理国家的君王和官员，都要避免“放于利而行”的做法，做到戒奢以简、居安思危。

二是要求君子“损而有孚”。百姓以税收来换取公共服务，对百姓来讲是件好事，所以说“损而有孚”，这是站在百姓的角度来理解。如果站在约束官员的角度来理解，就应该倒过来说，变成了“孚有而损”。

---

① 徐复观：“中国古代人文精神之成长”，载《中国人的生命精神》，华东师范大学出版社 2004 年版。

② 王先谦：《荀子集解》，中华书局 1988 年版。

③ 吴楚材、吴调侯编选：《古文观止》，中华书局 2008 年版。

④ 吴兢：《贞观政要》，骈宇骞译注，中华书局 2011 年版。

通俗地讲，就是官员们在决定征税这件事情的时候，必须要扪心自问，一定要在决策之前诚心地回答：征税用来干什么？是否必须征税？税率应该是多少？

对于上述三个问题，《周易》以“有孚”作为标准和尺度来衡量决策者和官员们行为的合理性。在现代政治经济生活中，需要通过“听证会”或者“议会”来讨论和答辩，必须进行充分的诘问和论证才能通过，当然不能依靠决策者和参与者的扪心自问、自问自答来完成。

但是从现代经济学的公共财政理论来看，听证会辩论、议会审议与《周易》所言的“损而有孚”，在经济学的道理上并无差别，这个道理就是“对公共物品需求的真实揭示”，就是要把对公共物品的真实需求表达出来①。由听证会和议会来审议公共开支，体现了制度理性、工具理性，强调了程序，凸显了形式。《周易》所言的“损而有孚”，强调的是内心，是内容，是价值理性，是道德理性。

“有孚”是一种文化解释，它与祭祀行为联系在一起，是祭祀者身心与神的合一，这种状态和境界的特点是无私、无我、无心②。远古时代的巫和觋，被认为是“有孚”之人，他们能够沟通神灵。后来，儒家以圣人和神人称之。

这种状态也正如《周易·系辞》所言的“乾知大始，坤作成物。”那么我们就要发问，乾何以知？这确实是一个大问题。其实，《周易》接着就作出了回答：“乾以易知，坤以简能，易则易知，简则易从”。那么，我们还要接着发问，何为“易知”？对此，《周易》进一步明确：“易无思也，无为也，寂然不动，感而遂通天下之故，非天下之至神，其孰能与于此。”

唐朝学者孔颖达在《周易正义》中对此做过解释：

---

① 刘云龙：《民主机制与民主财政——政府间财政分工及分工方式选择》，中国城市出版社 2001 年版。

② 牟宗三对“心与道”有过辨析。牟先生认为，言“有心得道”则此“心”为孟子所言的真心，为王阳明所言的良知。言“无心得道”则此“心”为荀子和禅宗所言的分别心、计算心、智识心、功利心。

正义曰："易无思也，无为也"者，任运自然，不关心虑，是无思也；任运自动，不须营造，是无为也。"寂然不动，感而遂通天下之故"者，既无思无为，故"寂然不动"。有感必应，万事皆通，是"感而遂通天下之故"也。故谓事故，言通天下万事也。"非天下之至神，其孰能与於此"者，言易理神功不测，非天下万事之中，至极神妙，其孰能与於此也。此《经》明易理神妙不测，故云"非天下之至神"，若非天下之至神，谁能与于此也。

简单而言，有孚就是不动心，不起意。《周易》在损卦中讲"有孚"，是指君子、大人或者官员在损下益上的时候，要时刻保有祭祀时候的诚心诚意，要对百姓有敬畏、诚敬、虔诚之心，就像对待父母和祖先那样来对待他们，从而真正做到：无心而成化，损而有孚。

老子在《道德经》第四十八章中写道："为学日益，为道日损，损之又损，以至于无为。无为而无不为。取天下常以无事，及其有事，不足以取天下。"[①] 老子这段话的意思是：做学问要有增益的精神，要日积月累，要厚积薄发。但是，体道悟道要有减损的精神，损之又损以至于无为。而减损的精神也就是无我、去我的精神，无之又无以至于一无所有，去之又去以至于去无可去，这样才能与道相合，与道同一。

当然，我们也可以通俗地讲，有孚就是讲官员要有初心，要有诚心。坚持初心不动，坚持至诚无息，最为吉祥如意。那么，我们就要问，"有孚"的最低标准是什么？

三是有孚的标准："二簋可用享"。损卦之《彖曰》写道："二簋可用享，二簋应有时"。簋是什么？簋是外圆内方的祭器。"二簋可用享"是说二簋就可以用来献祭。那么二簋代表什么呢？代表最简单的一种祭器，上面可以放黍稷稻粮五谷作为祭品。这样，"二簋可用享"的真正含义就是说：心中真诚，供品简单，鬼神也会欣然享用。延伸而言，"二簋可用享"表达了"有孚"的最低标准。这样看来，献祭者的诚心诚意

① 王弼注：《老子道德经校释》，中华书局2008年版。

最为重要，而不是祭品和祭礼隆盛最为重要。

前面已经讲到，我们是从“纵向之损”“税收之损”来理解损卦。所以，“二簋可用享，二簋应有时”的表述，就蕴含着丰富的公共经济学即财政经济学和税收经济学的核心思想。其实，《周易》的损卦精神与现代经济学关于财政和税收的基本原则相通相达，现代经济学的财税原则可以表达为：与百姓利益无关的事情不能征税，体现财政的公共性原则；可征可不征的税，可以选择不征，由老百姓说了算，体现财政的民主性原则；能高能低的税率，就低不就高，体现税收的合理性原则。

亚当·斯密在《国富论》中，强调了市场作为“看不见的手”的重要性，由市场来主导和协调分工，因为分工而业精（提高劳动生产率）、因为业精而经济发展。但是，斯密并不否定政府的作用，他也对政府的有效规模进行了研究，希望找到“最优政府”的模式。因此，他提出了“守夜人政府”模式。首先，“守夜人政府”不是大政府，而是小政府。其次，“守夜人政府”虽然是小政府，但是基本的政府职责可以得到实现。所以，斯密通过“守夜人政府”模式，从政治和经济的大原大本上对“损下”进行了节制和管理，避免政府规模的自我膨胀，避免毫无节制的“损下益上”。

四、损之又损，由损卦而否卦

前面已经讲到，损卦由泰卦而来，减损乾一阳以增益坤一阴，从而形成损卦。但是，损下益上，必须有节制，不能过度。如果损之又损，乾三阳俱损灭，即三阳全部上升，三阴全部下降，就会出现乾三阳全在上，坤三阴全在下，则成否卦。否卦的特点是否塞不交不通，乾阳上行，坤阴下行，阴阳隔绝，整体的阴阳平衡就随之而破坏殆尽。所以说，损而有孚则大得志，损而无度则大失意。损而有孚是因为天道之善得到遵循，损而无度是人道之恶没有得到抑制。

老子在《道德经》第七十七章中写道：“天之道，其犹张弓欤？高者抑之，下者举之，有余者损之，不足者与之。天之道，损有余而补不足；人道则不然，损不足，奉有余。孰能有余以奉天下？其唯有道者。是以圣人为而不恃，功成不处，斯不见贤。”实际上，与《周易》一样，老子对损而无度的人道之恶是有担忧的。所以，老子对天之道与人之道进行明确区分，提醒世人要防范“损不足奉有余”这种背离天道的大过之举。

损卦之上九爻辞写道：“弗损，益之，无咎，贞吉。利有攸往，得臣无家。”实际上也是对损之又损的大过之举进行阻止和告诫。作为君王，要知止，要知节，要及时阻止损之又损的做法，及时采取“弗损益之”的做法，这样君王就可以得到百姓的支持和拥护，真正做到“君王本无家，以天下为家”。君王以天下为家，弗损而益之，不但得臣，而且大得志。

第二节　益卦：共同体发展与转移支付

一、由否而益，由损而益

益卦的卦象是风雷益，上面是风，下面是雷。风雷相伴，雷厉风行，体现大功大作之美。益卦由否卦而来，否卦是上乾下坤，其特点是天地不交，否结不畅，否塞不通。由否而益，天施地生，损乾一阳，益坤一阴，焕发了新的生机和活力，结果是其益无方，上下左右各方都普遍受益。益卦的特点是损刚益柔，损乾之刚，益坤之柔。

《序卦传》写道：“损而不已必益，故受之以《益》。”损卦和益卦前后相连。益卦是损卦的覆卦，损卦倒过去或者旋转180°就变成益卦了。益卦言“自上下下，其道下行。”损卦则言“损下益上，其道上行”；益卦言“君子以见善则迁，有过则改”。损卦则言“君子惩忿窒欲”；益卦言“中正有庆”，损卦言“损而有孚”。可以说，益卦是对损卦的批判性继承和否定式发展。

二、损上益下，天施地生

上面讲到益卦由否卦而来，在益卦的卦辞中有“天施地生”的说法，什么叫天施地生呢？天施地生是讲否卦蝶变而成益卦的过程。天地否，天在上地在下为否卦之卦象，否卦的最大特点是天地不交不通，因而否塞。转否为通，就是由否而益的蝶变。

否卦之上九转变为益卦之初九[①]，有如天体的旋转，它使否卦的下坤往上走，有如大地的生长。否卦之上九，本来高高在上，居天之首。现在来到底下，变成初九，居地之下，头顶大地，可谓是“俯首甘为孺子牛”。可见，天从上卦到下卦，从外卦来到了内卦，天旋转了。原来否卦之下卦，为地为坤，为初六、六二、六三，现在依次变为六二、六三、六四坤卦，也就说原来的坤卦整体地往上抬升了一级，抬升了一个台阶。所以，由否到益，是天施（旋）地生，其益无方。

通过辨析否益两卦的卦爻之变，可以让我们获得一个内涵丰富的文化意象，天施地生代表天地交通、上下交流、以上伺下、以尊伺卑。通俗地讲，这是一个“从群众中来，到群众中去”的过程。讲“天尊地卑”，是讲天为上为尊，为君王，为领导，代表“从群众中来”的过程之完成；讲“天施地生”，代表“到群众中去”的过程之开始，为君王者，为领导者，身先士卒，到最基层的地方去，到最艰难的地方去，到最贫困的地方去。可以说天施地生的文化意义是一种公仆精神，服务精神，担当精神，责任精神。今天我们仍然讲“做人民的好公仆”“全心全意为人民服务”“俯首甘为孺子牛”，就是一个“天施地生”精神。

---

① 龚鹏程与余敦康对“天施地生”的解读略有差别。余敦康认为，上卦乾之九四由上而下，主动增益下卦坤之初六，九四由刚变柔，初六由柔变刚。龚鹏程的解读重在将“天施地生”理解为天旋地生，认为上九来到初六有天旋之象。

在《周易》看来，“天施地生”精神，公仆精神，服务精神，担当精神，“俯首甘为孺子牛”的牺牲精神，对于共同体建设和发展，意义和作用十分显著。《周易》认为，天地相合“生出”了社会利益、“生出”了经济发展。

概括而言，天施地生为共同体“生出”前所未有的利益，皆大欢喜，皆大得志。分解而言，“生长”出来的利益可以区分为两个方面：一是对百姓而言，利用而大作；二是对君王而言，王用享于帝。

具体而言，益卦对此做出了四个方面的概括：一是“利用为大作”；二是“或益之十朋之龟”；三是王用享于帝；四是利用为依迁国。

下面，我简单地作些说明。

益卦有言，“利用为大作”。

《尚书·大禹谟》中写道：正德、利用、厚生惟和。也就是说，《尚书》将正德、利用、厚生三件大事的协调运行视为平治天下的重大政策。正德居首，是利用、厚生的前提，既正人德，又正物德，充分利用各类资源，实现生活富足的目的。正德可以理解为正身之德，君王要自正其德，正己以治民；利用可以理解为利民之用，君王要戒奢以俭，为民兴利除弊；厚生可以理解为厚民之生，轻徭薄赋，让民丰衣足食。“利用为大作”，表明天施地生精神将导致共同体的富足和繁荣，损上益下，为民兴利，民富而国强。

益卦有言，“或益之十朋之龟”。

古人以币为货币，一串五贝，两串为朋。“十朋”可以理解为数额很大的财富收入。十朋之龟，为外来之益。表明“有余”与“不足”的两个方面，由过去的“背离”走向新的“平衡”、新的“和谐”，于是整个共同体成员都可以因此而成为受益者。

三、益用凶事，迁国之福

益卦有言，“益之用凶事”。

我们可以把“凶事”理解为大灾荒。一旦国家发生了这样的大事，必须用增益之物来赈灾救灾。前面我们把损卦理解为税赋征收，损下益上。现在讲老百姓遭受到了大灾荒，君王该怎么办？损上益下，以损为益，将税收之蓄化为赈灾之物。这样，先损后益、损而有益的社会经济效果就显现出来了，损益两卦前后相连的逻辑也就清晰了。

讲损卦时，有“君子以惩忿窒欲”的说法，强调损下益上、征收税赋的时候必须坚持有理、有利、有节的原则。现在讲益卦，面临“益之用凶事”的时候，救急救难如救火，必须雷厉风行、奋不顾身、损上益下；必须有孚中行，感同身受，如在我身。

益卦有言，“利用为依迁国。”

利用为利民之用，百姓财用增长。迁国为迁徙国都，也可以理解为举国迁徙到更加适合生存发展的地方。所以，我把“迁国”理解为“迁国之福”，理解为老百姓的生存发展水平整体地向上提升了一个档次，提高了一个台阶，是共同体的社会福利的一次跃升。

讲到这里，我们就可以将《周易》的损益之道与新古典经济学家庇古[①]的福利经济学理论相提并论。庇古的福利经济学核心思想是：国民收入总量愈大，社会经济福利就愈大；国民收入分配愈是均等化，社会经济福利就愈大。他认为，经济福利在相当大的程度上取决于国民收入的数量和国民收入在社会成员之间的分配情况。国家通过累进所得税政策向富人征得税款，用来举办社会福利设施，让低收入者享用，从而可以使社会经济福利极大化。

损益之道讲“损有余补不足”，实际上是一种收入再分配、实现收入均等化的思想。通过损益之道，不但可以天施地生，“生出”巨大的社会财富，实现经济总量、国民收入总量的增长，而且可以实现收入均等化，实现社会福利总量的提升，获得迁国之福。

新古典经济学讲制度变迁，有两个著名的说法。一是" 帕累托改

---

① 庇古：《福利经济学》，商务印书馆1984年版。

进"。没有人因为制度变迁而受损，人人都因为制度变迁而受益，无非受益有多有少而已。二是"卡尔多改进。有人因为制度变迁而受益，有人因为制度变迁而受损，因此面对制度变迁出现利益冲突，为了持续推进制度变迁，获得最大的改革共识，实现长远利益的最大化，则需要受益者对受损者予以经济补偿。实际上，这种经济补偿的做法，即新古典经济学所言的"卡尔多改进"，即中国文化所言的益卦精神。

第三节　损益之道：国富与民富

与泰否之道一样，损益之道覆盖文化政治经济整体，同时覆盖文化、政治、经济三大结构。中国历史上有著名的“三代之治”，夏商周三代同为优良之治，不过三代在文化、政治、经济方面皆有损益和因革。

就经济生态建设而言，损益之道的重要意义主要表现为三个方面：一是代表了经济生态建设在文化政治经济生态建设当中的独立作用；二是代表了经济生态建设的核心政策指向；三是代表了经济生态建设对政治生态建设的支撑作用。

就经济生态建设而言，损益之道包含了三个方面的重要内容：

一是肯认共同体建设即国家建设对共同体成员的意义。家、国、天下，代表了由小到大的共同体，之所以需要建立共同体，是因为具有文化政治经济三个方面的意义。就经济意义而言，共同体建设本来是有损有益的阴阳两面性，并非有益无损的一面性。经济生态建设，不从计算损益的空间大小和数量多少出发，通过功利计算来论证共同体建设的必要性，而是从损益同时并存的社会现实着手，强调损益一体的统一性，凸显损益异时的互补性，进而肯认共同体的必要性。

二是肯认共同体建设与社会福利增长的同向性和一致性。损益之道不仅肯认共同体建设的必要，而且重视共同体能力建设、优良政治的重要性。这个思想的理论基础在于实现共同体建设与社会福利增长的一致性。因此，损益之道牢牢地将共同体建设与社会福利增长联结在一起。社会福利增长不是社会财富增长，而是社会经济生态的优化。因此，损益之道的深厚基础在于通过经济生态建设来优化和改善社会经济关系，实现社会福利增长，将生财之道、财成之道、民生之道、利用之道融为一体。

三是共同体建设的基础在于民为邦本。民为邦本，既是文化思想，也是政治思想，同样是经济思想。作为经济思想，损益之道首先体现为国富与民富的关系。《周易》《尚书》强调国富和民富的一体性与同时性，乾坤之道、泰否之道、损益之道，三者一脉相承，一气相通。战国时代，国富和民富的一致性遭到破坏，孟子从仁政王道出发，强调民富的优先性。荀子则强调国富的优先性，国家能力的优先性。当然，不管是孟子还是荀子，都强调民富的根本性和基础性，国富和民富的先后次序可以有不同，但是实现民富的最终目的完全相同。

第五章
涣节之道与生态文明

《周易》有涣卦和节卦，前后相连。涣卦代表涣离、离散，节卦代表节制、致和。《周易》肯认“物有可离”的自然性、正当性。同时，悲悯“物之终离”的痛苦性、破坏性。“物之终离”的结果是共同体的解构和解体。所以，《周易》从居安思危的忧患意识出发，强调治涣济涣、拯涣致聚。涣节两卦相邻，《周易》强调止涣以节，通过节制来避免涣散。对此，有涣节之道的说法。

涣节之道承接阴阳之道，两者相通相达。阴阳之道认为，共同体由阴阳和合而成，阴阳总是处于此消彼长的动态发展之中。泰卦摹写的是共同体和和美美、稳稳当当的发展态势，代表共同体处于阴阳平衡、阴阳和谐的最佳状态。但是，由于乾元的生生不息，事物不可能始终或者一劳永逸地停留在泰卦境地，发展总是会有或左或右、或上或下的偏离，对泰卦的偏离是事物发展变化的必然经历，维护共同体的存在，让共同体获得长久生命，必须求之于节卦精神。

从哲学思想而言，涣节之道代表发展与稳定的关系。发展既不是越快越好，也不是越慢越好；既不是越强越好，也不是没有发展才好，而是讲发展与稳定的阴阳关系、生成关系、辩证关系。说到底，发展与稳定是内生性的关系，因为事物发展的同时，就孕育着、蕴藏着、内生着、伴随着风险，发展与风险即是一组阴阳关系。风险也可以表达为稳定或平衡，事物在高速、激烈的发展过程中非常容易失去平衡，失去稳定，造成风险。《周易》认为，发展与稳定的这组阴阳关系，构成了历史变迁、经济变迁的时间性、不确定性、未决定性。

就经济哲学而言，涣节之道代表经济发展与社会稳定的平衡关系，我国经济学界和经济政策界一直有“避免大起大落”的说法，而且还是宏观调控的重要经济目标，其深刻的经济哲学思想就在于发展与稳定的平衡。

乾坤之道、泰否之道、损益之道，分别对应文化、政治、经济三大生态。涣节之道则不同，它本身不参与生态结构的建设，但是它节制三大生态结构，它以中节之道来监督、监察三大生态结构。

第一节　涣卦：治涣致聚，拯救共同体

《序卦传》写道:“说（通悦）而后散之，故受之以《涣》。涣者，离也。”

涣卦紧接兑卦而来，兑卦为喜悦之卦，因此解读涣卦多从兑卦入手。通俗而言，人逢喜事精神爽，喜悦之后身心欢畅，从而受之以涣。于是，世界发展经历由聚到散、由盛而衰的盛衰之变。也有学者认为前期发展“过盛”“过度”从而导致有“涣”。正如北宋欧阳修在《秋声赋》中所言，“物过盛而当杀”。

《杂卦传》写道：“涣，离也。节，止也。”涣卦，上风下泽，风行水上，流水有波浪（波涛）之美，波浪还有层层离去之象，所以说“涣离也”。节卦，上水下泽，水入泽中要有节度，满则溢，所以说“节止也”。

涣卦之《彖曰》写道：“涣，亨，刚来而不穷，柔得位乎外而上同。”在这里，我们借鉴其他学者的解读，将涣卦理解为由否卦变化而来，是对否卦的发展。否卦的下卦坤之阴与上卦乾之阳被涣散了，于是由否卦而蝶变成为涣卦。

前面，我们讲到由否卦而益卦。这里，我们讲到由否卦而涣卦。益卦和涣卦都是对治否卦之否塞不通的弊端，是纠“否”、纠“塞”的举措。益卦和涣卦正是《周易》通达精神的体现，纠“否”纠“塞”的目的在于通达，通达为道。《周易》的通达精神，道论精神，为中国文化、中国哲学一以贯之。

一、涣散之美与涣离之殇

涣卦的卦象为风行水上，生离散之象，有涣散之美，象征着亨通畅达。涣散之美表现为：风无孔不入，风吹水动，水顺风而离散，获得自由。

涣卦讲如何治理涣散、拯救涣散、节制涣散，而不讲如何消灭涣散、灭除涣散，因为涣代表生生之力，是对否卦的否定，是对否塞不通、否结不畅的诊治。人心锢蔽，则意见不通；思想守旧，则新旧不通；诸侯割据，则政令不通。痛则不通，通则不痛，如何让不通之痛消除，必须亨通畅达，必须求医于涣，以涣致通，以涣求解，所以说涣本身具有积极有益的正能量。

涣卦体现了乾卦生生不息、自强不息的生命力，既是“乾道变化，各正性命”的意志之力，也是“乾道乃革”的革新之力，也是革卦有孚改命、大人虎变、君子豹变的变化之力。涣卦的背后，凸显了自由和个性。

所以，涣散之美是自由意志之美，生生不息之美，虎变豹变之美，休否倾否之美。从根本上讲，涣散之美，是乾元之美的体现。也是解放思想，发展个性，解除繁文缛节、实现意志自由的生活之美、生命之美。

所以，《序卦传》曰：“涣者，离也。物不可以终离，故受之以《节》。”可见，《周易》对涣的态度是有喜有忧，喜忧参半。在《周易》看来，由于乾元的生生不息之故，物不可以不离，有聚就有散，聚散为自然之事，所以《周易》肯认“物有可离”的自然性、不可避免性、正当性。同时，《周易》也看到“物之终离”必成涣离之殇、涣离之灾，即“物之终离”的痛苦性、破坏性。

当然，“物之终离”的结果是共同体解构，国家灭亡，亡国亡天下。所以，《周易》从居安思危的忧患意识出发，强调治涣济涣、拯涣致聚的意义。治涣济涣贵在贞，即上中正，下随顺。涣其躬，涣其群，涣王居，这是《周易》治涣济涣的三大法宝。曹操在《短歌行》中写道：“周公吐哺，天心归心。”实际上，三大法宝只是一个法宝，就是收拾人心。只有天下同心，才能济涣致聚。当然，王阳明说过，“破山中贼易，破心中贼难”。以文化来收拾人心、收合人心，只是涣卦打响的第一枪。

二、文化认同，治涣济涣

涣卦之《彖曰》写道：“王假有庙，利涉大川，利贞”。宗庙是祭祀祖先的地方，遇有重大事情，君王都要到宗庙去祭祀，唤起人们的文化意识、宗教意识和家国意识，增强凝聚力，增加自信心，帮助天下和国家渡过难关。

祭祀是中国文化中最重要的事情。“国之大事，在祀与戎”。古代国家最重要的事情，莫过于祭祀和战争。《红楼梦》中有句名言，“百代赖鼎尝之盛”。意思是讲家族发展能够绵延千百代，有赖于对祖先的祭祀纪念。

陈忠实先生的长篇小说《白鹿原》，被视为展现20世纪上半叶中国农村社会形象的历史画卷，时间跨度从清朝覆灭到新中国成立，讲述了白鹿原上白、鹿两大家族之间的较量，国共两党之间的斗争，男女之间的情感。这部作品被誉为“中华民族的秘史”“中国社会的秘史”。下面，我们结合《白鹿原》的故事情节，对祠堂宗庙的文化力量进行解释。

在白鹿原上，有三个重要的机构：

一是朱先生领导的白鹿书院。朱先生是儒家文化和儒家士绅的代表，他博学开明，淡泊名利，慧眼观世。《红楼梦》中有句名言，“世事洞明皆学问，人情练达即文章”，用在朱先生身上恰如其分。他讲的是理，守的是道，明的是势。每有大事，白嘉轩和村民们都会来问计于朱先生，朱先生寥寥数语总能唤醒大家，点化大家。

朱先生作为书院的山长，他勤学不辍，学习文化经典不息；勤思不已，思考社会现象不止。通常情况下，我们会将朱先生理解为知识的代表，但是朱先生只是旧学的代表，不是新学的代表。知识的代表或者知识分子的代表，则是朱先生的学生一辈，是鹿兆鹏、鹿兆海、白灵等人，他们是新学的接受者，是现代社会的知识分子。

朱先生作为书院的山长，并不与社会隔绝，他豁达参与社会建设，积极参与县志编修。因此，朱先生的准确身份是与世共在的儒者和诚者，而不是处江湖之远的渔者和樵者。当然，他与渔者樵者相同的地方是有着对世俗社会的超越，淡泊名利，独善其身，他们都获得高于世人和常人的超越性智慧。

朱先生的高明和智慧，在于他独特的生活方式和生存方式，他不以智者处世，不以知识理世，而以诚者处世，以仁者理世。作为诚者，他既不离世遁世，也不趋炎附势，以俗观世，而是以诚待人，以诚观世。这样，朱先生的心性特点就显现出来了：置身世内，超然世外；置身事内，超然事外。

置身事内，让他可以获得切身感受，获得世人意见，不离经验；超然事外，让他可以不受自身经验（自我）、他人意见（他者）的约束，而是以毋我（无我）的仁者（诚者）身份与世界相境遇，“仁者与万物一体”，从而获得“纯粹之思”①，即自己即自由，即自由即真理。这样，他就能够合内外之道，合天人之道。正如庄子所言，“有真人而后有真知”。所以，朱先生不是知识的代言人，而是真知的拥有者（化身），是趋势的预言者。

二是总乡约田福贤和乡约鹿子霖共同领导的滋水县白鹿仓保障所。民国时期的保障所或者村公所，可以理解为县政府的派出机构，从这个方面来看可以理解为具有公共行政管理职能的基层政权组织，管理一村之公共事务，包括但不限于征兵、纳粮、兴教等；也可以理解为具有一定程度的自治组织，乡约的产生往往是村民推选和政府任命相结合。简

① 胡塞尔：《现象学和科学基础——纯粹现象学和现象学哲学的观念》第3卷（胡塞尔著作集第4卷），李幼蒸译，中国人民大学出版社2013年版。

单地讲，村公所具有半官方半民间的特色。

乡村保障所的兴起，是一个新事物。在民国之前，一直有“溥天之下，莫非王土；率土之滨，莫非王臣”的说法，同时一直有“王权不下乡”“乡绅乡贤自治”的传统。但是，从1900年前后开始，公共权力开始“下乡”，标志着“国家政权建设”的启动，后来出现了保障所等基层政权组织，这个机构就设立在乡村。从学术上讲，民国政府和国民党推动乡村保障所的建立，是国家行政权力“内卷化”的一个重要举措和重要表现[①]，也是中国传统乡村千百年未有之大变局。

三是族长白嘉轩领导的祠堂。祠堂由白嘉轩和鹿子霖代表白家和鹿家共同出力组织重建，并明确约定由白家推选代表来担任族长，族长是白家和鹿家两大宗族群体的共同精神领袖。按照传统的说法，祠堂是宗法制度的首要载体。

在白嘉轩出任族长之际，他的姐夫朱先生就为他拟定了一份《乡约》，于是《乡约》就成为宗族群体的统一规范，目的在于保持自治群体的秩序和安定。当然，《乡约》为乡民之共同约定，只能约束家族内部的成员，却约束不住外部的社会力量。

按照约定，应由白家选举出来的代表担任族长，执掌祠堂事务，这是相对于鹿家而言的权力界定。但是，在白氏家族内部，还是要推选贤者来担任族长。由白嘉轩担任首任族长，一个重要原因是他光明磊落，以德报怨，讲仁义道德，讲大公无私。在兵祸横行时，他置身度外，据理力争；在灾荒严重时，他挺身而出，代表族人向土匪借粮济灾；在瘟疫肆虐时，他和家人不惜命，在祠堂里照料族人，结果他的夫人因此而染病去世。

按照英国哲学家培根所言“知识就是权力”的说法，我们可以赋予白鹿原上这三个机构以权力，它们分别对应于道德的权力、行政的权力、宗法的权力。

在民国时期的白鹿原上，书院本来对应“道德的权力”和“知识的

① 杜赞奇：《文化、权力与国家——1900—1942年的华北农村》，王福民译，江苏人民出版社1996年版；黄宗智：《华北的小农经济与社会变迁》，中华书局出版社2000年版。

权力”，集两种权力于一身。但是，由于新式学堂的设立，知识与道德分离，学校成为知识力量的代表，书院由学校取而代之。于是，作为书院代表的朱先生只以士绅身份、德高望重来行使日益衰落的影响力。保障所（或村公所）对应“行政的权力”，是“城市权力”“国家权力”向乡村社会的延伸[①]，其行政权力的后台十分强大，应该讲其合法性的力量最为殊胜，但是它刚刚建立，又处于战乱时期，所以需要得到书院、学校和祠堂的合作和支持才能艰难起步。祠堂对应“宗法的权力”，根深蒂固，源远流长，与传统文化相依相偎，与书院同病相怜，它真正管理的是世道人心。

作为“宗法权力”的掌管者，白嘉轩在与“行政权力”“外部权力”的博弈中，他始终秉持三件法宝：一是修身养性，一身正气，“其身正，不令而行，不怒而威”，在族人中享有威望；二是为族人利益舍生取义，“民不畏死，奈何以死惧之”，带领族人规避自然灾害和战乱威胁，得以保全族人的生存和繁衍；三是严格遵守《乡约》，严格判别进入祠堂和认祖归宗的成员资格。黑娃[②]因为娶了田小娥，进不了祠堂。白嘉轩的儿子白孝文，行为乖张，吸食鸦片，结果被逐出祠堂。因为进不了祠堂，黑娃、白孝文就成为精神上的“流浪者”。后来，黑娃和白孝文为了争取进入祠堂的机会，享有供奉祖先的权力，两人分别以不同的方式、在不同的程度上接受白嘉轩的意见和建议，改过从善。

上面，我们结合《白鹿原》的故事，讲述文化认同的社会意义和历史意义，文化认同是治理涣散最为深厚的资源和力量。

三、涣其躬，涣其群，涣王居

涣卦有言，“涣其躬，无悔。”意思是要涣散掉自我，忘身徇上。躬，

---

① 杜赞奇：《文化、权力与国家——1900—1942 年的华北农村》，王福民译，江苏人民出版社 1996 年版。

② 黑娃是《白鹿原》中的人物，是白家长工鹿三的儿子，白嘉轩后来为其取名为鹿兆谦，“兆”为辈分，“谦”有“谦谦君子”之意，白嘉轩希望他成为有学问、有品行的君子。

可以理解为自身、自我，有“事必躬亲”之说。自身是指“有我”，有我之身，有我之私，有我之利。“涣其躬”是指要由“有我”到“无我”。

老子在《道德经》中写道：“吾所以有大患者，为吾有身。及吾无身，吾有何患？故贵以身为天下，若可寄天下；爱以身为天下者，若可托天下”。“天长地久。天地所以能长且久者，以其不自生，故能长生。是以圣人后其身而身先，外其身而身存。非以其无私邪？故能成其私。”

老子言“有身”与“无身”、“自生”与“长生”、“后其身”与“外其身”的差别，旨在揭示无私、无我、无身的重要性。实际上，老子所言之无身、无我、无私，即是《周易》的涣卦精神。涣其躬，外其身，无私无我，自然天下为公。

涣卦有言，“涣其群，元吉。”意思是要涣散掉同党，内心光明正大，最为吉祥。当国家处在涣散之时，作为君王的大臣们，应该尽散朋党，及早解除割据。“涣其群”就是指要把小的利益群体涣散掉，才能使整个天下或国家混同一体，才能得到天下一体的大群体。如此而行，可以得到匪夷所思的成果，涣而有丘。

如果说“涣其躬”是要涣散掉“自我”，那么“涣其群”则是要涣散掉围绕在君王身边的利益集团（interest group）。古往今来，解易者对涣卦之“涣其群”不乏精彩解读，其中北宋文学家苏洵的解读尤其精彩。苏洵在《仲兄字文甫说》一文中写道：“嗟夫，群者，圣人所欲涣以混一天下者也。盖余仲兄名涣，而字公群，则是以圣人之所欲解散涤荡者以自命也，而可乎？”

苏洵将“涣其群”解读为涣散各自为政的朋党，以重建天下混一的共同体。苏洵的解读得到了朱熹的肯定。程颐将“涣其群”解读为“群其涣”，强调治涣的结果。苏洵解读“涣其群”，强调治涣的方式。在朱熹看来，苏洵对此的解读比程颐更加切意。

对此，朱熹在《朱子语类》中写道：“老苏云：涣之六四曰‘涣其群，元吉。’夫群者，圣人所欲涣以混一天下者也。此说虽《程传》[①] 有所不及，如《程传》之说，则是群其涣，非涣其群也。盖当人心涣散之时，各相朋党，不能混一。惟六四能涣小人之私群，成天下之公道，此所以元吉也。”[②]

四、建中立极，凝心聚力

面对集体处于涣散状态，《周易》提出了一揽子的解决方案和治理对策，概括而言有三大举措：

一是王假有庙，凝聚人心。首要工作是实现文化认同，转危为安，为重建统一的共同体打下坚实的文化基础。

二是建立中心，聚集力量。人心聚是因为核心强、中心大，人心离则往往是核心弱、中心散。所以治理涣散需要重建强大的核心和中心，收合人心，收拾人心，得以致聚。

三是不遗余力，选贤任能。一个强大的群体，不光要有核心人物、中心人物，还要“用拯马壮”，即用牛大的力气、用马大的力气来选拔人才，建立队伍。

第二节　节卦：甘节为美，和谐共同体

一、时节、竹节、礼节

我们比较熟悉“三节”之说，即时节、竹节、礼节三种说法，对应天地人三才之道的表达，时节为天道，竹节为地道，礼节为人道。

① 朱熹所言之《程传》，为程颐所著的《易传》。

② 李光地：《御纂周易折中》，中央编译出版社2011年版。

时节代表了太阳活动引领的大自然的变化节律，与历法、天文、气象、物候、节令直接相连，并且延展到生产生活中，涉及农历节日、农耕时序、民俗活动、民间宜忌、饮食养生等。《黄帝内经》的一个重要哲学思想就是饮食起居有节，需要按照一年四季的时节来安排生活生产。

竹节最原初的意思是刻画发展与稳定的关系。竹子不像松树，其内部为中空，在竹子生长发育的过程中，如果竹子毫无节制地向上生长，那么一旦竹子长高，大风一吹，中空的竹竿就会折断。所以，竹子每次长到一定的高度时，它就放慢生长的速度，为自己“扎一个节”，而且这个“节”是实的，不是空的。竹子长得越高，竹节就越密，这是一个特别令人惊奇的现象。于是，有了一个个实实在在的竹节，竹子的成长就稳稳当当，安安全全，任凭风吹雨打，日晒雨淋。因此，竹节体现自我节制的精神，自我节制的目的是为了稳定发展，稳健发展。可以说，竹节的作用就在于防范“发展过快的风险”，强调防不胜防的外部风险，体现风险意识和风险防范。所以，竹子的成长是步步为营、稳扎稳打，一步一个脚印，一步一个竹节。

礼节由竹节引申而来，竹节引申为节律，从而有礼节的意思。西周历史上的著名事件是周公制礼作乐，周公制礼作乐的目的在于节制欲望和利益。可见，礼节的社会功能，在于通过礼乐制度来维持共同体的秩序和稳定，为共同体持续发展和永久繁荣保驾护航。

二、天地节而四时成

节卦有言，“天地节而四时成”。这是《周易》哲学中非常重要的自然观、宇宙观、天道观。这种观念的形成与中国独特的地理环境密不可分。

古代中国的核心区域为黄河流域，为典型的亚热带气候，春夏秋冬四季分明，每个季节时间长度基本相当。古代中国四季分明的亚热带气候，与古希腊干湿两季分明的地中海气候，与古印度的雨旱凉三季分明的热带季风气候，都有明显差异。这样，四季分明、时长均等的春夏秋冬四时，就成为中国哲学自然观、天时观的最大表征。因此，中国哲学言天时，首先言天之四时。这种原始的自然观，经过《周易》提取而成为天之四象。

后来，在春夏秋冬四时之中增加“长夏”一时，将四时扩展为五时。将五时与五行相配，春、夏、长夏、秋、冬五时，与木、火、土、金、水五行，一一对应。这样，《周易》开创的阴阳学说就与后来衍生的五行学说结合起来，形成中国文化的阴阳五行学说。

中国独特的地理环境和自然气候条件，塑造了《周易》的自然哲学观和朴素科学观，形成了中西印相区别的哲学思维，发展了博大精深的阴阳五行学说，铸造了别具一格的节卦精神。

三、当位以节、中正以通

（一）节以止涣，对治涣散

《周易·序卦传》写道：“涣者，离也。物不可以终离，故受之以节”。可见，止涣以节。时时处处能够保持节制的态度，采取节制的行为，自然可以避免涣散现象的发生。即使遭遇到了涣散不已的现象，只要能够及时采取节制行动，也可以取得治涣致聚、重塑共同体的成效。

（二）节以致和，保护共同体

“北宋五子”之一的张载在《正蒙·太和》中写道：“有象斯有对，对必反其为；有反斯有仇，仇必和而解。”[①] 文中的“对”为阴阳对峙，阴阳对待；“反”为否定、批判；“仇”为敌意、战争；“和”为中和、平和。这是中国文化讲阴阳、矛盾、辩证、对立统一关系的经典之语。

20 世纪 80 年代，哲学家冯友兰写道：“‘仇必和而解’是客观的辩证法……人是最聪明、最有理性的动物，不会永远走‘仇必仇到底’那样

① 张载：《张载集》，中华书局 1978 年版，第 10 页。

的道路。这就是中国哲学的传统和世界哲学的未来。”而且冯友兰还把“仇必和而解”与“仇必仇到底”的思想进行对比，他认为，前者是以统一体即共同体的存在为目标，而后者势必导致统一体的破裂①。

1937年抗日战争全面爆发，中国共产党和中国国民党组成抗日联合统一战线，救亡图存。其中，八路军和新四军成为中国共产党领导下的抗日武装力量。这样，国共两党在联合抗日的过程中，结成了一个命运共同体。在这个共同体内部，国共两党之间仍然存在着不少的利益摩擦和政治冲突，甚至激化而有局部的武装斗争。对此，中国共产党从抗日共同体共存这个大局出发，明确提出处理国共两党两君之间政治经济冲突的6字方针，即“有理、有力、有节”原则。这6字方针，体现了中国共产党“中正以节”的政治智慧，正是节卦精神的完美体现。

四、节以制度，苦节不可贞

（一）节以制度，不伤财，不害民

节卦之《象曰》写道：“节以制度，不伤财，不害民”。“节以制度”意味着需要通过合理的、合适的制度来确保共同体长治久安。“不伤财，不害民”，既可以理解为制度节制的价值所在，也可以理解为制度节制的底线所在。

从根本上讲，制度是自律和他律的统一。对社会成员而言，制度是外部力量，表现为他律，对社会个体有约束作用。但是，制度又是由社会所生，最终还是由社会成员所生，体现社会和社会成员的意志，是人类自我意志的体现，代表了自律。因此，中国文化的节制观是指合内外之宜，举内外之措，将自律和他律相结合，将制度约束和道德心性实现统一。

（二）苦节贞凶，其道穷矣

节卦提出了“四节”之说。一为不节，放任自流，一定会招致过错

① 冯友兰：《中国现代哲学史》，三联书店2009年版。

和风险。二为安节，安定于有所节制，顺承正道，可以避免过错和风险。三是甘节，五行之中土居中，其味为甘，中正而行、中道而行，即是合适的节制，必定带来吉利和亨通。四是苦节，节制过了头，既伤财，又害民，走上了穷途末路，一定会招致凶险祸害。苦节与不节，皆为极端之举，苦节为节制过度，不节为节制不及，过犹不及。面对苦节，必须改弦易辙，回复到甘节的境地。可见，节制行为之本身必须合“度”。过犹不及、物极必反的道理，同样适用于节制行为本身。

概括而言，中节之道提倡安节和甘节，反对不节和苦节。苦节犹如不节，偏离中正，伤财害民，不可长久。

第三节　涣节之道：发展与稳定

涣节之道和中节之道，不但覆盖文化政治经济整体，同时对文化、政治、经济三者都分别提出节制要求。前面，我们以乾坤之道对应文化生态建设，泰否之道对应政治生态建设，损益之道对应经济生态建设，凸显社会建设的生态化。涣节之道和中节之道，则进一步凸显社会生态建设的文明化、德性化、理性化。

对于生态文明建设，涣节之道和中节之道包含四个方面的重要意义：

第一，发展与风险是社会变迁和历史变迁的内在矛盾。社会风险可以理解为社会结构失衡，或者理解为社会关系失和。社会风险不由外部因素所生，而由社会变迁所内生。发展与风险的矛盾属于内生性矛盾。

第二，破解内在矛盾的关键在于节制精神。解决内生性矛盾，必须回到现实世界，回到人，回到人心。社会变迁和历史变迁中的社会风险，说到底是由人所生，由人心所生。所以，破解之道必须正本清源，必须从人心入手。对此，涣节之道和中节之道，凸显人之节制精神的自生。

第三，以文化节制欲望是中节之道的政策指向。节制是对欲望的节制，欲望在文化、政治、经济三个方面都有根深蒂固的影响，因此，通过文化节制欲望必须覆盖文化政治经济整体。文化节制欲望的根本在于乾坤之道的文化精神。

第四，中节之道是德性与理性的统一。中节精神往往被视为利他主义的德性精神，实际上也是一种长期主义的理性精神。中节精神可以实现共同体长治久安，可以实现共同体繁荣富强。可以说，中节之道体现了“极高明而道中庸”的智慧和理性。

第二编　文化政治经济学思想的历史生成

本编共有四章。

第六、第七、第八章阐述了文化政治经济学思想的主体内容，可以概括为：文化塑造政治、政治主导经济、经济发展文化。动态而言，文化、政治、经济三者，形成了一个循环往复的社会生态，相互生发、相互滋养。静态而言，文化、政治、经济三者，形成了一个三足鼎立、三权分立的治理结构。

第九章为中节之道与万世太平，凸显中节精神。中节精神既作用于文化政治经济共同体的社会生态，又作用于文化政治经济三大生态本身，实现文化、政治、经济一气贯通、和谐致美。于是，由文化、政治、经济三者构成、三权分立的治理结构，得以长治久安，得以共和共存。

本编四章致力于刻画文化政治经济学思想的历史生成，凸显思想形成的现实性、社会性，凸显思想形成与历史变迁的生态性和生成性。

相比较而言，上编五章致力于凸显文化政治经济学思想形成的超越性。

第六章
文化塑造政治

司马迁对夏商周三代的文化变迁有个概括，即“夏忠、殷敬、周文”。在夏商周三代之前，中国神话传说中有“绝地天通”的重要事件。经过“绝地天通”，经过夏殷周三易的继承发展，中国的政治架构就镶嵌在由中国文化所编织的网络之中，这是世界历史变迁当中独一无二的文化景观。对此，余敦康有言，中国文化的源头在文化不在政治。

文化塑造政治，可以概括为四个方面：一是王道政治，内圣外王；二是历史宪章，民为邦本；三是变化气质，学以为人；四是理财正辞，禁民为非。四个方面分别对应政治哲学、历史哲学、文化哲学和经济哲学，其核心思想是：节制权力，不伤财，不害民，对治“苛政猛于虎”。

第一节　王道政治，内圣外王

一、王道政治的德性原则

从政治哲学来看，文化塑造政治的核心是王道政治思想，以孟子的王道思想最为著名。孟子强调王道政治的公正性、民生性、民本性，核心是解决政治的主体性问题。王道政治观的政治主体在民，即孟子所言的“民为贵，社稷次之，君为轻。是故得乎丘民而为天子，得乎天子为诸侯，得乎诸侯为大夫。”[①] 霸道政治观与王道政治观相对，其政治主体在君，以君王雄霸天下为政治目标，不计民生、民权和民本。因此，从政治哲学来看政治权力运行，核心是君与民的关系。

君民关系既是政治的主体性问题，也是政治的合法性问题。《尚书》有言，“虽有周亲，不如仁民。天视自我民视，天听自我民听”。孟子有言，“天与民归”。这些言语，都是民本政治哲学的经典表述，与西方现代政治的“主权在民”思想可以相通。

《诗经·北山》中写道：“溥天之下，莫非王土；率土之滨，莫非王臣。”[②] 可见王权之大之强。但是，这种无处不在、无所不能的王权，并不必然给社会带来发展和繁荣，相反往往成为攫取和掠夺百姓财富的主要力量。

汉代学者戴圣编写的《礼记·檀弓下》记载了孔子的感叹，“苛政猛于虎”。唐朝文学家和思想家柳宗元在《捕蛇者说》一文中感叹，“赋敛之毒甚于蛇”。苛政猛于虎，赋敛之毒甚于蛇，都是对王权、权力危害性的揭露和警示。20 世纪英国著名哲学家罗素在《权力论》[③] 一书中讲到了儒家和道家，该书的第十八章为“对权力的节制”，引用了“苛政猛于虎”的故事。

罗素在《权力论》一书中写道：

> 本章的主题是，怎样才能保证政治不如老虎凶猛。从上面援引的一段话来看，节制权力这一问题很早就已经存在的了。道家认为这个问题是无法解决的，因而主张无为；儒家则相信通过某种伦理的和政治的训练，可以使掌权者成为温和仁爱的贤人。

---

① 朱熹：《四书章句集注》，中华书局 1983 年版。

② 毛亨传，郑玄笺，孔颖达疏：《毛诗正义》，北京大学出版社 2000 年版。

③ 伯特兰·罗素：《权力论》，吴友三译，商务印书馆 2012 年版。

当代学者王博不完全认同罗素关于道家的看法，他尝试对老子哲学进行一种政治哲学的解读，并且主要围绕着节制权力来展开讨论。在王博看来，汉代已经把道家思想从整体上概括为“君人南面之术”“君人南面之术”并不是一种适用于君主和臣子之间的权术，而是君主治理国家的根本原则、态度和方法。王博认为，老子哲学讲“无为”的真谛正是对于权力的节制，不过是采取了自我节制的方式①。

结合王博对老子哲学思想的解读，可以看到儒家和道家，都有节制权力的深刻思想和深厚思想，他们的思想基础在于道德。只不过儒家和道家强调节制权力的方式有所差异。儒家重视德，凸显以德合道的进路。道家重视道，凸显由道生德的进路。可以说，儒家和道家都致力于节制权力。

二、王道政治的通达原则

当代学者赵汀阳从政治哲学的角度，对《尚书》中“箕子的忠告”进行追问和挖掘。“箕子的忠告”是讲箕子应周武王之问，给出了关于优良政治的系列忠告，史称“洪范九畴”：“初一曰五行，次二曰敬用五事，次三曰农用八政，次四曰协用五纪，次五曰建用皇极，次六曰义用三德，次七曰明用稽疑，次八曰念用庶征，次九曰向用五福，威用六极。”

“明用稽疑”涉及政治决策、公共政策，不仅要有合理的决策程序、方式、方法，而且要有正确的知识，即面向未来和不确定性的知识。

关于“明用稽疑”，《尚书》写道：

> 七、稽疑：择建立卜筮人，乃命卜筮。曰雨，曰霁，曰蒙，曰驿，曰克，曰贞，曰悔，凡七。卜五，占用二，衍忒。立时人作卜筮。三人占，则从二人之言。汝则会大疑，谋及乃心，谋及卿士，

① 王博：“对权力的节制”，《哲学研究》2010年第6期。

谋及庶人，谋及卜筮。汝则从，龟从、筮从，卿土从，庶民从，是之谓大同。身其康强，子孙其逢。吉。汝则从，龟从，筮从，卿士逆，庶民逆，吉。卿土从，龟从，策从，汝则逆，庶民逆，吉。庶民从，龟从，筮从、汝则逆，卿士逆，吉。汝则从，龟从，筮逆，卿上逆，庶民逆，作内吉，作外凶。龟筮共违于人，用静吉，用作凶。

通过对明用稽疑的论述，箕子为公共决策制度设想了一个兼听人谋与天算的决疑策略：对未来行动心存疑问时，君主自己要认真思考，同时要与大臣商议，还要与庶民商议，再参考龟卜和筮卦两种占卜结果，五个因素加以综合计算才能作出最可能接近合理性的决策，其中人谋票数占三，天算票数占二，但天算的权重却略大于人谋。赵汀阳认为，箕子针对公共决策设想了一种知识加权民主模式：由众人民主商议给出可选择的人谋，再由占卜给出天算，根据天算和人谋的一致性进行最后选择。如果把占卜替换为现代科学知识，则箕子的知识加权民主可能是最接近理性的民主规则①。

实际上，明用稽疑代表了中国文化，《尚书》对公共决策问题的深度探究意义重大、影响深远，对现代公共政治的民主决策和科学决策同样富有启示。

一是涉及现代公共政治的“他者问题”。当代法国哲学家列维纳斯提出了“他者的绝对性”或“绝对的他者”问题，即自我与他者存在不可通约性，那么他者的利益如何保护？他者的意见如何表达？

二是涉及现代公共政治的“一致同意原则”。要形成集体决策，首先是要揭示出每个人的真实偏好；其次是要对每个人的偏好进行加总，这样集体决策往往需要通过投票来实现，通过投票来决策的规则往往表现为“多数票决策机制”（majority rule）和“一致同意规则”（unanimity rule）。一致同意原则由19世纪末期瑞典经济学家维克赛尔最先提出来，

① 赵汀阳：“箕子的忠告”，《哲学研究》2017年第6期。

他还论证一致同意规则能实现资源配置的“帕累托最优”，每个人都同意因而每个人的偏好都能得到满足。后来公共选择学派的两位经济学家布坎南和塔洛克在《一致同意的计算》一书中对此加以发挥。他们认为集体选择应考虑两项成本：效率成本和决策成本。一致同意规则的效率成本为零，即达到了“帕累托最优”，但是决策成本太大，因此，理想的集体选择机制应是能使这两项成本之和达到最小的那种，即“最优多数规则”。

三是涉及现代公共政治的未来性和公共性问题。两者结合构成这样一个问题：在缺乏关于未来知识的条件下，如何去作出有关共同命运的理性选择？这个问题的一个方面属于知识论，即关于未来性；另一个方面属于政治学，即关于公共性[①]。在赵汀阳看来，箕子是一个承认开放性的未来的经验主义者，对未来性和公共性都有兼顾。

赵汀阳是从政治哲学角度来讨论“箕子的忠告”，将其与民主制度和民主规则联系起来。我们从文化哲学角度来讨论，将其与王道政治的通达精神、自由精神联系起来。我们认为，面对未来和不确定性的知识，是存在论意义上的“知识”，不“离”理性、现实、历史，但不“在”理性、现实、历史，而“在”诚者、仁者、王者。至诚如神，仁者与万物一体，通天地人者为王。这样的知识在于通达时间，通达空间；通达他者，通达万民，通达天下。为德性之知，为周全之知，为整全之知。

可以说，赵汀阳从政治哲学出发，侧重将“箕子的忠告”理解为民主之知，科学之知，理性之知。我们从文化哲学出发，侧重将其理解为自由之知，通达之知，德性之知。

文化塑造政治的思想，政策指向是王道政治，哲学基础在于通达原则。

① 赵汀阳：“箕子的忠告”，《哲学研究》2017年第6期。

第二节　历史宪章，民为邦本

言“历史宪章，民为邦本”，是一条历史哲学的进路。儒家关于权力节制的思想非常丰富，民与君，公与私，义与利，情与法，民生与国富，王道与霸道，文治与武功，国家与天下等关系，都可以纳入其中。可以说纷繁复杂，蔚为大观。中国文化以历史为宪章、以历史节制权力的思想，可以概括为三个方面。

一、通达的时间观与历史观

历史哲学处理政治权力问题的核心是古今之辨，实际上是过去、现在和未来的关系问题，历史哲学的独特之处就在于坚持时间的连续性，坚持道器、体用、理事的一致性。就前者而言，它与法国哲学家柏格森所言的“时间绵延”如出一辙。就后者而言，它与清代史学家章学诚所言的“六经皆史”若合一契。

《中庸》写道：“仲尼祖述尧舜，宪章文武。”意思是讲孔子继承尧舜之道，以文王和武王为典范。在历史哲学家看来，历史不仅是过去发生的事件之记录，即“死去”的史册、文献，而且是“活着”的现实，它通过当今世人对历史的理解和效仿，从而实实在在地在当下发生作用。

法国哲学家伽达默尔倡导并建立“阐释学”[①]，一个重要缘起是要解决“理解历史”“理解经典”“理解文本”的可能性，其核心是古今中外存在无限的可通达性和可理解性。从一定意义上讲，伽达默尔的“阐释学”理论是对法国哲学家列维纳斯的批判，列维纳斯的名言是“绝对的

① 洪汉鼎：“西方诠释学的定位及伽达默尔诠释学的本质特征”，《中国思想史研究通讯》2003 年第 2 期。

他者”。按照列维纳斯的理论，历史、经典、文本都是“与己有别”的“他者”（the other），是不可以通达的“异己者”[①]。但是，在伽达默尔看来，他们都是可以通达的对象，即“他者可通”，关键是读者要“虚其心”，要“诚其意”，要“让文本说话”“让历史说话”“让经典说话”。与“说话”“说话者”相对应的是“听话”“听话者”，即读者要善于“倾听”，乐于“倾听”。通俗地讲，就是“虚心地听别人说话”。

与现象学家胡塞尔、存在论哲学家海德格尔一脉相承，伽达默尔认为，应该抛弃“前有、前见、前理解”，真正做到无有“先见”、不抱“成见”、不设“前提”，虚怀若谷，如此而行，则阅人论世、读书读史，其义自见，以诚明之心入澄明之境，恰好“与真理相遇”“与文本相遇”。

史学家陈寅恪曾经说过：“平生为不古不今之学，思想囿于咸丰、同治之世，议论近乎湘乡、南皮之间”。他所说的“湘乡”指曾国藩，“南皮”指张之洞。“不古不今之学”之说可以解读为“学无古今、学无中西”之说，也可以解读为“亦古亦今、亦中亦西”之说[②]。学问之道可以“无古今”“无中西”，在于古今中外皆有通达之途，皆有开放之道。通达之途，开放之道，唯有《中庸》所言的诚者可见可闻。

经与权相对，经为不易，权为变易。章学诚言“六经皆史”，涉及经与史的关系。传统的看法是经高于史，有“经本史末”之说。章学诚则认为，经即史，史即经，旨在凸显和提升史学的价值和意义[③]。从历史哲学的角度来看，古今无别，皆是通达之理。历史影响现在，现在影响未来，绵延无端，即经即史。过去、现在、未来，都是道与理的一以贯之。即时间即存在，即存在即自由。

章学诚的史学精神是儒家史学精神的发展和代表。儒家政治哲学和

---

① 伊曼纽尔·列维纳斯：《总体与无限——论外在性》，朱刚译，北京大学出版社2016年版。

② 罗志田：“陈寅恪的‘不古不今之学’”，《文史知识》2009年第2期。

③ 章学诚提出“六经皆史”的说法，也有现实的针对性。他希望扭转时风，推动清代的学问由虚向实，由经学而史学。

历史哲学思想的重要标志，就是儒家强调政治行为一定要“对历史负责”，儒家所言的历史当然是时间，“对历史负责”就是“对时间负责”。时间为过去、现在和未来的绵延，“对过去负责”当然是对先王之制、祖宗之法、圣贤之学负责，制度、法度、六经承载不易之道；“对现在负责”是对生民、万物、天下负责，生民、万物、天下的诉求就是人道的代表，人道必须合天道，合不易之道；“对未来负责”是对子孙、万物、天地负责，也就是说今天的政治行为不能伤害未来的社会发展，其实质是不能偏离中道，不失中道故无害，利益来者故无害。

准确而言，儒家史学精神的核心在于时几，即时间性。过去代表历史性，现在代表现实性，未来代表超越性。这样，时之三际为过去、现在、未来，时间三性则为历史性、现实性、超越性，时之三际和时间三性，都可以汇于当下，一并呈现，同时出现，于是有章学诚所言的“经即史”。即经即史的说法，是因为道在其中，一以贯之。

因此，必须站在未来的立场上，站在未来的立场上可以理解为无我、无我们、无当下的立场，而不是站在我、我们、当下的立场。概括而言，对历史负责是对时间负责，是对天道负责，需要贞守中道。时间、天道、中道、未来，即是永恒之道，所以说经史不二。

二、横渠四句与通达精神

北宋思想家张载有流传至今的四句名言，“为天地立心，为生民立命，为往圣继绝学，为万世开太平”，冯友兰称之为“横渠四句”。今天，学者们解读“横渠四句”，重在凸显其恢宏高远的道德理想和实践精神。横渠四句确实可以开拓心胸，挺拔意气，这种解读是对“横渠四句”做道德哲学的解读。

下面，我们对“横渠四句”分别做文化哲学、历史哲学方面的解读。

（一）横渠四句与文化哲学

天地本无心，以生物之心为心，可以说天地之心为生物之心，为

《周易》所说的乾元之心，“生生之谓易”“天地之大德曰生”，因而北宋的道学家普遍将乾元生物之心理解为孔子所言的仁心，所以“为天地立心”所立的是“仁心”“以仁心为天心”。这样，天地本无心，以仁心为心，以仁心为天心。

天地虽无言，却无有不言，给人们以无穷的启迪。南北朝时期的文学家吴均在《与朱元思书》一文中写道：“鸢飞戾天者，望峰息心；经纶世务者，窥谷忘反。”峰与谷都是自然景观，代表天地自然，天地虽无情，但情趣无处不在，时时刻刻无不为人们说法解惑。

禅宗曹洞宗的祖师洞山良价，曾以南阳慧忠国师“无情说法”公案，先参沩仰宗祖师沩山灵佑禅师，沩山灵佑禅师则言，“父母所生口，终不为子说”，指导他参云岩昙晟禅师，云岩昙晟禅师给他指点，“岂不见《弥陀经》云，水鸟树林，悉皆念佛念法。”于是，良价禅师言下有省，随后写成一偈：“也大奇，也大奇，无情说法不思议。若将耳听终难会，眼处闻时方得知。”[①]

生民为万民，生民之“命”由生民之“性”来决定，《中庸》言“天命之谓性”，生民之性为天地之性，为天所赐。张载有言，“性尽天道，则命至其源也。天道即性也，故思知人者不可不知天，能知天斯能知人矣。知天、知人与‘穷理尽性以至于命’同意。”所以，张载以性与命为性命，为道德性命。张载在《西铭》篇中写道：“故天地之塞，吾其体；天地之帅，吾其性。民吾同胞，物吾与也。”这样，“为生民立命”实际上为“为生民立性”。依据张载的思想，“为生民立性”应当立“天地之性”，非立“气质之性”。对于那些拥有“气质之性”的生民，需要“变化气质”，返回“天地之性”，这样《周易》所言的“乾道变化，各正性命”“一阴一阳之谓道，继之者善也，成之者性也”之说就能得以实现。

从佛教而言，众生之命皆苦，苦为生民之命。因为生老病死，众生

① 普济：《五灯会元》，中华书局1984年版。

莫避，所以众生皆苦，人生皆苦。如何才能救苦救难？菩萨心菩萨行，佛心佛行，才能普渡众生，以“苦集灭道”四谛得“常乐我净”。所以，佛教特别是中国禅宗言“平常心是道”“直心是道场”。平常心、直心，即为无我无私之心，即为张载所言的诚心和天性。张载言为生民立命，所立之命为喜乐之命。

往圣为过往的圣人，为历史人物；绝学为中断的文化传统，尤指儒家经典，引申而言则为失去的道统和学统。唐代文学家和思想家韩愈在《原道》中讲，“斯吾所谓道也，非向所谓老与佛之道也。尧以是传之舜，舜以是传之禹，禹以是传之汤，汤以是传之文、武、周公，文、武、周公传之孔子，孔子传之孟轲，轲之死，不得其传焉。荀与扬也，择焉而不精，语焉而不详。”可见，在韩愈看来，三代以来的道统，经过文武周孔的传承直到孟子，孟子之后就中断了，所以韩愈希望自己能够挺身而出成为接续道统之人。张载所言“为往圣继绝学”，可以认为是对韩愈的“道统说”的“接着讲”，同样希望承继道统和学统。

万世为时间，包括未来；太平为太平盛世，为《周易》泰卦所言之社会理想，为大同之世，为三代之治，为长治久安。万世太平离不开孔子所言的“足食足兵”，离不开孟子所言的“王道仁政”，离不开荀子所言的“礼治”，离不开《礼记》所言的“天下为公”，核心在于由“内圣”开出“外王”，为内圣外王之道。

以文化哲学和道德哲学来解读“横渠四句”，可以看出张载效法孔孟的精神气质，也充分体现了“以文化塑造政治”的中国文化精神的独特性。

（二）横渠四句与历史哲学

天地代表空间，天高地远；天地代表万物，天生万物。天地为无言者，所以，天地为无言之书、无字之书，无言之书无字之书为天书，中国文化有“无字天书”之说，为最高明的经典；天地本无心，所以讲天地为无心者、无情者，在中国哲学中有无心为善、无心为良知之说，有无情乃真情、无情乃实情之说。牟宗三讲到：心有善与不善之分，言

“无心为善”，则此心为不善之心，为俗人之心；言“有心为善”，则此心为善心，为孟子所言的真心，为王阳明所言的良知[①]。

生民代表现在。生民为他者，为有情者，为有思者，与“我”一样同为自由意志者。为生民立命，首先必须知生民，生民如何可知，他者如何可知？

往圣代表历史。往圣为过往的圣人，往圣已逝，如何可懂？

绝学代表经典、文本。绝学为中断的文化传统，可为道统，可为学统，然而绝学已失，如何可知？

万世代表时间，代表未来。万世尚未到来，未来何以可知？

太平代表美好和圆满。太平并不必然，充满偶然性，充满不确定性，太平何以可测？

万世太平还可以代表存在，为永恒之存在，为存在之永恒，即为“永在”，所以万世太平为永恒之道、永生之道。

可见，“横渠四句”所包含的哲学内容十分复杂和丰富，所蕴含的哲学意义十分广阔和深远。就其所涉及的哲学命题和哲学关系而言，可以概括如下：

一是时间与空间：天地为空间，往圣、生民、万世则分别代表时间上的历史、现在和未来。

二是有情与无情：生民为有情，天地为无情。

三是有言与无言：生民、往圣为有言，天地、绝学为无言。

四是阴与阳、隐与显、在场与不在场：天地、生民为在场者，为阳，为显；往圣、绝学、万世为不在场者，为阴，为隐。

五是内与外：为万世开太平，由内圣而外王。

可见，“横渠四句”将天地人、历史现在未来、古今内外、有情无情、有言无言、自我与他者、阴阳与隐显，全都打成一片，贯通一气，通达一心。也可以说，“横渠四句”已经将中国哲学通达的特点展现得

① 牟宗三：《心体与性体》，吉林出版集团责任有限公司 2013 年版。

淋漓尽致，一览无余。中国哲学求通达的特点，亦为不少当代学者所推崇。哲学家、逻辑学家金岳霖讲，“中国哲学向来是通达的”[①]；哲学家叶秀山讲，哲学的精神在于贯通，他自己也致力于“中西智慧的贯通”[②]。可见，“横渠四句”是中国哲学通达精神的经典表达。横渠四句，通达精神，渊源于中国文化的源头——《周易》哲学。历史之所以能够成为中国文化的特色，之所以能够为中国政治“立宪”，最为根本的原因就在于中国文化和中国哲学的自由精神和通达精神。

从张载的气论思想来看，天地可通、生民可知、往圣可解、绝学可继、万世太平可测，是因为“太虚即气”，亦如庄子所言“通天下一气耳。圣人故贵一。”（《庄子·知北游》）。又如庄子所言“若一志，无听之以耳，而听之以心；无听之以心，而听之以气；听止于耳，心止于符。气也者，虚而待物者也，唯道集虚，虚者心斋也。”（《庄子·人世间》）。张载本于太虚之气、天地之性，所以他的精神气质和学术修养能够做到万有相通、天下相通、通一通道。

从张载学术思想的渊源来看，“以易为宗，以庸为体，以孔孟为法。”（《宋明学案》）“以孔孟为法”主要讲他的道德价值观，“以易为宗，以庸为体”则主要讲他的文化哲学观。新儒学思想重镇牟宗三在《心体与性体》一书中写道，“宋、明儒之大宗实以《论》《孟》《中庸》《易传》为中心，只伊川、朱子以《大学》为中心。”[③]张载从《易》《庸》两书中接受了开放观、通达观、自由观。

《周易》讲“中孚”“有孚”，讲“闲邪存其诚”“修辞立其诚”，孚即为诚心。《中庸》讲“诚者天之道，诚之者人之道”，以诚心来沟通天

① 金岳霖：“中国哲学向来是通达的”，《中国社会科学》（英文版），1980年。本文为金岳霖于1943年用英文撰写，首次公开发表于我国1980年出版的《中国社会科学》英文版创刊号，该文由钱耕深译、王大庆校。

② 叶秀山：“哲学中的贯通精神——在东南大学人文大讲座上的演讲”，《新华文摘》2010年第21期。叶秀山：《中西智慧的贯通》，江苏人民出版社2002年版。

③ 牟宗三：《心体与性体》（第一册），载《牟宗三全集第5册》，（台湾）联经出版事业有限公司2003年版。

人，诚也因此成为连接天道和人道的桥梁。北宋思想家周敦颐有著名的“诚论”思想，张载与周敦颐一样，他在《西铭》《正蒙》篇中尤其对《中庸》的“诚论”给予了极高的关注。张载言太虚即气，太虚最高的德性就是《中庸》所言之诚，“天之所以长久不已之道，乃所谓诚，一而不已，长久而不已。”张载还将太虚的“本性之诚”称之为天理，天理之最高价值就在于诚。天理一贯，则无“意、必、固、我”，“意必固我，一物存焉，非诚也。”（《正蒙·中和》）。

一言以蔽之，张载以通达精神创造出了“横渠四句”。

三、民为邦本与民心政治

“对历史负责”“对时间负责”“对未来负责”，说到底还是“对民心负责”。所以，中国文化塑造了中国政治权力获取的基本原则：“与万民同心者王”“与天下同心者王”“万众一心者王”。董仲舒有言，王道通三，通天地人者王，尽写中国政治的文化精神，中国文化的政治精神、文化精神就在于民心政治和民本政治。

同时，中国文化建立了对政治权力使用的评价标准：历史是第一宪章，时间是第一宪章，未来是第一宪章。这个评价标准可以说是《周易》思想、儒家文化给政治人物和政治活动戴上了最严厉的“紧箍咒”。中国文化为中国政治设立的方向与标准，不仅是“紧箍咒”，而且是“治安策”，为政治家提供了把握历史变迁的大智慧：历史是平的！不以力平，而以心平，为民心所平，为时间所平。民心的政治观、民心的历史观、民心的文化观再次表明，中国文化的政治观和历史观，不是理念论，而是实践论，是一个世界的世界观，就在于民心即政治，烦恼即菩提。

电视连续剧《宰相刘罗锅》片头曲《清官谣》写道：“天地之间有杆秤，那秤砣是老百姓，秤杆子挑江山，你就是定盘的星。什么是功什么是名？什么是奸什么是忠？嘻笑怒骂路不平，背弯人不弓。天地之间有秆秤，那秤砣是老百姓，秤杆子挑江山，你就是那定盘的星。什么是傻什么是精？什么是理什么是情？留下多少好故事，讲给那后人听。”《清官谣》里的这段文字，可以看做是对儒家对历史哲学所做的文化阐释。

根据作家二月河《康熙大帝》一书改编的电视连续剧《康熙王朝》，其中有一个非常精彩的片段，该片段讲述大将军周培公、将军图海与叛军首领王辅臣的对峙。当时，王辅臣率领4万人马退守平凉城，周培公和图海率领清军已经攻占了平凉城北一座叫做虎山墩的山冈，取得了十分重要的战略制高点，并且部署了数十门威力巨大的红衣大炮。这样，清军居高临下，虎视眈眈，夺取平凉城犹如探囊取物。图海力求速胜，希望减少清军伤亡，主张用红衣大炮持续炮轰平凉城，直到叛军投降为止，这样天黑之前就可以拿下平凉城。采取速战速决的炮轰方式，虽然有利于清军大获全胜，但是也会带来一个非常严重的后果，30万名无辜的平凉城居民，庞大的平凉城建筑，都可能毁于一旦。围绕继续炮轰还是停止炮轰，大将军周培公与将军图海两人之间进行了一段精彩的对话：

图海：大将军为什么还不开炮？

周培公：看见炊烟了吗？城里的百姓正在烧饭。

图海：哎，管不了那么多啦。

周培公：各炮听令，开炮！

王辅臣：天亡我也，天亡我也。

周培公：鸣金收炮！

图海：大将军，为什么不打了？再轰他一个时辰，我就带兵冲下去了，生擒王辅臣。

周培公：如此轰下去，恐怕不是歼乱，而是屠城了。

图海：兵者，本就是存亡之道，打仗岂有不死人的？

周培公：死一个叛军，就得死上几十个百姓，不成！

图海：大将军，如果王辅臣在这山上，我们在城下，他可绝不会不对我们下手。

周培公：本将不是王辅臣！

图海：你？

周培公：图海兄，小弟有句不知轻重的话。

图海：末将听着了。

周培公：城破之后，生灵涂炭，人畜不存，你我虽然取胜了，功成名就，但是朝中的御史们饶不了我们，丹书青史也饶不了你我，日后不免有小人进谗，说你我放纵兵马，残害百姓，那个时候，天下早已太平，人们早已忘了我们今天是如何流血的，只记得我们一顿炮火，灭了平凉三十万百姓啊。到那时候，就连皇上也不得不让我们做替罪羊啊。图海兄啊，你我今天是痛快了，可日后早晚要有不测之灾啊。

图海：培公，还是你目光长远。末将听你将令。你说怎么办，我就怎么办。

周培公：多谢啦！

图海：不光今日，就是将来，我也与你患难与共。

周培公：图海兄啊，我想皇上逼我们速胜，是朝廷已经无粮无饷。目前之计，不妨由我只身入城，说服王辅臣降。

从这段对话中，我们看到经过儒家文化熏陶的大将军周培公，已经做到由“气质之性”到“天地之性”的气质变化：他看到炊烟，心生怜悯之情，不忍心放炮；看到无辜者受死，心生悲悯之之情，不忍心放炮；想到可以用个人的生命换取叛军、清军、老百姓的生命，他毅然“舍生取义”，选择只身劝降。

从这段对话中，我们同样可以看到中国文化给每个人赋予的历史意识，也可以说这是中国文化赋予每一名中国人的“历史意识”和“历史基因”：个人再大的功成名就，都抵不上丹书青史的只言片语；丹书青史留给后人，要由后人来评说，要由未来做评说，标准是天道人心；皇帝的权力至高无上，但是也有可能左右不了御史和清流们的弹劾，也左右不了丹书青史的评价；对生命的尊重是历史意识、人文精神的第一原则，即使在战争时期、战乱时期，同样要懂得以最大可能性、尽最大努力来保护生命、珍爱生命。而且在这段对话中，还有一个非常重要的思想，就是要站在“未来的立场上”来进行政治决策。

当然，二月河的长篇历史小说《康熙大帝》和改编后的电视连续剧《康熙王朝》，对康熙皇帝平定王辅臣叛乱的事情进行了文学和艺术的处理，与真实的历史事件出入较大。根据史书记载，图海为大将军，周培公为下属；大将军图海主导战局的发展方向，他采用诸葛亮征南中“攻心为上，攻城为下”的做法，确定攻心劝降的总体作战方案和作战策略。

关于图海征服王辅臣叛乱的历史，《清史稿·图海传》写道[①]：

陕西提督王辅臣以平凉叛应三桂，定西大将军贝勒董额督诸军攻之，久未下。三桂遣王屏藩、吴之茂等犯秦、陇，欲与平凉合。十五年，以图海为抚远大将军，八旗每佐领出护军二名，率以往。临发，上御太和殿赐敕印，命诸军咸听节制。既至，明赏罚，申约束。诸将请乘势攻城，图海宣言曰：“仁义之师，先招抚，后攻伐。今奉天威讨叛竖，无虑不克。顾城中生灵数十万，覆巢之下，杀戮必多。当体圣主好生之德，俟其向化。”城中闻者，莫不感泣，思自拔。五月，夺虎山墩，虎山墩者，在平凉城北，高数十仞，贼守以精兵，通饷道。图海曰：“此平凉咽喉也。”率兵仰攻，贼万馀列火器以拒师。图海令兵更迭进，自巳至午，战益力，遂夺而据之，发大炮攻城，城人汹惧。图海用幕客周昌策，招辅臣降。

昌，字培公，荆门诸生。好奇计。佐振武将军吴丹有劳，以七品官录用。图海次潼关，以策干之，客诸幕。辅臣所署置总兵黄九畴、布政使龚荣遇皆昌乡人，屡劝辅臣反正，以蜡丸告昌，昌白图海。图海即令昌入城谕降，辅臣遣其将从昌出谒，图海闻上，上许之。乃假昌参议道，赍诏往抚。辅臣使荣遇上军民册，子继贞缴三桂所授敕印，顾犹观望，复命昌偕兄子保定谕之，乃薙发降。因令吴丹入城抚定。

① 赵尔巽等：《清史稿》，中华书局1977年版。

无独有偶，古希腊著名历史学家修昔底德在《伯罗奔尼撒战争史》一书中，对雅典人如何处置密提林人的决策过程和辩论内容进行了详细的描述。何怀宏在读《伯罗奔尼撒战争史》的基础上撰写了《雅典的兴衰》一文，对雅典民主机制和民主决策进行了深度思考。

密提林原是雅典同盟的一个贵族政体的独立属国，后来倒向伯罗奔尼撒同盟，战败后不得不向雅典投降，接受雅典人的处置。于是，雅典就此发生了一场如何处置他们的内部大辩论。主要领导人克里昂坚持处死密提林人的原有议案，另一位重要领导人戴奥多都斯对此激烈反对。戴奥多都斯提出的理由，主要不是诉诸道德，而是求助于功利。他认为，如果采纳克利昂的做法，那么以后每个城邦不但在叛变时会作更充分的准备，而且在被围攻的时候将抵抗到底，决不投降，这样对雅典不利。所以，不应当剥夺叛逆者悔过的可能，应该给他们尽快赎罪的机会，不使他们陷于绝境。

由于主要领导人之间争执不下，没有办法形成一致意见。最后，他们依照雅典的民主机制，由大家举手表决。结果，戴奥多都斯的建议只以微弱的多数得到通过。于是，雅典人马上另派一条战舰去追赶前一条战舰。前一条战舰在一昼夜之前已经出发，他们的任务是传达杀戮密提林的命令。于是，第二条船上的水手拼命划桨，没有休息，而负有那一可怕使命的第一条战舰则一直从容地航行，结果，它只是早到一点，当那里的雅典司令官刚准备执行命令，第二条战舰就进了港口，阻止了这次屠杀[①]。

上面两个历史事件的核心都是成功阻止在战争过程中的滥杀和屠城，可以说事件的结果都一样。但是两者的哲学思维和处理方式并不相同。一个是通过他律来实现的，即通过民主决策机制和决策程度来完成的；一个是通过自律，自我的道德约束和文化约束来实现的。自律者的成功在于道德的力量，在于文化的力量；他律者的成功在于制度的力量，在

① 何怀宏："雅典的兴衰——《伯罗奔尼撒战争史》读书笔记"，《书屋》2002 第 3 期。

于功利的力量，不屠城的收益可以大于屠城，于是理性的“经济人”在民主决策时据此进行投票选择。

笔者之所以选择两个不同文化背景下的历史事件进行比较和辨析，着力点不在辨异，而在求同，求通达。雅典人通过计算利益的大小来进行民主投票决策，实际上戴奥多都斯所言的利益也不全是当前的利益，包括了未来的利益，包括了对长远利益的考量。因此，投票者们对利益的计算，整体上来看也是模糊的，不清晰的，说到底投票者个人的道德情操仍然起着重要作用。图海和周培公在决策时，他们首先想到的也许是《周易》所言的“天地之大德曰生”，但是他们在考虑超越性、道德性的同时，也一并考虑了当前的局势和当下的利益（即现实性、利益性），夺取战争的胜利仍然是他们的底线。

讲到这里，我想起了哲学家贺麟讲过的一句话，“唯心主义讲到了头，就是唯物主义。”[①] 沿着贺麟的意思“接着讲”，我们可以说“功利主义讲到了头，就是道德主义”“利己主义讲到了头，就是天下主义”。“到了头”的意思是“极致”“极端”，《周易》和《道德经》都讲“物极必反”的道理，“到了头”“极致”“极端”，本身就蕴含着变易的发生。

功利主义也称之为功利论、功用论，以利益或效益作为道德行为的标准。战国时期的思想家墨子以功利言善，被认为是早期功利主义的重要代表，南宋思想家叶适和陈亮所代表的“事功学派”，强调功用和效果，也被认为是功利主义的代表。当然，功利主义是从一己之利、当前之利出发，代表个人“当下”的“小功利”。但是，如果功利主义者能够超越一己、一时、一地的“小功利”，把他者、集体、长期的“大功利”考虑进来，则功利主义就向道德主义靠近了。如果功利主义者能够把万民、万世、天下的利益都考虑进来，谋求“天下”“万民”“千秋万

① 张祥平：“吾师贺麟——‘西化’精明效短，中庸长效高明”，转载于张祥平：《人生六境——心智》，辽宁人民出版社 1998 年版。

代”的“大功利”[1]，则道德主义的“至善”理想就可以在功利主义的思考方式中得以实现。这样就可以理解“功利主义讲到了头，就是道德主义”。从这个意义上讲，上面讲到的两个历史事件的道理就可以通达起来，不管是民主制度下的功利主义，还是专制制度下的道德主义，两者“讲到了头”“说到底”都是可以相互通达的。

何怀宏在《雅典的兴衰》一文中还讲到了雅典著名的“梭伦改革”。“梭伦改革”是一场意义深远的政治改革和经济改革，从其设定改革的目标和实施改革的实践来看，节制观和中道观都是十分关键的要点。

何怀宏在《雅典的兴衰》一文的注释中写道：

> 梭伦改革在当时穷人要求平分土地和富人想不损害自己利益两者间寻求“中道”：他废除所有债务、解放债务奴隶并禁止以后再有类似的出卖人身的契约，但并不平分土地；在政治、官职上他给予所有自由公民以选举权，但却只有那些财富达到一定标准的人有被选举权。他在自己的诗中写到：“我拿着一只大盾，保护两方，不让任何一方不公正地占居优势。”“我卫护两方，进退维谷，在他们的武装对垒群中，立起了一根分隔两方的柱子。”“自由不可太多，强迫也不应过分”等，而这种“中道”相对于错误的极端来说，又是一种“直道”或“正道”：“我制订法律，无贵无贱，一视同仁，直道而行，人人各得其所。”详见《雅典政制》《古希腊罗马名人传》等书。

对历史的敬畏，对人民群众生命的尊重，中国共产党人同样如此。从1958年开始，由于“大跃进”和人民公社化运动中的严重“左倾”错误，再加上其他各种原因，导致了全国性的粮食和副食品严重短缺，不少地区出现了“饿死人”的严重社会后果。刘少奇同志是党内看到困难形势的严重性并探求造成困难真正原因的领导人之一，他对此发表过一系列十分重要的讲话，试图及时纠正当时的政策错误，同样体现了中

---

① 叶秀山：“对于中国哲学之过去和将来的思考”，《江苏行政学院学报》2016年第1期。

国共产党人高度的历史责任感。

当发现1962年财政预算中存在三十多亿元的赤字时，刘少奇更加尖锐地指出："中央工作会议（即"七千人大会"[①]）对困难情况透底不够，有问题不愿揭，怕说漆黑一团！还它个本来面目，怕什么？说漆黑一团，可以让人悲观，也可以激发人们向困难作斗争的勇气！"

同时，刘少奇说过，"怕什么丑呢？今天不揭，明天还要揭；你自己不揭，别人要揭；活人不揭，死后下一代要揭"。

刘少奇还对自己的子女说："我们革命的目的是要解决人民群众的吃饭、穿衣、住房问题，人民受了这么多苦，要为他们分忧啊！"

1962年夏，刘少奇激动地说："饿死这么多人，历史要写上你我的，人相食，要上书的！"[②]。

"活人不揭，死后下一代要揭""饿死这么多人，历史要写上你我的"。这些动人心弦的话语充分展示了刘少奇同志深厚的历史意识、人民群众意识。中国共产党强调党性修养和党性教育，在共产主义理论体系中，党性意识与历史意识、人民群众意识高度一致。从中国传统文化和共产主义理论体系的相似性来看，共产党的党性意识和传统文化的历史意识、民本意识，可以通达起来。

1939年7月，刘少奇在延安马列学院作《论共产党员的修养》的公开演讲，后来写成著名的《论共产党员的修养》一文。《论共产党员的修养》一文中的基本思想，与1962年刘少奇的系列讲话内容，表明他具有批评和自我批评的开放精神，具有"知行合一""身体力行"的实践精神。

可见，"文化塑造政治"的文化政治思想和传统一以贯之，中国共

① "七千人大会"是指1962年1月11日至2月7日中共中央在北京召开的扩大的工作会议。

② 郭德宏、林小波："'三年困难'与中央上层的尖锐分歧"，《书摘》2005年第9期。参阅："刘少奇、毛泽东和四清运动——刘源、何家栋对一段历史公案的回忆、考证"，《南方周末》，1998年11月20日第10版；高希中："中国人的'活在历史'意识"，《粤海风》2013年第5期。

产党的执政理念，中国现代化的建设进程，仍然坚守历史宪章、民为邦本的文化政治原则。

第三节　变化气质，学以成人

整体而言，变化气质是一条文化哲学的思想进路，强调文化教育对政治人物的正面影响和积极引导。分解而言，变化气质包含两个步骤：一是由“气质之性”变化为“天地之性”；二是由“变化气质”到“变化行为”。

一、学以成人与发展循吏

文化塑造政治，文化约束权力，其文化思想渊源于文王演《周易》，其政策实践肇始于周公制礼作乐。后世的政治思想家、政治家同样希望以文化入政治、以历史入政治、以风俗入政治。其中，儒家学者尤为推崇东汉时期的“东京风俗”。

发展循吏，革新吏治，为司马迁所倡导和期盼。司马迁在《史记·循吏列传》中写道：“法令所以导民也；刑罚所以禁奸也。文武不备，良民惧然身修者，官未曾乱也。奉职循理，亦可以为治，何必威严哉?”司马迁首开《循吏列传》写作范式，后世皆有因袭。从《汉书》《后汉书》到《清史稿》，都有记述。

汉武帝时期，以文化来塑造政治，以经学来塑造官员，以《春秋》来塑造法律，即春秋决狱，深化了儒家文化主导的政治理念，稀释了法家文化的社会影响，儒吏逐步代替酷吏成为社会管理的主角。儒吏们凭借权力、道德、知识等多重影响，在国家、社会、家族等多个层面发挥积极作用。

秦晖在《传统十论》一书中认为，中国历史上先是儒与吏的相对，后是官与吏的相对。秦汉以至魏晋是儒吏相对的时代，那时的人们认为“文吏少道德而儒生多仁义”。“执法之吏，不窥先王之典；缙绅之儒，不通律令之要。”儒生以价值观为归宿，口称“道”“仁义”“先王之典”，以社会良知自命；后者以“执法”为职业，按“律令之要”以行政，从而获得“爵位”的报酬。简而言之，儒重信仰、吏尚权位。秦朝“以吏为师”，儒的地位低下。汉武帝“独尊儒术”，儒的地位见长而吏的地位渐衰。后来以儒家经典从读书人中考试选官的科举制盛行后，才出现了以儒为吏、儒吏合一的局面①。

二、变化气质与发展儒吏

北宋太祖开国，确立了皇帝“与士大夫共治天下”的政治规则，并且留下著名的“祖宗家法”②。相对于“一人之治”“共治天下”称得上政治进步。当然，由士大夫组成的文官体系和行政体系，具体执行国家的大政方针，拥有较大的行政权力，因此需要防范士大夫们出现结党营私、假公济私的“败德行为”。从治道而言，一方面需要通过制度建设来激励和约束行政管理行为，评估行政管理绩效；另一方面需要通过文化建设来提高士大夫行政能力，提升国家治理能力。

北宋时期，思想家周敦颐提出“士希贤、贤希圣、圣希天”的希贤之说，思想家张载提出“气质变化”之说。希贤之说与气质变化之说，其文化意义在于由“气质之性”变化为“天地之性”，满足成人、成贤、成圣的文化需求。其政治意义在于英国哲学家罗素所言的“可以使掌权者成为温和仁爱的贤人”，满足北宋朝“与士大夫共治天下”的政治发

① 秦晖：“西儒会融，解构‘法道互补’——典籍与行为中的文化史悖论及中国现代化之路”，《传统十论》，复旦大学出版社2004年版。

② 清朝思想家王夫之在《宋论》中写道，“太祖勒石，使嗣君即位，入而跪读。其戒有三：一、保全柴氏子孙；二、不杀士大夫；三不加农田之赋。呜呼！若此三者，不谓之盛德也不能。”太祖三诫被后世学者称之为有宋一朝的“祖宗家法”。

展需要。

气质变化是一个修身养性的过程，说到底是一个去私利、去功利的漫长修养过程。《大学》以“格致诚正，修齐治平”来言个人修养，当代新儒家称之为工夫论、境界论。工夫论与境界论相连，前者讲修养的积累性过程，后者讲修养的突破性成果。工夫需要日积月累，渐积渐多，累积到一定的时候和程度，个人修养就可以获得突破性跃升，从而进入一个新的文化境界和道德境界，气质变化由此完成。

个人气质变化的结果，表现为认知变化、视角变化、观念变化，收获“德性之知”，超越“见闻之知”。张载有言，“德性之知，不萌于见闻。”见闻之知对应于气质之性，德性之知对应于天地之性。从文化上讲，个人气质变化表现为自律能力提升，增强了抵御外部环境的诱惑和功名利禄的冲击。

外部环境和功名利禄对个人行为的影响，中西文化皆知。但是，从治理方式上看，中西文化有别。西方文化重视他律，重视制度建建设；中国文化重视自律，重视文化建设。下面，我们将外部环境与人之性情结合起来分析。

外部环境可以区分为“制度缺失”与“制度完备”两种情况，前者对应“黑暗的时候/地方”，后者对应“光明的时候/地方”。人之性情同样可以区分为“气质之性”与“天地之性”两种情形，前者对应“人性恶”，后者对应“人性善”。当然，上述区分为理论假设，代表两种极端情形（见表6－1）。

表6－1　外部环境与内在性情的匹配：中西文化的差异

西方哲学：从“制度缺失”到“制度完备”的发展	中国哲学：从气质之性向天地之性的变化	
	天地之性	气质之性
制度完备	Ⅰ	Ⅱ
制度缺失	Ⅲ	Ⅳ

情形Ⅰ最为理想，中西文化都很向往。情形Ⅱ是西方文化努力的方

向，希望在气质之性主导的现实世界当中达成制度完备的发展目标，体现西方文化对现实性、人性恶的尊重。情形Ⅲ为中国文化所推崇，希望在气质之性主导的现实世界当中达到变化气质的文化目标，体现中国文化对超越性、人性善的追求。情形Ⅳ最为恶劣，中西文化都希望避免。当中西文化同时面对情形Ⅳ的时候，西方文化则努力朝着制度完备的方向走，希望走向情形Ⅱ；中国文化则努力朝着天地之性的方向走，希望走向情形Ⅲ。

在中国文化中，情形Ⅲ对应的社会行为要求是"在黑暗的地方做光明的事"，体现德性和天地之性，即儒家文化、《大学》所言的"慎独"精神，希望展示人类的德性力量。中国文化对情形Ⅱ的理解不同于西方文化，中国文化将它对应于"在光明的地方做黑暗的事"，即儒家文化所言的"人欲之恶"。这是因为中国文化不相信制度可以完备无缺，而宁愿相信人性可以完美无缺。所以，中国文化强调以文化塑造政治，希望实现士子和官员的"气质变化"，使社会发展由最糟糕的情形Ⅳ，走向不太完美的情形Ⅲ，最后走向理想和完美的情形Ⅰ。

在西方文化中，情形Ⅱ对应的社会行为要求则是"阳光底下无罕事"，建立制度、完备制度，则罕见之事自行消失。西方文化对"人欲之恶"习以为常，不以为惧，他们致力于建章立制，完善制度，实现法治，让阳光的亮度越来越强，让阳光照耀的地方越来越多，让越来越多的人不敢做、不能做"黑暗的事"，从而展示人类的理性力量。西方文化对于情形Ⅲ的理解不同于中国文化，是因为他们对"人性善"缺乏信心，他们不愿意相信长期处在"黑暗的地方"仍然一如既往地能够"做光明的事情"，一尘不染，坐怀不乱。西方文化的这个特点，历史学家张灏先生称之为"幽暗意识"[①]。在"人性善"与"制度全"的两难选择当中，西方文化选择了"制度全"，对治人性恶；中国文化选择了"人性善"，对治"制度缺"。

---

① 张灏：《幽暗意识与民主传统》，新星出版社2006年版。

中国文化重视情形Ⅲ，西方文化重视情形Ⅱ，体现了中西文化和中西哲学发展的不同取向。中国文化对人性善有着深深的眷念，而且对人性的无限发展抱有信心。所以，与西方文化不一样，中国文化没有朝着“制度完备”的方向努力，而是朝着“人性完美”的方向用功，强调通过天地之性来治理制度缺失。

三、书院制度与治道发展

北宋时期的道学，探索了由气质之性到天地之性转换的超越性和重要性。南宋时期的理学，更加重视这种转换的现实性和必要性。南宋时期，特别是在理学家朱熹的推动下，书院建设蔚然成风，书院制度日益完善，承担了“变换气质”的文化教育职能。在书院教育体系之下，老师不但传道解惑，而且言传身教，将道德教育（德性之知）与知识教育（闻见之知）合二为一。

南宋一朝，不但城市的书院建设方兴未艾，而且乡村的书院建设也欣欣向荣。书院体系为社会发展提供了良好的教育基础，而且乡村教育也逐渐得到普及。南宋时期书院教育的蓬勃发展，得益于南宋大儒朱熹，他不但是中国哲学史上著名的思想家，而且是中国教育史上著名的教育家。他一生都热心于教育事业，不仅孜孜不倦地授徒讲学，在教育思想和教育实践上身体力行，而且不遗余力地兴办县学和州学，他创办同安县学、武夷精舍、考亭书院，而且还参与白鹿洞书院和岳麓书院的建设。特别难得的是他亲自制定了学规，编纂了“小学”和“大学”的教材。地方政府举办的县学和州学以及民间兴办的书院，与隋唐以来的“科举取士”政治制度得以成功对接。

科举取士是隋唐以来的一种正式政治制度，书院教育则是两宋以来的一种正式文化制度，到南宋一朝政治制度与文化制度完美地融为一体。这样，源于道学家周濂溪“希贤之学”、张载“气质变化”的思想学说，在理学家朱熹的切身躬行之下，已经变成了“学以成人”“文以化人”

的社会现实，理论与实践同样完美地融为一体。

作为社会化的书院教育和书院制度，目标在于培养优秀的士子，转换气质，开始于北宋时期①，从时间上看距离现代相对晚近。作为制度化、正式化的太子教育、皇子教育、皇室教育，其制度和体系建设，则要久远得多，殷周时期就已经开始，秦汉继承殷周的做法。其中，以太子教育最为重要，目标在于培养优秀的一代君王。

中国古代王朝为了教育、辅导、保卫太子，设置了专属的职官制度。因太子所居之地称“东宫”，所以太子又被称为“东宫”，东宫职官制度始建于殷周。根据《通典·职官·东宫官》记载，当时职官有师、保、太傅、少傅。师的职责是“教之以事而喻诸德者也”，既教育太子做事的才能，又传授“立世之德”，保的职责是“慎其身”，太傅、少傅的职责是让太子知晓君臣父子之道②。

担任太子太师、太傅、太保的人士，一般都是德行高尚、人品贵重、学问深厚、名声显赫的君子，多为朝廷宰辅或重臣。他们向太子讲解五经等儒家经典，讲授古代君王的王道政治，希望将太子培养成“有道明君”。皇帝让太子从小接受“至德”“至善”的教育，培养“修齐治平”的工夫，希望太子能够谨守君臣父子之道，成为“内圣外王”践行者。其中，唐太宗李世民为了更好地进行太子教育，专门撰写了著名的《帝范》一书。

太子教育和书院教育，虽然教育对象不同，教育内容有别，但是教育理念和文化精神一样，目标都是学以成人、变化气质、内圣外王，都体现文化塑造政治的文化哲学思想。

---

① 关于北宋时期的“书院之始”，王夫之认为始自宋真宗咸平四年“诏赐《九经》”。实际上，宋代书院始于范仲淹执掌南都府学，尤其是始于范仲淹推行的庆历新政。参阅李存山：“宋学与宋论——廉评余英时著《朱熹的历史世界》”，《中国思想史研究通讯》第六辑，2006年。

② 杜佑：《通典》，中华书局1988年版。

第七章
政治主导经济

“政治主导经济”是中国政治经济思想的特色。孟子提出“广土众民”“定于一”的思想，成为中国政治经济思想的第一原则，承载了王道政治、国家能力、天下中国的众多思想元素。由法家和黄老道家提出“要在中央，事在四方”的思想，“一则治安，异则乱危”的思想，呼应了春秋战国时代诸侯争霸的社会现实，凸显了富国、治国、强国的重要性，而且促成了郡县制的历史生成，郡县制对封建制的历史替代。面对战国时代，儒家、法家都赞成“天下归一”的政治方案，秦汉建立“大一统”的中央集权制度，同样体现“政治主导经济”的政策特色。

“政治主导经济”的政策特色主要体现在“重农抑商”和“为国家理财”两个方面。随着近200年来的考古发现，初步表明农业中国并不能完全代表经济中国，商业中国的特点越来越显著。“重农抑商”政策的变动和延续，主要不是为了满足超越性的文化要求，而是因对现实性的政策要求。

先秦时代，商业中国的特点丰富多彩：商品经济、交换经济、城市经济、开放经济、战争经济、货币经济、人才市场，一应俱全。而且商业中国的兴起得益于“自由交换”和“市场经济”，并且诞生了“为天下理财”的政治经济思想。虽然汉武帝时期出现了“为国家理财”的政策实践，但是相对于“为天下理财”的思想，“为国家理财”“为中央理财”是第二的经济思想、是次生的经济思想，不是中国文化原生的经济思想。

从春秋时代齐国“官山海”开始，到汉武帝时期实行“盐铁专营”“为国家理财”的理论和实践是权不是经。前者因地制宜，以牺牲文化原则来谋求政治经济利益最大化，满足争霸天下的政治目的；后者因时制宜，为了应付征战匈奴、内忧外患的财政危机，不得已而为之。两者都是权宜之计，并非永恒之道。

非常吊诡的是，在中国历史发展的长河中，齐国和西汉的权宜之计本来是浪花而已，未曾料想反而成为河流的代表。我们认为，“广土众民”“为天下理财”“道德税率”是“政治主导经济”思想的底色，“官山海”“盐铁专营”“重农抑商”是“政治主导经济”思想的亮色。

第一节　广土众民，必定于一

一、广土众民与王道政治

孟子在《孟子·尽心》篇中提出了“广土众民”的重要思想，与之相关的上下文内容包括：

孟子曰：“君子有三乐，而王天下不与存焉。仰不愧于天，俯不怍于人，二乐也。君子有三乐，而王天下不与存焉。”

孟子曰：“广土众民，君子欲之，所乐不存焉。中天下而立，定四海之民，君子乐之，所性不存焉。君子所性，虽大行不加焉，虽穷居不损焉，分定故也。君子所性，仁义礼智根于心。其生色也，睟然见于面，盎于背，施于四体，四体不言而喻。”

孟子曰：“伯夷辟纣，居北海之滨，闻文王作兴，曰：‘盍归乎来！吾闻西伯善养老者。’太公辟纣，居东海之滨，闻文王作兴，曰：‘盍归乎来！吾闻西伯善养老者。’天下有善养老，则仁人以为己归矣。五亩之宅，树墙下以桑，匹妇蚕之，则老者足以衣帛矣。五母鸡，二母彘，无失其时，老者足以无失肉矣。百亩之田，匹夫耕之，八口之家足以无饥矣。

所谓西伯善养老者，制其田里，教之树畜，导其妻子，使养其老。五十非帛不暖，七十非肉不饱。不暖不饱，谓之冻馁。文王之民，无冻馁之老者，此之谓也。”

孟子曰：“易其田畴，薄其税敛，民可使富也。食之以时，用之以礼，财不可胜用也。民非水火不生活，昏暮叩人之门户，求水火，无弗与者，至足矣。圣人治天下，使有菽粟如水火。菽粟如水火，而民焉有不仁者乎？”①

上面引述的四段文字，既有广土众民的思想，也有仁政王道的思想。第一段文字讲“君子三乐”。乐为幸福，与苦相对，实施仁政的出发点就是要让民众能够“避苦趋乐”。

第二段文字讲君子以“广土众民”为乐。君子的本性在于仁义礼智根植于心，广土众民既是君子推行仁政的原因，也是君子推行仁政的结果，“中天下而立，定四海之民”。

第三段文字讲“善养老”为仁政之始的道理。五亩之宅、百亩之田，可以让八口之家无饥无冻。由此，孟子开创了仁政养老的伟大思想。第四段文字讲“易其田畴、薄其税敛”的仁政之策。

广土众民即丁财两旺，这个可喜可乐的大好局面正是王道政治、仁政德政的自然结果。“广土”不是依靠霸道和武力的掠夺而“广”，并非攻城略地而“广”，其来源有两个：一是由开疆辟土而来；二是他国之君受到王道政治的感召携土携民归化而来，因为他者的自愿加盟而“广”。“众民”也不是通过战争来掠夺和奴役他国居民，其来源同样有

① 朱熹：《四书章句集注》，中华书局1983年版。

两个：一是本国居民生育出来的人口，是人口的自然增长；二是他国居民背井离乡，不远千里万里，向往仁政而归顺德化之地，因为人口迁入和移民增长而“众”。于是，推行仁政之国的人口数量越来越多，国土面积越来越大。可见，孟子的“广土众民”思想与王道仁政思想相依相连。

与仁政、德政、善政相对的是暴政、苛政、恶政。长远来看，后者既守不住土，也留不住民。与王道相对的是霸道，短期来看霸道可以广土众民，但是长期来看霸道只能“裂土失民”，国家分裂，国民逃离。

从文化和政治哲学来看，仁政属于人道，源自天道，“尽心知性则知天”，才有仁政。所以，孟子有言，“尽其心者，知其性也。知其性，则知天矣。存其心，养其性，所以事天也。夭寿不贰，修身以俟之，所以立命也。”

当然，广土众民的思想背后，还有“文与野”“夷与夏”的竞争。但是，以夏化夷、以文化人、以文胜野、柔远能迩，主要表现为广土众民的自然结果。

二、广土众民与国家能力

《周易》有言，“理财正辞，禁民为非”，这是《周易》之文化政治经济思想的概括。孟子“广土众民”的思想，是对《周易》思想的继承和发展。广土众民一词中的“土”和“民”，对应“财”和“丁”。因此，“广土众民”也可以理解为“丁财两旺”的意思。人口与社会经济发展相互作用相互影响的关系，本来十分复杂，但是孟子能够提纲挈领，大而化之，一分为二，直接选用人口与土地两大要素，从而描述了“人类理想国”的千年大计。从高远的王道政治和高尚的仁政德政出发，孟子提出“广土众民”的政治经济思想，正是“政治主导经济”的最好诠释。

孟子“广土众民”的政策思想，为中国历朝历代的政治家所坚守，进而成为中国政治经济思想的第一原则。“广土众民”思想源自王道政治、仁政学说，又与“天下观念”“天下体系”思想[①]相吻合。广土众民的国家政策，推动了“向心力漩涡”的日积月累，中国因此而成为“广土众民之国”，为国家力量、国家竞争力建设奠定了“铁打的基础”。

抗日战争爆发后，毛泽东于1938年发表了著名的《论持久战》，提出了抗战必持久但是抗战必胜利的伟大论断，同样贯穿了他对孟子“广土众民”思想的理解。毛泽东认为，中国抗战必胜的历史伟力就在“广土众民”。他在“问题的根据”这个篇章中，对中日两个国家的整体力量进行了对比分析。他先讲日本，“第三，日本战争虽是在其强的军力、经济力和政治组织力的基础之上进行的，但同时又是在其先天不足的基础之上进行的。日本的军力、经济力和政治组织力虽强，但这些力量之量的方面不足。日本国度比较地小，其人力、军力、财力、物力均感缺乏，经不起长期的战争。”他后讲中国，“第三，中国又是一个很大的国家，地大、物博、人多、兵多，能够支持长期的战争，这同日本又是一个相反的对比。”

《论持久战》充分评估了中国国贫民穷、财力不足的现实困难，但是毛泽东独具慧眼，从“广土众民”之中看到了中国抗战必胜的希望，从根本上讲广土众民才是最稳定、最重要的财力之源。为此，他写道：“战争的伟力之最深厚的根源，存在于民众之中。……抗日的财源十分困难，动员了民众，则财政也不成问题，岂有如此广土众民的国家而患财穷之理？”[②]。

三、广土众民与天下中国

孟子关于广土众民的思想，是对《周易》《尚书》《礼记》等经典所倡导的文化天下、政治天下等重要观念的发展，并且自然而然地引向经

① 赵汀阳：《天下体系》，中国人民大学出版社2011年版。

② 毛泽东：《论持久战》，《新华日报》，1938年。

济天下的社会实践[①]。可以说，在孟子这里，文化天下、政治天下、经济天下的思想体系已经相当完备。

历史学家许倬云认为，这一天下国家因其没有边界，其汲取资源的吸管渐向中国以外伸展。中国与四夷诸群体之间，或和或战，其实都有经济接口的活动。秦汉在边地郡县往往有“道”的制度，这些“县”下的“道”（例如僰道、牦牛道）深入戎狄，可能先是为了贸易而开辟的商路，继而成为移民拓殖的交通道路，最后则是官方经此管道设立行政系统[②]。

从汉代到清代，这一充实边地的发展过程绵延不断。唐代帝国的声势盛大，但是帝国结构其实包括两套不同的管理。一套是内地本部，分道设立州县，编户齐民，以文官系统管理。另一套是羁縻州府，治所将近全国州县之半数，涵盖地区十分广袤，尤以今日中亚为多。在西南诸省设立宣抚使等土官司，明清沿用此制。这些在地族群，大致言之，都保持相当程度的自治。清王朝创造了一种成功的制度来经营和统治亚洲腹地，把亚洲腹地整合到中国版图。一是军政合一的制度；二是依靠满蒙联姻和扶植藏传佛教成功地治理新疆、青海、西藏等地[③]。

许倬云认为，“中国”的概念是一个文化、经济与政治三个接口的体系，在文化接口之外，保有相当重要的经济接口，以维系其不在中国本部的族群中与其国的关系，使其能参加中国的庞大经济体。

许倬云的洞见，有利于理解广土众民与天下中国的一致性和同构性。

四、何为一？何以一？何必一？

《孟子·梁惠王上》记录了孟子与梁襄王之间的对话[④]：

---

① 赵汀阳：《天下体系》，中国人民大学出版社 2011 年版。

② 许倬云：“‘中国’概念与其经济接口”，《历史月刊》（台湾）2005 年第 5 期。

③ 许倬云：“‘中国’概念与其经济接口”，《历史月刊》（台湾）2005 年第 5 期。

④ 朱熹：《四书章句集注》，中华书局 1983 年版。

孟子见梁襄王。出，语人曰："望之不似人君，就之而不见所畏焉。卒然问曰：'天下恶乎定？'吾对曰：'定于一。''孰能一之？'对曰：'不嗜杀人者能一之。''孰能与之？'对曰：'天下莫不与也。王知夫苗乎？七八月之间旱，则苗槁矣。天油然作云，沛然下雨，则苗浡然兴之矣。其如是，孰能御之？今夫天下之人牧，未有不嗜杀人者也，如有不嗜杀人者，则天下之民皆引领而望之矣。诚如是也，民归之，由水之就下，沛然谁能御之？'"

这段文字的意思简洁。孟子言天下"定于一"，且言"不嗜杀人者能一之""天下莫不与也"。孟子本人没有对"一"进行具体而明确的解释，引发后世学者对此不断地疏义发微。

"何为一"是个学术问题，或者说是一个纯粹的理论问题，后世学者围绕"何为一"这个问题做出了不同的阐释。东汉学者赵岐注释为"孟子谓仁政为一也"。清代学者焦循在《孟子正义》一书中赞同赵岐所说，"仁即一，故赵氏以仁政为一。"朱熹在《四书集注》中写道："列国纷争，天下当何所定，孟子对以必合于一，然后定也"。"一"为"合于一"，即"统一"之意。杨伯峻在《孟子译注》中将"定于一"释为"天下归于一统，就会安定"。金克木先生认为，"这个'一'，当然是帝王。"① 我们认为，言"仁政"为"一"，与孟子的本意最为接近。"仁政"必由"仁君""明君"来推动，由"仁政"而"明君"，由政而人，是为衍生之意。在开放的天下体系中，从长远来看仁政和明君自然可以"广土众民"，直至天下"定于一"，"定于一"自然为朱熹所言的"合于一"。

"何以一"是个实践的问题，既需要得到理论支持，也可以得到历史检验。"何以一"对孟子而言应该是一个巨大挑战，虽然他知道西周从小到大、绵延800年的发展历史，充分展示了王道和仁政的力量，但是，孟子也不得不面对战国时代诸侯争霸的残酷现实，"争地以战，杀人

---

① 胡泳："定于一"，《财富》，2012年2月13日。

盈野；争城以战，杀人盈城；此所谓率土地而食人肉，罪不容于死”。没有强大的力量如何休战、止战？没有强大的力量何言“定于一”？

庄子首言“内圣外王”，这个词语后来为儒家学者所借用和发展。内圣为“德”，外王为“功”，衍生为“力”。当然，儒家所言的“内圣外王”，原本的意思是由“内圣”开出“外王”[①]，“内圣”之德可以生出和发出“外王”之力，“外王”之力可以巩固和发展“内圣”之德。由“内圣之德”生出的“外王之力”，最重要的表现莫过于“广土众民”。可以说，“广土众民”代表了“外王之力”，由“内圣之德”、王道政治所孕育。

作为儒家经典的《春秋公羊传》，其作者为战国时代的齐人。《春秋公羊传》提出了春秋大一统的思想，这个思想与当时齐国强大的社会背景相关，齐国因为强大而有大一统的政治思想。在齐威王、齐宣王时期，齐国国力强大，“诸侯东面朝齐。”（《史记·孟荀列传》）。孟子此时游学齐国，认为齐国有希望统一中国[②]。孟子写道：“诸侯之宝三：土地、人民、政事。宝珠玉者，殃必及身。”（《孟子·尽心》）。孟子所言的“政事”主要指向仁政。在孟子看来，齐国已经拥有土地和人民两大法宝，如果能够施行仁政，则齐国称王莫之能御。对此，孟子写道：“夏后、殷、周之盛，地未有过千里者也，而齐有其地矣；鸡鸣狗吠相闻，而达乎四境，而齐有其民矣。地不改辟矣，民不改聚矣，行仁政而王，莫之

① 从原本的意思来看，“内圣”与“外王”，两者之间存在先后关系，不可颠倒。但是，后世学者也宽泛地将其理解为并列关系，如东汉学者王充提出“德力具足”的说法，清代学者王夫之提出“乾坤并建”的说法。

笔者常常将“内圣之德”与“外王之功”结合到《周易》的乾元之德，因为乾元之德，既包括德，也包括力，本来就是德力并举、德力具足。同时，笔者常常将《周易》与《中庸》相联系，《中庸》有智仁勇三德之说，其中仁德居中，起统帅作用，乾元之德为仁德，为“内圣之德”；智勇二德为乾元所生，代表“外王之功”。虽然外王建功立业，但是外王不离内圣，不离乾德。

不过，毕竟内外有别，内圣之德为仁德，外王之功为智勇二德，相对于仁德而言智勇二德同样获得自己的独立性。这样，易庸相连，内圣外王不二，统一于智仁勇三德。就其三分而言，仁代表超越性，智勇代表现实性，仁智并举、乾坤并建，就在于智仁勇三德完备，就在于内圣与外王的统一。

② 李定生：“董仲舒与黄老之学——儒学之创新”，《复旦学报·社科版》1995 年第 1 期。

能御也。”（《孟子·公孙丑上》）。实际上，孟子对“何以一”这个问题，已经做出了自己的回答，就是广土、众民、仁政。

“何必一?”是个“自由意志”“自由选择”的问题，这个问题比前面两个问题更加根本和深远。其实在孟子提出“广土众民”的思想之前，老子讲过“小国寡民”的思想。“小国寡民”的文化政治经济状况则是“邻国相望，鸡犬之声相闻，民至老死不相往来”。老子提倡“小国寡民”的“理想国”模式，可以得到他的“道法自然”“自然主义”思想的立论。生活在小国寡民的社会当中，群体成员之间的差异性小，同质性高，语言文字和宗教信仰同一，共同体范围和社会管理幅度较小，人们不会有压迫感，从而个体的自由度比较大。老子“小国寡民”的思想，用现代学术话语来表达，可以认为是近代欧洲“民族国家”（nation state）形成的文化宣言和政治宣言。按照老子的说法，今天北欧富裕的小国如瑞典、瑞士基本上都可以归入此类。

当然，孟子所言的“广土众民”，可以得到“道德主义”和“功利主义”的双重立论，国土面积大，人口规模大，在调剂余缺、互通有无、分散灾害风险等方面拥有明显的优势，而且国家安全程度也相对较高。如果将老子和孟子的思想对立起来，在纯粹理论层面进行争辩，可能导致“意识形态之争”“意见之争”，难以和解。面对自由选择、自由意志的问题，必须通过开放、通达、自由的精神才能得到解释和解决。

中国文化破解这道难题的钥匙，在于《尚书·泰誓》的“天视自我民视，天听自我民听。”它讲述了民心所向、民为邦本的大道理，正是《周易》的政治哲学和文化哲学的精神所在。孟子从战国时期天下“苦战久矣”的民心出发，希望以“国家一统”来止战休战，免除百姓痛苦。可以说，孟子是以“民心”而言“定于一”。在孟子之前，《周易》和《尚书》已经开创了“民心可通”的道论。所以，中国文化称呼古代的思想家和政治家为圣王，圣王的根本特点在于：通天地人之心、与天下同心、与万民同心。对此，董仲舒则言“王道通三（天地人）”。

董仲舒在《春秋繁露》之“王道通三”中写道①：

古之造文者，三画而连其中，谓之王。三画者，天地与人也，而连其中者，通其道也。

取天地与人之中以为贯而参通之，非王者庸能当是？是故王者唯天之施，施其时而成之，法其命而循之诸人，法其烽而以起事，治其道而以出法，治其志而归之仁。

《白虎通义·圣人》篇中写道②：

圣人者何？圣者，通也，道也，声也。道无所不通，明无所不照，闻声知情，与天地合德，日月合明，四时合序，鬼神合吉凶。

三国时期的政治家曹操在《短歌行》中写道：

山不厌高，海不厌深。周公吐哺，天下归心。

曹操所言的“天下归心”一语，正好可以回答或者解释“何必一”的发问。“周公吐握”即为仁政，周公与天下同心，天下归于一心。既然天下民心“已归于一”，当然天下“必定于一”。这个“一”可以是仁政，可以是圣王，也可以是合一。

可见，孟子言“广土众民”，言仁政、王道、民本，言“定于一”，深深地根植于通达精神，根植于民心可通。后来者不管是董仲舒作《春秋繁露》，还是根据白虎观会议作《白虎通义》，曹操作《短歌行》，同样如此。民心可通，天下可一。

五、定于一与大一统

孟子基于文化精神和道德精神的超越性，提出了“定于一”的思想。后世政治家和思想家基于现实性的功利精神，实施了“大一统”的政治建构。两者本来相去甚远，但是“定于一”对“大一统”仍然有不可忽略的影响。对此，我们从四个方面来理解。

① 苏舆：《春秋繁露义证》，中华书局1982年版。

② 陈立：《白虎通疏证》，中华书局1994年版。

第一，开创了民心、经济、政治、文化的通达和统一。孟子“定于一”的政治哲学思想，与孔子《春秋》“微言大义”的历史哲学思想相结合，使得儒家学者和历史学家都把“统一”“一统”视为中国政治思想的第一原则。帝王同样从内心深处认同国家统一的至高无上性，视其为“王天下”“坐江山”“保社稷”的政治底线。这样，“统一与分裂”就成为中国文化哲学、历史哲学、政治哲学的首要问题。

第二，孟子“定于一”的思想确保了文化变迁和历史变迁的连续性，中国没有出现文明断裂的现象。

第三，确立了文化政治统一原则高于经济原则。任何有可能危害和伤害文化政治统一的经济力量都会被加以抑制，如长期坚持“重农抑商”政策，明显不符合司马迁所言的货殖之道：用贫求富，农不如工，工不如商；长期坚守对州郡设置的“犬牙交错”安排，明显不符合最优区域经济布局的原则。这些政策得以长期实施，我们可以理解为文化政治统一原则高于经济原则。

第四，确立了“政治主导经济”的基本原则。任何有可能解构和解体文化政治统一的社会力量，都有可能会被加以抑制。如长期以来重文轻武的传统，对科技发展抱有歧视态度等。

第二节 要在中央，事在四方

孟子从王道仁政出发，论证了天下归一的历史必然性，同时将广土众民视为天下归一的实现路径。王道仁政、广土众民、天下归一，三者浑然一体，不可分离。天下归一的历史观，离不开广土众民的发展观，离不开文化政治经济和谐发展的王道观、仁政观、政治观，同样离不开自然而然的阴阳生成观、社会生态观、家国天下观。

既然“天下归一”是自然而然的“生长”过程，需要天时、地利、人和的共振，那么这个自发演进的过程必定是一段漫长的发展历史，而且起点只能是“不嗜杀人者”。可见，孟子建立了一个气势恢宏的“内圣外王”的思想体系，只不过他的思想体系是德学体系，理论基石则是《周易》的泰卦思想，阴阳交通，天地相济。

以韩非子为代表的法家，以《吕氏春秋》为代表的杂家，都不满意孟子的简易观、阴阳观、生成观，他们需要从理论和实践两个方面来解决“催生”的可能性，从而“加速”天下归一的历史进程。

韩非子持有的历史观是《周易》所言的变易观，紧紧围绕法（术）、变易、道（理）三者的关系进行阐述，他对老子的《道德经》进行过精细研究，著有《解老》《喻老》等名篇。韩非子认为，万物都在变化，道同样也在变易之中，所以他总是讲“变易之道”。不但如此，韩非子还要从“变易之道”当中找出“不易之道”，即找到“变易”背后的“不易”。变易为阳，不易为阴，韩非子希望通过“阳”来寻找“阴”。由变易之道而有“法”，韩非子凸显“法”对“道”的承接。“法”的特点是“一”，“一”的现实意义就是力。所以，韩非子走黄老道家的“道论”进路。

孟子持有儒家思想的简易观，政治进路是一条慢车道。韩非子与孟子不同，他的政治进路是一条快车道。韩非子的理论体系，同样有体有用，“体”为黄老道家的道家思想，“用”为荀子的儒家思想。

从分析方法来看，韩非子也不同于孟子，孟子持有整体主义的视角，韩非子则持有结构主义的视角。韩非子选择以君—民结构、君—臣结构作为分析对象，强调中央集权的重要性，凸显出“君一”的暴发之力。所以，韩非子所言的“力”包括了道术之力、法术之力、集权之力，他建立了一个规模宏大的“力学体系”。当然，韩非子的“力学体系”与牛顿的“力学体系”不同，前者是社会科学的力学体系，后者是自然科学的力学体系。这样，在先秦诸子的思想体系中，孟子构建气势恢宏的德学体系，韩非子则构建规模宏大的力学体系，荀子则介于孟子和韩非子之间。

《吕氏春秋》作为杂家的代表，借用的思想资源主要包括黄老道家、法家、儒家。黄老道家继承老子道家的思想，将道与术、道与一、道与力的关系进行了创造性阐述，所以黄老道家的理论有体有用。《吕氏春秋》主要借用黄老道家的学术结论，不再从事“基础理论研究”，所以《吕氏春秋》一书的特点就是以“应用性研究”“对策性研究”为主，可以说是一篇非常优秀的对策研究报告。但是，《吕氏春秋》一书的特点也很突出：政策目标明确，需要“大一统”；政策效果明确，需要“短平快”。如果说，《韩非子》已经走上快车道，那么《吕氏春秋》则直接驶上高速公路。

在前秦诸子当中，以韩非子为代表的法家崇尚实力和力量，这是法家学派的特点和特色。法家认为需要通过君主集权来强大气力，以应对时世之变化。

法家取道家之体，取儒家之用，通过对接道家和儒家而发展出了独特的“体用”观，可以用君主集权、富国强兵来代表。法家由道家之“道”而衍生出了“势、法、术”的学说，凸显了君主集权、国家利益的合理性，立为法家之“体”；由孔子的“足食足兵”，孟子的“广土众民”、荀子的富国思想，发展出了富国强兵的思想。就“用”而言，法家越来越强调“大力”“强力”“巨力”“暴力（暴发之力）”，而不再是儒家的“美力”“德力”“善力”；法家越来越强调国家利益、君主利益，而不再是儒家的“天下美利”、天下苍生、百姓民生。

一、世异事异，争于气力

孟子生活在战国中期，他看到的现实世界是“争地之战，杀人盈野；争城以战，杀人盈城。此所谓率土地而食人肉，罪不容于死。”（《孟子·离娄上》）。“罪不容于死”表达了孟子的极大愤慨。但是孟子认为，这个现实世界是对古代“美好社会”的偏离，不可长久，终将回复到充满仁义之道的“礼乐时代”“德性时代”。所以，孟子继承和发展孔子的思想，矢志不移地致力于为“薄情时代”注入“德性力量”，希望以王道政治来尽快结束痛苦的战乱，实现天下归一，早日返回到周文时代。

韩非子生活在战国后期，他看到的现实世界仍然是战乱不已、民不聊生，他同样希望尽快结束痛苦的战乱，实现天下归一。当然，孟子强调道德之力，韩非子强调道术之力，表明两人在实现天下归一的方式和手段上存在差异。实际上，两人之间的差异，远远不止于此，儒家和法家两大学派在历史观上的差异更为根本。儒家持有简易的历史观，法家持有变易的历史观。可以说，孟子和韩非子眼中的现实世界大同小异，但是两人心中的超越世界却大异小同。

《韩非子五蠹》篇中写道①：

> 是以圣人不期修古，不法常可，论世之事，因为之备。宋人有耕田者，田中有株，兔走触株，折颈而死，因释其耒而守株，冀复得兔，兔不可复得，而身为宋国笑。今欲以先王之政，治当世之民，皆守株之类也。
>
> 古者丈夫不耕，草木之实足食也；妇人不织，禽兽之皮足衣也。不事力而养足，人民少而财有余，故民不争。是以厚赏不行，重罚不用，而民自治。今人有五子不为多，子又有五子，大父未死而有二十五孙。是以人民众而货财寡，事力劳而供养薄，故民争，虽倍赏累罚而不免于乱。
>
> 是以古之易财，非仁也，财多也；今之争夺，非鄙也，财寡也。轻辞天子，非高也，势薄也；争土橐，非下也，权重也。故圣人议多少、论薄厚为之政。故罚薄不为慈，诛严不为戾，称俗而行也。故事因于世，而备适于事。
>
> 故文王行仁义而王天下，偃王行仁义而丧其国，是仁义用于古不用于今也。故曰：世异则事异。
>
> 故曰：事异则备变。
>
> 上古竞于道德，中世逐于智谋，当今争于气力。

---

① 王先谦：《韩非子集解》，中华书局2003年版。

从上面的文字中，我们可以看出，韩非子持有的历史观是《周易》所言的“变易观”，所以他看出来的是古今之变，世易时易事易。不管是文化、政治还是经济，都存在古今之变。所以，韩非子与孟子的看法相去甚远，但是韩非子与老师荀子的看法却颇为接近。荀子有“法后王”“法先王”之说，终究还是强调需要直面世易时变的“当今”。韩非子比老师荀子更加直截了当地认为，“以先王之政，治当世之民，皆守株之类也。”

韩非子不但表达出了古今之变的思想，而且对时代特点做出了重要的论断，他将“古今之变”概括为：上古竞于道德，中世逐于智谋，当今争于气力。这样，韩非子牢牢地针对“争于气力”的时代特点和现实世界大做文章，并由此提出前所未有的因对之策。

二、道术之力

这里，我们沿着道家[①]创立的“道术”观，重点讲法家对“道术”观的开新。

（一）术为用，术为力

重视功用、重视力量，儒家早于法家。但是，儒家所言的力，为德力共生，为德力一体，德为力之生，力为德之成。儒家没有割裂德力，不把德力看成是一个可以截然分离的结构，而是把德力看成一个浑然一体的整体。浑然一体的德力关系，恰如阴阳关系，阴阳一体，德力一体。

德有影响力、感召力、凝聚力、合作力[②]。由德性可以自然而然地

① 此处所指的“道家”，不是指老子代表的原始道家，而是指老庄道家的后学，特别是指后来异军突起的黄老道家。而且黄老道家的内部仍然门派众多，以战国时期齐国的稷下学派影响最大。

② 亚当·斯密在《国富论》中创造性地刻画了市场与分工的关系，有“斯密定理”之称。斯密认为，市场规模和市场范围决定了分工水平，分工而业精，业精则劳动生产率提高，劳动生产率提高则国民财富增进。因此，斯密的政策指向是推进自由贸易和自由市场。可见，分工是斯密论证市场有效性的关键和核心。与斯密强调经济分工的思想不同，中国文化始终强调经济合作的重要性，致力于从文化和政治上解决经济合作难题。从这个意义上，我们可以说，中西经济哲学的侧重并不相同，分别为合作与分工。

"生出"力量来。"大德生大力""美德生美力"的说法，是德力关系的最好注脚。由德而力，如细水长流，时间长，力量小，显然不能满足法家的心愿。所以，法家希望通过"催生之术""积弱成强"，在特定时间、特定地点、为了特定目的，能够迅速地"生出"大力和强力来。

（二）术与"道"相连

《周易》讲"一阴一阳谓之道"，将"道"与时间联系在一起，有"与时偕行""君子时中"的思想。法家为了论证"术"的合理性，也求证于"道"，法家认为"术"正是"道"在时间上的开显，通过"术"可以利用最恰当的时机（代表时间性），使用最有效的方法（代表空间性），产生最大的力量，获得最大的功用，满足最大的欲望。从一定意义上讲，"术"就同哲学家李泽厚所言的"度"，都是恰到好处，都是最优选择。也与西方经济哲学"最大化即理性"的思想有相通的地方，"术"对应西方经济哲学就是"最大化原则"。作为法家思想之集大成者的韩非子，正是通过变易的历史观、时间观、空间观来讲"术"，从而凸显出"术"与现实世界的适应性、匹配性、优胜性。

（三）术与"一"相连

法家既借助《周易》之"道"来讲"术"，又通过道家之"道"来讲"术"。道家言道，有一个非常显著的特点，就是言"一"。老子讲"道生一，一生二，二生三，三生万物"，庄子讲"道通为一"。"一"在道家的思想中，既有时间性的意义，代表道的永恒性，能够一以贯之；又有空间性的意义，代表了道的初始性，它是力量的源头，由"一"发出来的力可以称之为"洪荒之力"，即为"一力"，即"力道"。因此，法家由言"用"进而言"力"，聚焦于"力"。再由求"力"开始求"力道"，"力道"的根本是整合之道，是统筹之道，是管理之道。最后把"力道"归结为"一力"之道。于是，法家要解决的学术难题或者现实问题，可以表述为：如何将"分散"整合为"一"？如何将"对立"

整合为“一”？如何将“多”整合为“一”？①

实际上，由《周易》而儒家，都把天下视为一个共同体，一个生命体，“乾道变化，各正性命”。对于共同体内部各个主体之间的“矛盾”“仇恨”，可以通过“和而不同”的方式来实现“仇必和而解”。所以，周易和儒家都主张因“和”而“一”。这样，儒家寻找“和一”之道。所以，儒家所言之“一”是“和一”，是“生态观”“中和观”“天下观”之“一”，是“仁者与万物同体”之“一”。

这样，我们可以看到，道家、儒家和法家都讲“一”，但是讲法各不相同。

道家讲“一”，是讲时空和空间统一的“混沌”“太初”，是由现在回到原初，是逆流而上的“回归之道”，是从地上回到“天上”，从“在世之道”回到“超越之道”。

儒家讲“一”，讲“在世之道”，讲远古和原初的社会理想，讲“三代之治”的历史经验，通过“仁”“诚”“义”“礼”的现实修养，可以实现生民的“气质变化”，由“气质之性”进到“天地之性”，从而“致中和”，在或近或远的某个时机，得以实现“天下和一”。所以，儒家的“一”是通过“和”来实现的，之所以能够“和”，就在于仁政、王道、民心。

法家讲“一”，取法于道家，以“道术”为体用，但是不走道家的“回归之道”，他反而选择走儒家的“在世之道”“整合之道”，他的特点就在于求“力道”，最后法家讲“力道”落实为道家的“归一之力”即“一力”。这样，“一”“统一”既是法家“力道”的出发点，也是“力道”的归属地。

概括而言，由求力而求一，道家、儒家、法家的特点泾渭分明：道家讲力讲一，为“洪荒之力”，为原初之力，可遇不可求；儒家讲力讲一，为“中和之力”，为“和一之力”，为美力德力，千载难逢；法家讲

① 简单而言，法家和儒家都致力于解决由分而合的社会难题。

力讲一，为“归一之力”，“整合之力”“玄摛之力”[①]，百年可成，十年可期。

由此可见，从道家到儒家到法家，越来越强调力量，越来越强调速度，越来越强调效率（即最大化、最优化）。从这个意义上讲，法家思想与西方哲学十分接近，是距离最近的两个思想体系。

（四）术为“直成”

术为“直成”[②]，“直成”有害，易成易败。

“曲成”与“直成”可辨，“曲成”为“阴阳而成”，“直成”为“自我而成”。周易讲“曲成天下而不遗”，儒家继承此说。“曲成”是指兼顾自我与他者的利益，取“阴阳之道”“中和之道”而成，有利而无害。但是，“术”为“直成”，“自成”有害，有“后遗症”，“杀敌一千，自损八百”，难以久长。

术为“直成”，表明了“术”实际上为工具理性、非为价值理性的特点。用现代经济学语言来表达，术为最短的距离、最高的效率、最优的对策等一系列最优化选择，可以说“术”为“极致”“最优”的代名词。这种极端、极致的思想，既不是周易也不是儒家意义上的中道观、中庸观，在周易和儒家看来这种“极致之道”恰恰是“物极必反”“无平不陂、无往不复”的“往复”。成也是术，败也是术。

所以，司马谈在《论六家要旨》中写道：“法家不别亲疏，不殊贵贱，一断于法，则亲亲尊尊之恩绝矣。可以行一时之计，而不可长用也，故曰‘严而少恩’。若尊主卑臣，明分职不得相逾越，虽百家弗能改也。”[③] 在这里，司马谈既肯定了法家思想特有的价值所在，也对法家思

① 西汉末期的思想家扬雄，拟《周易》而作《太玄》。他在《太玄》一书中提出了一个重要思想，就是“玄摛”，希望借助道家所言的玄，将已经分散和分裂出来的力量（即多）重新进行整合归一（即一），由一摄多、由一统多、由多而一即是玄摛。

② 在本书第十一章《技术变迁的文化政治经济学解释》当中，我们进一步讨论“曲成”与“直成”的关系，即“曲成之辩”，亦即“曲成之道”。“曲成之道”代表了中国文化的认识论思想。

③ 司马迁撰，裴骃集解，司马贞索引，张守节正义：《史记》，中华书局2014年版。

想及其政策取向的局限性进行了一针见血的评判，他明确的结论就是“可以行一时之计，而不可长用也。”

（五）术能增强国家竞争力

术能增强国家竞争力，满足多边竞争、开放经济的政治经济发展需要。法家视“术”为“一”“力”“直成”，合起来为“一力直成”，作为工具理性确实具有短期性、平整性、快速性的特点，合起来就是“短平快”的特点。但是，我们不能轻视和无视“术”的重要性，术在应对外部环境的变化上具有因对性、匹配性的独特优势，可以说这是法家思想的生命力和活力所在，所以司马谈也认为“虽百家弗能改也”。因此，在中国文化哲学发展史上，法家总是有其或隐或显的影响。在中国政治发展史上，法家总是或远或近地发挥着其他学派不可替代的社会作用。

三、法术之力

（一）唯道集虚，虚则得道得理

《韩非子·解老》篇中写道①：

> 凡德者，以无为集，以无欲成，以不思安，以不用固。为之欲之，则德无舍，德无舍则不全。用之思之则不固，不固则无功，无功则生於德。德则无德，不德则在有德。故曰：“上德不德，是以有德。”
>
> 道有积而德有功，德者道之功。功有实而实有光，仁者德之光。光有泽而泽有事，义者仁之事也。事有礼而礼有文，礼者义之文也。故曰：“失道而后失德，失德而后失仁，失仁而后失义。失义而后失礼。”
>
> 先物行先理动之谓前识。前识者，无缘而妄意度也。
>
> 故曰：“前识者道之华也，愚之首也。”

① 王先谦：《韩非子集解》，中华书局2003年版。

> 聪明睿智天也，动静思虑人也。人也者，乘於天明以视，寄於天聪以听，托於天智以思虑。

在上面的文字中，韩非子从虚和无的角度来理解老子思想，强调了“先物而动，先理而动”是“前识”，有“前识”则得不到关于事物的道和理。韩非子对虚和无的理解，与《管子》所言的“静因之道”、荀子所言的“虚壹而静”的思想一脉相承、相通相达。

现象学哲学家胡塞尔，存在论哲学家海德格尔，阐释学哲学家伽达默尔，作为一脉相承的三代师徒，都明确表达了对“前有、前见、前把握”的批判，实际上概括而言就是韩非子所言的“前识”，只有去除“前有、前见、前把握”才能“去蔽”“开显”“澄明”，才能得道、得理、得自由。

《韩非子·解老》篇中又写道[①]：

> 道者，万物之所然也，万理之所稽也。理者，成物之文也；道者，万物之所以成也。故曰：“道，理之者也。”物有理不可以相薄，物有理不可以相薄故理之为物之制。万物各异理，万物各异理而道尽稽万物之理，故不得不化；不得不化，故无常操；无常操，是以死生气禀焉，万智斟酌焉，万物废兴焉。天得之以高，地得之以藏，维斗得之以成其威，日月得之以恒其光，五常得之以常其位，列星得之以端其行，四时得之以御其变气，轩辕得之以擅四方，赤松得之与天地统，圣人得之以成文章。

在这里，韩非子阐述了道与理的关系：理对应的是每一物，为该物是其所是的根据，一物有一理；道对应的是万物，为万物是其所是的根据，万理归于一道。但是事物都是在变易当中，所以道也不是一成不变，道为变易之道，能够反映出万物的变易。这个变易的道，变易的理，何以可知？唯有虚无才能得道。所以，韩非子体现了与儒家不一样的思想。在韩非子看来，不是依靠儒家所言的“德仁义礼”就能够知“道”，唯

---

① 王先谦：《韩非子集解》，中华书局2003年版。

有高于“德仁义理”的虚无才能得道明理。

君王和圣人因为有虚无的精神，所以他们就能够从事物千变万化的变易之中得到道和理，君王将道和理制订成法，法则体现一、体现理、体现道。所以，韩非子强调要“以法为教，以吏为师。”明确反对以儒学为教，以儒者为师。

《韩非子·五蠹》篇中写道[①]：

> 儒以文乱法，侠以武犯禁，而人主兼礼之，此所以乱也。夫离法者罪，而诸先生以文学取；犯禁者诛，而群侠以私剑养。故法之所非，君之所取；吏之所诛，上之所养也。法趣上下四相反也，而无所定，虽有十黄帝不能治也。故行仁义者非所誉，誉之则害功；工文学者非所用，用之则乱法。
>
> 是以百人事智而一人用力，事智者众则法败，用力者寡则国贫，此世之所以乱也。故明主之国，无书简之文，以法为教；无先王之语，以吏为师；无私剑之捍，以斩首为勇。是境内之民，其言谈者必轨于法，动作者归之于功，为勇者尽之于军。是故无事则国富，有事则兵强，此之谓王资。既畜王资而承敌国之衅，超五帝、侔齐三王者，必此法也。

当然，后世学者对韩非子《五蠹》篇思想的批判非常严厉，直至今日批评之声仍然不绝如缕。《五蠹》篇标志着韩非子由法家思想走向极端思想，他不但否定儒家之文，也否定游侠之武，甚至推动和怂恿了秦始皇的“焚书坑儒”举动。值得指出的是，韩非子如此极端的思想，究竟从何而来？为何而起？实际上，他是为了法术之力，为了集权之力。

（二）法出于权，权出于道

在韩非子看来，法是从变易而来，变易由道和理而来。可见，韩非子是借用道家之“道”来论证法家之“法”的合理性。

从道家思想出发，直接讲述事、法、变易、道四者之间的关系，则

---

① 王先谦：《韩非子集解》，中华书局2003年版。

有《管子》一书，其中以《管子心术》篇最为有名。“实也、诚也、厚也、施也、度也、恕也，谓之心术。”管子所言的心术偏重认识论。

《管子·心术上》写道①：

心之在体，君之位也。九窍之有职，官之分也。心处其道，九窍循理。嗜欲充益，目不见色，耳不闻声。故曰：上离其道，下失其事。毋代马走，使尽其力，毋代鸟飞，使弊其羽翼。毋先物动，以观其则。动则失位，静乃自得。道不远而难极也。

管子以心喻君，以九窍喻百官。凸显“毋先物动，以观其则”的认识论原理，强调静观对于识“道”的重要性。

《管子·心术上》写道②：

人迫于恶，则失其所好，怵于好，则忘其所恶，非道也。故曰：不怵乎好，不迫乎恶，恶不失其理，欲不过其情，故曰君子恬愉无为，去智与故，言虚素也。其应非所设也，其动非所取也，此言因也，因也者，舍己而以物为法者也。感而后应，非所设也，缘理而动，非所取也。过在自用，罪在变化，自用则不虚，不虚则仵于物矣。变化则为生，为生则乱矣。故道贵因，因者，因其能者，言所用也。君子之处也若无知，言至虚也。其应物也若偶之，言时适也。若影之象形，响之应声也，故物至则应，过则舍矣，舍矣者，言复所于虚也。

在这段文字中，管子凸显人的性情和好恶对于“道”的伤害，强调“恶不失理，欲不过情”的“君子之行”。这样的“君子之行”才是“合道之举”。“君子合道”的哲学基础是君子能“因”，“因”是因顺事物，即“舍己而以物为法”。“舍己”即是无我、虚无、虚静之意。所以，管子从“因”出发，由“因”而“应”，“应”为“物至则应”之“应”“应”代表人对物“对应”和“反应”的自然而然。所以，管子这段文字表达的核心思想就是：以虚无和无我的态度来响应事物，即为

① 陈鼓应：《管子四篇诠释——稷下道家代表作解析》，商务印书馆2006年版。
② 陈鼓应：《管子四篇诠释——稷下道家代表作解析》，商务印书馆2006年版。

道家所言的“无我之知”。

如果我们简单地进行中西哲学比较，则“因”为事物的客观性，“应”为人的主动性。这样，管子的思想就是：人的主动性要因应事物的客观性。可以看出，管子的认识论思想与西方哲学相当接近。对应于西方传统哲学的认识论，则是“主观要符合客观”；对应于现象学的认识论，则是“去除主观性达到客观性”；对应于存在论的认识论，则是“即主观性即客观性”。

《管子·心术上》写道[①]：

> 天之道，虚其无形。虚则不屈，无形则无所位迕（即抵忤），无所位迕，故遍流万物而不变。德者道之舍，物得以生。生知得以职道之精。故德者得也，得也者，其谓所得以然也，以无为之谓道，舍之之谓德。
>
> 故道之与德无间，故言之者不别也。间之理者，谓其所以舍也。义者，谓各处其宜也。礼者，因人之情，缘义之理，而为之节文者也，故礼者谓有理也。理也者，明分以谕义之意也。故礼出乎义，义出乎理，理因乎宜者也。法者所以同出，不得不然者也。故杀僇禁诛以一之也。故事督乎法，法出乎权，权出乎道。

这段文字中所言的“权”即“权变”，意思就是《周易》所言的“变易”。它与“经”相对，“经”的意思为“常”，所以有“经常”“常道”之说，为《周易》所言的“不易”。可见，《管子》论事、法、权、道，与韩非子论物、变易、道（理）如出一辙。只不过《管子·心术》篇中的名言，“事督乎法，法出乎权，权出乎道”，简单明了。这样，我们理解以韩非子作为法家代表人物所言的“法”，它是由世界万物之权变之道、变易之道而来。当然，韩非子所言的权变之道、变易之道，与《周易》的道论相通相连。

---

① 陈鼓应：《管子四篇诠释——稷下道家代表作解析》，商务印书馆2006年版。

四、集权之力

《韩非子·扬权》篇中写道：

> 天有大命，人有大命。夫香美脆味，厚酒肥肉，甘口而疾形；曼理皓齿，说情而捐精。故去甚去泰，身乃无害。权不欲见，素无为也。事在四方，要在中央。圣人执要，四方来效。虚而待之，彼自以之。四海既藏，道阴见阳。左右既立，开门而当。勿变勿易，与二俱行。行之不已，是谓履理也。

《扬权》篇中的文字"事在四方，要在中央。圣人执要，四方来效"，代表韩非子对中央集权、君主集权政策的肯定和推崇，对后世的政策影响和制度影响非常重要。

这段文字很简短，显现的是政策要义，但是政策要义的背后蕴藏着非常丰富和深刻的哲学要义，基本上囊括了韩非子的主要哲学思想：一与力、君与民、中央和地方、道与理、虚与实等多种关系。

从政策要义来看，以韩非子为代表的法家，强调集权的重要性，即中央集权和君主集权，集权的意义在于强大力量。用现代话语来讲，儒家所言的广土众民之力是由德性生出来的中和之力，明君出仁政，仁政出一力，一力在民心，民心通君心，民众尊明君。法家所言的中央集权之力、君主集权之力，是由"道理术"锻造出来的统一之力。君主握道术，道术出集权，集权出一力，一力统民众，民众畏君主。

战国时期，法家和黄老道家强调中央集权的必要性和重要性，主要对治西周以来的封建制度。在法家和黄老道家看来，战国时代是一个悲惨的世界：周天子式微、诸侯争霸、天下四分五裂、战乱经久不息。统一是相对分裂而言，集权是相对分权而言。在战国时代强调大一统、中央集权的现实性意义，就在于增强国力，统一众国；超越性意义在于天下长治久安，统一而不分裂，安定而不战乱。

法家所言的统一之力，落实到治国理政、治国安邦的现实世界，主要包括三个方面的内容：一是统一军事权；二是统一行政权；三是统一财政权。统一军事权强调君主对军队的统一控制、指挥、调度，避免地方拥兵自重、各自为战的现象发生；统一行政权强调君主对地方官吏的直接任免权，避免条块分割、各自为政的局面发生；统一财政权强调财力不可分散，避免因为地方富裕而中央贫穷、此地富裕而彼地贫穷的财政失衡格局发生。

西汉初期实行“封建制”和“郡县制”相结合的“郡国制”，在“大一统”的中央集权体制下，再次出现“郡县”和“封国”结合的板块式、矩阵式政治格局，但是政治混乱相似于先秦时代。直到汉武帝时期，汉武帝接受董仲舒建议，“罢黜百家，表彰六经”，并且大力推行《春秋公羊传》的文化精神，以文化来塑造政治，并且通过察举制、举孝廉等多种制度，涌现出司马迁所赞美的“循吏”现象，社会治理焕然一新。然后，通过统一军事权、行政权、财政权，从政治经济方面真正回复到“大一统”的中央集权体制。

司马迁在《史记·循吏列传》中写道：“法令所以导民也，刑罚所以禁奸也。文武不备，良民惧然身修者，官未曾乱也。奉职循理，亦可以为治，何必威严哉？”司马迁所作《循吏列传》，后世因之，代有《循吏传》。从《汉书》《后汉书》直至《清史稿》，在正史中都有记载重农宣教、清正廉洁、为官一任、造福一方的州县级地方官的固定体例。

至此，“大一统”的政治理念再次镶嵌到“大一统”的文化理念当中，从西周文王开始的“以文化塑造政治”的做法，在时隔近 1000 年之后，再一次在西汉武帝时期重新得到贯彻。汉武帝的这一重要举措，在其后近 2000 年的时间里，始终为政治家们坚守不渝。

第三节 一则治安，异则乱危

一、《吕氏春秋》：一则治

（一）时代背景与时代精神

孟子之后，秦国在“战国七雄”的争霸战争中逐渐胜出，到秦皇嬴政时期，秦国一统天下的政治格局呼之即出。于是，秦国宰相吕不韦组织门客们集体编纂，于公元前239年写成了《吕氏春秋》，又名《吕览》。后世学者将该书与汉代的《淮南子》称为“杂家”的代表作。言其为杂家，表明没有独立和完整的理论基础和思想体系，杂取“百家学说”而成一家之言。但是《吕氏春秋》一书的历史意义和特殊价值在于将大一统、国家主义的思想纳入中国文化体系中，并且影响和助力秦始皇开创出中国大一统的政治格局，由秦始皇开创的大一统、中央集权的政治模式和政治理念影响至今。《吕氏春秋》一书的影响深远而重要。

《吕氏春秋》与汉代的《淮南子》作为杂家思想的代表，一个重要的学术品质就是超越门户之见，通达各家各派学说。我们之所以说“超越”和“通达”是杂家思想的共同特点，恰恰是因为他们没有自己坚实的理论基地。通俗地讲，他们是一支“学术游击队”，始终没有建立起自己独特的、根深蒂固的“学术大本营”，所以没有门户之见，不守一家学说。所以，在后来的“学术竞争”和“学术争锋”过程中，他们很快就销声匿迹了，而不像儒家和道家一样天长地久。但是，他们的政策取向和影响却没有消失，总是或隐或显地发挥作用。

《吕氏春秋》的“超越”和“通达”主要沿着两个方向来展开：一是体；二是用。就体而言，他们直接通达的是道家思想，不过他们最高可以通达《周易》的思想；就用而言，他们直接通达的是法家思想，同样他们最远可以通达儒家的思想。从文献和文本的主要内容来看，我们可以发现，《吕氏春秋》与道家和法家的思想最为契合，主要是道家之“体”与法家之“用”的“杂糅”和“杂取”。

从《吕氏春秋》对各家各派的评价来看，也确实反映了其“兼容并包”的思想特点，能够取精用宏，融汇百家，以道贯之。《吕氏春秋》写道：“老聃贵柔，孔子贵仁，墨翟贵廉，关尹贵清，子列子贵虚，陈骈贵齐，阳生贵己，孙膑贵势，王廖贵先，儿良贵后，此十人者，皆天下之豪士也。”（《不二》）。

同时，《吕氏春秋》作为反映秦国时代精神的代表作，一开始就赋予了“大一统”“定于一”的历史使命，也就“锚定”了该书的政策指向和学术旨趣。所以，《吕氏春秋》直接取道家之“体”与法家之“用”，进行综合和杂糅而成自己的体用观。这样，《吕氏春秋》的体用观最为简练，可以用“一则治”一词来概括。“一”为体，“治”为用。

老子讲“一生万物”，庄子讲“道通为一”，老庄道家言“一”的思想，被《吕氏春秋》所继承和发展。尤为重要的是，《吕氏春秋》从黄老道家那里借用“精一”“齐一”的思想，变为《吕氏春秋》的“体”。法家讲用，重在讲力，为“归一之力”“整合之力”“玄摘之力”，法家讲“用”的思想同样被《吕氏春秋》所继承和发展，成为《吕氏春秋》所言的“同”。

（二）一则治安，异则乱危

《吕氏春秋》在《审分览·不二》篇中写道：

> 有金鼓，所以一耳也；同法令，所以一心也；智者不得巧，愚者不得拙，所以一众也；勇者不得先，惧者不得后，所以一力也。故一则治，异则乱；一则安，异则危。夫能齐万不同，愚、智、工、拙，皆尽力竭能，如出乎一穴者，其唯圣人矣乎！无术之智，不教之能，而恃强速贯习，不足以成也。

这段文字中的“一”为统一；“齐”为齐一；“万”为万物，代表众多的不同事物；“速贯习”为迅速习惯于守法。这段文字的大意是：设置金鼓、统一法令、统一众说，都是为了统一力量。力量统一才有国家大治、国家安定，力量不统一就会国家动乱、国家危殆。只有回到“一”这个源头，才有万物齐一，竭尽全力。

这段文字中的“一则治，异则乱；一则安，异则危”，代表了《吕氏春秋》所言的“道”和“理”，也就是“体”。“一耳、一心、一众、一力”之说，由体而用。最后讲真正的“用”体现在“皆尽力竭能，如出乎一穴。”

这段文字中的“皆尽力竭能，如出乎一穴”，还可以做进一步的阐释。《吕氏春秋》用“尽力”和“竭能”来阐述“用”，并且“出乎一穴”，表明所言之“用”为“全用”，而全用是体，全体是用。所以，《吕氏春秋》言“体用”的思想并不简单，有自己的深意所在。

（三）王者执一，为万物正

《吕氏春秋》在《审分览·执一》篇中写道：

> 天地阴阳不革，而成万物不同。目不失其明，而见白黑之殊。耳不失其听，而闻清浊之声。王者执一，而为万物正。军必有将，所以一之也；国必有君，所以一之也；天下必有天子，所以一之也；天子必执一，所以抟之也。一则治，两则乱。今御骊马者，使四人人操一策，则不可以出於门闾者，不一也。

本来，儒家大讲君民（臣）上下的秩序之道，在合理的前提下主张维护君权，维护君权有利于共同体的和谐发展，因此坚守君臣上下之道，在于可以获得社会和谐发展的“功用”。但是，君民上下的秩序之道包括两个方面：一是下对上的尊重，民（臣）对君的尊重，即臣民维护君权；二是上对下的仁爱，即君主施行仁政，厚待臣民。儒家把君民、君臣关系视为一种阴阳共济的关系，并非对立对待的关系，因此，君民上下观与王道政治观一体两面。

很显然，儒家重视功用、秩序的思想被《吕氏春秋》吸收了。同时，也把儒家尊君的思想往前推进了一大步，强调“王者持一”“国必有君”的重要性，主张拥护“天子”“天下必有天子，所以一之也”，主张天子集权，这是从正面来讲天子集权的重要性。同时，《吕氏春秋》还从反面来讲天子失权的社会危害性，并且明确将天下之乱归因为“世无天子”“一则治，两者乱”。对此，《吕氏春秋》在《谨听》篇中还写道：“乱莫大于无天子”。

在《执一》篇中的这段文字，《吕氏春秋》讲述的道理是：有天子则有统一，有统一则有力量；如果做到天子集权，则力上加力，力大无比。力大无比则可以实现社会良治，消除战乱。所以，《吕氏春秋》强调天子、执一的重要性，核心在于发展力量，增强力量，持有与韩非子一样的“力学观”。

墨子主张“兼爱”“非攻”，反对战争。《吕氏春秋》对此进行批判，“夫攻伐之事，未有不攻无道而罚不义也。攻无道而伐不义，则福莫大焉，黔首利莫厚焉。禁之者，是息有道而伐有义也，是穷汤、武之事而遂桀、纣之过也。凡人之所以恶为无道不义者，为其罚也；所以蕲有道行有义者，为其赏也。今无道不义存，存者赏之也；而有道行义穷，穷者罚之也。赏不善而罚善，欲民之治也，不亦难乎？故乱天下害黔首者，若论为大。”（《振乱》）。可见，《吕氏春秋》认为正义的战争，即“攻无道而伐不义”的战争，不仅可以除暴安良，而且还可以得到人民的衷心拥护。

“攻无道而伐不义”为正义的战争，为“义战”；为发动正义的战争而所兴之兵，为“正义之师”，为“义兵”。因此，《吕氏春秋》主张兴“义兵”“义兵至，则邻国之民，归之若流水，诛国之民望之若父母，行地滋远，得民滋众，兵不接刃，而民服若化。”（《怀宠》）。《吕氏春秋》所言“兴义兵”“致统一”的言论，与孟子所言“行仁政”“广土众民”的思想确实相去甚远，但是在强调“大一统”“定于一”的天下观的方面倒是相映成趣。

史学家常言，汉承秦制，凸显秦汉制度建设上的一脉相承，凸显历史变迁的继承性。当然，秦汉迭代，也有历史变迁的差异性。就其差异性而言，前有吕不韦的《吕氏春秋》，后有贾谊的《治安策》和董仲舒的《春秋繁露》。

二、贾谊：《治安策》

西汉沿袭秦朝的郡县制，同时又分封诸侯王，区分为侯国和王国，形成郡国交错的局面。其中侯国只享有封地内的税收而无军事权和行政权，并且接受郡的管辖；王国则拥有独立的行政权和军事权，不受郡的节制，只受中央政府的管辖。相对于秦朝中央政府垂直管理的郡县制而言，汉朝的郡国制既有继承又有发展，体现了矩阵式管理的特点。

汉初郡国制度的建立，体现了郡县制和封国制、法家和儒家、力与德、情与法的适度结合，同时也体现了现实世界中制度变迁方向的丰富多样性。我们把周朝建立的封建制称之为中国历史上的第一次基础性制度变迁，把秦汉建立的郡县制、天下帝国称之为中国历史上的第二次基础性制度变迁[①]。虽然两次制度变迁时隔千年，但是西周的封建制对后世政治制度建设的影响，仍然十分深远。

秦朝在郡县制和封建制的选择上有过多次大辩论，汉朝选择郡国制既受到秦朝的直接影响，也受到周朝的间接影响，从制度变迁的现实性来看，历史发展具有连续性，汉承秦制。从制度变迁的超越性来看，汉异秦制，德力关系和德力结构再次平衡。但是，汉朝的郡国制仍然只是在特定时期、特定条件下的新平衡。这个新平衡体现此时此地的适宜性和暂时性，并非一成不变，并未止步于郡国制。

实际上，汉高祖刘邦建立的郡国制度，始终命途多舛。先是异姓诸侯王与汉朝中央对立，被一一清除，汉高祖刘邦晚年时曾经立下《白马之盟》："非刘氏而王者，天下共击之。"于是，继之而起全是刘姓诸侯王。接着刘姓诸侯王与汉朝中央出现对立对峙。汉景帝时期发生了著名的"七国之乱"。"七国之乱"持续时间不长，只有数月就被西汉中央政

① 关于基础性制度变迁的界定和解释，请参阅本书的第十二章《制度变迁的文化政治经济学阐释》。

府平息下去，对西汉政权的直接冲击并不大，不能与东晋时期发生的“八王之乱”相提并论，但是标志着郡县制下中央—地方关系成为社会治理的重大政治问题。直到汉武帝时期实行“推恩令”，诸侯王与汉朝中央的对立关系才得以消除。

利弊相生相杂，利弊同生同存。相比郡县制，郡国制既有优点也有缺点，并不完美。围绕郡国制，为了兴利除弊，西汉历史上诞生了三位重要的政治思想家，先是汉文帝时期贾谊撰写《治安策》，提出“众建诸侯少其力”的著名思想，接着是汉景帝时期晁错提出“削藩策”，最后是汉武帝时期主父偃提出“推恩策”。由于汉武帝坚定不移地推行郡县制，郡县制才真正地不可逆转地全面实施。

实际上，贾谊、晁错、主父偃三位政治思想家，都是在现实性上做文章，在对策论上下功夫，三人都主张“大一统”的中央集权，构成了政策思想上的一致性和延续性。同时，三人处于三个不同的社会发展时期，面对三位不同执政风格的君王，他们与君王的关系也各不相同，所以三个方案也体现了三种不同的风格：贾谊方案的特点可以概括为“仁”，晁错方案的特点可以概括为“勇”，主父偃方案的特点可以概括为“智”。

（一）贾谊之仁与《治安策》

贾谊以诗文闻名于西汉高后时期，文帝时期得到河南守吴公的举荐而一鸣惊人。史学家称贾谊有“王佐之才”，遗憾的是贾谊没有成为以公卿高位名世的政治家，但是他以伟大的政治思想家而名垂千古。

贾谊与董仲舒是西汉朝可以相提并论的政治思想家，不过两人在治学方面存在着明显的差异：贾谊的使命是为西汉建立新的政治哲学，致力于为西汉建立政治共同体；董仲舒的使命是为西汉建立文化哲学，为西汉建立文化共同体；贾谊是从现实性的问题和困难入手，走向超越性的政治理念，以此来引领和求解政治发展，这是一条“上行”的路线；董仲舒从构建超越性的文化哲学入手，走向对现实性的关怀和关照，以此来推动文化和政治发展，这是一条“下行”的路线。当然，就他们的最终政策取向而言，两人殊途同归，不谋而合，都走向礼法结合、儒法通融，共同推进西汉的大一统建设。

贾谊没有致力于建构文化哲学思想，他是在先秦诸子的文化哲学基础上，在汉初“道论”的主流学术氛围中，秉持开放、通达的自由精神，与时偕行地求解秦汉以来的社会现实问题。贾谊的政论文章主要有《过秦论》《治安策》《论积贮疏》等名篇，基本上代表了贾谊的政治思想。概括而言，贾谊的思想体系围绕历史和现实两个维度来展开。《过秦论》一文可以视为历史哲学的代表作，《治安策》和《论积贮疏》则是政治哲学的代表作。

西汉末期的学者刘向编辑了贾谊的作品，集名为《新书》①。从刘向编排《新书》的内容来看，《新书卷一》共有 10 篇，其中《过秦论》上、下 2 篇居该卷之首，紧接着就是《宗首》《数宁》《藩伤》《藩强》《大都》《等齐》《服饰》《益壤》8 篇。《新书卷二》中有《权重》《五美》《制不定》《审微》《阶级》5 篇。刘向编辑的《新书》之卷一和卷二，基本上概括了贾谊最为重要的两大政治思想：一是仁义安民；二是中央集权。

贾谊从现实性问题入手来构建政治哲学思想，他的研究方法别具一格，他选择具有基础性意义的重大现实问题，然后对此展开结构化的分析，在结构和关系中揭示出政道和治道的所在。扩展而言，贾谊的政治哲学有“四梁八柱”。所谓的“四梁”就是贾谊政治哲学的四个方面：君与民、上与下、内与外、本与末。这四个方面分别对应着：道与德、中央与郡国、汉朝与匈奴、农业与商业。虽然我们将贾谊的政治哲学思想体系区分为四个方面，实际上也可以归结为一个方面，就是道与德、君与民的关系，说到底就是民本思想。可以说，贾谊政治哲学思想的落脚点和关注点是仁民、亲民、爱民、便民、利民、安民。实际上，贾谊的政治哲学思想，可以上接《尚书》《论语》《孟子》《荀子》。但是，

---

① 贾谊：《新书校注》，中华书局 2000 年版。

贾谊的政治哲学思想，并不是简单地对孟子的王道仁政和民本政治思想进行引用和转述，所以不能简单地通过比较《新书》与《孟子》的相似性来作出判断，需要根据他的政治哲学、历史哲学、人生哲学思想进行整体把握[①]。《过秦论》体现了贾谊的历史哲学思想，《治安策》和《论积贮疏》体现了贾谊的政治哲学思想，《吊屈原赋》和《鹏鸟赋》体现了贾谊的人生哲学思想。在贾谊的历史哲学、政治哲学、人生哲学当中，“道论”思想一以贯之。

我们还要看到贾谊生活在西汉初期，当时西汉社会弥漫着强大的黄老道家思想，高祖、文帝、景帝、窦太后等政治领袖都是黄老道家思想的接受者。而且由淮南王刘安主持编撰的《淮南子》在汉武帝继位前后完成，其主导思想还是黄老道家。

同样，我们还要看到西汉初期重要政论家的学术和思想脉络。在贾谊之前，陆贾以“道原”作为理论基础，列为《新语》的开篇。在刘向编辑的《新书》当中，贾谊撰有“道德说”，并且提出“道为德体”“民为政本”的思想。在贾谊之后，董仲舒则以阴阳五行学说为理论基础来回答汉武帝的“元光三问”，并且撰写《春秋繁露》。所以，道论是西汉初期政治思想家共同的学术底色。

这样，我们可以看出，贾谊是在秦汉之际道论思想的影响下，借由荀子的思想来构建民本、德本的政治哲学。而且我们从贾谊构建政治哲学的方法来看，他不是从“先验”的原则出发，而是从具体的现实出发，从“形势”出发，并且通过“变异”“势异”的变易观来阐发自己的道论思想。所以，贾谊的“民本思想”“德本思想”，不是直接借用或者转述孟子的王道仁政思想和民本政治思想，也不以回归孟子作为学术目标。综合而言，我们认为贾谊的政治哲学思想受荀子思想的影响较大，

① 对《新书》和《孟子》两书的文本进行文字比较、核对，进行统计分析，得出两书的相似性，是近代以来的知识论方法，是统计学方法，实际上比较的是两书，但不是两人。所以，我们凸现的比较应该是两人的思想之比较，应该从两人思想的整体进行比较、辨析，应该从两人之“存在”进行立论。就此而言，可见知识论方法与存在论方法的差异。

关键之处在于贾谊是陆贾类型的现实主义的政治思想家，而不是董仲舒类型的超越主义的文化思想家。

实际上，我们的观点与徐复观的看法相一致。徐复观指出：“《新书》中引用了不少《孟子》《荀子》的语句，而在教化上重‘渐’重‘积’，在言礼时，把礼应用到经济生活方面，则受《荀子》的影响为更大。”“贾谊所突出的礼的思想，又是受荀子的礼的思想，而继续向前发展的。”“就西汉初期思想的大势说，荀子的影响，实在大于孟子。”①

实际上，20 世纪以来，学者们围绕着贾谊的思想一直争论不休，争论集中在三个方面：一是贾谊属于儒家、法家还是黄老道家？二是贾谊师孟还是师荀？三是汉初的思想界以荀学为主还是以孟学为主？

学者们之所以出现严重的学术分歧，是因为他们采取了学派之分的简单做法。他们首先将儒家、法家、黄老道家视为三个独立而不可通约的学术门派和理论体系②，然后再根据贾谊的作品和后世的论述来进行论证。虽然他们的考证功夫都非常到位，但是也有一个共同缺憾，即未能对孟荀之别进行深入区分。

虽然孟子和荀子同属儒家学派，但是两人的思想有着重大的差异。荀子的思想接近和通达变易学派，孟子的思想则接近和通达不易学派。

---

① 徐复观：《两汉思想史》第二卷，华东师范大学出版社 2001 年版。

② 这是近代中国学术思想史上的一个重要现象。之所以会出现这个文化现象，是因为近代以来的学者受到西学东渐的影响，已经接受了西方哲学特别是近代西方哲学的实体观。他们将儒家、道家、法家等不同的学术思想，视为一个个完全独立、不可通约的学术实体或思想实体，从而出现了法国哲学家列维纳斯所言的“他者的绝对性”，即不同学派之间具有不可通约性。进而通过凸显学派之间的差异性，来标识学者之间的差异性，即由学派的差异性而推断学者的差异性，于是学者之间、学派之间的可沟通性、可交流性、可通达性，被实体观、实体论掩盖和遮蔽了。围绕古人和古学，导致无休无止的争论和争辩。在很大程度上，这种争论和争辩最后沦为意气之争、门户之见，并无重要的学术价值和学术意义。不少学者的论辩，恰好是为庄子所言的“道术为天下裂”作注脚。

实际上，笔者致力于凸显《周易》开放、通达、自由的思想，致力于借鉴庄子“道通为一”的思想，致力于将唐朝孔颖达在《周易正义》中所言的“易之三名”思想进行挖掘和扩展，进而将《周易》《中庸》《庄子》《周易正义》的思想联系起来思考。于是，笔者以文化的自由论来激荡文化的实体论，以存在论来激荡文化论，以道论来激荡认识论。而且在本书和其他著作中，笔者始终强调《中庸》的“诚”和《周易》的“通”。诚通古今、诚通中西、诚通天地。一句话，诚通天下。

这样，按照“易之三名”、易之三分的标准，荀子、法家、黄老道家，看似三个不同学派，其实三者的思想可以通达为一，他们都属于变易学派。这样，我们认为贾谊的道论思想，与变易学派的理论更加吻合，与荀子的思想更加接近。

1. 历史观：仁义不施，攻守势异。《过秦论》在贾谊的《新书》之中居首，该文被认为是贾谊的代表作，也为贾谊赢得“西汉鸿文”的美誉。司马迁在《史记》中就选取该文的名言“仁义不施而攻守之势异也”，作为对秦政得失评价的盖棺论定之语。贾谊之语，为司马迁所推重和赞同，对中国文化哲学、历史哲学、政治哲学的影响无与伦比，它是三者的融通之作。仁义之重在《新书卷八道德说》一篇中得到充分论证，属于文化哲学和政治哲学的主题。攻守势异则与时间、时机相连，属于历史哲学的主题。可以看出，贾谊接受道论思想，属于变易学派，接近于隆礼重法、礼法并用的荀子。

贾谊的政治哲学思想，可以用天地、上下、本末、内外四组关系来揭示：一是道德说、礼法说，代表文化，可以用乾坤之道、天地之道来概括。道德说是贾谊政治哲学的理论基础，礼法说则是政治哲学的政策举措，对上下、本末、内外三组关系起统领作用。二是上下说，即中央与地方、君主与臣民，代表政治，可以用泰否之道来概括。三是本末说，即农本商末，代表经济，可以用损益之道来概括。四是内外说，代表夷夏、军事、外交。外是内的延伸，军事和外交可以理解为国内文化政治经济的延伸。贾谊的内外说，可以用涣节之道来概括。

2. 道德说：道为德体，民为政本。道德说是贾谊政治哲学的核心。《新书·卷八·道德说》提出了“德有六理”“德有六美”“人德如玉”之说，发展了“以道言德”的诠释方法，贾谊认为“道者德之本也”。扩展而言，贾谊的解说方式可以概括为：“道为德之体”“德为道之用”“道德为一”“六艺皆德”。也就是说，贾谊采取的言说方式是用超越性的道来论证现实性的德。《新书》写道，“德有六理，何谓六理？曰：道、德、性、神、明、命。此六者，德之理也。诸生者皆生于德之所生，而能象人德者，独玉也。”他又写道，“德有六美，何谓六美？有道，有仁，有义，有忠，有信，有密，此六者德之美也。道者德之本也，仁者德之出也，义者德之理也，忠者德之厚也，信者德之固也，密者德之高也。”在贾谊看来：道生德，德有六理、六美；德生阴阳天地人与万物，而且由德所生者都效法德之六理、六美。

由道德说，贾谊提出了“大政”和“修政”之说。实际上，贾谊的“大政”和“修政”之说，核心观点就是：“政以民为本”“民者万世之本”“君者，群也”。贾谊的思想与《尚书》《论语》《孟子》《荀子》等书的观点一脉相承。同时，在贾谊的思想体系中，由道德说而有民本说，再次将民人置于文化、政治、经济三者生态圈的圆心位置。

《新书卷九大政上》写道：

闻之于政也，民无不为本也。国以为本，君以为本，吏以为本。故国以民为安危，君以民为威侮，吏以民为贵贱，此之谓民无不为本也。闻之于政也，民无不为命也。国以为命，君以为命，吏以为命。故国以民为存亡，君以民为盲明，吏以民为贤不肖，此之谓民无不为命也。闻之于政也，民无不为功也。故国以为功，君以为功，吏以为功。国以民为兴坏，君以民为强弱，吏以民为能不能，此之谓民无不为功也。闻之于政也，民无不为力也，故国以为力，君以为力，吏以为力。故夫战之胜也，民欲胜也；攻之得也，民欲得也；守之存也，民欲存也。故率民而守，而民不欲存，则莫能以存矣。故率民而攻，民不欲得，则莫能以得矣。故率民而战，民不欲胜，则莫能以胜矣。故其民之为其上也，接敌而喜，进而不能止，敌人必骇，战由此胜也。夫民之于其上也，接而惧，必走去，战由此败也。故夫菑与福也，非粹在天也，必在士民也。呜呼，戒之戒之！夫士民之志，不可不要也。呜呼，戒之戒之！

《新书卷九大政下》写道：

王者有易政而无易国，有易吏而无易民。故因是国也而为安，因是民也而为治。故汤以桀之乱氓为治，武王以纣之北卒为强。故

> 民之治乱在于吏，国之安危在于政，故是以明君之于政也慎之，于吏也选之，然后国兴也。故君能为善，则吏必能为善矣；吏能为善，则民必能为善矣。故民之不善也，失之者吏也；故民之善者，吏之功也。故吏之不善也，失之者君也；故吏之善者，君之功也。是故君明而吏贤，吏贤而民治矣。故苟上好之，其下必化之，此道之谓也。

贾谊在《新书卷九大政下》中还写道："君者，群也，无人谁据？无据必蹶，政谓此国素亡也。"这也是贾谊政治哲学的经典之语，他将高高在上的君主寓入芸芸众生的大众之中，强调得民聚民而能群，民举民拥而有君，而且辩证地讲到了君民关系：失民则无君，失君而民弱。

贾谊通过《道德说》建立了政治哲学理论，然后将其运用到具体的政治领域，于是有了"政以民为本"的"大政"思想，接着贾谊从历史变迁和历史哲学角度来阐述道德、政道、民本的思想，这就是"修政语"。

《新书卷九修政语上》写道：

> 故黄帝职道义，经天地，纪人伦，序万物，以信与仁为天下先。然后济东海，入江内，取绿图，西济积石，涉流沙，登于昆仑。于是，还归中国，以平天下。天下太平，唯躬道而已。

如果按照现代学术思想来编辑贾谊的政论文集，则《新书》当中的卷八和卷九的位置应该提前，因为这是贾谊政治哲学思想的总论，或者说是其政策思想的理论基础、哲学基础，为其思想之本体。相对而言，其他章节属于分论，为其思想之功用。由于贾谊的分论过于精彩，被后世学者认为是贾谊思想的代表。

下面，我们就贾谊思想的分论进行阐释。

3. 上与下：礼法并用，割地定制。《治安策》是贾谊向汉文帝的政策建言，是为了西汉王朝的安定和治平。从《治安策》的内容来看，治安的基础在于安民，安民之后才有安国，民安才有国安。因此，《治安策》是贾谊"道德说""大政""修政"思想的政策化。

《治安策》背后的政治哲学思想，可以概括为三个方面的关系：上与下、内与外、礼与法。上与下主要指向西汉中央和郡国地方的关系，内与外主要指向西汉与匈奴关系，上下与内外这两组关系的圆满处理，都需要平衡礼法关系。在贾谊看来，国之治安需要礼法并用来实现上下关系与内外关系的和谐。

针对中央与郡国的上下关系，贾谊不是从先秦诸子的人性论入手，而是通过把握天下政治的“形势”，对中央和郡国的力量强弱进行结构分析和实证分析。贾谊得出的结论是：“疏者必危，亲者必乱”“大抵强者先反”。面对汉初以来异姓诸侯王已叛的历史和同姓诸侯王必叛的危险，贾谊提出了两个对治举措：一是定礼制；二是定地制。定礼制就是强调严格区分尊卑等级，确立君臣礼节，维护天子权威。定地制即是割地定制，对此贾谊提出了著名的“众建诸侯而少其力”的对治方略：在原有诸侯王的封地上通过分封更多的诸侯，进而分散和削弱他们的力量。这样，诸侯王的封地经过一代一代的分割，愈分愈少，直到“地尽而止”。这样，诸侯王的力量只会愈来愈弱，再无与君主争雄的力量。

贾谊“割地定制”的思想虽然缘起于西汉郡国并置的社会现实，但是他提出的对策建议并不是针对西汉的权宜之计，而是天下治理的长久之道。西汉之后，西晋爆发过“八王之乱”，唐朝后期出现过“藩镇割据”，明朝出现过“靖难之役”，清朝出现过“削三藩”，这些事件表明分封制与大一统的对立是一个内生性难题，解决这个政治难题需要有大智慧。

孙广振、张宇燕将“众建诸侯少其力”的治安方略称之为“贾谊定理”，从现代经济学角度来论证贾谊定理对于处理中央—地方关系、限制利益集团野蛮发展的重要性和科学性，突出贾谊定理对于国家长治久安的高瞻远瞩①。确实，即使在现代国家治理框架下，不管是集权制还是

① 孙广振、张宇燕：“利益集团与‘贾谊定理’”，《经济研究》1997年第6期。

联邦制，都需要科学合理地划分地方行政区划，确保地方力量的相对均衡。

贾谊在《治安策》中写道[①]：

窃迹前事，大抵强者先反，淮阴王楚最强，则最先反；韩信倚胡，则又反；贯高因赵资，则又反；陈豨兵精，则又反；彭越用梁，则又反；黥布用淮南，则又反；卢绾最弱，最后反。长沙乃在二万五千户耳，功少而最完，势疏而最忠，非独性异人也，亦形势然也。

曩令樊、郦、绛、灌据数十城而王，今虽以残亡可也；令信、越之伦列为彻侯而居，虽至今存可也。然则天下之大计可知已。欲诸王之皆忠附，则莫若令如长沙王，欲臣子之勿菹醢，则莫若令如樊、郦等；欲天下之治安，莫若众建诸侯而少其力。力少则易使以义，国小则亡邪心。令海内之势如身之使臂，臂之使指，莫不制从。诸侯之君不敢有异心，辐凑并进，而归命天子，虽在细民，且知其安，故天下咸知陛下之明。

割地定制，令齐、赵、楚各为若干国，使悼惠王、幽王、元王之子孙，毕以次各受祖之分地，地尽而止，及燕、梁他国皆然。其分地众而子孙少者，建以为国，空而置之，须其子孙生者，举使君之，诸侯之地其削颇入汉者，为徙其侯国及封其子孙也。所以数偿之，一寸之地，一人之众，天子亡所利焉，诚以定治而已。故天下咸知陛下之廉。

地制一定，宗室子孙莫虑不王，下无倍畔之心，上无诛伐之志，故天下咸知陛下之仁。法立而不犯，令行而不逆，贯高、利几之谋不生，柴奇、开章之计不萌，细民乡善，大臣致顺，故天下咸知陛下之义。

卧赤子天下之上而安，植遗腹，朝委裘，而天下不乱，当时大治，后世诵圣，一动而五业附，陛下谁惮而久不为此？

---

① 阙勋吾、许凌云、张孝美、曹日升等译注，陈蒲清校订，《言文对照古文观止》，岳麓书社1988年第3版。

从上面的引文来看，贾谊《治安策》的高明在于准确地把握了政治结构和政治力量，并且透过政治而洞察人心。不过，贾谊真正高明的地方不在他的理性，而在他的德性，在于他的立足之地，他站立的基石是“道为德体、民为政本”。

针对汉朝与匈奴的内外关系，贾谊秉持夷夏之辨的传统，不能容忍“以夷变夏”“以夷凌夏”的局面出现。针对汉匈和亲、匈奴犯境的现实状况，贾谊主张“以战促和”的主动性、针对性，同时强调“战德”的重要性、实用性。《新书·匈奴》写道，“臣闻强国战智，王者战义，帝者战德。故汤祝网而汉阴降，舜舞于羽而南蛮服。今汉帝中国也，宜以厚德怀服四夷，举明义博示远方，则舟车之所至，人力之所及，莫不为畜，又孰敢然不承帝意?”贾谊不仅重视道，而且重视术，强调道术并用并行的思想。对此，贾谊提出“三表”“五饵”之术。“三表”是指爱、好、信，《新书匈奴》篇写道，“爱人之状，好人之技，人道也；信为大操，帝义也。爱好有实，已诺可期，十死一生，彼必将至。此谓三表。”“五饵”是指对其目、口、耳、腹、心之诱惑，对应之物分别是美服、美味、美音、厚赏、厚待。当然，后来汉武帝征伐匈奴，更多地采取智战、力战的策略，与贾谊的想法相去甚远①。

贾谊对治上下问题和内外问题，强调礼法并用、道术并行。礼法并用是贾谊构建秩序、复归和谐、平衡关系的主要手段和主要方法，而且贾谊还把礼法并用的思想扩展到货币政策、农业政策等宏观经济管理方面。

在货币政策上，贾谊建议禁止私人铸钱，应由中央统一铸钱，即不

---

① “初唐四杰”之一的王勃在《滕王阁序》中写道：“屈贾谊于长沙，非无圣主；窜梁弘于海曲，岂乏明时。”贾谊为汉文帝时期的思想家、政论家，文中“圣主”即为汉文帝。在中国历史上，汉文帝以文治而著名。后来，贾谊有机会与汉文帝在宣室再次交流，仍然不能得到重用。唐朝诗人李商隐在《贾生》一诗中写道：“宣室求贤访逐臣，贾生才调更无伦。可怜夜半虚前席，不问苍生问鬼神。”非常有意思的是，贾谊本来为汉文帝作《治安策》，除了对付匈奴、发展农业等少数建议为汉文帝所采用，绝大部分建言都被搁置。但是，到了汉武帝时期，除了对付匈奴的建议不能满足汉武帝的心意，贾谊的其他政策基本上为汉武帝照单全收。

能让铜流布于民间，也不许老百姓私自采炼铜矿，文帝未能采纳执行，结果导致币制混乱。班固在《汉书·食货志》中写道，“上不听。是时，吴以诸侯即山铸钱，富埒天子，后卒叛逆。邓通，大夫也，以铸钱，财过王者。故吴、邓钱布天下。”[①] 到汉武帝时，全面禁止私人铸钱，实行统一的五铢钱制度，延续了贾谊的货币政策思想。从现代经济学来看，贾谊关于货币发行和货币管理的经济思想仍然很有价值。当然，贾谊论证中央统一铸钱的必要性，是从治安之策、礼法之制来展开的，私人特别是诸侯王自行铸币，将破坏三大秩序：一是郡县不一，交易困难，破坏市场秩序；二是缺斤少两，小大异用，破坏经济秩序；三是诸侯王致富，百姓和西汉王朝不富，导致政治力量失衡，破坏政治秩序，将有诸侯王叛乱的可能。

班固在《汉书·食货志》中写道[②]

贾谊谏曰：

法使天下公得顾租铸痛锡为钱，敢杂以铅铁为它巧者，其罪黥。然铸钱之情，非殽杂为巧，则不可得赢；而殽之甚微，为利甚厚。夫事有召祸而法有起奸，今令细民人操造币之势，各隐屏而铸作，因欲禁其厚利微奸，虽黥罪日报，其势不止。乃者，民人抵罪，多者一县百数，及吏之所疑，榜笞奔走者甚众。夫县法以誘民，使入陷阱，孰积於此！曩禁铸钱，死罪积下；今公铸钱，黥罪积下。为法若此，上何赖焉？

又民用钱，郡县不同：或用轻钱，百加若干；或用重钱，平称不受。法钱不立，吏急而一之乎，则大为烦苛，而力不能胜；纵而弗苛乎，则市肆异用，钱文大乱。苟非其术，何向而可哉！

夫农事弃捐而采铜日蕃，释其耒耨，冶镕炉炭，奸钱日多，正钱日亡，善人怵而为奸邪，愿民陷而之刑僇，刑戮將甚不詳，奈何而忽！国知患此，吏议必曰禁之。禁之不得其術，其伤必大。令禁

① 班固撰、颜师古注：《汉书》，中华书局1962年版。
② 班固撰、颜师古注：《汉书》，中华书局1962年版。

铸钱，则钱必重；重则其利深，盗铸如云而起，弃市之罪又不足以禁矣。奸数不胜而法禁数溃，铜使之然也。故铜布於天下，其为祸博矣。

4. 本与末：重农抑商、以农为本。针对当时“背本趋末”“淫侈之风，日日以长”的社会现象，贾谊上《论积贮疏》，提出重农抑商的经济政策，主张发展农业生产，加强粮食贮备，预防饥荒。贾谊的建言为汉文帝所采纳，于是文帝下令鼓励农业生产。

班固在《汉书·食货志》中记载了贾谊的《论积贮疏》①：

管子曰：“仓廪实而知礼节。”民不足而可治者，自古及今，未之尝闻。

古之人曰：“一夫不耕，或受之饥；一女不织，或受之寒。”生之有时，而用之亡度，则物力必屈。古之治天下，至孅至悉也，故其畜积足恃。今背本而趋末，食者甚众，是天下之大残也；淫侈之俗，日日以长，是天下之大贼也。残贼公行，莫之或止；大命将泛，莫之振救。生之者甚少而靡之者甚多，天下财产何得不蹶！汉之为汉几四十年矣，公私之积犹可哀痛。失时不雨，民且狼顾；岁恶不入，请卖爵、子，既闻耳矣。安有为天下阽危者若是而上不惊者！

世之有饥穰，天之行也，禹、汤被之矣。即不幸有方二三千里之旱，国胡以相恤？卒然边境有急，数千百万之众，国胡以馈之？兵旱相乘，天下大屈，有勇力者聚徒而衡击，罢夫羸老易子而咬其骨。政治未毕通也，远方之能疑者并举而争起矣，乃骇而图之，岂将有及乎？

夫积贮者，天下之大命也。苟粟多而财有余，何为而不成？以攻则取，以守则固，以战则胜。怀敌附远，何招而不至？今驱民而归之农，皆著于本，使天下各食其力，末技游食之民转而缘南亩，则畜积足而人乐其所矣。可以为富安天下，而直为此廪廪也，窃为

---

① 班固撰、颜师古注：《汉书》，中华书局1962年版。

陛下惜之！

（二）晁错之勇与《削藩策》

晁错的政治思想主要体现为《削藩策》和《论贵粟疏》两篇名文。汉景帝为太子的时候，晁错就担任太子家令。这种特殊的经历，使得晁错成为景帝身边的近臣，他有一种急景帝之所急、想景帝之所想的急切心态，很可能产生出一种酬报知遇、无所畏惧的勇武心理。在对待诸侯国的问题上，晁错明显表示出勇往直前、不削藩不罢休的强硬态度。从晁错与其父亲的对话来看，甚至可以看出晁错忠君重于孝亲。

对此，班固在《汉书·爰盎晁错传》中写道①：

错父闻之，从颍川来，谓错曰："上初即位，公为政用事，侵削诸侯，疏人骨肉，口让多怨，公何为也？"错曰："固也。不如此，天子不尊，宗庙不安。"父曰："刘氏安矣，而晁氏危，吾去公归矣！"遂饮药死，曰"吾不忍见祸逮身。"

汉景帝即位后，晁错立即上疏《削藩策》。对此，班固在《汉书·荆燕吴传》中写道：

朝（晁）错为太子家令，得幸皇太子，数从容言吴过可削。数上书说之，文帝宽，不忍罚，以此吴王日益横。及景帝即位，错为御史大夫，说上曰：

"昔高帝初定天下，昆弟少，诸子弱，大封同姓，故孽子悼惠王王齐七十二城，庶弟元王王楚四十城，兄子王吴五十余城。封三庶孽，分天下半。今吴王前有太子之隙，诈称病不朝，于古法当诛。文帝不忍，因赐几杖，德至厚也。不改過自新，乃益骄恣，公即山铸钱，煮海为盐，诱天下亡人谋作乱。今削之亦反，不削亦反。削之，其反亟，祸小；不削之，其反迟，祸大。"

贾谊认为，中央与郡国的矛盾，可以用礼法来节制和调整，将中央—侯国的利益冲突限制在共同体内部和平地解决，主张采取渐进方式、

① 班固撰、颜师古注：《汉书》，中华书局1962年版。

仁义方式来逐渐地化解。所以，贾谊的对治策略是“以时间换空间”，通过割地定制的温和做法，随着时间的推移，使得诸侯王“地尽而止”，再无反叛的力量。

在晁错看来，中央与侯国之间的矛盾，不用削藩之刀，不费洪荒之力，两者之间的利益冲突就不可能解决。因此，主张采取硬碰硬、力对力的方式来一次性解决，立竿见影地解决。相对于贾谊提出的“渐进改革”方式，晁错的建议实际上是一种“休克疗法”方式。

在贾谊看来，诸侯王反叛西汉中央，前面已经发生过，后面还将发生，关键是需要成功避免诸侯王反叛的事件再次发生。虽然郡国并置是导致诸侯王反叛的重要原因，但是只要措施得当仍然可以获得诸侯王不反叛的可能性。所以，《治安策》希望同时达到两个政策目标：一是短期来看，诸侯王“无意”反叛；二是长期来看，诸侯王“无力”反叛。也就是说，存在反叛与不反叛两种可能性，最重要的是创造出一种机制，让诸侯王不愿反、不能反的可能性得到实现。

在晁错看来，诸侯王反叛是唯一的可能性，是不可改变的确定性。为此，他作出的第一次判断是：“今削之亦反，不削亦反。”这样，在他已经作出诸侯王必反的确定性判断之后，他需要进一步做的工作，就是权衡诸侯王当前反叛与未来反叛两种祸害的“大小”，在他看来，削藩祸小、不削祸大。为此，他作出的第二次判断是：“削之，其反亟，祸小；不削，反迟，祸大。”

汉景帝接受了晁错提出的《削藩策》，但是《削藩策》一出，立即引发“七国之乱”。“后十余日，吴、楚七国俱反，以诛错为名。”矛头直接指向晁错，“诛晁错，清君侧”，为此，晁错首先被处死。经过战国和秦末的战乱，此时人心思定，而且西汉开国以来的修养生息政策深得民心，“七国之乱”只持续数月就被平定下来。但是，因为“七国之乱”，《削藩策》也没有得到贯彻实施。

（三）主父偃之智与《推恩令》

对于主父偃，司马迁在《史记·平津侯主父列传》中写道，“学长短纵横之术，晚乃学《易》《春秋》、百家言。”“朝奏，暮召入见。所言九事，其八事为律令，一事谏伐匈奴。”“主父偃当路，诸公皆誉之，及名败身诛，士争言其恶。悲夫！”可见，主父偃之智，源自他早年学习长短纵横之术，后来学习《易》《春秋》、百家言。主父偃之之智，能够契合汉武帝的心意，他的议奏朝呈暮召，进而成为汉武帝的重要谋士。主父偃之智，也成就了他议奏《推恩令》、豪杰乱民徙茂陵、设立朔方郡等重要事功，但是，“成也萧何，败也萧何”，最后主父偃名败身诛。

关于《推恩令》，司马迁在《史记·平律侯主父列传》中写道[①]：

> 偃说上曰：“古者诸侯不过百里，强弱之形易制。今诸侯或连城数十，地方千里，缓则骄奢易为淫乱，急则阻其强而合从以逆京师。今以法割削之，则逆节萌起，前日晁错是也。今诸侯子弟或十数，而适嗣代立，余虽骨肉，无尺寸地封，则仁孝之道不宣。愿陛下令诸侯得推恩分子弟，以地侯之。彼人人喜得所愿，上以德施，实分其国，不削而稍弱矣。”于是上从其计。

主父偃在奏议中首先指出诸侯王尾大不掉问题的严重性，然后分析晁错所言《削藩策》导致诸侯王反叛的不足之处，最后提出推恩令的可行性和合理性。《推恩令》的智慧在于“上以德施，实分其国，不削而稍弱”。可见，主父偃之智在于不取削藩之急，而取弱藩之缓，高明之处就在于这是釜底抽薪的办法，而且“彼人人喜得所愿”，既没有社会阻力，还能收获“实分其国”的政策效果。

关于《推恩令》的实施和成效，班固在《汉书·武帝纪》中写道[②]：

> 春正月，诏曰：“梁王、城阳王亲慈同生，愿以邑分弟，其许之。诸侯王请与子弟邑者，朕将亲览，使有列位焉。”于是藩国始分，而子弟毕侯矣。

---

① 司马迁撰，裴骃集解，司马贞索引，张守节正义：《史记》，中华书局2014年版。

② 班固撰，颜师古注：《汉书》，中华书局1962年版。

通过上面的分析，我们可以看到，郡国制作为一种过渡性的、发展性的制度变迁，最大的贡献在于让郡县制的这颗种子生根发芽，最后长成了参天大树，避免了郡县制在秦朝之后、汉朝之初被直接颠覆的命运，避免了封建制的卷土重来。所以讲，汉初建立的郡国制，希望达到德力的关系新平衡，不是理论性的，而是实践性的；不是逻辑思维，而是利益思维。这套做法的实质是以德保力，以德救力，是希望以德性来保护理性，为理性的郡县制发展保驾护航，虽然是权宜之计，而且为保护郡县制付出了巨大的代价，但是新平衡促进了新发展。通过郡国制，反而把郡县制这条来之不易的发展之路走通了，走顺了。

从秦朝的郡县制，到汉初的郡国制，到汉武帝时期的郡县制，从政治实践上讲这是郡县制发展史上的重要“三步”，但是从政治理论上讲它们只能算是“一步”。如果我们纯粹地从理念和概念上来理解这段历史，我们往往会认为这是历史走过的一段弯路，一段崎岖小路，甚至会说中间这段路是“白走的”“瞎走的”。这种观点正是“理念论”思维，是将理论和现实对立起来的认识。理论推演可以“一步到位”，也可以“分步到位”，但是实践发展和现实发展必须“步步到位”“一步不落”①。

可以说，汉武帝对中国历史上的封建制度和封建割据问题，进行了有效、彻底的解决。但是，到了唐朝中后期，与“封建割据”具有相似性的政治问题再次出现在中国历史上，它就是唐朝的“藩镇割据”问题。

从缘起上看，“藩镇割据”不同于“封建割据”。汉朝的封建割据是因为封建制度、封国制度而产生政治动乱，唐朝的藩镇割据是因为边疆

① 从《周易》来看，历史发展和历史变迁有“道”，道为路，道路是世人在现实世界中一步一个坎、一步一个脚印地走出来的、走过来的，不是理论和逻辑上的一步到位。“道”不在历史变迁之外，不在历史变迁之上，就在历史变迁之中。不仅历史发展和历史变迁如此，人生发展和人生变迁亦如此，并非有一个“我”在我之外，在我之上，“我”就在我之一步一步地行走当中，就在我之一日一月地生活当中，走过日月，走过岁月，方为人生，方有人生。历史和人生，都是一步一步、一日一日地走过和路过。

制度、羁縻制度而导致的政治动乱。虽然两者的缘起不一样，但是两者的政治影响却一样，都对中央集权形成威胁，都对“大一统”形成破坏。就“割据”现象之所以能够发生而言，不外乎汉朝的封国和唐朝的藩镇都掌握了能够与中央政权分庭抗礼、独立自主的军事权、行政权、财权权。所以说，“割据”就是一种“解构”行为，“集权”和“统一”是一种“建构”行为。因此，不管是封建割据，还是藩镇割据，就其根本而言，都是中央与地方、整体和部分、建构和解构的关系问题。

面对唐朝的藩镇割据现象，唐朝文学家、思想家柳宗元撰写了著名的《封建论》。《封建论》与《治安策》可以相提并论，都是中国政治哲学的经典之作。

三、柳宗元：《封建论》

“安史之乱”过后，唐朝发展由盛转衰，由盛唐时期转入中唐时期，进而“藩镇格局”[①] 转入“藩镇割据”时代。中央政府的实力明显衰减，地方藩镇的实力显著提升。对此，唐朝中央政府首先是不遗余力地实施削藩和平藩的政策，但是没有取得决定性胜利；然后是千方百计地实施抑制和限制的举措，同时又不得不与地方藩镇合作，共同对付强大的外敌。这样，出现了中央政府与地方藩镇“共治天下”的混乱局面。

在藩镇格局、藩镇割据的时代背景之下，中唐时期文学家、思想家柳宗元撰写了针砭时弊的《封建论》。在这篇著名的政论文章中，柳宗元提出“封建非圣人意也，势也。”他秉持变易的历史观、发展的历史观。在他看来，从西周的分封制到秦朝的郡县制是历史发展的进步，汉唐时代还保留和实行分封制是历史发展的倒退。柳宗元的政治思想不同于汉代以来的经学家，他不言天命、道统、圣贤。

《封建论》作为政论文章，言简意赅。柳宗元提纲挈领，首先区分

① 张国刚：《唐代藩镇研究》，湖南教育出版社 1987 年版。

“制”与“政”。“制”为制度纲常，具有相对的超越性和稳定性。“政”为政治举措，具有较强的现实性和针对性。“失之于制，不在于政，周事然也”“失之于政，不在于制，秦事然也。”在柳宗元看来，西周之失在“制”，秦朝之失在“政”。

柳宗元的观点是反对封建制，他需要比较封建制和郡县制的优劣，为此他从历史分析入手。他得到结论是：秦朝“有叛人而无叛吏”，汉朝“有叛国而无叛郡”，唐朝“有叛将而无叛州”。这样，从秦朝到汉朝再到唐朝，吏、郡、州作为郡县制的代表均无反叛。

柳宗元是从现实出发，从现象入手，通过比较历史制度得出反对封建的结论，并不是从政治哲学和历史哲学的抽象理论出发，来论证郡县制的优越性。但是，柳宗元抓住了封建制和郡县制的根本，在于中央和地方的关系。从历史观来看，他与两汉的经学家不同，经学家秉持儒家的简易观，柳宗元持有变易观，与韩非子和贾谊的观点相对接近。

从方法论而言，柳宗元采取比较分析法、结构分析法，既有周、秦、汉、唐的政治制度史分析，又有叛国与叛郡、叛将与叛州的结构分析法。孙武子、荀子、韩非子、贾谊、司马迁、陆贽、柳宗元，他们面对现实政治问题，都能使用数据分析、数量分析、结构分析、比较分析来剖析问题，提出治理建议，他们的共同特点在于持有变易学派的思想，善于通过经济结构、政治结构、文化结构来分析问题，并且深入分析社会现象的空间变迁。持有变易学派的思想家，大多以智德而名垂青史。

四、山川形便与犬牙交错

浏览中国地图，可以发现我国现行的省（市级）级行政区划的界线，弯弯曲曲，犬牙交错。对此，我们很容易看出，这种行政区划的界定显然不符合地理区划的经济性原则，往往是将一座山、一条河、一个湖，交由不同的省市来共同管辖，从而人为地制造了地方政府之间的利益冲突，也增加了合作管理的难度。其实，我国现行的行政区划由历史沿革而来，由政治逻辑和经济逻辑的合力塑造而成，本身就不是纯粹经济逻辑的单一体现。

我国在春秋战国时代实施郡县制之初，就已经开始考虑行政区划设置的基本原则。确定县级行政区划的边界，基本上以两个因素为主：一是土地面积的大小，体现"分土而治"的思想；二是人口规模的大小，体现"分民而治"的思想。实际上主要考虑的因素可以概括为丁和财。在这两个因素中，区划面积大小的重要性更加突出，由于受制于交通条件和交通工具，行政管理的有效半径主要取决于区划面积大小，土地面积大小成为决定性因素；人口规模大小代表社会管理的难度和复杂性，可以作为参考性因素来动态调整区划面积。

文化地理学家周振鹤认为，我国在秦汉时就定下了一个基本原则："县大率方百里，其民稠则减，稀则旷。"以百里见方的面积作为县的幅员的基数，再以居民的数量作为调节因子，在人口稠密的地方，县的面积划得小些，人口稀少的地方，县的面积划得大些。县以上政区的幅员则没有面积大小的明确规定，大致是以所辖县的数量作为大小的衡量标准。汉代的人俗称郡为"千里之郡"，指的是一个郡大约领有十县之地。三国时代的人称州为"万里之州"，也是表示一个州大概包含百县之地的意思①。总体来看，百里之县，千里之郡，万里之州，都是间接以地域面积和人口数量两项指标来确定幅员大小。

根据周振鹤的研究，从我国行政区划变动的历史发展来看，2000多年来，县级政区的幅员相对比较稳定，县以上各级政区的幅员都是变动不定的，存在着区划面积越来小的趋势。其中有出于政治目的和行政管理的需要，也有为了适应自然区域和经济开发状况等原因。

关于行政区划的边界划分，本来是山川形便和犬牙交错两条原则同时并用。山川形便是以天然山川作为行政区划的边界，使行政区划与自然地理区划相一致，所谓"州郡有时而更，山川千古不易"，正是表明

① 周振鹤：《体国经野之道——中国行政区划沿革》，上海书店出版社2009年版；周振鹤：《中国文化知识丛书》，商务印书馆1998年版。

了山川对于政区的重要标志作用。但是，《周易》写道："天险不可升也，地险山川丘陵也。王公设险以守其国，险之时用大矣哉。"这一思想在古代的政治家、军事家心中是根深蒂固的。从政治统一的角度来看，需要打破地方政府独占这种地理优势，所以，犬牙交错的政治性相比山川形便的经济性具有优先性和重要性。从中国历史发展来看，越到后来，犬牙相入的原则越占上风，这一点反映了中央对地方控制愈来愈紧，中央集权程度愈来愈加强的客观事实①。

第四节　崇本抑末，重农抑商

中国"重农抑商"的政策思想源远流长，先秦诸子对此几乎异口同声。我们认为，既不是先秦诸子和先秦政治家不知道发展商业的重要性，也不是先秦的中国只能由农业中国来代表。恰恰相反，当时商业中国的分量已经凸显，已经成为经济中国的重要代表。

那么，为什么会出现"重农抑商"的理论倾向和政策主张？我们认为，在政治经济两大要素中，统治者和政治家更加重视政治利益，或者说政治利益具有优先性。因此，"重农抑商"只是"政治主导经济"思想的一个重要政策体现，并不代表古代中国的思想家和政治家不了解经济之道和货殖之道。从政策制定背后的深层动因来看，"重农抑商"政策与"犬牙交错"做法，两者如出一辙，只是体现"政治主导经济"的思想而已。

一、商业中国的历史印痕

不少学者讲中西文明发展差异之源的时候，首先会讲到中西在地理

① 周振鹤：《体国经野之道——中国行政区划沿革》，上海书店出版社2009年版。

上的重大差异，然后会讲到中西在生产方式上的重大差异，表现为中西经济发展特点的差异：古希腊的经济特点被归结为有发达的商业和海上贸易，古代中国的经济特点被归结为有发达的农业。于是，地理上的差异导致了生产上的差异，生产上的差异进而导致了文明上的差异。这样，他们的结论就是：农业塑造了中国文明，商业塑造了西方文明，重视农业和重视商业就成为中西文明发展出现分流和分歧的源头。从思想史角度来看，这种思想将地缘与生产与文明三点连线进行研究，主题很恢宏，结构也很漂亮；其研究结论的背后，可以得到地理环境决定论、经济基础决定论的理论支持，19世纪前后决定论思想方兴未艾，大行其道。从历史学和考古学的角度来看，受制于对古代中国的考古发现和历史研究，难以从“大历史观”的角度来挑战和证伪“农业文明”代表古代中国的生产特点。今天，随着历史学和考古学的近两个世纪以来的发展，学术界和思想界对简单地以农业文明和商业文明来区分中西文明的差异，越来越感觉到不满意。

（一）商业贸易与经济接口

实际上，越来越多的考古发现表明古代中国商业贸易的发达程度已经令人震惊。历史学家许倬云认为，古代中国持有“天下国家”的理念，没有地理边界的限制，其汲取资源的吸管渐向中国以外伸展，于是中国与四夷诸群体之间，或和或战，保留经济接口的活动。

许倬云通过台海的考古发现来复原新石器时代跨越台湾海峡的经济交往和商业贸易场景，对此他写道：“我们往往低估了古代人类相互通联求取生活资源的能力。以台海考古学为例，澎湖即有采取石材的遗址，而台湾则有澎湖石材加工的石器！横渡台湾海峡不是易事，以新石器时代的航海能力，居然可以搬运澎湖石材来台，其经济接口的行为动能颇为惊人！”[①]

（二）城市经济发展

根据何兹全的研究，春秋晚期的陶便是这样经济城市的代表。“陶是

① 许倬云：“‘中国’概念与其经济接口”，《历史月刊》（台湾）2005年第5期。

春秋晚期开始发展起来的一个纯经济性的城市。它不是任何国家的政治中心。它不是以政治发展起来，而是靠经济兴起。”① 正是因为陶地城市经济的繁荣，后来也成为战国时期各国争夺的重点。司马迁在《史记·苏秦列传》中记载了当时临淄城的繁荣盛况：“临菑甚富而实，其民无不吹竽鼓瑟，弹琴击筑，斗鸡走狗，六博蹋鞠者。临菑之途，车毂击，人肩摩，连衽成帷，举袂成幕，挥汗成雨，家殷人足，志高气扬。”

临淄曾经出土过一批竹简，其中有一部《市法》，里面详细列明了设立和管理市场的各种法律。作为我国现存最早的市场管理法律，《市法》也在一定程度上反映出当时齐国城市经济的成熟程度。春秋战国时期，各大诸侯国也相继发展起一批这样的城市。

（三）交换经济发展

商朝的始祖王亥，被视作是中国商业的始祖。据《世本·作篇》记载：“相士作乘马，亥作服牛”②。王亥通过驯服牛来充当生产工具和运输工具，使得商部落得以迅速地发展。一方面，发展本族的农业和手工业，使得产品得以剩余；另一方面，通过牛车运输，扩大了部落的实力范围，也得以与距离较远的部落进行贸易活动。交换经济极大地促进了商部落的实力，为后来建立商朝奠定了物质基础。从此之后，进行从事商品贸易的人被称为商人。

到春秋时期，大规模交换经济发展进步趋于成熟。《史记·货殖列传》中记载了齐国交换经济和商品经济的发展：“故太公望封於营丘，地潟卤，人民寡，於是太公劝其女功，极技巧，通鱼盐，则人物归之，繦至而辐凑。故齐冠带衣履天下，海岱之间敛袂而往朝焉。其后齐中衰，管子修之，设轻重九府，则桓公以霸，九合诸侯，一匡天下；而管氏亦有三归，位在陪臣，富於列国之君。是以齐富彊至於威、宣也。”

司马迁在《货殖列传》中为陶朱公范蠡作传，“朱公以为陶天下之中，诸侯四通，货物所交易也。乃治产积居。与时逐而不责于人。故善

---

① 何兹全：《中国古代社会》，北京师范大学出版社 2007 年版，第 716 页。

② 宋衷注、秦嘉谟等辑：《世本八种·王谟辑本》，中华书局 2008 年版。

治生者，能择人而任时。十九年之中三致千金，再分散与贫交疏昆弟。此所谓富好行其德者也。后年衰老而听子孙，子孙修业而息之，遂至巨万。故言富者皆称陶朱公。”

陶朱公的故事反映出春秋末期开放经济的繁荣以及交通便利所带来的规模贸易的兴盛。布罗代尔曾指出，“任何一种资本主义的存在都有一些前提条件，决定性的条件是流通，而且几乎可以说，仅仅是流通。流通的区域愈大，成果也就愈多。”① 可以看出，古代中国大规模的商品流通、大范围的区域流通已经非常成熟地展开，而且人们已经对贸易可能带来的财富增加和国家富强的道理，有了很清晰的认知。

（四）货币经济发展

货币经济与商品经济相伴而生，在商品的流通过程中必须要借助货币来推动，所以中国的货币经济也随着商业经济的发展而较早出现。无论是金属货币还是纸币以及国家范围内统一发行的货币，都比西方国家出现的要早。早在新石器时代末期，考古发掘的遗址当中已经出现海贝充作货币的现象，海贝的大量积累意味着财富开始出现集中和分化。在交通不发达的新石器时代，海贝作为天然的稀缺资源，成为地处内陆的中原地区的一般等价物。然而随着文明交流的扩大，海洋对大陆民族来说也不陌生，海贝在流通中的货币地位便受到动摇，于是模仿海贝出现的青铜铸币，即铜仿贝。随着商品经济的不断扩展，在周初又开始出现模仿农产品的农具金属钱币。

货币经济的繁荣发展则是在春秋战国时期，这是与社会商品经济发展同步进行的。春秋时期各国都曾铸造金属钱币，比较有影响的大国如齐国、晋国、楚国等，都将自己的货币流通区域扩展到国家以外，这样相邻国家的货币形状出现同化，最终建立起地域广大的货币体系。到战国时期形成了刀币、蚁鼻钱、晋国布币三大货币体系。在诸多研究者看来，“三大货币体系以及流通区域的形成和发展，遂使中国的货币经济在

① 费尔南·布罗代尔：《十五至十八世纪的物质文明、经济和资本主义》第二卷“形形色色的交换”，顾良等译，商务印书馆2017年版。

进入战国时期以后便确立起来了。”①

战国时期还有一个重要的货币现象，就是黄金的广泛流通，它摆脱原先作为宗教礼器和赏赐礼品的作用，成为广泛使用的货币。在流通中，为了方便称量，黄金也被分割成一定的重量和形制，呈现出与铜币类似的铸币属性。《管子》一书中写道：“五谷食米，民之司命也，黄金刀币，民之通施也。”《管子·国蓄》。巫宝三分析管子在这里认识到黄金作为货币的各种职能，他写道“货币的最重要职能是作为商品的流通手段……也作为贮藏手段和支付手段，国家要善为管理”②。同时，因为货币资本的积累以及商品交换对货币的需求，迟至春秋时期，已经出现了借贷业。据《国语·晋语八叔向贺贫》记载，桓子“骄泰奢侈，贪欲无艺，略则行志，假贷居贿，宜及于难。”虽然是对桓子的批判，从中可以看出桓子已经懂得通过借贷放债的方式增加财富。

（五）止戈为武

战争经济学以研究战争与经济的关系为主要内容，它真正成为一门独立的学科是在现代西方。但是在中国，早在春秋战国时期，就有诸多思想家对战争经济发表看法。早在春秋时期，孙武子在《孙子兵法·九地》篇中就曾明确指出战争与经济利益的关系，“合于利而动，不合于利而止。”在他看来，战争动机仍然在于利益。但是他并非主张通过战争来谋取利益，反而考虑战争仅仅是危机时刻才能发动，并且要考虑到自身的利益得失。《孙子兵法·火攻》篇写道：“非利不动，非得不用，非危不战。”所以孙武子明确主张最值得追求的胜利是“不战而屈人之兵”，而不能为了追求利益而穷兵黩武。

先秦诸子各家虽然观点各异，但是以反战、非攻为主流观点。儒家的孟子就明确指出“春秋无义战”（《孟子·尽心下》），将春秋时期的争霸战争视为不义之战，甚至提出要对发动战争的军事家进行刑罚，以阻止不义战争的延续。“争地以战，杀人盈野；争城以战，杀人盈城。此

① 刘佛丁等著：《中国文化通志·工商制度志》，上海人民出版社1998年版，第159页。

② 巫宝三：《管子经济思想研究》，中国社会科学出版社1989年版。

所谓率土地而食人肉，罪不容于死。故善战者服上刑，连诸侯者次之，辟草莱、任土地者次之。”（《孟子·离娄上》）。

道家则从天道无为出发，将积极发动战争看做是与天道相违背的有为。所以老子认为战争行为本身是不祥的，也不可能实现战争的最初目的。

老子在《道德经》中写道：

> 夫佳兵者，不祥之器，物或恶之，故有道不处。君子居则贵左，用兵则贵右。兵者不祥之器，非君子之器，不得已而用之，恬惔而上，故不美，若美之，是乐杀人。夫乐杀者，不可得意于天下。故吉事尚左，凶事尚右。是以偏将军居左，上将军居右。杀人众多，以悲哀泣之；战胜，以哀礼处之。

墨家以“兼爱”“非攻”为旗帜，明确反对不义之战。与孟子从伦理道德哲学出发来反对战争不同，墨子从功利哲学出发来反对战争，所以墨子将战争行为直接与经济利益相联系，墨子的思想与现代战争经济学的很多观点相仿佛。在墨子看来，发动战争“上不中天之利”“中不中鬼之利”“下不中人之利”（《墨子·非攻下》））。“弃所不足而重所有余”。墨子不仅仅是从道义上分析战争行为与天人利益不合，同时还从成本收益的角度来分析战争行为在经济上得不偿失。“计其所得反不如所丧之多。”（《墨子·非攻中》）。

中国“武”字的词语学解释为“止戈为武”。发展武力的终极目标是防止战争，寻求和平，所以中国弘扬的是“止戈为武”“止战为武”的文化精神。从先秦诸子开始，中国的战争经济学就奠定了和平主义的倾向，战争的目的一定是和平，而非是为了经济利益或国家利益就可以发动侵略战争，否则与道义不相符合的战争行为，一定是得不偿失的。

（六）开放经济

新制度经济学家罗纳德·科斯区分了两种市场，即商品市场和思想市场，并强调不受政府管制的思想市场对社会经济发展的巨大意义。在春秋战国时期，不仅商品市场繁荣，思想市场、职业政治家市场同样活跃。

西周灭亡带来中央权威衰败，同时也造成文化权力的散落。新兴士阶层的壮大，伴随着学术话语的转移，造成知识阶层流浪于各诸侯国之中，打破了王官垄断文化话语权的一统局面，出现学术中心的多元并立。与此同时，各国为进行争霸战争，积极富国强兵，迫切需要各式各样的人才提供智力支持。两相呼应，促成了先秦诸子百家争鸣的思想市场。

春秋战国时代，思想市场的繁荣发达，可以从两个方面来看。一方面，各家各派自由讲学，少有政治权威的干涉，反而通过学术主张获得各诸侯国的大力支持。各学派都面对社会现实，自由地发表政策主张，提出改革社会政治现状的思想学说。另一方面，各家学说源自不同的学术传统，形成不同的思想派别，由于各国之间的广泛交流，激发各派之间的持续争论，各派学说师徒或设帐讲学，或周游列国，极大地活跃了学术氛围，促进思想市场的学术交流。春秋战国的思想市场，不仅仅是学术市场，同时也是传播市场，更是实践市场。各派学说都得以参与政治实践，充当为君主贵族出谋划策的贤士。

思想市场的繁荣，同时也推动了职业政治家、军事家、谋略家为代表的职业经理人市场的繁荣。“职业经理人”是现代的话语，也是西方经济学的词汇。按照中国文化的说法，应该称之为“客卿市场”。由于各诸侯王唯才是举、唯贤是举，他们不看国籍，不看门第，不看意识形态，只认准能力。于是，各诸侯王对外来人才一律量才使用、破格使用、大胆使用，于是就出现了外来人才的“客卿市场”。

历史学家钱穆在《国史大纲》中写道：“秦之富强，得东方游仕之力为多，如商鞅、张仪、公孙衍、甘茂、范雎、蔡泽、吕不韦，皆东方人也，彼辈皆不抱狭义的国家观念。若使东方贵族机体不推翻，当国者尽如平原、信陵、屈原、韩非之徒，平民学者不出头，游仕不发迹，一般民众皆受狭义的贵族政体之支配，则秦人力量便不够并吞东方。即以始皇一朝相臣言之。相国吕不韦、昌平君、昌文君、丞相王绾、李斯、去疾诸人，似乎全非秦之贵族。如吕不韦、昌平君、李斯则明属东方人，吕、李明是平民阶级。秦政府实一东西混合的政府，亦是一贵族与平民合组的政府。秦藉东方人力得天下，自不能专以秦贵族统治。故始皇虽为天子，子弟下侪齐民为匹夫，更不封建。虽系始皇卓识，亦当时情势使然。”①可以看出，钱穆认为东方游士是强秦兴秦的重要原因，游士参政也是秦国摆脱贵族统治、封建统治的重要原因。

春秋战国时代不仅秦国广揽人才，其他诸侯国同样如此，最著名的事例莫过于苏秦。他在“连横战略”不被秦惠王采纳的情况下，于是转用“合纵战略”游说东方六国，最终实现佩六国相印，统一谋划防秦战略，由此可见当时职业经理人的发达程度。

二、《荀子》：工商众则国贫

孔子讲“足食足兵”，曾子讲“德本财末”，孟子讲“广土众民”“定于一”，可以说儒家有丰富的重农思想。儒家重农思想的一个重要特点是重农与富民、富国紧密地联系在一起，而且儒家重农政策的意义和价值根植于富民这个基础，重农而富民，可以增强民众的财用，可以提高民众的幸福和快乐。因此，在儒家看来，公共政策的道德基础和价值支撑之核心在于富民。之所以要重农，是因为它可以实现富民的目标，因此重农和富民都体现了儒家的民本思想。

孟子之后，荀子在孔孟富民思想的基础上形成了富国思想。他在《富国》篇中提出了节用裕民、安若磐石、兵弱国贫等思想。《荀子·富国》篇中写道：“上不隆礼则兵弱，上不爱民则兵弱，已诺不信则兵弱，庆赏不渐则兵弱，将率不能则兵弱。上好功则国贫，上好利则国贫，士大夫众则国贫，工商众则国贫，无制数度量则国贫。下贫则上贫，下富则上富。”荀子以“下”和“上”分别指代“民”与“国”“下富则上富”的意思为“民富则国富”，这样荀子明确讲述了富民与富国两者在

① 钱穆：《国史大纲》（上册），商务印书馆1996年版。

关系上的先后性、因果性、继起性，而且还明确表达了富民和富国两者在目标上的一致性、共同性。“下富则上富”正是孔孟儒家思想的精髓。

但是，荀子与孟子的思想还有差别。他已经不把富国作为一个被动的发展结果，即通过富民可以自然而然地实现富国，而是把富国确定为一个主动的发展目标。在孟子那里，富民是目标，富国是结果。在荀子这里，富国成为目标，富民反而成为结果。而且当荀子将富国确立为至高无上的发展目标时，其他的公共政策就处于从属和辅助的地位，只能围绕着富国这个中心目标，扮演配套和辅助的角色。这样，君主制定其他公共政策都不能伤害和背离富国这个中心目标。

荀子关于富国思想的论证过程也非常经典。先是顺着讲，讲“民富则国富”“国富则兵强”的道理。然后反着讲，讲“兵弱”和“国贫”的原因，兵弱有 5 大原因，国贫也有 5 大原因，造成兵弱和国贫的因素总共有 10 个，但是这 10 个因素有一个共同的特点，都不在“下”，即不在民众那里，而在“上”，在管理层那里。这样我们可以发现，荀子讲富国的思想重在讲君主、士大夫、政策制定者（或者制定出来的政策），他们都是高高在上的管理者，“上”成为兵弱和国贫的主要原因。

荀子在《富国》篇中提出了“上好功、上好利、士大夫众、工商众、无制数度量，则国贫”的著名论断。合而言之，贯彻其中的则是摆脱国贫的整体发展观和综合改革观的思想。所以，荀子的《富国篇》是一个综合改革发展的一揽子方案，而不是单兵突进的渐进式方案。

《富国》篇中讲“工商众则国贫”，表达了荀子重农和贵农的思想。但是，纯粹从经济学道理来讲，荀子的这个论断并不正确。考虑到荀子强调“富国”“强国”的现实政治需要，强调政治利益的优先性，可以将“工商众则国贫”的论断理解为现实性的政策取向而已。

所以，后世不少学者将荀子归为法家，不仅仅因为他的学生韩非和李斯都是大名鼎鼎的法家代表人物，而且因为他开启并推动由富国而治国、由治国而隆礼、由隆礼而重君（上）的理论进路。这条学术进路的一个突出特点是重时、重用、重力。荀子所言之力，可以理解为现代经济学意义上的生产力、竞争力、国家综合实力。

荀子在《强国·积微》中写道："积微：月不胜日，时不胜月，岁不胜时。……故善日者王，善时者霸，补漏者危，大荒者亡。故王者敬日，霸者敬时，仅存之国危而后戚之。亡国至亡而后知亡，至死而后知死。亡国之祸败，不可胜悔也。霸者之善著也，可以时托也；王者之功名，不可胜日志也。财物货宝以大为重，政教功名者反是，能积微者速成。"可以看出，荀子和他的学生韩非子一样，都重视时日之别，重视古今之变。韩非子言时变的言论是，"上古竞于道德，中世逐于智谋，当今争于气力。""时移则事易，事易则备变。""法与时转则治，治与世宜则有功"。荀子在这里的表达则是"霸者敬时""霸者之善著也，可以时托也"，肯定时变对于成就霸业的重要性。

《荀子》一书中表达"王霸之辩"的思想不同于孟子。孟子主张仁政和王道，以此为常道和不易之道，因此而有儒法（道）、王霸之间的对立。但是荀子超越孟子，超越儒法（道）、王霸的对立，他强调时变，权变的重要性，不从伦理道德入手，而从变易之道、功用之道入手，走向"礼法并重"的新境界。可见，荀子由重视"时变"进而重视"王霸之道"。

值得指出的是，虽然荀子强调时变，重视霸道，但是他没有否定儒家，仍然秉持孔孟儒家的正统思想。他希望推动儒家对功用和力量的重视，希望实现礼法结合、德力结合、儒法融合。

荀子在《王霸》篇中写道："故用国者，义立而王，信立而霸，权谋立而亡。三者，明主之所谨择也，仁人之所务白也。挈国以呼礼义而无以害之，行一不义、杀一无罪而得天下，仁者不为也，然扶持心国，且若是其固也。之所与为之者之人，则举义士也；之所以为布陈于国家刑法者，则举义法也；主之所极然帅群臣而首乡之者，则举义志也。如是，则下仰上以义矣，是綦定也。綦定而国定，国定而天下定。"可见，荀子仍然坚持仁义之道为永恒之道。

荀子在《王霸》篇中继续写道："故曰：以国齐义，一日而白，汤、武是也。汤以亳，武王以鄗，皆百里之地也，天下为一，诸侯为臣，通达之属莫不从服，无它故焉，以济义矣。是所谓义立而王也。”可见，荀子同样强调“义立而王”的仁义之道。

孟子到过强盛时期的齐国，寄希望于齐国能够一统天下。荀子去过商鞅变法四世之后的秦国，对秦国赞不绝口，但是荀子对秦政之失有先见之明。荀子在《强国》篇中写道：“佚而治，约而详，不烦而功，治之至也。秦类之矣。虽然，则有其諰矣。兼是数具者而尽有之，然而县之以王者之功名，则倜倜然其不及远矣。是何也？则其殆无儒邪。故曰：粹而王，驳而霸，无一焉而亡。此亦秦之所短也。”这段文字是荀子入秦国后，他看到了秦国的地形胜、民胜、吏胜、士大夫胜、朝廷胜等 5 大殊胜之处，并且发出由衷的赞叹，“故四世有胜，非幸也，数也。”讲秦国经过四代君主的努力而有成，不是偶然，而是必然的。但是，荀子对秦政也提出了批判，认为秦国之胜之成，在“霸”不在“王”。所以，秦政有所短、有所弊、有所失。

荀子在《议兵篇》中写道：“非汝所知也。汝所谓便者，不便之便也；吾所谓仁义者，大便之便也。彼仁义者，所以修政者也，政修则民亲其上，乐其君，而轻为之死。故曰：凡在于君，将率末事也。秦四世有胜，諰諰然常恐天下之一合而轧己也，此所谓末世之兵，未有本统也。故汤之放桀也，非其逐之鸣条之时也；武王之诛纣也，非以甲子之朝而后胜之也。皆前行素修也，此所谓仁义之兵也。今汝不求之于本而索之于末，此世之所以乱也。”这段文字是荀子与学生李斯之间的问答，荀子仍然坚持仁义之兵“王天下”的道理。

在《议兵篇》中，荀子给出了总结性的结论，他写道：“礼者，治辨之极也，强固之本也，威行之道也，功名之总也。王公由之所以得天下也，不由所以陨社稷也。故坚甲利兵不足以为胜，高城深池不足以为固，严令繁刑不足以为威，由其道则行，不由其道则废。”

可见，荀子建立了一个开放的思想体系，他既坚守儒家思想，仁、义、礼、智，各得其所，视为永恒之道。又接受道家思想，时、变、功、力，各得其宜，视为权宜之策。所以，荀子是连接儒家和法家的一座桥梁，由荀子而有儒家化的法家思想。当然，法家思想还有一个渊源，就是黄老道家，即道家化的法家思想。所以，我们认为：孟子建立了一个纯粹的德学体系，韩非子建立了一个极致的力学体系，而荀子则建立了一个开放的德力体系。在荀子的思想中，德力可以并举，德力应该并举。

三、《管子》：贵农禁末

《管子》一书被认为是齐国稷下学宫的学者们集体创造的作品，荀子曾经三次担任稷下学宫的祭酒，因此《管子》成书的时间大致与荀子所处时代不相上下。

《管子》一书被认为是道家的著作，又被认为是杂家的著作，也被认为是法家的著作。就其为道家的著作而言，与当时稷下道家学派的声名有关，而且文本中也有道家思想的体现。就其为杂家著作而言，它杂取各家的思想学说，包括儒家和农家的思想；就其为法家著作而言，它重视用，重视力，体现了政治哲学的思想。《管子·地员篇》可以说是纯粹农家思想的专论，甚至可以说是农业经济、农业管理的著作。《牧民》《权修》《八观》等篇也记述了农家思想。

就其为农家的著作而言，《管子》一书“重农”思想的核心是“重民”，更多的是民本思想的体现。从这个意义上讲，《管子》的农家思想与儒家思想有很多相通达的地方。《管子·牧民篇》中写道：“政之所兴，在顺民心；政之所废，在逆民心。”《管子》所言的“民心”与儒家所言的“民本”可以相提并论。《管子·权修篇》中写道：“取于民有度，用之有止”，要求统治者节制欲望，戒奢以俭；减轻赋税，轻徭薄役。可见，《管子》重农的政策主张同样接近于儒家仁政思想。

就其为法家的著作而言，《管子》重农思想比较集中地体现在《管子·治国篇》。对此，《治国篇》写道：

> 凡治国之道，必先富民。民富则易治也，民贫则难治也。奚以

知其然也？民富则安乡重家，安乡重家则敬上畏罪，敬上畏罪则易治也。民贫则危乡轻家，危乡轻家则敢凌上犯禁，凌上犯禁则难治也。故治国常富，而乱国常贫。是以善为国者，必先富民，然后治之。

昔者，七十九代之君，法制不一，号令不同，然俱王天下者，何也？必国富而粟多也。夫富国多粟生于农，故先王贵之。凡为国之急者，必先禁末作文巧，末作文巧禁则民无所游食，民无所游食则必事农。民事农则田垦，田垦则粟多，粟多则国富。国富者兵强，兵强者战胜，战胜者地广。是以先王知众民、强兵、广地、富国之必生于粟也，故禁末作，止奇巧，而利农事。今为末作奇巧者，一日作而五日食。农夫终岁之作，不足以自食也。然则民舍本事而事末作。舍本事而事末作，则田荒而国贫矣。

上面这两段文字非常平实，容易理解，但是其思想很精要，也很经典。

第一段文字主要讲“治国与富民”的关系。先讲“治国之道，必先富民”，这个思想与儒家不相上下。然后接着讲“民富与治国”的关系，民富则安乡重家，敬上畏罪，社会治理容易；民贫则反之，危乡轻家，凌上犯禁，社会治理很难。这个论述体现了法家的思想。

第二段文字主要讲“因治国而重农”的道理。王天下在于国富粟多，富国多粟生于农，所以需要重农贵农。事农则利于田垦，田垦则粟多，粟多则国富，国富则兵强，兵强则战胜，战胜则地广。广土、众民、强兵、富国必生于粟，必生于民。可以说，孟子“广土众民”的思想，也为《管子》所借鉴。

可见，《管子·治国篇》重农和贵农的思想，主要有三个方面的特点：

一是将重农、富民、治国（富国）、强兵四者相连。此前，农家和儒家将重农与富民、富国三者相连，认为农业是财货的基础和来源，农业发展有利于实现民富，由民富进而国富；认为商业不生产财货，只是贱买贵卖并从中牟利，商人付出少但是收获多，商人队伍会越来越庞大，从而会导致从事农业生产的人员减少，这样不利于农业发展和国家富足。所以，采取重农政策的意义和价值在于富国。相比农家和儒家，《管子·治国篇》将重农思想的逻辑链条拉长了，由三点连线的关系，变成了四点连线的关系，增加了强兵这个要点。

二是重农与治国相连。把重农与社会秩序、社会管理、国家治理联系在一起。从《管子·治国篇》的思想来看，挺立和凸显治国的价值和意义，治国成为国家发展的枢纽和管理政策的制高点，富民、富国都要服务于治国的需要，治国成为最高的价值目标，它笼罩着富民和富国。这样，一旦治国成为最高目标，则富民和富国都变成了手段。

《荀子·富国篇》将富国作为国家发展的中心目标，《管子·治国篇》将治国作为国家发展的中心目标，可以看出，《荀子·富国篇》和《管子·治国篇》几乎成为思想和政策十分接近的姊妹篇。

三是贵农与禁末相连。在对待农工商三业的关系上，《管子·治国篇》比《荀子·富国篇》更加激进和极端。《管子·治国篇》明确提出，“凡为国之急者，必先禁末作文巧。末作文巧禁则民无所游食，民无所游食则必事农。”

四、《吕氏春秋》：农本工商末

《吕氏春秋》关于农业问题的讨论，共有《上农》《任地》《辩土》《审时》四篇，其中《上农》篇主要讲述重农和重本的大道理，可以说是总论篇，后三篇可以认为是分论篇，与《管子·地员》篇在内容和风格上颇为相似，为农业经济学和农业管理学的著作。

《吕氏春秋》在《上农》篇中写道：

> 古先圣王之所以导其民者，先务于农。民农非徒为地利也，贵其志也。民农则朴，朴则易用，易用则边境安，主位尊。民农则重，重则少私义，少私义则公法立，力专一。民农则其产复，其产复则

重徙，重徙则死处而无二虑。舍本而事末则不令，不令则不可以守，不可以战。民舍本而事末则其产约，其产约则轻迁徙，轻迁徙，则国家有患，皆有远志，无有居心。民舍本而事末则好智，好智则多诈，多诈则巧法令，以是为非，以非为是。

这段文字中的“上农”之意为尊尚农业，上同“尚”，表明本篇阐述的是重农思想。“重”为厚重、持重；“复”为繁盛；“本”指农业；“末”指工商业，尤其指商业；“不令”为不听号令；“约”为减少；“远志”为迁徙他处的想法。

这段文字的大意是：老百姓从事农业，不仅为了开发土地，而且为了修养心性。百姓务农就会朴老朴实、听话好使、边境安宁、君主尊贵；就会行事稳重、少徇私谊、公法确立、集中精力；就会财产丰厚、不轻易迁徙、一辈子死守居处、不会有二心。但是一旦舍农而事末，就会不听号令、不守国土、不与敌战；就会财产减损、轻易迁徙、国家有难，远走高飞，无心安居；就会耍聪明、使奸诈、钻空子，是非不分。

这段文字可以分成两个部分：第一部分讲农本的重要性、建设性；第二部分讲舍本事末的破坏性、危害性。

《上农》篇讲舍本事末的破坏性和危害性，可以归纳成四个方面：

第一，分流农业劳动力，“工商众则国贫”。

第二，淡化乡土观念，破坏“安土重迁”传统。

第三，冲击法律和道德，破坏“隆礼重法”传统。

第四，增加政府管理难度，不听号令，不明是非。

《上农》篇接下来继续写道：

若民不力田，墨乃家畜，国家难治，三疑乃极，是谓背本反则，失毁其国。凡民自七尺以上，属诸三官。农攻粟，工攻器，贾攻货。时事不共，是谓大凶。夺之以土功，是谓稽，不绝忧唯，必丧其秕。夺之以水事，是谓籥，丧以继乐，四邻来虐。夺之以兵事，是谓厉，祸因胥岁，不举铚艾。数夺民时，大饥乃来。野有寝耒，或谈或歌，旦则有昏，丧粟甚多。皆知其末，莫知其本。

这段文字中，“墨”通“没”“三疑”指农工商跨业混乱，“三官”指农工商三业，“大凶”为农业大歉收，“稽”指延误农时，“秕”为未长成的谷粒，“籥”为冒进，“厉”为祸害，“胥岁”为荒废时光，“铚艾”为镰刀类农具，“寝耒”弃置农具。这段文字的大意是：不农作则家畜灭减，国家难治。农工商跨行成风，为背弃根本违反法则的做法，将有失国毁国之险。成年人分属农工商，各有分工，各有所长。失违农时则“大凶”，延误农时则大忧。兴修水利也不能耽误农时，否则叫冒进；无收成仍作乐，邻国就会侵虐。因战事，误农时，为凶厉。没有收成，不事农业，灾祸乃致。侵占农时，饥荒乃致。有田无人耕作，国君谈笑歌舞，夜以继日，何来粮食。世人只知逐末，不知农本。

将上面所引用的两段文字合起来看，《上农》篇集中体现了《吕氏春秋》重农和重本的思想，同时也表达了抑制（工）商业和抑制末业的思想。

从儒家思想来看，孔孟重农在于富民，荀子重农在于富国。从《管子》作为法家思想来看，《管子》重农贵农在于治国，要避免兵弱国贫。从杂家《吕氏春秋·上农》来看，一方面从本末论角度来讨论农工商三者之间的关系，理论上有所发展；另一方面混杂道家之“体”与法家之“用”，体现了“一则治”的体用思想。

第五节　本末之论与本末之辩

从新石器时代到夏商周三代，中国以农业文明为基础，发展了以工商业生产、交换、分配、消费、管理为代表的商业文明。由于中国广土众民的特点，商业经济、交换经济、货币经济、城市经济、开放经济、战争经济的形态都已经出现。而且对城市经济中的商业管理制度也趋于成熟，有著名的《市法》；在商业文明发展的同时，商业伦理思想和商业经营管理思想也随着发展起来，不但有商业活动的发展，而且有商业文化的发展；特别难得的是战争经济学思想的发展，在全球经济思想史也是独树一帜，独领风骚，特别是关于止战为武、义战为先的思想至今仍然熠熠生辉。

受法家思想的影响，秦始皇实行了“大一统”的中央集权制度，车同轨，书同文，统一度量衡。“大一统”的举措可能不是直接为了发展商业，但是为工商业的发展准备了非常有利的基础设施。受儒家思想的影响，汉武帝派遣张骞“凿空西域”，打通商路和商道，也起到了保持对外经济通道畅通的历史性作用。

从《周易·系辞传》讲市场发展和商业发展的历史经验，到齐国“工商业立国”的经典案例，再到司马迁“用贫求富，农不如工，工不如商”的著名论断。从历史学的角度来看，至少可以排除以下三个说法：第一，先秦时代不知道商业发展的作用和意义；第二，中国历史上没有成功的工商业立国的历史经验；第三，中国思想家没有对农工商发展特点进行理论研究。

从文化哲学的角度来看，我们可以肯定以下两个说法：第一，《周易》作为中国文化之源，文本中没有对农工商做出厚此薄彼的判断和评价，没有对后来的政策发展施加倾向性的意见。第二，简单地用农业文明来代表中国、以商业文明来代表西方的两分法并不准确，得不到历史学和考古学的充分支持。

但是，我们又真真切切地可以看到，中国历史上“重农抑商”“农本商末”的政策取向存在了千年之久。

所以，我们需要追问两个问题：一是“农本商末”的“本末之论”是如何影响国家政策的制定？二是“重农抑商”的政策执行为什么能够坚定不移？

为了表述的方便和简单，笔者将农工商三业简化为农商两业。重视农业，并不一定要抑制商业，重农不抑商也是一种政策安排和政策选择。

而且重农不抑商，还是管仲相齐经济政策的重要特点[①]。管子提出，“粟也者，民之所归也；粟也者，财之所归也；粟也者，地之所归也。”他将国家的经济之本置放在农业生产和粮食生产的同时，提倡农、林、牧、副、渔五业并举，并强调“农夫不失其时，百工不失其功，商无废利，民无游日，财无砥滞”的重农不抑商思想。

但是，将农商两业的关系置于“本末论”的框架下来加以讨论就完全不同了，重此则必须抑彼，厚此则必须薄彼，重农则必须抑商。但是，这种认识和观念，在《周易》的思想中找不到理论依据，《周易》讲“乾道变化，各正性命”。也就是说，农工商三业各有自己的优长和殊胜之处，但是各自的优长和殊胜并不能成为彼此对立、厚此薄彼的根据，而是各自都能够自由独立地发展。

以“本末关系”来讨论农商关系，实际上已经将两者确定为完全对立、彼此冲突、不可调和的关系，就如韩非子所言的“矛盾关系”。从经济哲学的角度来看，“重农抑商”的思想不是第一义的思想，而是根据时势发展和现实需要提出来的次级思想、次生思想，是后义和第二义的思想。从文本意义上看，“重农抑商”的思想是对《周易》“中和”“中道”思想的偏离，可以说重农抑商的思想不仅不是中国文化原生的思想，而且这种次生的思想还对原生的思想有明显的偏离。作为次生的思想，作为与原生思想有显著偏离的次生思想，为什么会有如此顽强的生命力，总是能够一而再再而三地主导国家政策，而且主宰的时间长达千年。这是需要探索和求解的关键。

一、政治哲学的解释

前面我们讲到《荀子》《管子》《吕氏春秋》的思想，并且重点从他

① 管子相齐所采取的政策举措，与《管子》一书提出的政策思想，两者并不完全一致。一是因为《管子》一书为稷下学宫的学者们编写而成，非为管子自己撰写而成。二是因为《管子》一书需要兼顾思想的超越性要求，不能完全就着政策的现实性来铺展。

们的“体用观”角度进行分析，并且试图凸显出他们在言“用”、言“力”方面的论证逻辑。实际上，我们已经发现，他们基本上不是从农工商所代表的财富生产力来论证，而是从国家综合竞争力、国家能力建设角度来论证重农抑商的必要性。也就是说，司马迁货殖之道所言的“用贫求富，农不如工，工不如商”的论断，是通过富民富国的财富生产力、货殖之力来论证，可以说这是民本主义、天下主义思想的体现，是富民思想的体现。但是，上述三部著作却基本上不沿着这条道路走，他们选择和开辟的道路是国家能力建设，是国家主义、君本主义思想的体现，是治国思想的体现。

这样，理解“农本商末”“重农抑商”的政策，就需要联系到“民本主义”和“君本主义”、“天下主义”和“国家主义”的关系来思考。这里又衍生出三个问题：一是富民和（富国）治国谁更重要？谁更具有优先性？二是“民”和“君”的关系如何对待？或者说“民本”和“君本”关系如何对待？三是社会发展和外部环境对国家政策制定有什么影响？外部环境的变化是否就是“与时偕行”的《周易》精神之体现？

从《周易》的思想来看，富民和富国具有完全的一致性和同一性。从孔孟儒家的思想来看，虽然关注到国富和民富有差异有分别，而且国富不一定、不必然代表民富，但是孔孟的社会理想是要回复到富民和富国、富国和富民的一致性和同一性，由分而合，因此富民的仁政始终是基础。法家提出治国的思想，进一步强调国富和民富的差异性和分别性，虽然最终还是要合起来，但是法家没有儒家那样的耐心，更加强调当下的功利性，希望直接用“道术”“法术”而不是仁政、王道，把分散的、散落的力量，直接地迅速地加以整合，回到“一力”的境地，从而提升国家能力。所以，在法家这里，治国相对于富民而言，具有更加基础、更加根本的意义，也就是在现实性意义上具有优先性。于是，富民的主体是百姓，治国的主体是君主，富民让位于治国，百姓让位于君主。这样，君对民、治国对富民就拥有了发展战略上的、发展政策上的优先性。

正如我在上面对“本末论”的批判一样，“君本”和“民本”的说法背后，已经隐含着将君与民置于完全对立的、冲突的、矛盾的关系当中，是典型的二分法，同样已经落入第二义的境地，非是第一义的思想。在《周易》的思想中，君和民的关系，从来就是一体共生的关系，就是天与地、乾与坤、上与下的关系，他们两者各有优长，各有殊胜，他们最原初的关系就是平等和共生的关系，并不是尊与卑、统治与被统治、决定与被决定的关系，我们完全得不出天比地重要、乾比坤优先的结论。到西汉初期，贾谊提出“君者群也”的观点，仍然讲述君民一体的关系。

周易泰卦的思想，就是阴阳相济、天地相交、乾坤并建的，而且是地上天下、坤上乾下、阴上阳下。将君民关系对应为上下、阴阳、乾坤的关系，而且提出上制度下、阳制度阴、乾制度坤，是在西汉董仲舒的《春秋繁露》、东汉白虎观会议之后。

这样，我们一方面要看到，从《周易》的阴阳思想和生态思想，到孔孟的富民思想，到荀子的富国思想，到法家的治国思想，出现了思想代际间的重要发展和变化，可以发现他们各自的立场观和出发点不一样，他们各自的政策指向点、政策着力点也不一样。但是，我们在看出他们思想有差异的地方，还应该看到他们思想有相通的地方。那么，他们之间可以相互通达的“道”“接口”究竟是什么？其实就是《周易》的生态之道、阴阳之道。这个基点、这个道理，他们都没有放弃，反而都是他们共同坚持的核心。法家最终也是坚持共同体（即国家）要统一，荀子当然也是坚持共同体（即国家即天下）要统一，孔孟更是坚持共同体（即天下）要统一。共同体要统一，共同体不要破裂的思想，源头就是《周易》所言的阴阳之道、生态之道。

二、经济哲学的解释

我们把《周易》的精神解读为阴阳之道和生态之道，对应经济哲学就是丁财之道，这是对《周易》思想的浓缩和概括，如果将《周易》思想的核心扩展开来，至少可以有三个非常重要的推论：一是时间之道，即“与时偕行”的思想，即“不变随缘，随缘不变”的思想，“道”必须与发展变化的社会实践、人心民心相适应相因应，不能凝固不化。“道”不在现实世界之外之上，就在现实世界之后中；也不在世人之外之上，就在人之自身。所以，“道”不是抽象的原则，也不是永恒的概念。二是损益之道，损上益下，损有余补不足，这样才能保持共同体的和谐秩序，才可以长治久安，才能避免共同体遭遇破裂的危险，共同体的破灭不是来自外部的征服之力，而是来自内部的解构之力。外部的征服之力最终可以转化为内部的解构之力。三是开放之道，即中和之道，开放是为了共同体保持更好的活力，但是在保持对外开放的同时必须先守住共同体存在的根本，首先必须巩固共同体的存在之根、存在之基。对外开放的目的不是为了成为他者，不是为了彻底抛弃历史，更不能失去自己的自主性，丧失自己的生命力，而是通过学习和借鉴他者最终成为更好的自己。

（一）从时间之道来看

《周易》、孔孟、荀子、吕不韦、韩非子所处的历史时代，社会发展有着明显的差异和变化，这种变化不是沿着《周易》所划定的、指明的方向在变化，因为《周易》从来就没有划定和指明历史发展的方向。我们将《周易》之学称之为通达之学、开放之学、自由之学。但是，这种变化正是《周易》的历史观和时间观的体现和证实：发展具有无限的可能性，发展充满了不确定性。面对这种社会实践的丰富变化，不同时代的哲学家和思想家可以沿着《周易》的自由精神、开放精神、通达精神从理论高度对此提出时代性的回应和对策，这恰恰是《周易》所希望的，也是《周易》所要求的。因此，《周易》提出继善成性、与时偕行的思想。

我们需要进一步挖掘和深度思考的问题就是，《周易》之后出现的种种思想和政策变化是否具有稳定性？这种稳定性在哪里？概括而言，就是外部挑战、外部压力的出现，就是国家彼此之间的争霸和征服，就是连绵不断的战乱、动乱、战争、争斗。这种社会发展状况的变化，被韩非子进行了历史性的概括，韩非子在《五蠹》篇中写道："上古竞于道德，中世逐于智谋，当今争于气力。"根据韩非子对上古、中世、当今的历史时段的划分，可以称之为"韩非子之变"。我们所言的"韩非子之变"，实际上是韩非子对《周易》之"三易"（即"不易、简易、变易"）中的"变易"的重视和强调。正是因为韩非子看出了"变化"的持续性和稳定性，所以他才提出有针对性的因应政策。

这种社会状况的变化，这种社会状况的继存，还有一个非常重要的深远影响，这个影响就是给世人带来了持久的痛苦，人心之痛、人心之苦正是这种社会变化背后深远的现实性即稳定性。这个痛苦为当时的人们所真真切切地感受着、承受着、理解着、反思着。从长期持续的世人痛苦当中，当时的思想家们以"置身其中而又超然事外"的超越精神，与万民同心、与历史同心、与文化同心的通达精神，从而形成具有时代特色的思想观点，提炼出"与时偕行"的对策建议。这种态度和精神，被钱穆称之为"历史意见"。钱穆在《中国历代政治得失》① 一书中写道："因此要讲某一代的制度得失，必需知道在此制度实施时期之有关各方意见之反映。这些意见，才是评判该项制度之利弊得失的真凭据与真意见。此种意见，我将称之曰历史意见。历史意见，指的是在那制度实施时代的人们所切身感受而发出的意见。这些意见，比较真实而客观。"

可以说，身处当时当地的学者，如果不问百姓疾苦，不顾民心所向，只讲"先王之制"，只讲"圣贤之教"，并不能得到"历史意见"。身处后世的学者，本来就没有"置身其中"的切身之痛，如果再不能有"反身而诚"（回到当时的历史环境中）的超越精神和通达精神，只讲"逻辑推理"，只讲"概念辨析"，只讲"古今之辨"，同样得不到"历史意见"。

在我们看来，"本末论"不是经，而是权。所以，不管是"农本商

---

① 钱穆：《中国历代政治得失》，三联书店2001年版。

末”“君本民末”，还是“商本农末”“民本君末”的说法，都是权，不是经。但是，“本末论”思想、“本末论”政策，为什么能够顽强地、重复地出现？从根本上讲，是老百姓说了算，是民心说了算，是利益共同体和命运共同体说了算。从这个意义上讲，恰恰是遭遇到持久的战乱、动乱之后，老百姓和思想家都会不约而同地赋予治国和君主以优先性，接受和强化“农本商末”的政策安排。甚至可以说，“重农抑商”政策往往是与人们感受到的痛苦大小成正比，与风平浪静的社会发展成反比。

（二）从损益之道来看

老子在《道德经》中发展了《周易》的“损益之道”思想，《道德经》中写道：“天之道，其犹张弓欤？高者抑之，下者举之；有余者损之，不足者补之。天之道，损有余而补不足。”实际上，“高者抑之，下者举之”就是《周易》的泰卦，是中和之道，是共同体的和谐永存之道；反之，“高者高之，下者下之”就是《周易》的否卦，是否塞之道，是共同体的分崩离析之道，是共同体破灭之道。所以，《周易》“损益之道”的深刻含义在于商业发展在当时的生产力和生产方式的条件下，其财富生产力和社会破坏力并存。如果一味地、片面地采取最大化“财富生产力”“货殖之力”的策略，大力发展工商业，也许国家作为政治经济共同体首先就从内部解构和解体了，工商业发展很有可能导致权力与商业勾结、财富分配悬殊、社会分化严重、内部冲突日起。

今天来看，粮食安全对于国家安全仍然有重要意义，但是农业生产方式即农战合一的方式对于维护国家安全的重要性显然已经让位于军事实力、科技实力的独立发展、综合实力的整体增强。但是，在古代中国却不一样，农战合一的制度和方式对于政治利益的意义远远大于经济利益的考量。

（三）从开放之道来看

司马迁有言，“用贫求富，农不如工，工不如商。”司马迁所言的货殖之道，经典地概括了农工商三业的财富生产力高低，富有洞见和远见，至今仍然正确。但是，货殖之道的有效性在于：没有持续的外部挑战和外部压力的外部环境，可以不用考虑国家能力和国家安全的情况。如果这样的环境长期得不到满足，则货殖之道需要让路于节制之道，需要对农工商三业的优先发展次序进行重新选择和排序。

今天，我们仍然有不少学者针对中国历史上长期存在“重农抑商”政策的现象，进而批判传统社会和传统文化，但是并没有对此进行深度的思考和不断的追问，只是表现了“以今律古”的特点。简单地“以今律古”“以西律中”，则古代文化和古代制度毫无是处，一概不对。但是，这种批判精神并不深刻，研究者本人根本就没有进入历史和时间中去，只是逻辑地、概念地批判。这种研究方法将历史发展的连续性割裂了，没有通达的精神和自由的精神，难以得到有益的洞见，而且往往容易掉入“意识形态”“科学主义”的陷阱。

第六节　为天下理财，为国家理财

在中国文化中，为天下理财（简称“天下理财”或“为民理财”）的思想是源，源远流长，核心思想来自《周易》，后来主要由儒家来继承和发展，墨家和其他学派也有助益，体现《周易》的简易观。为天下理财强调“以美利利天下”的整体性和长远性，坚守文化政治经济三者之间的整体平衡和综合发展，是德与力、仁与智、民与君的中道之行。

为国家理财（简称“为国理财”）的思想是流，由春秋战国时代所孕育，由法家所代表，后来汇入为天下理财的思想长河中。为国家理财的思想体现《周易》的变易观，强调的是古今之变，是当下的现实性，强调政治经济利益的优先性，往往突破文化屏障，放弃和牺牲文化原则，不过它也创造出了一种新的亚文化，重视力量、君上和中央。

春秋时管子在齐国的官山海政策，汉武帝时期推行的盐铁专卖政策，是国家理财的重要代表，是对天下理财思想的重大突破，也是对天下理财思想的重大偏离，是在非常时期的非常之策，也是因地制宜和因时制宜的权变之策。

一、为天下理财与为国家理财

（一）为天下理财：文化原则优先

为天下理财的思想是对“用”“实用”“民生”的重视，是对生活世界的重视。理财是“生财”，由丁财所生，理财的根本是经济之道、丁财之道，是天时地利人和，是文化政治经济三者组成的社会生态的平衡。由《周易》所倡导的阴阳之道、中节之道、损益之道是经济发展的“常道”，是天经地义的“原则”，这个常道和原则表现为至高无上的德性。

为天下理财、为民理财的德性原则，体现在义利之辨、民富与国富之辨、本末之辨、管制与放任、经权之辨等方面。如孔子所言，“百姓足，君孰与不足；百姓不足，君孰与足”。如曾子所言，“财聚则民散，财散则民聚”“生财有大道，生之者众，食之者寡；为之者疾，用之者舒，则财恒足矣。”

就财政行为的理财而言，始终贯彻德性原则，从财政收入来看，税率高低、征税范围，成为衡量政策道德性的核心标准。从税收支出来看，“取之于民，用之于民” “利用厚生”同样成为衡量政策道德性的核心标准。

先秦诸子百家中，除了法家坚持重税政策之外，其他各家都赞成“薄赋敛”，而且“什一税”成为各家各派所赞同的“道德税率”“仁义税率”。当然还有学派提出“二十而取一”的“理想税率”。从征税对象来看，除墨家学派赞成征收关市、山林、泽梁之税，其他学派都不赞成对之征课。

“量入为出” “戒奢以俭” “以蓄备急”，作为财政支出管理上的“铁律”，虽然代表经济理性，其背后仍然是道德理性。《礼记王制》中写道：“冢宰制国用，必于岁之杪，五谷皆入，然后制国用。……国无九年之蓄曰‘不足’，无六年之蓄曰‘急’，无三年之蓄曰‘非其国’也。三年耕，必有一年之食，九年耕必有三年之食。以三十年之通，虽凶旱水溢，民无菜色，然后天子食，日举以乐。”

《禹贡》《周礼》提出了“贡土所宜”原则，即土地上生产什么就贡纳什么，体现便民性；按照土地肥瘠、面积大小、位置远近或劳役轻重等因素，实施有差别的税率，体现租税负担的公平性；管子还提出要根据土地好坏征收差额赋税的思想，即为“相地而衰征”。孟子主张按“乐岁”和“凶年”的不同实际收获来进行合理征税。这些思想既有德性，也有理性。

春秋时期的范蠡和李悝，就建议丰年征购粮食储存以待荒年发放的平籴政策。西汉时期，强调财政管理的理财思想更加丰富，耿寿昌依据先秦平籴思想而创立的常平仓制度，贾谊提出“积贮”论，晁错提出“贵粟”论，桑弘羊提出屯田戍边建议等，都是旨在改善民生。

（二）为国家理财：政治经济原则优先

官山海和盐铁专营，可以把它们理解为由中央政府主导的重大经济政策调整，也可以理解为现代经济学意义上的“强制性制度变迁”，它们体现了中央政府的意志。

对此，我们可以结合当时的社会生态环境，一方面考察中央政府意志贯彻的约束条件；另一方面我们可以对“中央政府意志”做一个结构上的分析，看看它究竟是政治考量为主，还是经济考量为主，还是文化考量为主。而且我们还可以研究当它们之间存在严重冲突的时候，中央政府如何进行权衡？这样，我们可以更好地理解重大经济政策调整背后的“文化考量”“政治考量”。

“官山海”是一个从无到有的政策创新和制度创新，其主要特点是理论导向、逻辑导向，主要由齐桓公“王天下”的政治需求导向，决策者可以有相对广泛的政策选择空间，可以有很大的主动性，困难在于能否想出来一个好主意、好办法。盐铁专营不同于官山海，盐铁专营是问题导向，是危机导向，是现实导向。主要是化解汉武帝面临的财政危机，不得不采取增加财政收入的强制手段。

不过，从官山海和盐铁专营政策的制定过程来看，决策者追求的是政治经济利益的最大化，是现实利益的最大化，牺牲了文化原则的道德性。

二、官山海与利出一孔

（一）官山海与正盐策

管子在《管子·海王》篇中讲到了“官山海”的政策构思。当时，齐桓公希望通过税收手段来增加财政收入，并且依次提出藉于台雉、藉于树木、藉于六畜、藉于人的想法，按照现代财政学术语来表达，齐桓公的想法分别对应于征收房产税、树木砍伐税、屠宰税、人头税，但是齐桓公的这些想法都被管子一一否定，管子认为这些举措或毁成、或伐生、或杀生、或隐情，都不是好办法。最后，桓公提出“然则吾何以为国?”管子的回答是“唯官山海为可耳。”对此，管子还进一步解释“官山海”就是“海王之国，谨正盐策。”

“正盐策”就是征收盐税，采取寓税于价的征收方式，而且管子还进行数学计算，结论是只要提高一点点盐价，国家就可以获得百倍之利（相对于征收人头税而言）。管子还指出，采取开征人头税的做法，老百姓一定会怨声载道，大呼小叫，征收盐税可以在不知不觉中做成。

这样，通过征收盐税，可以增加国家财政收入，可以让国家富裕起来，让国家有积蓄。一旦国家有积蓄，可以获得“民力得尽”“天下乐从”“其国无敌”的政治利益。

《管子·国蓄》篇中写道：

> 国有十年之蓄，而民不足于食，皆以其技能望君之禄也；君有山海之金，而民不足于用，是皆以其事业交接于君上也。故人君挟其食，守其用，据有余而制不足，故民无不累于上也。五谷食米，民之司命也；黄金刀币，民之通施也。故善者执其通施以御其司命，

故民力可得而尽也。

夫民者亲信而死利，海内皆然。民予则喜，夺则怒，民情皆然。先王知其然，故见予之形，不见夺之理。故民爱可洽于上也。租籍者，所以强求也；租税者，所虑而请也。王霸之君去其所以强求，废其所虑而请，故天下乐从也。

利出于一孔者，其国无敌；出二孔者，其兵不诎；出三孔者，不可以举兵；出四孔者，其国必亡。先王知其然，故塞民之养，隘其利途。故予之在君，夺之在君，贫之在君，富之在君。故民之戴上如日月，亲君若父母。

从历史记载来看，管仲相齐是希望帮助齐桓公实现“王天下”的愿望，首先要制定出一个能够快速让齐国富强起来的经济政策。《海王》篇和《国蓄》篇是《管子》一书中相连的两个篇章，我们将这两篇文献作为一个整体来看“官山海”政策制定的政治经济逻辑。

《海王》篇主要是从经济效应方面来评价“官山海”的政策：第一，齐国为“海王之国”，“官山海”政策因应了齐国的资源禀赋特征，体现了因地制宜的考虑①。第二，采取寓税于价的做法，体现了税种选择的高明和征税方式的先进。当然，它还涉及税率增加，也有减损制度（政策）德性的不足之处。第三，相比征收人头税，征收盐税有百倍之利，体现了很高的经济性和收益性。但是，“官山海”政策实施可能带来不利的政治经济影响，例如“官山海”带来管理上的困难，对利益平衡的破坏，对盐品质量的影响等，文献中没有对此展开论述。

（二）增加国蓄与利出一孔

《国蓄》篇主要是讲述国蓄可以带来“民力得尽”“天下乐从”“其国无敌”的政治效应。由“官山海”而国家有蓄，由国家有蓄而社会管理和军事力量增强。这篇文献重在讲述由经济利益的提升带来政治利益和社会利益的增进。

---

① 齐桓公的“官山海”政策体现了因地制宜的考虑，汉武帝的“盐铁专营”政策更多体现了因时制宜的考虑。

《国蓄》篇提出了“利出一孔”的政治经济学名言。此处的“一”是指“君王”和国家，“利出一孔”表达了国家集中财力、国家拥有蓄积的意思。所以，《国蓄》篇体现了法家思想，体现了由国蓄而国强的逻辑。“利出一孔”之说之所以有影响力，不是因为这个想法的高明性，主要是因为这个想法的“反传统性”，为其他国家的决策者所不想做、不敢做、不能做。因为与“利出一孔”相对的是“利出多孔”。“利出多孔”是当时通行的做法，可以说是一种“国际经验”“国际惯例”，因为大多数国家的做法就是“利出多孔”、君民同富，同时也表明这是一种成熟的政治经济原则，至少是一种兼顾了社会和百姓利益的做法。在儒家看来，“利出多孔”要比“利出一孔”更加仁义，更有德性。

按照现代经济学来理解，“利出一孔”代表政府管制、国家垄断、计划经济的思想；“利出多孔”代表市场竞争、自由竞争、市场经济的思想。

因此，无论是作为一种经济学说还是一种政治学说，基于“利出一孔”的政治经济学理论而采取“官山海”的政策安排，所要面临的最大的压力就来自于“反传统”“反惯例”，独树一帜，它是对“利出多孔”“不与民争利”的政策传统和文化传统的直接挑战，这才是决策者需要反复权衡、当机立断的重点。

虽然《海王》篇和《国蓄》篇只讲理论逻辑，未讲现实挑战，但是从当时的历史状况来看，决策者仍然需要在文化政治经济的“三个鸡蛋上跳舞”。在“官山海”的决策过程中，齐桓公和管子从计算经济效应的现实性出发，真正的目标是计算政治效应的优先性，所以他们计算的是政治经济利益的大账，他们放弃和牺牲了文化原则。

相对秦汉建立起来的中央集权的大一统政权，多边竞争、诸侯争霸的春秋战国时代是一个特殊的历史时期，是一个“强者为王”的战争时代。以“王天下”为目标的决策者，自然而然地要计算文化利益、政治利益、经济利益三者总量上的最大效应，其中政治经济利益的分量显然超过文化利益。正如司马迁在《史记·平准书》中所言，“自是之后，天下争于战国，贵诈力而贱仁义，先富有而后推让。”从司马迁的论述来看，“诈力”与“富有”代表政治经济利益，“仁义”和“推让”代表文化利益；在战国时代，“诈力”与“富有”先于、重于“仁义”和“推让”。

从中国历史来看，“官山海”开启了为国家理财的新实践，汉武帝时期的“盐铁专营”则将为国家理财的举措推向新高度。

三、盐铁专营与《盐铁论》

公元前 81 年，即汉昭帝始元六年，召开盐铁会议，以贤良文学为一方，以御史大夫桑弘羊为另一方，围绕盐铁专营、酒类专卖和平准均输等经济政策，展开激烈辩论。30 多年后，汉元帝时期，学者桓宽根据当时的会议记录，将其整理改编，撰写而成著名的《盐铁论》[①]。

《盐铁论·卷一·本议第一》中写道：

> 惟始元六年，有诏书使丞相、御史与所举贤良、文学语。问民间所疾苦。
>
> 文学曰：“窃闻治人之道，防淫佚之原，广道德之端，抑末利而开仁义，毋示以利，然后教化可兴，而风俗可移也。今郡国有盐、铁、酒榷、均输，与民争利。散敦厚之朴，成贪鄙之化。是以百姓就本者寡，趋末者众。夫文繁则质衰，末盛则本亏。末修则民淫，本修则民悫。民悫则财用足，民侈则饥寒生。愿罢盐、铁、酒榷、均输，所以进本退末，广利农业，便也。”
>
> 大夫曰：“匈奴背叛不臣，数为寇暴于边鄙，备之则劳中国之士，不备则侵盗不止。先帝哀边人之久患，苦为虏所系获也，故修障塞，饬烽燧，屯戍以备之。边用度不足，故兴盐、铁，设酒榷，置均输，蕃货长财，以佐助边费。今议者欲罢之，内空府库之藏，

① 王利器：《盐铁论校注》，中华书局 1992 年版。

外乏执备之用，使备塞乘城之士饥寒于边，将何以赡之？罢之，不便也。”

文学曰：“孔子曰：‘有国有家者，不患贫而患不均，不患寡而患不安。’故天子不言多少，诸侯不言利害，大夫不言得丧。畜仁义以风之，广德行以怀之。是以近者亲附而远者悦服。故善克者不战，善战者不师，善师者不阵。修之于庙堂，而折冲还师。王者行仁政，无敌于天下，恶用费哉？”

大夫曰：“匈奴桀黠，擅恣入塞，犯厉中国，杀伐郡、县、朔方都尉，甚悖逆不轨，宜诛讨之日久矣。陛下垂大惠，哀元元之未赡，不忍暴士大夫于原野；纵难被坚执锐，有北面复匈奴之志，又欲罢盐、铁、均输，扰边用，损武略，无忧边之心，于其义未便也。”

上面的文字介绍了盐铁会议的开场，从简略的文字中我们仍然可以看出，盐铁会议不是正式的决策会议，是为作出重大决策而专门举行的听证会议，了解下情民情，听取各方意见。“问民间所疾苦”是这次盐铁会议的任务和特点。

贤良文学请求罢免盐铁之政。他们的核心观点是两个：一是义利之辩，即盐铁之政造成“与民争利”；二是本末之辩，盐铁之政导致老百姓“就本者寡，趋末者众。”可见，贤良文学的基本立场是贵义贱利、崇本抑末、教化为先，他们看重政策的文化意义，关注政策的超越性。

大夫桑弘羊则力陈盐铁之政的经济意义，关注的是政策的现实性。盐铁之政是为边防筹备费用，这是盐铁之政所以实施的缘由。当时，“匈奴背叛不臣，数为寇暴于边鄙”，政府为此不得不“修障塞，饬烽燧，屯戍以备之”，从而导致“边用度不足”。兴盐铁之政，意在“以佐助边费”。桑弘羊还对罢免盐铁之政的后果进行了阐述，将导致“内空府库之藏，外乏执备之用，使备塞乘城之士饥寒于边”。

针对桑弘羊提出的现实问题和现实困难，贤良文学还是从文化意义出发，他们提出“天子不言多少，诸侯不言利害，大夫不言得丧”的政策原则，这确实是非常高远的思想[①]。而且他们希望用道德教化来感化匈奴以及割据势力，从而避免“民劳”“兵弊”“疾苦”。当然，贤良文学提出的只是美好愿望而已。在桑弘羊看来，罢盐铁之政，将是自毁长城的做法，只能是“扰边用，损武略，无忧边之心”而已。

从《盐铁论》的全文来看，其内容远远超出盐铁之政的讨论，涉及一系列的文化政治经济军事关系，有许多“可辨”的地方，有些是当时急需“辨别”的内容，有些是至今仍然需要“辨别”的内容。

实施盐铁专营、国家理财的政策，是为了增加国家利益，构成“与民争利”，因此有义利之辨；盐铁代表工商业，与农业相对，盐铁专营影响农业和农民利益，因此有农商之辨，有本末之辨；盐铁专营为了国家先富起来，但是民众利益因此而受损，因此有国富与民富之辨；盐铁专营体现政府意志，民间经营则体现市场原则，因此有政府与市场之辨，有管制与放任之辨；儒家重视仁义，重视德性，以民富为力量，法家重视功利，以国家富裕为力量，因此有儒家和法家之辨；儒家重视经，经为常道，不变之道，强调文化的超越性；法家重视权，权为变易之道，变化之道，强调政治经济的现实性，盐铁专营是当世之用还是天经地义、长久之道，因此有经权之辨。

可以说，《盐铁论》一书中涉及文化政治经济军事四个方面的关系，至今仍然有不断辩论的价值和意义。但是，距今2000多年，要想真正理解《盐铁论》的方方面面确实不易。如果我们希望以今天的学术范式来评判西汉初期的社会政策和社会价值，可能不得要领。所以，我们既不能“以今律古”，也不能“以古律今”，这是我们必须跨越的“思想陷阱”。从哲学观而言，需要有历史学家钱穆所倡言的“历史的意识”，要有“历史心”“平常心”“无我心”，才能真正走进历史，才能对历史事件做出中肯的评价。从方法论而言，需要接受阐释学哲学家伽达默尔的观点，“让文本说话”“让历史说话”。

---

① 盛洪：《儒家的经济学解释》，中国经济出版社2016年版；盛洪：“《盐铁论》的难题：经济自由与富国强兵”，《文化纵横》2011年第4期。

在此之外，我们还认为，将桓宽的《盐铁论》与司马迁的《史记·平准书》结合以来思考，有利于我们准确把握理解盐铁之政的历史事件。

（一）黄老之学与文景之治

汉兴之初，社会经济十分贫困。《平准书》写道：“汉兴，接秦之弊，丈夫从军旅，老弱转粮饟，作业剧而财匮，自天子不能具钧驷，而将相或乘牛车，齐民无藏盖。”为此，高祖、惠帝、吕后都采取休养生息的黄老之策，确定“什五而税一”的税率。税率水平是反映社会政策德性高低的核心指标，汉初的税率水平比孟子所言的“仁义之税”“什一之税”还要低。

汉文帝以节俭和重农而垂范后世，以农业税作为财政收入主要来源的国家财政状况逐步好转。汉景帝时期，继续实行轻徭薄赋的财政政策，一度实行“三十而一”的农业税率，终于迎来了“文景之治”。到汉武帝初期，社会经济发展今非昔比。《平准书》写道：“汉兴七十余年之间，国家无事，非遇水旱之灾，民则人给家足，都鄙廪庾皆满，而府库余货财。京师之钱累巨万，贯朽而不可校。太仓之粟陈陈相因，充溢露积于外，至腐败不可食。”

（二）时势之变与财政危机

1. 发展本身“内生”出新问题。司马迁认为“物盛而衰，固其变也。”时势之变的起点就是“文景之治”的经济发展。不是说“文景之治”有问题，而是经济发展本身就孕育着新问题。

（1）文化之变。文景之治虽然创造了经济繁荣，但是经济发展自然而然地“内生”出一系列的问题，首先就从文化方面表现出来，骄奢淫逸，毫无节制。《平准书》写道：“当此之时，网疏而民富，役财骄溢，或至兼并豪党之徒，以武断于乡曲。宗室有土公卿大夫以下，争于奢侈，室庐舆服僭于上，无限度。物盛而衰，固其变也。”

（2）发展之变。经济发展自然而然地“内生”出政治扩张和经济扩张的双重要求，《平准书》写道：“自是以后，严助、朱买臣等招来东瓯，事两越，江淮之间萧然烦费矣。唐蒙、司马相如开路西南夷，凿山通道千余里，以广巴蜀，巴蜀之民罢焉。彭吴贾灭朝鲜，置沧海之郡，则燕齐之间靡然发动。”

（3）政治军事之变。这是由于外部因素引发的变化，主要是汉朝和匈奴之间的战争。《平准书》写道：“及王恢设谋马邑，匈奴绝和亲，侵扰北边，兵连而不解，天下苦其劳，而干戈日滋。”

2. 解决问题的“对策”又“内生”出新问题。

（1）由汉匈之战引发的财政压力必须释放，于是“兴利之臣自此始也。”可以说，司马迁目光如炬。为什么要用兴利之臣，是因为战争压力所致。但是，一旦使用兴利之臣，由兴利之臣“内生”出来的后续问题同样会源源不断地、意想不到地出现，从而必须再次不断地“内生”出应对之策来加以解决。于是，由“解决问题”的本身，内生性地、源源不断地“生出问题”“制造问题”。这样，一个巨大的“恶性循环”就绵绵不断地展开了。

（2）兴利之臣使出的“第一招”就是敛财，从卖官鬻爵开始。果然，兴利之臣上台后，推出的重要政策就是聚敛，“议令民得买爵及赎禁锢免减罪”。

（3）为了激励将士勇猛作战，需要“赏官”，于是不得不设立“武功爵”。但是，“军功多用越等，大者封侯卿大夫，小者郎吏。吏道杂而多端，则官职秏废”。这样的结果就是官员人数膨胀，官职快速贬值，社会价值观受到伤害。

（4）兴利之策，卖官之法，当然会激起民众之怨，社会舆论和社会秩序自然不一，于是统一思想、统一认识的意识形态建设提上议事日程。为此，强化社会控制的政策，实施社会管理的官吏，开始显山露水。

《平准书》写道：“自公孙弘以《春秋》之义绳臣下取汉相，张汤用峻文决理为廷尉，于是见知之法生，而废格沮诽穷治之狱用矣。其明年，淮南、衡山、江都王谋反迹见，而公卿寻端治之，竟其党与，而坐死者数万人，长吏益惨急而法令明察。”

“见知之法”是指“吏见知不举劾为故纵”，即官员看到其他人有不适的举动一定要及时举报。“废格沮诽穷治之狱”是指对天子的命令拖延不办理、在政策执行中有不同意见的官员进行彻底查办。这就要求官员风闻言事、相互检举揭发、对天子绝对忠诚不二。可以说，这种做法是“反传统”“反仁义”“反道德”的做法，伤害了主流的文化观和价值观，引发社会分崩离析、相互撕裂。

（5）中国文化讲“福无双至，祸不单行”，兴利之臣、见知之法，导致天怨人怒。山东地区发生水灾，赈灾济贫不见成效，不得不迁徙贫民70多万人。《平准书》写道：“其费以亿计，不可胜数。于是县官大空。”

（6）中国文化反对“为富不仁”，提倡“为富且仁”。当国家面临战乱和灾荒，需要天下苍生同舟共济、共度时艰，作为富人尤其需要发挥“为国纾困”的重要作用。但是，汉武帝时期的富商大贾并不按照传统文化来行事。《平准书》写道：“而富商大贾或贮财役贫，转毂百数，废居居邑，封君皆低首仰给焉。冶铸煮盐，财或累万金，而不偌国家之急，黎民重困。”从中国文化来讲，富商大贾的这种做法，属于“为富不仁”，应该接受“社会舆论”“社会道德”的谴责。

（7）汉武帝和兴利大臣超越了传统文化来看待国家利益与商人利益之间的冲突，直接采取惩罚性经济措施来“整治”商人群体，出现了货币改革和金融改革。《平准书》写道：“于是天子与公卿议，更钱造币以赡用，而摧浮淫并兼之徒。”

（8）“上有政策，下有对策”，货币改革和金融改革的效果并不理想。汉武帝于元鼎四年（公元前113年）下令禁止郡国铸钱，把各地私铸的钱币运到京师销毁，将铸币大权收归中央。中央政府成立专门的铸币机构，即由水衡都尉的属官（钟官、辨铜、技巧三官）负责铸钱。钟官负责铸造，辨铜负责审查铜的质量成色，技巧负责刻范。面文“五铢”二字的钱最初铸于汉武帝元狩五年（公元前118年），重如其文，被称为五铢钱（也称上林钱或三官钱）[①]。

虽然汉武帝新铸的五铢钱，重如其文，质量很高，便于流通，成为当时唯一合法的货币，但是汉武帝仍然沿用汉文帝时期采用的货币发行方式，汉文帝时期的情况是“县官往往即多铜山而铸钱，民亦间盗铸钱，不可胜数。”这种现象在汉武帝时期仍然未能得到根本性改变。货币发行上的这种状况恶化了货币与商品之间的关系，于是“钱益多而轻，物益少而贵。”

3. 盐铁之政登上历史舞台。公元前120年，汉武帝任命东郭咸阳、孔仅为大农丞，领盐铁事；桑弘羊以计算用事，侍中。于是，轰轰烈烈的盐铁之政就开始了。

东郭咸阳是齐地煮盐的大商人，孔仅是南阳地区冶铸业的首户，产业都积累到千金以上的规模，桑弘羊是雒阳商人的儿子，因善于心算，13岁就当了侍中。这三人的理财本领可以说是精细入微，察见毫末。

《史记·平准书》写道：“山海，天地之藏也，皆宜属少府，陛下不私，以属大农佐赋。原募民自给费，因官器作煮盐，官与牢盆。浮食奇民欲擅管山海之货，以致富羡，役利细民。其沮事之议，不可胜听。”

（三）从盐铁之政到盐铁之论

上面，我们根据司马迁《平准书》的内容，按照时间序列梳理了盐铁之政得以出现的社会大背景。从中我们可以看出盐铁之政得以出现的偶然性。

1. 盐铁之政是汉武帝为化解财政危机而采取的特殊政策。一是不断的政治扩张导致汉帝国的管理半径扩大，管理成本大幅增加。招徕东瓯、两越战事、江淮治理、开路西南夷、设置沧海郡等，无不耗资巨大。二是汉朝和匈奴之间的战争，兵连祸结，干戈日滋，军事开支巨大。三是山东等地区的自然灾害，其费以亿计，导致地方财政亏欠。

从上述方面来看，盐铁之政是因为财政危机而引发。

---

① 何盛明：《财经大辞典》，中国财政经济出版社1990年版。

2. 盐铁之政是汉武帝在非常时期采取的非常之策。为了应对财政危机，在实行盐铁专营制度之前，汉武帝还采取了一系列的理财举措，并不是一开始就瞄准盐铁之政。一是任用兴利之臣，希望提高理财的专业性；二是卖官鬻爵，纳钱赎罪，希望扩大收入来源；三是货币发行改革，希望以铸币收入来反哺财政。但是，这些举措都不能有效化解财政危机。于是盐铁之政才浮出水面。

3. 盐铁之政具有强化社会管理的内政效应。富商大贾与国家意志并不一致。《平准书》中写道："冶铸煮盐，财或累万金，而不佐国家之急，黎民重困。"富商大贾多是豪族，拥有社会政治经济多方面的影响力，是一股对社会稳定构成威胁的潜在力量。通过盐铁之政可以达到打击豪族和豪强的社会管理效应。

《盐铁论卷二刺权》中写道："鼓铸煮盐，其势必深居幽谷，而人民所罕至。奸猾交通山海之际，恐生大奸。乘利骄溢，散朴滋伪，则人之贵本者寡。大农盐铁丞咸阳、孔仅等上请：'愿募民自给费，因县官器，煮盐予用，以杜浮伪之路。'由此观之：令意所禁微，有司之虑亦远矣。"可以看出来，恒宽也认为"有司之虑"是深远的。

概括而言，齐桓公时期"官山海"，为因地制宜之举；汉武帝时期"盐铁专营"，为因时制宜之举。"明知山有虎，偏向虎山行"，不得已而为之。两者都是权宜之计，并非永恒之道。

第八章
经济发展文化

现代思想观念认为，经济是世俗的、实用的、功利的，文化是高远的、超越的、道德的，因此在文化、政治、经济三者之间，文化和经济两者之间的距离最远，关系最疏，两者之间的作用和影响最弱。从文化政治经济学视角来看，“经济发展文化”之说，恰恰体现了“相隔相生”“相反相成”的思想。

虽然经济发展直接表现为保障民生和改善民生，但是在民生发展之中，而不是民生发展之上或之外，同时就有德性、意义、自由的实现。实际上，这就是《周易》和孔子所言的“义利之道”，义利并存，义利共存，义利共进，义利共荣。民生是利的代表，德性、意义、自由，是义的代表，是文化的代表。经济发展文化的过程，则是义利统一的过程，是意义和自由在民生之中的开显过程。

从世俗的经济世界出发，走向自由、通达、开放的文化世界，是中国文化和中国哲学的深厚思想。文化世界可以区分为由低到高的三个层面或由近到远的三个圈层，分别是礼义廉耻代表的德性世界，大同社会代表的意义世界，惟精惟一代表的自由世界。实际上，德性世界、意义世界、自由世界和现实世界，同为一个世界，即生活世界。

第一节　生活世界与德性世界

从柏拉图开始的西方哲学，建立了理念世界和现实世界并存的两个世界，理念世界高于现实世界。后来，基督教文化兴起，宗教世界与理念世界走向同一，宗教世界同样高于现实世界，宗教世界与现实世界并列。这样，宗教世界成为价值、意义、自由世界的代表。

《周易》建立一个世界的世界观，秉持体用不二、道器不离的观念，通达时间与空间，通达古今与中外，通达文化政治经济的世界，通达理性德性意义的世界。因此，从理论架构而言，《周易》不需要一个超越世界、彼岸世界来并列，彼岸世界就在这个现实世界当中。这样，《周易》没有两个世界的区分，只有一个世界的观念，或者说《周易》已经将现实世界和彼岸世界合二为一。

一、生活世界与现实世界

中国禅宗有“烦恼即菩提”的说法，表达了即生活即自由的思想。烦恼是指现实世界、生活世界的不如意和不满意，可以由人切身感受，实实在在，真真切切。菩提代表圆满和完美，与烦恼相对，无忧无虑。但是，在禅宗看来，菩提不离烦恼，烦恼与菩提不二，菩提在烦恼的土壤中开花结果。

佛教净土宗还有“人间净土”的说法。人间即世间，代表不完美不圆满的现实世界、生活世界。净土即出世，代表洁净精微、圆满具足的超越世界。人间与净土，烦恼与菩提，本来天各一方，存在天壤之别。但是，在净土宗看来，通过众生努力可以把人间世界建设成为净土世界。

净土世界可以是《周易》泰卦所言的太平盛世，也可以是《礼记》

所言的大同社会，也可以是儒家推崇的“三代之治”。以《周易》而言，符合泰卦精神，满足泰卦条件，太平盛世、大同社会、净土世界就会成为现实世界。

这样，文化政治经济学框架的整体哲学理路就可以看出来了：“文化塑造政治”，希望借助圆满的完美的历史文化，建立一个正义的德性的政治世界。“政治主导经济”，希望用政治德性来匡正经济理性，建立一个和谐繁荣、民生发达的经济世界。“经济发展文化”，希望从经济世界的现实性中超越出来，既不离现实世界，又超越现实世界，从现实性中获得超越性，进入至真至美至善的意义世界。这个意义世界即是文化世界。可以说，“经济发展文化”是世人、时人对历史和未来的现实贡献，即孕育当今文化，是世人和时人“日新其德”的自然结果。

这样，从真美善的历史文化出发，塑造出公平正义的政治，节制出富强和谐的经济，实现惟精惟一的人生，孕育出真美善具足的当今文化。因此，在民生发展的同时承担文化发展使命。

二、礼义廉耻，国之四维

《管子》一书是讨论经济发展与文化发展关系的中国文化经典。《管子》有流传至今的两句名言：一是仓廪实而知礼节，衣食足而知荣辱。二是礼义廉耻，国之四维；四维不张，国乃灭亡。

《管子》讲述“经济发展文化”的道理，重在讲述两者之间的辩证关系和中道关系，既不偏颇，也不激进。《管子》不把经济世界与文化世界对立起来，认为两者是一个可以圆融的世界。文化世界可以从经济世界中发展而来，不能离开经济世界而另有一个文化世界，文化世界恰恰就立足于世俗世界，正是在世俗世界之中诞生文化世界。《管子》认为，由经济世界而文化世界，其根本在于因顺民心，因顺民意。这是因为人既有民生需求，也有文化需求。因此，在《管子》看来，经济世界和文化世界不是两个世界，而是一个世界，是一气贯通的平铺的人文世界。这个世界是人心的世界，是民心的世界。经济世界和文化世界的重合、同一，在于人心和民心同时具有民生需要和文化需要。

在《管子》看来，民生之心、文化之心，都是人心和民心，人只是一颗心，而不是两颗心。从《管子》的思想中，还可以推导出：人只是一颗心，只需要一个世界来安放这颗心。但是，人的心灵是有层次的，是有结构的，每个人的心灵层次和心灵结构汇聚而成丰富多彩的现实世界，这个丰富多彩、妙不可言的现实世界，可以容纳和安放多变易变、多姿多彩、多层次多结构的天道人心。

《管子》所言的礼义廉耻，比较接近德性世界，当然，德性世界即是文化世界、意义世界。这个德性世界的建设首先不离财富丰裕，即“仓廪实”“衣食足”。但是，德性世界的建设不能止步于民生发展和荣华富贵，需要同时孕育出“知礼节”“知荣辱”的文化世界和道德境界。

当然，管子所言的道德世界、文化世界建设，仍然依赖于教育教化、牧民化民、礼义廉耻的社会举措，是经济与文化、自律与他律、理性与德性的结合和延伸，还不是大同社会代表的意义世界、惟精惟一代表的自由世界。比较而言，意义世界、自由世界高于德性世界。

第二节　大同社会与意义世界

一、大同社会

儒家经典《礼记》之《礼运大同》篇讲述了“三代之治”的礼乐因革，并且创造性地以礼运发展为后世描绘了一个理想社会、完美社会的天下图景，后世称之为“礼运大同”。《礼运大同》区分小康社会与大同社会，旨在凸显历史变迁与社会变迁的意义。

《礼运大同》篇写道：

昔者仲尼与于蜡宾，事毕，出游于观之上，喟然而叹。仲尼之叹，盖叹鲁也。言偃在侧，曰："君子何叹？"孔子曰："大道之行也，与三代之英，丘未之逮也，而有志焉。

大道之行也，天下为公。选贤与能，讲信修睦，故人不独亲其亲，不独子其子，使老有所终，壮有所用，幼有所长，矜鳏寡孤独废疾者皆有所养，男有分，女有归。货恶其弃于地也，不必藏于己；力恶其不出于身也，不必为己。是故谋闭而不兴，盗窃乱贼而不作，故外户而不闭，是谓大同。

今大道既隐，天下为家。各亲其亲，各子其子，货力为己，大人世及以为礼，城郭沟池以为固，礼义以为纪。以正君臣，以笃父子，以睦兄弟，以和夫妇，以设制度，以立田里，以贤勇知，以功为己。故谋用是作，而兵由此起。禹、汤、文、武、成王、周公，由此其选也。此六君子者，未有不谨于礼者也。以著其义，以考其信，著有过，刑仁讲让，示民有常。如有不由此者，在執者去，众以为殃，是谓小康。"

"礼运"的意思是在"礼"的道路上"运"行不息，"大同"的意思是天下一家。大同社会以天下为家，为马克思所言的"自由人的联合体"。小康社会以个人和家庭为单位，天下由众多人家组合而成，各怀心意，各顾各家。

近代以来，思想家、政治家、经济学家和社会学家，希望以建设"大同社会"来激励世人。康有为著有《大同书》，重点讲述政治哲学思想，描述了一条社会变迁的进路：由"据乱"进为"升平"，由"升平"进为"太平"，希望最终实现人人成神成圣的大同愿望。康有为描述的历史变迁进路，即是通过小康社会进入大同社会。孙中山一生倡导天下为公的思想，致力于建立德性恢宏的现代政治制度，希望现实性建设出"大同社会"。不少学者从经济哲学思想出发，将公有制与私有制、统制经济与市场经济的区分，来对应大同社会与小康社会的分别。

概括而言，近代国人对大同社会的探讨，反映了历史文化和社会理想对制度变迁和制度选择的深远影响，同时也反映了文化政治经济三者之间错综复杂的相互关系。

二、小康社会

严格意义上讲，《礼运大同》不是政治哲学和经济哲学，而是文化哲学。所以名之为“礼运”，目的在于建设德性世界和意义世界。宽泛意义上讲，经济发展不能纯粹为了经济增长，不能完全止步于财富增进，还有“礼运”“意义”和“文化”需要同步发展。在天下为公的大同社会，人们做到了无私、无利、无我，做到了爱彼如己、以诚相待、不分彼此、不分你我，达到了人与人之间、国与国之间，不争、不盗、不战，最后实现人人自由、人人平等。

与中国哲学和中国文化高扬人的完美性、超越性、无限性不同，西方哲学和西方文化将人的完美性和无限性归为上帝，或者说他们宁肯相信人的堕落性而不愿意相信人的超越性。近代以来，不少知名学者受到西方文化的影响，对《礼运大同》展开论争和批判，主要集中在“天下为公”这个出发点。他们认为大同社会的出发点得不到确证和考证，是把“果地风光”作为“因地目标”来假设，颠倒了因果关系，天下为公只是一个虚幻的、虚假的出发点。他们不但对此存疑，而且批判德性世界的建设，转向强调制度建设和法治建设的优先性。

随着考古发现，“大同社会”和“小康社会”的经典缩影可以从聚落人群社会得到印证。李宏飞认为，社会是人际关系的总和，聚落是社会在考古学上的重要物化证据，大型高规格聚落是当时社会的典型缩影。以聚落为单位的人群，以群的方式相聚，从而组成复合聚落，可能是造成社会复杂化的重要原因。不同社会阶层和谐共存于同一个大型聚落，便构成了具有“天下为公”特点的“大同社会”。随着中国广域王权国家的诞生，大型都邑级聚落出现“城郭沟池以为固，礼义以为纪”的现象表明，社会形态已经转变了为具有“天下为家”特点的“小康社会”[①]。

从文化哲学来看，儒家提出的大同社会思想，与《周易》的泰卦精神，与庄子《齐物论》所言的“未始有封”思想，与德国哲学家马克·布伯《我和你》的通达精神并无二致。在大同社会，自律和他律实现了统一，他律的约束性完全内化为自律的超越性。

印度经济学家阿玛蒂亚·森撰有名著《以自由看待发展》，他从新古典经济学的“理性经济人”范式中超越出来，阐述人的实质自由是发展的最终目的和重要手段[②]，经济发展始于解放思想、解放人、提升自由，经济发展终于人的解放、思想的开放、自由的增进，进而获得共生、共享、共进。阿玛蒂亚·森的思想不仅对发展中国家，而且对西方发达国家，同样富有启示。阿玛蒂亚·森将人文精神注入经济思想，会通了东西文化。

从文化哲学上看，古与今、中与外、自律与他律、文化理想与政治实践、经济与文化，原本就是圆融不二的和谐关系。

第三节　人生世界与自由世界

一、意义世界

经济发展满足人之利益和欲求的需要，政治发展满足人之公平和正义的需要，文化发展满足人之德性、意义和自由的需要。德性、意义、自由是就存在论而言，是指回到事物本身，事物是其所是。以《周易》为代表的中国文化，以通达阴阳、通达时空、通达天下的自由精神来看

① 李宏飞：“中国古典意义的‘大同·小康社会’”，《社会学研究》2010 年第 4 期。

② 阿马蒂亚·森：《以自由看待发展》，任赜、于真译，中国人民大学出版社 2002 年版。

待现实世界。

通达为道，道为路，四通八达，无所不通才是通达，开放通达才有自由。人以心得道，自由首先代表通达、开放、灵动的心灵。《周易》讲“中孚心”，《尚书》讲“道心”，《论语》讲“仁心”，《中庸》讲“诚心”，老子讲“无心”，庄子讲“心斋”。先秦诸子强调“以心得道”，其经典表述不一而足。一言以蔽之，就是禅宗所讲的“平常心是道”。千颗心，万颗心，落实到现实生活只是一颗心，这颗心就是“平常心”。佛教所言的平常心是无我执、无法执之心，是孔子所言的“子绝四”之心，是老子所言的“四不自”之心。

中国文化从“心”出发，“平常心即道”“道即自由”。中国文化所言的自由、通达，具有十分鲜明的生活特点，实实在在，真真切切，躬身践履，知行合一。道不离人，离人非道。因此，中国文化所言的自由，是真实的自由，是实践的自由。所以，中国文化强调需要回到生活世界和现实世界，在社会实践中实现自由，在生活世界中成就意义。

中国文化所言的自由，不同于康德哲学所言的自由。康德区分理论理性与实践理性，理论理性揭示知识和真理，实践理性揭示自由和道德。虽然康德所言的自由为自由意志和道德自由，即实践理性，但是，康德哲学意义上的自由，有着浓厚的概念意蕴和形式特点，缺乏实实在在的生活内容。当然，中国文化可以通达康德哲学，因为自由首先在于处理自我与自己的关系。无我无私，则为自己，则为自由。

中国文化所言的自由，同样可以通达英国思想家穆勒所言的政治自由。穆勒从政治哲学角度来界定政治自由，自由在于处理自我和他人的关系。自我与他人的关系，严复将其翻译为“群己关系”。群己关系即孔子所言的仁者爱人、推己及人，即荀子所言的“人而能群”“明分使群”。

中国文化所言的自由，同样可以通达英国哲学家罗素所言的社会自由。罗素从社会建设角度，提出“争取社会承认的自由”，自由在于处理自我和社会的关系[1]。罗素所言的社会自由，即《周易》所言的“乾道变化，各正性命”，都在凸显社会对个人的开放和包容。

意义不是规律和规则，也不是真理和知识，而是自由精神。意义世界既不是文化、政治、经济实体，也不在彼岸世界。合而言之，意义世界是开放的精神世界和通达的生活世界。所以，中国文化言自由的最终落脚点不离人心和人生。意义是由至诚之心所“生”，由惟精惟一所“长”。至诚之心是《周易》乾卦的精神，“以美利利天下”；惟精惟一是《周易》坤卦的精神，“无成有终”。所以说，意义世界是天地世界，见天地，见阴阳，则见意义，则得自由。

中国文化为自由人生的实现，指明了两条通道：一是自强不息；二是惟精惟一。前者是乾元精神，后者是坤元精神。所以，中国文化和中国哲学的特点，是从乾道、坤道、乾坤之道开始，最后回到乾道、坤道、乾坤之道。制度变迁、历史变迁、人生变迁，皆是如此。

二、自强不息

乾卦之《象曰》写道：“天行健，君子以自强不息”。“天行健”言天道天德，君子士人应该效法天道天德，做到自强不息。

人生活中在现实世界中，首先就会受到现实世界的制约和羁绊，重视实用，重视功用，重视感受，重视享受。相对而言，重视用则容易轻视体，重视文则容易轻视质，重视感受和享受则容易轻视价值和意义。

超越性与现实性相对，有超越性追求才有文化和文明。重质重用则需要贴着现实性行进，与现实性不离不舍；重体重文则需要贴着超越性行进，与现实性若即若离，进而引导现实世界的发展。

在中国文化中，有列子《愚公移山》的精神，对时间的超越；有王勃《滕王阁》的说法，“穷且益坚，不堕青云之志”，对贫穷的超越；有

① 伯特兰·罗素：《自由之路》，李国山等译，西苑出版社2004年版。

曹操的诗句，“老骥伏枥，志在千里”，对年龄的超越。当然，所有对现实性的超越，都可以走向文化。但是，就文化与现实性而言，文化不离现实性。文化从现实性中来，展示和凸显现实；文化又到现实中去，百姓日用而不知。

人生活在现实世界，对现实性、实用性、功利性的考量，天然地占据优先性。所以，孔子讲“质胜文则野，文胜质则史，文质彬彬，然后君子”。一方面，孔子完整地圆融地阐述文与质之间的辩证关系；另一方面，孔子希望发展具有超越性的文化和文明，引导现实性的社会发展。对此，孔子写道：“士不可以不弘毅，任重而道远。”

孔子和先秦时代儒家学派的思想家，推崇以乾卦和乾元为代表的文化精神，希望以自强、弘毅精神来接引自由世界和意义世界。

三、惟精惟一

《尚书》中有“虞廷十六字”之说，即“人心惟危，道心惟微，惟精惟一，允执厥中”①。宋代思想家对此推崇备至，朱熹称之为尧舜之道代代相传的“圣人心法”，认为是儒家道统思想的核心。

北宋时期的程颐，区分人心和道心，将人心与私欲相连，将道心与天理相连。对此，他写道：“人心，私欲，故危殆；道心，天理，故精微。灭私欲则天理明矣。”这种解读体现了他的理学精神，但是失去了北宋时期的道学精神。程颐采取“分心为二”的做法，将心区分为对立的人心和道心，人为地增加了一个心，从“理念”上制造出一组对立关

① 清代学者阎若璩在《古文尚书疏证》中，对“十六字心传”的文献出处进行了精细考证，得出的结论是：前面的十二字袭用了《荀子·解蔽篇》的内容，荀子引用《道经》中的文字，原文为“人心之危，道心之微，危微之几，唯明君子而后能知之”；“允执厥中”则来自孔子的《论语》。近些年来，随着对出土文献《黄帝四经》的研究，有学者认为《道经》即是《黄帝四经》中的《道原经》。可以说，“虞廷十六字”的“前十二字”，都来自黄老道家的思想。我们对于《尚书》“虞廷十六字”的考证，存而不论。不过，不管是儒家还是道家，都是对《周易》思想的继承和发展。所以，我们站在《周易》的立场来把握“惟精惟一”的自由精神。

系。程颐的做法，与柏拉图的“理念论”比较接近。对此，南宋时期的朱熹写道：“只是这一个心，知觉从耳目之欲上去，便是人心；知觉从义理上去，便是道心。人心则危而易陷，道心则微而难著。微，亦微妙之义。”可以看出，朱熹试图圆融程颐的解释。

程颐将人心等同于私欲，进而得出“灭私欲则天理明”的结论，是对《周易》道论思想和孔子中道思想的偏离。而且程颐将人心和私欲直接等同，在逻辑上具有跳跃性，在道理上并不贯通，导致完漠视人心、人欲、欲望的根本性和现实性，片面地朝着超越性方向发展。对此，朱熹不得不继续写道：“若说道心天理，人心人欲，却是有两个心！人只有一个心，但知觉得道理底是道心，知觉得声色臭味底是人心，不争得多。‘人心，人欲也’，此语有病。虽上智不能无此，岂可谓全不是？”可以说，即使是对程颐推崇不已的朱熹，也不得不微言大义。

虽然程颐和朱熹同为理学一脉，不过在对待人心问题上，朱熹与程颐还是有差异。朱熹的入手之处，重在惟精惟一，不在人心私欲。朱熹写道：“所谓精，即无杂，即去伪存真；所谓一，便是坚持，辨别之后更要坚守。‘惟精’是要别得不杂，‘惟一’是要守得不离。‘惟精惟一’，所以能‘允执厥中’”。

可见，朱熹在此以修养功夫来做解读，修养方式是“惟精惟一”，修养结果是“允执厥中”。“允执厥中”代表中道精神，“惟精惟一”代表修养功夫。那么，这两者如何通达？朱熹接着写道：“所谓‘择善而固执之’，择善，即惟精也；固执，即惟一也。又如‘博学之，审问之，谨思之，明辨之’，皆惟精也；‘笃行’，又是惟一也。又如‘明善’，是惟精也；‘诚之’，便是惟一也。大学致知、格物，非惟精不可能；诚意，则惟一矣。”

可以看出，朱熹是以两宋时期发展起来的工夫论、境界论来理解“惟精惟一”，将其视为通向“允执厥中”的条件和基础，这种理解和解释能够通达顺畅。不过，从《周易》的存在论立场来理解“惟精惟一”的四字精神。“精”和“一”不是对着“道”做功夫，并不需要通过高深莫测的功夫去拥有道，去拥抱道，去占有道。因为道不远人，道不在人之外，不在人之上，就在人之自身。如果将“道”理解为在己之外、在己之上，则“道”就成了“他者”，就成为与自身有别的“外物”，就成了纯粹的认识对象，则道与我就构成了有对有待的对立关系，就构成主体和客体的两分关系。这样，我与道就截然分开了，变成了我去认识道，我去追求道，我去求取道。可以说，将道外立于人，则割裂了主观与客观的统一，凸显了人与道、主观与客观的两分，凸显了主体对客体的追逐和寻求，凸显了工夫论、境界论、价值论的重要性。

从《周易》为自由通达之学的思想来看，“精”和“一”本身就是道，做人做事达到了“精”“一”，就与道同“在”，就与道同“显”，“精”和“一”就是道之开显、去蔽。所以，“精”和“一”的本身就是道，就是存在。这样，天人合一，人道合一，合在何处？皆在人之一处，皆在心之一处。人天相合之时，人道相合之时，即人即天，即人即道，即精即一。

人生的意义不在人之外，不在他者和社会，而在通达和自由。通达和自由从何而来？来自于人的纯粹性。人的纯粹性在《周易》中对应乾坤两卦，乾坤两卦纯粹无杂，一成不变，贞定不易。

人生的意义在于自强不息和惟精惟一，前者是乾卦精神的代表，后者是坤卦精神的代表。回到乾坤，回到天地，就是回到原初。见天地则见道，见道则见自由，见自由则显意义。

第九章
中节之道与万世太平

中节之道即中国文化的节制观。节制观是《周易》艮卦精神、节卦精神的体现，是中国文化和中国哲学特有的德性精神。节制并不意味着取消，更不意味着消灭。节制意味着自我约束、自我克制，自愿向他人让渡部分权利和权益。包含了利他主义精神、生态主义精神、天下主义精神。

与西方哲学经济实体论、法律权利论、利益最大化的理性精神不同。中节观强调行于中道，不走极端，不求最大，以“中节”“中和”“适度”的精神来接人应物，重视共同体的共生、共存、共荣，强调共同体的价值、意义，旨在实现共同体的长治久安。

在中国文化中，节制观的影响无处不在，对文化、政治、经济都提倡节制，节制观是德性精神在文化政治经济领域中的贯彻落实。通过“与人方便”的德性，实现“与己方便”的理性。中节之道实现了德性与理性、短期与长期的统一。

从文化政治经济学思想而言，现实生活中的经济垄断现象、资源枯竭现象、经济拉美化现象、中等收入陷阱问题、社会动乱问题等，都是因为长期偏离中节之道，结果导致文化政治经济整体的“违和”“失和”。治理“违和”“失和”的社会病、经济病，同样需要回到中节之道，节以致和，节以拯涣，重建文化政治经济共同体。

第一节 节制文化，文不伤质，实现文质彬彬

一、《贲卦》与文明

言文化和文明，从贲卦开始。贲卦的下卦为离，离为火，有灿烂辉煌之意；上卦为艮，艮为山，有高山仰止之意。所以，贲卦的卦象为上山下火、火光冲天。贲卦之《彖曰》写道："贲，亨。柔来而文刚，故亨。分刚上而文柔，故'小利有攸往'。刚柔交错，天文也。文明以止，人文也。观乎天文，以察时变。观乎人文，以化成天下。"这段文字意义十分深刻，影响十分深远，其大意是：用阴柔来文饰阳刚，以柔为文，以刚为质，内柔外刚。刚柔交错的关系，表现在自然界则为天文天象，表现在人类社会则为社会制度、风俗教化。观察天象，可察觉到时序和时节的变化。观察社会人文现象，可以教化成就天下之人。

贲卦的前卦为噬嗑卦，讲述刑狱惩罚的强制作用。一个秩序井然的社会，既需要法律制度的强制，也需要文化文明的教化。贲卦紧接噬嗑卦，侧重讲述文化发展的重要性，体现礼乐制度的文饰作用。两卦分别代表刑政和礼乐两个方面。

孔子在《论语·颜渊》写道："颜渊问仁。子曰：克己复礼为仁。一日克己复礼，天下归仁焉！为仁由己，而由人乎哉?""克己"是指对自我利益、自我中心、自我主义的克制[①]。"复礼"是指回归礼节。"礼"

---

① 朱熹对"克己复礼"作过解读，他把"克"理解为"克制""战胜"，把"克己"理解克制"己私""自私"。把"礼"理解为"理"，即天理，而不是周礼或者礼节所代表的具体行为规则。对此，朱熹有言，"克是克去己私。己私既克，天理自复，譬如尘垢既去，则镜自明；瓦砾既扫，则室自清。"

与“节”相连，有礼节之称①。孔子所言的“仁”，有多个解释，“仁者爱人”是其经典含义。孔子将“克己”“复礼”“归仁”三者连成一体，从自我克制出发，遵从礼节，最终实现天下仁爱，万世太平。

礼是现实生活中实实在在的行为规则，礼蕴含的道理是节制精神、美德精神、伦理精神，礼之背后的节制、美德、伦理精神，不是理念论，而是实践论，三者就在人之践履、人之行迹当中呈现。实际上，这里蕴藏着一个重大的理论问题，而且这个理论问题导致了程朱理学与周孔之学的重大差异。

朱熹和孔子一样，都把礼看做是精神的载体、精神的外化，都强调现实生活中的礼，并不稀松平常，而是蕴含深意，它们体现超越性、合理性。也就是说，两人都赞同礼节是现实性和超越性的结合。但是，如何看待礼节背后的超越性，朱熹和孔子就此分道扬镳。

孔子认为，礼作为精神的载体和外化，与精神本身具有统一性和同一性，不能将礼节的现实性、约束性与超越性、合理性，前者为克己，后者为归仁，不能分离和割裂克己与归仁。礼之超越性和现实性的统一就在于《周易》所言的阴阳之道，即礼即道，即道即礼。守礼即是履道，履道即是守礼。守礼即是遵循《周易》继善成性、与时偕行的实践性原则。因此，可以有礼节变迁，可以有制度变迁，因为道随着时间开显，履道需要与时偕行、君子时中。于是礼有损益，礼有因革。因此，可以有三代之治，可以有“夏忠、殷敬、周文”的三代之变。虽然三代有变，但是三代皆治。

朱熹与孔子不同，朱熹将礼之超越性和现实性分割开来，分离开来，礼之现实性为规范，礼之超越性为天理。因此，礼节一分为二。因为超越性的天理，礼节一成不变。这样，朱熹所言之理，就不是近在身边的

① 中国文化中有时节、竹节、礼节的三节之说，对应于天地人三才之说。也就是说，天地人三者都需要节制，时节为天之“克己”，竹节为地之“克己”，礼节为人之“克己”。克己观、节制观的背后是共同体思想、生态思想、利他思想，体现了“与人方便，与己方便”“独乐乐不如众乐乐”的德性思想和美德精神。中国文化中的节制观与西方文化的权利观，两者相去甚远，前者代表德性，后者代表理性，但是两者并非截然对立，可以相互通达。

现实之理，不是“道不远人”之道理，而是远在天边之“理念”“理则”，朱熹称之为“天理”。

孔子在《论语·颜渊》中写道：“为仁由己，而由人乎哉?”这句话同样是孔子论仁的经典之语，体现了孔子秉持“一个世界的世界观”。“克己复礼为仁”，仁代表礼节的超越性，代表守礼的道德性，但是仁不在天上，不为天道天理，而为人道人事，由人行，由心行，由己行。可见，孔子所言的“克己”“归仁”，并不等同南宋朱熹所言的“理”“天理”。牟宗三对于朱熹的理学思想有“别子为宗”的说法，凸显朱子与周孔之道的思想差别，富有洞见。

实际上，相对于周孔之道而言，程朱理学大有开新，大有创造，凸显了学术思想的特点和特色。但是，相对于孔子的中庸思想、中道思想、文质彬彬思想而言，朱子的理学思想，离世言文，离质而文，文之又文，将人道人事推向一个遥不可及的天道天理，结果造成“文敝”[①]，即造成严重的“文化病”。

孔子有言，“郁郁乎文哉，吾从周”，明确表达了对西周之文的向往。亲亲、尊尊、贤贤、能能的秩序结构以及封建制度、礼乐制度、宗法制度的制度体系，体现了西周之文的特点。汉武帝时期“罢黜百家，表彰六经”，东汉章帝时期颁行《白虎通义》、确立“三纲六纪”，儒家经学成为两汉之文的标志。光武帝、明帝、章帝三位东汉皇帝发展了“东京风俗”，成为两汉之文的顶峰，北宋司马光、明末清初顾炎武、民国时期梁启超，都对“东京风俗”赞不绝口。三国魏晋南北朝时期，玄学之风盛行，印度佛教传入中国，本土道教破土而出，儒、道、玄、佛，相互激荡。唐朝时期道儒释三教并列，佛教和道教完成改革，大兴于天下，开放和包容成为唐文的显著特点，长安成为亚洲乃至国际文化交流

---

① 司马迁有言，“周秦之闲，可谓文敝矣。”敝同于弊，文之极而成弊。弊为弊病，是为病态。文敝即为文化病。文敝的典型表现是虚伪、虚假，即虚文。

的中心，实际上诞生了“长安风俗”①。两宋时期以儒家复兴为标志，北宋的道学和南宋的理学，隆盛于天下。随着南宋朱熹的理学思想成为元、明、清三朝的官方意识形态，儒学逐渐朝着儒教方向发展，于是儒家思想发展遭遇到“胜利的失败”，学风由真实而虚伪，思想由通达而固守，精神由开放而封闭，社会发展陷入否塞不通的境地。

从中国历史变迁和文化变迁来看，文化既不是越多越好，更不是越高越好，设计许许多多的繁文缛节，设定遥不可及的文化目标，往往事与愿违，造成文弊。文明和文化是超越性的代表，质朴和素朴是现实性的代表。文饰与质朴相对，有刚柔之分，为一体两面。有文则有质，有质则有文。质为内在本色，文为外在形式。两者结合，内外一体，不可分离。

文化变迁同样遵循适可而止的中庸之道，既不能“过”，也不能“不及”，过犹不及，同样需要“适度”“合度”，同样需要节制。所以，《贲卦》有言，白贲无咎。贲卦本来言文饰，最后回归质朴、素朴、由文而质。

二、文化与文质彬彬

孔子在《论语·雍也》中写道：“质胜文则野，文胜质则史。文质彬彬，然后君子。”质为质朴，文为文饰，史为虚浮不实，彬彬为相杂适中。孔子所言的大意是：质朴胜过了文饰就会粗野，文饰胜过了质朴就会虚浮，质朴和文饰适当，然后才可以成为君子。

儒家往往释“文”为外在礼节，释“质”为内在仁义，因此“文与质”的关系就理解为“礼与仁”的关系，文与质，礼与仁，都不能偏胜，应当不偏不倚，执两用中，即为中庸之道。

《周易》有损和益两卦，因此有“损益之道”的说法，以损益之道

---

① 唐以后的传统史学家，以儒家思想为文化标准，唐朝风俗不为所重，故不言“长安风俗”。

来看待孔子的“文质之辨”，同样颇有启发。减损的是“质”，增益的是“文”，则是由质向文的发展进路；减损的是“文”，增益的是“质”，则是由文向质的回归之路。

持有“损益”“因革”“往复”的历史发展观，则“一损一益”与“一质一文”相对应，形成“文质损益”“文质因革”的变易关系，从而衍生出历史变迁的不确定性、往复性。

三、文质彬彬与“三代之治”

“文质损益”可以与“三代之治”联系起来。

孔子在《论语·为政》中写道：“殷因于夏礼，所损益可知也；周因于殷礼，所损益可知也。其或继周者，虽百世可知也。”儒家十分重视“三代之治”，三代之治均为优良政治，但是治理方式各有千秋。

在《礼记》的历史学解释框架中，夏代的情形是远离鬼神祭祀，比较亲近人事，首先注重赐予民众以利益好处，然后再对他们施予威严，因此人际关系较为密切，互相释放着善意，人情显得质朴无文。殷人重视祭神拜神，主张惩罚先于赏赐，以树立威严，以尊崇权威，人情相对显得淡漠，社会容易陷于无序。周人建立崇尚礼仪的规范，尊奉鬼神同时保持距离，采取敬而远之的原则，按照社会等级确定赏罚标准，恢复了人情的亲近关系。但是，由于礼仪制度过于繁琐，过度讲究精致，所以使民众学会了取巧的本领，民风于是趋于油滑[①]。

西汉思想家董仲舒在《春秋繁露·三代改制质文》中写道：“王者以制，一商一夏，一质一文”“主天法商而王，其道佚阳，亲亲而多仁朴，……主地法夏而王，其道进阴，尊尊而多义节”。在董仲舒看来，“尊尊”和“亲亲”的转换，即是“文”与“质”的交替。三代之治是在文质的损益、因革当中来展开和实现[②]。

---

① 杨念群：“‘文质之辨’与中国历史观之构建”，《史林》2009年第5期。

② 杨念群：“‘文质之辨’与中国历史观之构建”，《史林》2009年第5期。

西汉史学家司马迁在《史记高祖本纪》中明确概括出“夏忠、殷敬、周文”的文化特点，并且提出“三王之道若循环”的说法，凸显三代之治在治理方式上的差异和特点。司马迁还提出“周秦之闲，可谓文敝矣”的说法，这是他对西周时期繁文缛节的批判。司马迁对西汉开国给予充分肯定，认为“汉兴得天统”，以救“文敝”。司马迁看来，西汉开国对治了“周秦之闲的文敝”，重新回到了夏朝忠厚朴实的文化生态。

四、“历史建理性”与“观念的灾害”

言文化必言历史，故有“文史”之说。言文史必言哲学，故又有“文史哲”之说。对中国文化变迁和历史变迁进行哲学层面的思考，以哲学家李泽厚言“历史建理性”和中国台湾新儒学重镇牟宗三言“观念的灾害”尤为深刻。当然，两位学者之间也有针锋相对的地方。

李泽厚的哲学体系可以称之为“人类学历史本体论”①，或为“历史本体论”，他的思想可以概括为“经验变先验，历史建理性，心理成本体”三句话，体现其认识论、伦理学、存在论三个方面的学术观点。李泽厚通达康德哲学和马克思哲学，并以历史唯物主义思想来立论。他的历史本体论第一范畴就是“度”“度”即恰如其分，它体现了人类在社会实践活动中达到主观性与客观性（客观规律）的一致性。“度”体现出了人类认识的高度和广度“止于至善至美”，代表了“实用理性”，但是“度”不是由“个人先验”而来，也不是由“个人经验”而来，而是由“人类经验”而来，是人类感性实践的长期经验积累沉淀的产物。“对于人类的个体而言的先验理性，实际是合理性经由历史的沉淀而成的心理形式，并通过广义的教育传递给后代。”② 可以说，李泽厚所言的“度”，由人类的感性而来，结果成了“理性”，而且高于康德所言的“理性”。这种以“度”为标志的人类理性，通过积累、积淀、教育、传

① 李泽厚：《人类学历史本体论》，天津社会科学院出版社2008年版。

② 李泽厚：《历史本体论·己卯五讲》，三联书店2003年版。

递，进而形成道德，塑造心灵和心理，变成文化和文明。

李泽厚对人类历史和文化发展抱有乐观主义的看法，也有淡淡的“历史决定论”和“发展进化论”取向，这与他的学术渊源、生活环境有关，也与他选择以人类的“总体”而不是以“个体”作为研究起点的学术路径相关。但是，阅读李泽厚的著作，反而可以增强文化自信，中国文化重视“度”“历史”“情理法”“实用经验”，在李泽厚这里都变成了可以通达“至善至美”的“理性”。

牟宗三继承和发展熊十力倡导的新儒学，通达儒释道和康德哲学，致力于重建“道德的形而上学”。他不仅有气象恢宏的心性学、“内圣学”著作，也有规模庞大的政治学、“外王学”作品。他提出了道统之肯定、学统之开出、政统之继续的“三统并建”的学说[①]，也提出了“中国文化精神之政治方面就只有治道，而无政道。……中国以往知识分子（文化生命所由以寄托者）只向治道用心，而始终不向政道处用心”的说法[②]。可见，牟宗三是一位有开放精神、批判精神的哲学家，他通达古今中外。

牟宗三在其《政道与治道》一书中撰有四章专论“政治神话”。在他看来，现代政治神话与它的古代形态不同，它意味着一种“概念的”政治或者“主义”的政治。这样一种政治把语词的世界与实在的生活世界颠倒，并把后者虚无化，从而能够以观念世界来彻底摧毁后者，取代后者。可以把“人的生命客观化，大公化，客观化到概念（语言）上去”为目的，人被提升到观念的层面上去，在这里，以身殉“道”（语词与观念）的庄严崇高的神性宗教情操下掩盖着的是“极端狠愎、诡诈、漆黑、虚无之魔性”[③]。

意识形态是现代政治生活中的一个文化现象，为现实政治的合法性

---

① 郭齐勇：“牟宗三先生‘三通并建’说及其现代意义——以‘开出民主政治’说为中心”，《孔子研究》2016年第1期。

② 牟宗三：《历史哲学》，（台湾）学生书局1984年版。

③ 牟宗三：《政道与治道》，广西师范大学出版社2006年版。

进行辩护，提炼出一套解释性的话语体系，进而发展成为一种“观念的灾害”[①]。一旦人们为虚假的存在观念所奴役，“观念的灾害”就难以避免。在人类历史上，没有什么比“观念的灾害”带给人类的灾难更为严重的了，更为可悲的是，它是人类自己带给自己的灾害。当人们坚定地沉迷于某种人为设定的存在“理想”时，真正意义上的理性的决断已经不能参与他们的存在形式，他们的存在反而为一种外在的观念所奴役[②]。

牟宗三所言的“政治神话”“观念的灾害”，与文化和历史密切相关。虽然牟宗三批判现代社会，并不指向古代社会，但是历史和文化的变迁绵延不断，今日之实践马上就成为明日之历史、后日之文化。所以，不是简单的现实政策问题，而是属于历史哲学的重要范畴。

李泽厚以西方哲学研究为主，结果讲出了中国文化的美和理性。牟宗三致力于挺立中国文化，讲中国文化的善和“智的直觉”，结果讲出了政治文化的非理性。可以看出，李泽厚和牟宗三都有自己深刻的历史哲学观，都与康德哲学有深厚的渊源，他们都致力于以哲学来通达文化与历史，但是他们之间存在着思想差异。

李泽厚言“历史建理性”，带有温和的“历史决定论”意蕴，对文化和文明持有赞美的态度。我们认为，历史发展具有无限的可能性，它是继承与开创、超越性与现实性共同作用的结果，因此不是线性的进化论，而是充满无限可能的不确定性。从《周易》思想而言，历史发展是乾元精神的反映，生生不息，发展的结果可以是“泰”，也可以是“否”，全在于乾元的意志。所以，我们没有李泽厚那样的乐观，倾向于“历史未必建理性”的非决定论思想。

牟宗三言“观念的灾害”，带有浓厚的悲观主义色彩，对现代文明特别是现代政治文明，持有否定的态度，这是牟宗三悲天悯人思想的自然流露。《周易》讲和和美美的泰卦，但是事情不可以终泰，所以继之

① 《观念的灾害》是牟宗三先生的一篇演讲词，收入《时代与感受》一书。牟宗三：《时代与感受》，（台湾）鹅湖出版社1984年版。

② 陈赟：“‘语言的转向’与现代境况下人的解放”，《社会科学论坛》2003年第3期。

以否，但是也不会久否，经过休否倾否，最终又会否极泰来。在《周易》看来，泰否都不会久长，正如泰卦所言“无平不陂，无往不复”的道理，是泰是否仍然在于乾元的意志，而乾元始终生生不息、心意无限，因此泰否莫测。

相对而言，李泽厚强调了超越性的高远，所以乐观。牟宗三强调了现实性的严酷，所以悲观。我们认为，历史不仅可以建理性，同样可以起遮蔽；现实虽然严酷，但是“淤泥定生红莲”“烦恼即菩提”（《六祖坛经》）。所以，人类变迁总是在文与质的生态圈中获得平衡，这个平衡不是一成不变的抽象规则，而是“苟日新，又日新，日日新”的动态过程，这个平衡与时俱进，与心共在，是由世人之心平衡出来的现实状态，是世人脚踏实地走出来的路。

第二节　节制欲望，利不伤义，避免社会失败

一、欲、争、乱、穷、养

《周易》通过需卦讲人的欲望。需卦的特点是乾下坎上，乾内坎外。乾为健为动，表明内在需求十分强烈，健动不已，志在必得。坎为水为险，表明外部环境艰难险阻，不容前行。于是，组成了“险在前”的卦象。需卦之《彖曰》写道：“需，须也，险在前也。刚健而不陷，其义不困穷矣。”

如何合理处理“内有需，外有险”的现实状况？乾元没有止步不前，而是智慧地、动态地调整自己的行为，稳扎稳打，步步为营。首先，“需于郊，不犯难行也”。其次，“需于沙，衍在中也”。复次，“需于泥，灾在外也”。再次，“需于血，顺以听也。”“需于酒食，以中正也”。最后，“不速之客来，敬之终吉”。

《周易》讲需求，讲得很圆满很完美，并无偏颇之意。首先，《周易》肯定人之欲望和需求的合理性，就在于乾元的“刚健”，这是人之天性。其次，《周易》提倡忍耐克己的精神，既要争取满足欲望，又不能陷入不义之地。最后，《周易》提倡与众同乐，用“热情好客”的慷慨精神和分享精神（即德性）来对待不速之客。孟子有句名言，“独乐乐不如众乐乐”，讲述了同样的道理。

当然，《周易》是从文化哲学、伦理学的角度来讲需求产生、需求满足的合理性和节制性。从政治哲学的角度来看，人类社会的争斗、战乱、战争，都离不开人的欲望，所以需要对欲望加以引导和管理。满足欲望，管理欲望，节制欲望，三者同成一体。

《周易》之后，儒家和道家开辟了两条有差别的思想路径。

老子在《道德经》中写道：“不尚贤，使民不争；不贵难得之货，使民不为盗；不见可欲，使民心不乱。是以圣人之治也，虚其心，实其腹，弱其志，强其骨，常使民无知无欲。使夫知者不敢为也。为无为，则无不治。”这段文字中的“知”同“智”，不理解为智慧、知识，而理解为智巧、机巧、算计。老子这段文字的核心是无知（智巧）、无欲，落脚点是无为而无不为，结果是天下太平①。

孔子和孟子主要从伦理学来讨论这个问题，他们看到了欲望膨胀对给社会发展带来的巨大破坏性，看到了现实的复杂性，孔子提出了“义利之道”的中庸思想，孟子则提出了“义利之辨”的思想。孟子发起了战国时代著名的“义利之辨”，提倡“义以制利”。面对持续的战乱，孟子写道：“争地以战，杀人盈野；争城以战，杀人盈城。此所谓率土地而食人肉，罪不容于死。”（《孟子离娄上》）。孟子从现实政治的残酷性出发，进而强调伦理和文化的优先性和至高无上性。

孟子之后，荀子沿着伦理学和政治哲学的方向继续探索，他试图将《周易》的文化哲学和孔孟的伦理哲学、政治哲学思想进行调和。荀子

---

① 前面我们已经讲过，我国已经有学者开始从政治哲学角度来解读《道德经》，将老子的哲学思想解读为“以文化节制权力”，而不再侧重“君主南面之术”。

既从理论上承认欲望的合理性，又在实践上节制欲望和管理欲望。荀子的论证过程很严谨，对策建议很简洁，可以概括为6个字：欲、争、乱、穷、礼、养。

荀子在《荀子·礼论》中写道：

> 礼起于何？曰：人生而有欲，欲而不得，则不能无求，求而无度量分界，则不能不争。争则乱，乱则穷。先王恶其乱也，故制礼义以分之，以养人之欲，给人之求。使欲必不穷乎物，物必不屈于欲，两者相持而长，是礼之所起也。故礼者，养也。
>
> 礼有三本：天地者，生之本也；先祖者，类之本也；君师者，治之本也。无天地恶生？无先祖恶出？无君师恶治？三者偏亡焉，无安人。故礼，上事天，下事地，尊先祖而隆君师，是礼之三本也。

荀子论礼的内容非常丰富，上面摘引其中部分内容，虽然篇幅很简短，但是内容很经典，很有代表性。

第一段文字讲欲、争、乱、穷、礼、养的逻辑关系：人生而有欲，欲望得不到满足，就会引起争斗；有争斗就会导致动乱和贫穷的不利局面，先王就是通过制礼来加以治理，结果获得“两全其美”的社会效果：既有对个人欲望的满足，也有社会太平的发展。文中所言的“礼”代表社会治理方式，即政治生态建设。在荀子看来，这种治理方式瞄准了源头，所以有“治本”的特点。荀子论礼的思想很特别，而且很高明，很辩证。荀子礼论思想的突破点就在于他把“先王制礼”视为“养民”而不是“治民”。

第二段文字接着讲礼之“三本”：本于天地、先祖、君师。当然，礼之三本最终还是本于“养”。

荀子在《富国篇》中写道：“欲恶同物，欲多而物寡，寡则必争矣。故百技所成，所以养一人也。能不能兼技，人不能兼官，离居不相待则穷，群而无分则争。穷者患也，争者祸也。救患除祸，则莫若明分使群矣。”《富国篇》中的思想认为，人不能离群索居，也不能群而无分，前者则穷，后者则争，两者皆为患害。

所以，荀子认为消灭社会祸患最好的办法就是明分使群。既能群，又无争，则为“理想社会”“完美社会”。

二、禁欲、节欲、纵欲

对待欲望的态度，是人类文明必须回答的基础性问题。从文化层面来比较，大致可以区分为三大类型：一是禁欲文化；二是节欲文化；三是纵欲文化。如果把理论上可以区分的这三种类型，与人类历史上出现过的文化体系联系起来，也许可以和印度文化、中国文化、西方文化[①]做不严谨的对应。

梁漱溟在《中西文化及其哲学》一书中采取文化三分即印度文化、中国文化、西方文化讨论了三个问题：一是文化的起源与类型；二是三种文化类型的比较；三是人类文化的发展趋势预测。梁漱溟从“人生的意欲”出发，将中、西、印三种文化概括为人类生活样式的三种路向：“西方文化所走的是第一条路向——向前的路向，即征服自然、改造环境的路向；中国文化是以意欲自为调和、持中为其根本精神的；印度文化是以意欲反身向后要求为其根本精神的。”[②] 梁漱溟由此解释西方科学技术发达，印度出世和禁欲观念发达，而中国“往世”观念发达。

我们采取禁欲、节欲、纵欲的文化三分，既与梁漱溟有相通之处，也另有侧重之处。以“欲力之辨”为题，我们希望表达四个方面的观点。

（一）欲望与生产力

欲望与生产力相连，从根本上讲欲望可以成为生产力的代表。从《周易》来看，人之欲望理解为乾卦所言的乾元之力，是生生不息的生

① 欧洲在希腊后期和罗马时期，出现纵欲现象。在“黑暗的”中世纪，欧洲接受宗教统治，进入禁欲时期。宗教改革运动和文艺复兴运动出现后，朝着解放人性的方向发展，反对禁欲，提倡节欲。从欧洲历史变迁来看，经历了一个由纵欲、禁欲走向节欲的发展过程。

② 梁漱溟：《东西文化及其哲学》，上海人民出版社2006年版。

物之力、开物之力。从现代经济学来看，可以把欲望理解为消费力、生产力、创新力的代表，代表个人生产力，从整体上看，个人生产力可以汇聚成社会生产力，可以成为社会生产力的代表。这样，禁欲、节欲、纵欲所代表的三种文化，也就对应着三种生产力发展的水平，分别为低、中、高。

（二）欲望与破坏力

欲望不光会促进生产力的发展，同时也会引发破坏力的产生，即对社会生产力产生破坏性作用。因为欲望而引发破坏力的产生，最简单的解释就是荀子讲过的四个字："欲、争、乱、穷"。实际上，荀子所言的社会现象，在中外历史上都屡见不鲜，甚至可以说比比皆是。

这样，禁欲、节欲、纵欲所代表的三种文化，对应着破坏力发生的三种可能性以及破坏力强弱的三种可能性，分别为低、中、高。

（三）欲力之道

对于欲力关系，需要做阴阳观、生态观、辩证观的考察。将欲望和生产力相连，为阳；将欲望与破坏力相连，为阴。所以，圆满地处理"欲力关系"，必须知阴知阳，知生知死，知发展知风险。不能只讲欲望可以促进生产力发展的一面，只见阳的一面；看不到欲望膨胀对社会生产力的破坏力，看不到的阴的一面。通过"欲力之辨"，可以达致"欲力之道"。欲力之道的思想，就在于看出欲力关系具有两面性、阴阳性、辩证性。欲望、生产力、破坏力，三位一体，一气相连。

进行欲力之辨，达致欲力之道。需要进行上下求索。由经济而政治、由政治而文化，最终从文化政治经济学层面来寻求答案。因此，需要将反思提升到文化层面，需要回归文化的中和性、开放性、通达性。

三、传统文化节制现代文明

20 世纪人类社会爆发了两次世界大战，对人类社会的伤害前所未有，欧洲首当其冲。两次世界大战的策源地都在欧洲，两次世界大战与欧洲相联，引发了欧洲学者的深刻反思。这场反思始于传统文化与现代文明之辨，辨别他们之间的差异性和异质性，这场反思终于文化哲学和历史哲学的批判。

历史学家斯宾格勒，现象学家胡塞尔，存在论哲学家海德格尔，阐释学哲学家伽达默尔，他们批判理性主义、科学主义、空间主义、绝对主义的极致化倾向，既凸显传统性与现代性、历史性与发展性之间内在张力，又致力于探索人文与科学、存在与时间、古与今、内与外、审美与技术的统一。

现代文明之利与弊，相生相杂，阴阳同体。现代文明之弊病，正如司马迁所言的文弊，其实是一种文化病，是一种文明病。如何以救文弊？上面四位欧洲学者开出的药方，基本上属于中国哲学所言的节制，用传统文化来节制现代文明。正如孙中山所言，“取那善果，避那恶果”。

（一）传统性与现代性

与英国历史学家汤因比、德国历史学家雅思贝尔斯一样，斯宾格勒①摒弃欧洲中心主义的历史观，建立开放的历史哲学观。首先他开展横向之辨，从文化比较学、文化形态学研究入手，将研究视野覆盖古典文化、西方文化、阿拉伯文化、古埃及文化、俄罗斯文化、中国文化等，将世界文化舞台上的聚光灯同时打开，让各种文化同时登台亮相，欣赏到了不同文化的多姿多彩。

其次，斯宾格勒开展纵向之辨，即欧洲文化的历史变迁，即古今之辨。斯宾格勒所言的“古典”是指希腊罗马时期，古典文化以“阿波罗的灵魂”为代表。“西方”是指文化复兴之后的欧洲，西方文化以“浮士德的灵魂”为代表，即近现代的欧洲文明，亦即一种独立的高级文化现象。斯宾格勒将古典文化的特征概括为“自足的有限的实体”，凸显古典文化的自然主义特征，自然主义的延伸往往指向整体主义，由自然主义和整体主义衍生出心灵上的自足感和满足观，从而接近于《周易》

① 奥斯维尔德·斯宾格勒：《西方的没落》，齐世荣、田农等译，商务印书馆2001年版。

的艮卦精神和节卦精神，知止知节。

斯宾格勒将西方文化的特点概括为“纯粹而无限的空间”，凸显西方文化对空间主义、科学主义、知识主义开展极致化、纯粹化的心理追求，这种心理冲动接近于庄子批判过的“极物之知”①。实际上，古典文化的心理接近于坤卦精神，以内求为主；西方文化的特色接近于乾卦精神，以外求为主。西方文化诞生之后，一直处于不断展现其创造力和生命力特征的过程当中，这种创造力和生命力的成果皆以空间主义来显现。

斯宾格勒展开古今之辨，凸显了欧洲传统文化与现代文明之间的强烈冲突和内在张力：内求与外求、思想与知识、努斯精神与逻格斯精神即自由精神与理性精神、自然主义与技术主义、经验主义与科学主义。可见，斯宾格勒全面而深刻地揭示了传统文化与现代文明的差异，提出了对现代文明进行节制的重要思想。

1918 年，斯宾格勒发表名著《西方的没落》。1936 年，斯宾格勒去世，未能经历第二次世界大战。但是，他批判现代文明的深刻性，让人们仿佛听到第二次世界大战的脚步声，而不是第一次世界大战的滚滚雷声。

（二）人文与科学

20 世纪现象学思想异军突起。就思想的超越性而言，现象学与黑格尔的“精神现象学”有着相承相反的理论渊源②。就现实性而言，现象学与 20 世纪两次世界大战的爆发有着密不可分的社会渊源。面对世界大战与现代文明，现象学家们“究天人之际，察古今之变”，致力于摆脱人文与科学的分裂、生活世界与理念世界的分离、古与今的断裂，内与外的隔绝。作为西方哲学家，他们希望以自由精神和自由之学来建立现象学、存在论的思想体系。现象学家们的共同心愿是希望摆脱西方哲学

---

① 庄子区分了知的不同层次。一是经验之知，受到情感、欲望、“成心”的遮蔽；二是世俗之知，受到“器物”的局限，受到“机心”的约束；三是“极物之知”，追求名相之辨，追求概念之辨；四是“有真人而后有真知”，有诚心，有道心，有自然之心，有平常之心，可以获得真知，真人是真知的基础，真人即为无“我”之人，真实的人，非虚伪的人。

② 叶秀山：“胡塞尔先验现象学对欧洲哲学发展的贡献”，《哲学动态》2017 年第 1 期。

和近代认识论的主客二分做法，走向天人合一、主客统一。对此，胡塞尔有名著《欧洲科学的危机与超越论现象学》，海德格尔有名文《关于技术的追问》，伽达默尔从美学角度反思科学技术主义。

科学技术既有建设性，也有破坏性，一体两面，构成阴阳之道，这是斯宾格勒时代的社会问题。到了现象学时代，科学技术统治了社会生活，对日常生活形成了强大专制。从一定意义上讲，资本的力量和科技的力量成为现代文明的两座大山，这是科学技术给胡塞尔、海德格尔、伽达默尔等现象学家们提出的真实问题和时代问题。

胡塞尔的高明在于从现象学之知、纯粹之知来批判科学主义，他区分经验之知、科学（主义）之知、现象学之知。经验之知，保留了人文性，但是受到“此物对我有用”的功用主义影响，达不到认识的科学性。科学之知，虽然摆脱了功用主义的限制，但是受到“有物在我之外”的理念论影响，抛弃了人文性。唯有现象学之知，即纯粹之知，直面现象，直抒胸臆，获得真知，达到人文与科学的统一。可见，胡塞尔以退为进，向内求玄，旨在保留人文性。

海德格尔从存在论出发，凸显时间和存在的一致性、同质性。在他看来，亚里士多德将“形式”视为“存在”，其实探索到的结果仍然是存在者，是现象而非存在。海德格尔的思想，恰如中国禅宗的自由精神，“说是一物即不中”。海德格尔把技术理解为天道[①]的显现，技术是心灵的艺术，是创意的展示，是诗一类的东西。现代技术与人类的历史命运相依相连，现代技术的本质在于天道，在于自由精神，评价现代技术价值的尺度和标准在于天道。

伽达默尔认为科学忽略了存在，从科学方法出发的主体论美学观割裂了艺术和生活世界的联系，将存在者视为世界的本质，导致艺术真理和艺术自由的流失。伽达默尔发展美学和阐释学，意在建立为世界万有相通相达建立理解的桥梁和道路，希望让艺术回归现实生活世界。

---

① 俞宣孟：“在技术的本质中看天道——读海德格尔《关于技术的追问》”，《学术月刊》1995 年第 5 期。

现象学家们认为，生活世界是世界的本原，是科学技术的本原。生活世界高于科技世界，生活世界重于科技世界。科学技术向善、向美、向真，是天道所在，是人类命运所在。现象学的思想通达中国文化的毋我精神、无我精神、天道精神、通达精神。现象学对科学技术和现代文明的批判，与中国文化的节制精神可以通达起来。

第三节　节制权力，权不伤民，避免国家失败

一、史官节制权力

唐朝史论家刘知几在《史通·史官建置》中写道："盖史之建官，其来尚矣。昔轩辕氏受命，仓颉、沮诵实居其职。至于三代，其数渐繁。案《周官》、《礼记》，有太史、小史、内史、外史、左史、右史之名。太史掌国之六典，小史掌邦国之志，内史掌书王命，外史掌书使乎四方，左史记言，右史记事。""此则《春秋》'君举必书'之义也。"可以看出，我国史官制度由来已久，职分细密，史官传统代代相传，"君举必书"，秉笔直书，博闻实录。

孟子言，"王者之迹熄而诗亡，诗亡而春秋作"。钱穆对此有过非常透彻的解读[①]，《诗》更多地体现了周天子与诸侯们在一起的雅颂、宴享、歌舞、喜庆场景。遇礼必有乐，礼乐必寓于史。后来由于周天子式微，"王者之迹熄"，诸侯们久不来朝，于是《诗》就越来越少了。诸侯不来，周天子就只好派遣史官到诸侯的封地上去考察，通俗地讲就是史官们集体"下基层"，史官们的记录和记载就成了《春秋》。

① 钱穆：《中国史学名著》，三联书店2005年版。

后来，孔子编撰《春秋》，采取人物臧否、历史批判的做法，就形成了“春秋笔法”；将道义观、礼法观、天下观等文化精神注入其中，就有了“春秋大义”。这样，统一的历史观、历史意识就建立起来了，《春秋》也就成为全中国、全天下的历史。而且大一统的历史观与大一统的政治观相连，文化塑造政治的做法进一步得到贯彻。孟子有言，“孔子作春秋而乱臣贼子惧”。乱臣贼子只是一时一代的历史人物，《春秋》则成为历史性、时间性的标准。

由史官、史册而史学、史识，由直书、实书而春秋笔法、春秋大义，中国文化与中国历史由激荡而交融。以历史入文化，以文化入历史，文史相通相济，独特的文化历史观、历史文化观得以形成。“历史塑造文化”“文化塑造历史”与“文化塑造政治”，一并得到发展。

通常意义上的历史属于现象，只是历史事件的记录而已，并不一定能够进入时间。但是，中国文化凸显历史性、文化性、时间性的交融。具有历史性的历史，具有文化性的文化，与时间性同在，都能够进入时间，进而成为“存在”。当然，能够进入时间的历史，是通达的历史；能够进入时间的文化，是通达的文化。历史进入文化，文化进入历史，其本质是历史和文化一并走进时间，与时间同“在”，成为永恒之道、不易之道，成为常道、常经。

西汉史学家司马迁提出“究天人之际，通古今之变”的思想。这种思想表达的正是“自由的历史观”“通达的历史观”。于是，历史本身成为“自由的历史”“通达的历史”，与时间同“在”的历史。

概括而言，史官节制权力是政治制度，是第一道防线；史册节制权力是文化制度，是第二道防线。史识节制权力则是存在论的通达，是第三道防线。

二、言官节制权力

中国古代政治体系不仅有史官建置，还有御史建置、谏官建置，同样意义重大。御史又称台官、宪官、察官，谏官又称言官、垣官。从史官、御史、谏官建置来看：史官掌“史”，记录君主言行，记载国家大政，编撰历史典章，褒贬历史得失，以史节君。台官掌“察”，以律令和上令为依据，监察百官，执行法纪。言官掌“言”，注重舆论，关切风声，规谏帝王，匡正君主；谏诤封驳，审核诏令章奏。

御史建置与宰相建置相似，行政性和管理性功能显著，直接代表行使权力。《史记·陈丞相世家》写道：“宰相者，上佐天子理阴阳，顺四时，下育万物之宜，外镇抚四夷诸侯，内亲抚百姓，使卿大夫各任其职焉。”具体而言，宰相的职权可以分为五个方面：选官权、督察百官并有一定的执法权、上计考课权、总领朝议与奏事权、封驳与谏诤权①。钱穆在《中国历代政治得失》一书中写道：“政府与皇室的划分，自汉以来即然。……政府中最重要者为‘相权’。因于相权的变动，一切制度也自随之变动。”就相权与皇权而言，两者之间是分权与集权的关系，代表权力结构。皇帝无为而治，则相权作用凸显；皇帝一人而治，则相权作用减弱。当然，皇权专制社会中，皇权至高无上，相权可轻可重，民权可有可无，成为社会政治的主流。钱穆从专制政治中看到皇帝“与士大夫共治天下”的“阳”面，因而看出其“开明”的一面。徐复观从中则看到皇帝“一人之治”的“阴”面，因而看出其“黑暗”的一面，他看到了志士仁人、忠臣义士流不尽的血，滴不尽的泪。

史官建置和谏官建置相似，超越性和文化性特点显著，直接代表节制权力。从董仲舒《春秋繁露》的“三纲五常”，到东汉章帝《白虎通义》的“三纲六纪”，逐步从文化哲学方面论证皇权的至高无上、天经地义。但是，在《白虎通义》的文本中，臣下的谏诤精神和圣王的通达精神仍然得到保留，成为源远流长的言官文化、谏诤文化。

公元79年，东汉章帝主持召开白虎观会议。司马光在《资治通鉴·汉纪》中写道：“名儒丁鸿、楼望、成封、桓郁、班固、贾逵及广平王

① 钱穆：《中国历代政治得失》，三联书店2001年版。

羡皆与焉。”当时撰有《白虎议奏》，统名《白虎通德论》，后来章帝命班固编撰成《白虎通义》，简称《白虎通》。

《白虎通·谏诤》篇中写道：“谏者何？谏间也，因也，更也，是非相间革更其行也。人怀五常，故有五谏：谓讽谏，顺谏，窥谏，指谏，伯谏。”《白虎通·圣人》篇中写道：“圣人者何？圣者，通也，道也，声也。道无所不通，明无所不照，闻声知情，与天地合德，日月合明，四时合序，鬼神合吉凶。”

《白虎通》将“谏”解释为“间”“因”“更”，是希望在文化“大一统”和政治“大一统”的前提下，保持差异性、异质性、变革性，从而保留乾元精神。《白虎通》将“圣”解释为“通”“道”，是希望在天命决定论的前提下，仍然保持通达性、开放性、创造性。

1941年，胡适发表了题为“民主中国的历史基础”的英文演讲。在讲词中，他特别强调了中国两千年以来在制度上接引民主的三要素：一是中国有一个高度民主化的社会结构，其中不存在严格的上下阶层之分。二是中国自汉代以来，便建立了一个客观而且公平竞争的考试制度。三是中国政治系统自始便成立了一个内在批评制度，即“御史”或“监察”之官，从皇帝到宰相都可以得到批评，因此也称为“言官”[①]。

胡适当然深知中西政治制度的差异，所以不遗余力地倡导自由思想。但是，作为温和的自由主义者，胡适对中国传统文化还是能够做温情的理解，这篇讲词体现了胡适的通达，他在致力于批判专制制度和专制社会的同时，仍然看到了中国文化对皇权、政权的节制作用。

三、谥号节制权力

中国文化和政治重视历史，有史官建置，有言官建置，有历史哲学，有历史典籍，而且有完整的历史制度。历史制度包括国家修史、地方修

① 周质平：《光焰不熄：胡适思想与现代中国》，九州出版社2012年版。

志、宗族修谱、谥号历史人物等一系列的社会活动，这些历史制度，从古至今，绵延不绝。

皇帝、皇后、大臣等位高权重人物，在其去世之后官方会依据其生前的德行和事功，给出一个具有文化意义的谥号，用来盖棺论定，臧否德业。谥号制度实际上成为施加在皇帝和大臣们头上的一道“紧箍咒”，体现文化入历史，历史入文化的节制观。

《逸周书·谥法解》写道：“谥者，行之迹也；号者，表之功也。”谥号有美谥、平谥、恶谥三种。美谥有庄、文、武、宣、襄、明、睿、康、景、懿等，平谥有怀、悼、哀、闵、思、殇等，恶谥有厉、灵、炀、幽等含有否定意思的词。通常，“文”代表文治和德行，“武”代表事功和功业。

相对于个人道德的自律，史志和谥号毕竟是一种他律，或多或少能够起到引导和节制的作用。当然，这种他律毕竟约束力相对有限。如果历史人物不能以名节为重，完全一意孤行，则对权力的节制和约束，只能是聊胜于无而已。

第四节　节制资本，力不伤德，避免市场失败

一、节制资本，避免社会解体

吕思勉在《中国通史》[①] 中写道：“在东周之世，社会上即已发生两种思潮：一是儒家，主张平均地权，其具体办法，是恢复井田制度。二是法家，主张节制资本，其具体办法，是（甲）大事业官营；（乙）大商业和民间的借贷，亦由公家加以干涉。见《管子·轻重》

① 吕思勉：《中国通史》，华东师范大学出版社2005年版。

各篇。”

《管子·权修第三》写道：“商贾在朝，则货财上流；妇言人事，则赏罚不信；男女无别，则民无廉耻。货财上流，赏罚不信，民无廉耻，而求百姓之安难，兵士之死节，不可得也。”

《管子·侈靡》篇写道：“用贫与富，何如而可？曰：甚富不可使，甚贫不知耻，水平而不流，无源则速竭，云平而雨不甚，无委云，雨则速已。政平而无威，则不行。爱而无亲则流。亲左有用，无用则辟之，若相为有兆怨。上短下长，无度而用，则危本不称。”

董仲舒在《春秋繁露·度制篇》写道：“圣人则于众人之情见乱之所从生，故其制人道而差上下也，使富者足以示贵而不至于骄，贫者足以养生而不至于忧。以此为度而调均之。”

对于董仲舒之言，蒙文通在《汉代的经济政策》① 一文中写道：“是知董子之义，实超于墨孟之俦，故舍其说而不循也。《管子书·侈靡》篇曰‘甚富不可使，甚贫不至于忧。’此又晚周之说而董生之所本耶。董生使富不至于骄，贫不至于忧，是则贫富之不可废，而应有其度。贫富不废，是自由也。贫富有度，则平等也。平等而自由，固至上之制。岂今世各国所能跂及者哉？我建国最高原则之树立，良以此也。董生忌乎大富大贫，曰‘节制资本’，是去大富。曰‘平均地权’，是去大贫。”

从中国经济哲学思想而言，节制资本的要义在于避免贫富差距悬殊，避免社会失败，避免共同体解构。从古代中国的政治实践来看，节制资本在于对大资本、大商人进行节制，在于对贫富差距进行节制。

从现代经济学理论而言，节制资本的必要性在于：化解资本与劳动的矛盾、金融与社会的矛盾、生产者与消费者的矛盾，避免私人资本的垄断，避免市场失败。同时，资本扩张可以形成力量，可以聚集力量，成为社会权力的重要代表。对社会秩序和社会生态而言，这股力量同时

① 蒙文通：《儒学五论》，广西师范大学出版社 2007 年版。

具有建设力和解构力的两个方面。从近代西方世界的发展来看，节制资本的重大经济举措包括：建立社会保障制度，实施反垄断法，保障消费者主权，实施高额累进税。

二、节制资本，避免市场失败

（一）资本与劳动的矛盾

1776 年，亚当·斯密发表《国富论》，提出市场推进分工进而推动国民财富增长的思想。1848 年马克思发表《共产党宣言》，他写道：“资产阶级在它的不到一百年的阶级统治中所创造的生产力，比过去一切世代创造的全部生产力还要多，还要大。”马克思看到了市场力量和资本力量的强大。但是，马克思与斯密不同，马克思不仅看到市场和资本促进国民财富增长的积极作用，而且看到了资本与劳动、效率与公平之间的尖锐矛盾。1867 年，马克思发表了著名的《资本论》。马克思从资本与劳动的矛盾出发，不但批判市场和资本，而且批判资本主义生产方式本身。

可以说，面对资本主义生产方式，斯密看到了市场力量和资本力量推动经济发展欣欣向荣的“阳面”，看到了利润、工资、国民财富的共同增长。马克思透过经济危机和工人失业，看出了资本与劳动、公平与效率之间不可调和的矛盾，所以他更加关注市场力量和资本力量破坏经济发展的“阴面”。同样面对资本主义生产方式，斯密与马克思看出来的东西刚好是“一阳”与“一阴”、“一正”与“一负、“一西”与“一东”。马克思坚定不移地认为，资本与劳动的矛盾是资本主义经济危机的根源，资本主义经济危机将周而复始地爆发。

马克思的《资本论》一石激起千层浪，打破了“资本主义的神话”，也打破了“自由市场经济的神话”。资本主义经济危机、资本主义经济周期，成为经济学家的聚焦点。熊彼特受到马克思的影响，提出了经济发展的根本动力在于创新，希望借助创新发展来实现由资本主义向社会主义的过渡。凯恩斯不同于熊彼特和马克思，他不把经济危机与资本主义联系在一起，认为经济危机只是“市场失灵”的短期现象，可以借助政府力量来挽救市场经济，进而拯救资本主义。

经济思想上的“凯恩斯革命”，经济政策上的“罗斯福新政”，推动自由市场经济走向现代市场经济。自由市场与现代市场两者之间有一个重大改变，就是政府干预经济，对经济危机和经济周期进行对治，实现“市场有效”。实际上，从自由市场经济向现代市场经济过渡，从斯密时代到凯恩斯时代，不仅有经济政策的变迁，而且有国民精神的变迁。人们看待效率与公平、市场与政府、资本与劳动、市场与计划、放任与管制的态度转变了，他们更加重视分配公平和社会正义，不再完全以效率原则、功利原则、经济原则为导向。

从自由放任的资本主义到国家干预的资本主义，虽然缓解了资本与劳动矛盾，但是并没有消除这一组基本矛盾。法国经济学家托马斯·皮凯蒂在《21 世纪资本论》一书中，通过对过去 300 年欧美国家的财富收入分配进行了探究，发现马克思在《资本论》中揭示的“资本和劳动”的矛盾依然存在，而且愈演愈烈，甚至认为 21 世纪很可能又回到 19 世纪贫富悬殊的境地①。

从经济哲学而言，从自由市场到现代市场的转变，是“德力关系”的新平衡，是“德力结构”的大变迁，其特点在于：一是以德救力，用政府干预来拯救市场失败；二是为自由市场引入政府力量，平衡效率与公平的关系；三是经济发展文化，为市场理性注入社会德性，实现经济发展与文化发展的共同进步。

说到底，实现这场转变的文化精神是节制资本、节制利益。

（二）金融与社会的矛盾

现代市场经济发展的一个突出现象就是金融产业的崛起和金融资本的扩张。相比产业资本而言，金融与社会的矛盾更加凸显。欺世盗名的

---

① 托马斯·皮凯蒂：《21 世纪资本论》，巴曙松等译，中信出版社 2014 年版。

金融诈骗，肆无忌惮的金融创新，毫无节制的金融投资，直接导致金融危机，直接造成“大而不能倒”的财政救助，严重危害社会发展。

西方马克思主义经济学家鲁道夫·希法亭对金融资本作出过深刻的批判[①]，新古典主义经济学家们同样对此作出了深刻的反思。美国金融学家罗伯特·席勒在《金融与好的社会》一书中，既对经济发展离不开金融发展的内在需求进行了肯定，又对金融过度发展带来的虚拟化、寄生性进行了批评，提出金融发展要为建设“好的社会”服务[②]。

实际上，罗伯特·希勒和托马斯·皮凯蒂的学术贡献，就在于他们从量化分析的角度再次论证了经济发展中“资本与劳动”“产业资本与金融资本”的矛盾。当然，这两位经济学者不像马克思那样，将问题归结为资本主义生产方式本身，进而认为必须打破资本主义生产方式才能拯救社会。这两位学者的对治方法，与节卦精神和益卦精神相一致，他们希望通过民主制度来节制资本主义，希望通过政府力量来节制市场主义，希望通过提高个人收入所得税率的财税政策来节制资本收益，进而减少收入差距悬殊造成的社会不公平和社会不正义，重新获得社会和谐发展的新动力。

在发展中国家，金融与社会的矛盾更加突出。一个重要原因在于社会生态的差异，法治水平相对落后，腐败程度相对较高，金融政治化和政治金融化，消费者不够成熟，在这种社会环境下金融发展与社会发展的矛盾尤其凸显。

（三）生产者与消费者的矛盾

在社会生态中，一端是生产者群体；另一端是消费者群体。生产者群体以金融资本、产业资本、商业资本为代表，他们往往通过各种各样的产业组织、行业组织形式来沟通和协调。消费者群体则以个人或者家庭为代表，具有分散化、个人化的特点。生产者群体拥有更高的专业优

① 鲁道夫·希法亭：《金融资本——资本主义最新发展的研究》，福民等译，王辅民校，商务印书馆1994年版。

② 罗伯特·希勒：《金融与好的社会》，束宇译，中信出版社2012年版。

势，制造出更多的专业信息。消费者群体被动接受专业知识和专业信息。很显然，生产者和消费者具有不对称的力量和地位，生产者相对消费者而言拥有更大的控制力和影响力。

美国未来学家托夫勒在《权力的转移》① 一书中，创造性地提出了生产者主权和消费者主权概念，"主权"一词代表占有主观效用上的经济剩余。托夫勒之说，代表生产者和消费者在力量方面的不对称性和不平衡性。托夫勒所言的权力转移趋势，在后工业化社会渐进地发生。对现代社会的消费者而言，节制资本即是节制生产者主权，即是节制资本权力。

（四）资本力量成为社会权力

资本与劳动、金融与社会、生产者与消费者，在这三组关系中，资本始终占有优势，始终处于强势，节制资本、节制金融、节制生产者，为构建和谐社会的应有之义。

在此之外，资本还有摆脱劳动者、消费者、社会成员的利己主义冲动，形成独立的资本权力。资本权力的使用，既有建设社会秩序的一面，也有破坏社会秩序的另一面。资本权力的滥用，表现为对政治的腐蚀，对媒体的控制，对公共政策的左右，成为凌驾于社会之上的一股力量。运用资本权力，形成的经济利益归属于资本权力的拥有者，导致的社会成本则由社会其他成员来分担。

资本力量成为社会权力，希望摆脱文化和政治的约束，甚至希望摆脱经济的笼罩，容易陷入破坏社会秩序的境地。对于这种情况，节制资本尤其必要。

三、节制资本，区分善恶之果

1906 年，孙中山在《民报》创刊周年庆祝大会上演说时指出："文

---

① 阿尔温·托夫勒：《权力的转移》，刘江、陈方明、张毅军、赵子健译，中共中央党校出版社 1991 年版。

明有善果，也有恶果，须要取那善果，避那恶果。欧美各国，善果被富人享尽，贫民反食恶果，总由少数人把持文明幸福，故成此不平等的世界。我们这回革命，不但要做国民的国家，而且要做社会的国家，这是欧美所不能及的。”1924 年，孙中山在中国国民党第一次全国代表大会上重新解释了三民主义，被称为“新三民主义”。关于民生主义，孙中山提出了平均地权和节制资本两大最重要的原则。

孙中山关于节制资本的经济政策思想，是为了对治私人资本垄断国民经济，避免资本与劳动的矛盾。其深厚的文化政治精神在于对资本和资本主义的批判性认识，而且以平均地权和节制资本为主要内容的民生主义的政治经济思想，同样为中国共产党所接受，并成为第一次国共两党合作的政治基础。后来，毛泽东代表中国共产党提出的《新民主主义纲领》，同样接受“平均地权和节制资本”的经济政策思想。

可以看出，面对资本主义的善恶之果，国民党的新三民主义和共产党的新民主主义，都主张节制资本，取善果，避恶果。

四、对权力和资本的双向节制

（一）节制权力与节制资本的次序

从超越性而言，节制资本是为了健康社会秩序，节制权力同样是为了健康社会秩序。权力对社会秩序的破坏，资本对社会秩序的破坏，两者有重叠的时候和地方，但是两者也有独立发用的时候和地方。因此，节制资本与节制权力既不是对立关系，也不是替代关系。对于权力和资本，两者都需要节制。

从现实性而言，节制权力与节制资本，两者之间的关系要复杂得多。目前，我国私人资本处于发展阶段，其分量和作用不及国有资本，民营经济和私人资本的发展需要鼓励、支持和深化，才能构建起国有资本、私人资本、社会资本三者协调平衡、相互匡正的资本结构。从资本与权力对社会秩序和社会氛围的不利影响来看，既有资本对权力的腐蚀，也有权力自身的任性和滥用。在资本与权力合谋的情况下，既要节制资本，更要节制权力。节制权力相对于节制资本而言，甚至具有优先性[①]。节制权力和节制资本，在次序选择上可以分先后，但是两者不能偏废。

目前，不少学者根据近代欧洲资本主义制度的兴起和自由市场经济的出现，进而推导出发展市场经济、发展私人资本、扩大中产经济，就可以达到“以资本约束权力”的社会发展目标，因此，他们认为中国当务之急是大力发展私人资本，而不是节制资本。由此，他们赞同节制权力，反对节制资本。

应当说，这种观点有一定的道理，凸显了经济发展对包括政治和文化在内的上层建筑可以起到引导、约束、规范的作用，从而建立起一个经济上有活力、政治有良治的进步社会。就此而言，与我们前面所讲的“经济发展文化”的观点有相通之处。而且他们面对资本与社会、权力与社会两组矛盾，认为权力与社会的矛盾更加突出，应当讲这种观点有现实性和针对性。

但是，从经济哲学而言，上述观点有值得商榷的地方。

（二）以资本节制权力的复杂性

对于上述观点，可商榷之处有四个方面。

第一，这种观点建基于对计划经济和市场经济两种体制的结构化比较，以市场经济、私人资本、中产阶级作为沟通计划经济与市场经济的桥梁。因此，属于理念论、概念论思维。“以资本约束权力”只是一种理论上的推演，在经济转轨过程中，资本与权力、资本与社会，他们之间的关系有许许多多的可能性组合，“以资本约束权力”不是理论上的唯一路径，也不可能在实践上一步到位。

第二，这种观点首先是把市场经济绝对化、理想化，没有考虑到市场经济本身具有两面性，没有考虑到经济转轨和制度转轨的过程具有不

① 刘军宁：“节制资本，还是节制权力？”，《人民论坛》2009年第22期。

确定性。比较符合实际的看法可以是：从计划经济到市场经济转轨是一个动态化的连续过程，中国市场经济的发展是一个生命化、生态化的现实过程；市场经济的优点和缺点、私人资本的长处和短处，都会同时存在。资本权贵化、资本掠夺化、资本暴利化的社会问题，都有可能随时出现。为了避免落入“转轨陷阱”“制度异化”“制度失败”的不利境地，不但要节制权力，而且要节制资本。

所以，作为中国市场经济理论的探索者，吴敬琏强调“法治的市场经济”[①]，厉以宁强调“道德的市场经济”[②]。吴敬琏强调通过法治来约束权力和约束资本，法治建设属于他律。厉以宁强调制度建设、法治建设背后的自律，即文化和道德的约束。可见，吴敬琏和厉以宁都重视节制权力、节制资本、节制欲望。

第三，近代欧洲资本主义的兴起和自由市场经济的形成，商业、商人、资本的作用十分明显，但是作用方式十分复杂。不能简单归因，更不能线性外推。

如果我们先入为主、先验地把商业发展与资本主义发展直接等同，那么我们就会把欧洲复杂的历史变迁过程简单化、概念化、抽象化。这样，千变万化的欧洲历史变迁过程就会简单地表述为：欧洲的王权之间展开了持续百年的战争，由于长期战争导致了王权普遍面临的财政压力，王权为应付战争不得不进行国内筹资，不得不与商人进行协商，于是就有了王权与商业资本的合作协议，最重要的历史事件就是建立约束王权

---

① 吴敬琏提倡法治的市场经济，强调市场经济的法治基础。吴敬琏所言的法治建设主要包括三个方面的内容：“一是在全体人民中树立法治观念，二是按照宪法所体现的公平正义来制定法律和修订法律，三是独立审判、公正执法。其中第三项是目前法治建设中最薄弱的环节。”（《中国改革三部曲》之第Ⅲ卷《中国增长模式选择》第四版前言Ⅺ页）。见吴敬琏：《中国改革三部曲》，中信出版社 2017 年版。

② 厉以宁不但出版过《文化经济学》专著（厉以宁：《文化经济学》，商务印书馆 2018 年版），而且发表过市场经济的道德建设和文化建设的文章。厉以宁写道：“我认为，市场、政府及道德是经济调节的三个力量。道德力量是超越市场与政府的。市场调节是一只无形的手，政府调节是一只有形的手，道德调节则是介于二者之间的不可或缺、不可替代的重要力量，融合的文化有益于回应挑战”（见厉以宁：“融合的文化有益于回应挑战——序《定力：中国社会变革的思想基础》”，《北京日报》，2020 年 2 月 10 日）。

的议会制度，议会获得对国王征税的审批权，结果导致财政革命和金融革命，进而推动了民主宪政制度和自由市场经济的诞生。可见，欧洲的商人资本，在近代欧洲的历史变迁过程中确实起到了积极作用。这样，似乎就可以得到“发展资本可以约束权力”的结论。

这样理解欧洲历史变迁无疑具有非常明显的“经济决定论”痕迹，把风起云涌、风云际会的文化、政治、经济所代表的整体变迁，归结为单一的经济变迁，根本看不出文化变迁、政治变迁的独立作用，更看不出文化、政治、经济三者之间协同变迁的混合作用。

实际上，在资本主义兴起之前，欧洲处于封建割据的时代。从王国外部而言，欧洲版图四分五裂，王国之间战火连天，战火连绵，王国和王权面临强大的财政压力。从王国内部而言，又可以区分为政治、经济、文化三个方面。从政治和经济而言，王权与贵族、地主矛盾重重，因为封建割据，导致王国内部四分五裂，各自为政，实现王国统一和中央集权是国王的政治经济利益所在。国王与商人进行政治结盟，对国王而言，可以得到商业资本的支持，可以为战争融资，可以打压贵族和地主力量，可以实现王国统一。对商人而言，可以获得商业发展和工业生产所需要的劳动力（争夺劳动力是城市商人与农村地主的重大利益冲突），扩大商业范围，开展远程贸易。这样，王权与商人和商业取得了利益上的一致性。从文化而言，欧洲中世纪是基督教的宗教统治时代，到了中世纪后期，宗教力量仍然十分强大，虽然王权取得了一定的政治优势，但是教会仍然是制约王权的重要力量。在宗教改革之前，基督教教义主张禁欲，对商业、商人、资本的发展不利，因此，商人在国王与教会的斗争当中采取支持国王的做法。罗马时期，有市民法和万民法之分，有自然法和实在法之辨，最后走向统一的罗马法时代。罗马法体系、罗马法精神、契约精神、法治精神，成为罗马时期欧洲文化的最大亮点。即使经过宗教统治的中世纪，罗马法仍然具有重大而深远的文化影响，最后汇聚成欧洲文化的法治传统。

实际上，欧洲的基督教文化与罗马法精神，不仅约束王权而且还约束商业、商人和资本；不仅是欧洲资本主义兴起和市场经济发展的重要推动力，而且本身就一直承担着节制权力、节制资本的重大作用。甚至可以说，基督教文化和罗马法精神，是资本主义观念和市场经济观念在欧洲落地生根、开花结果的深厚土壤。基督教文化和罗马法精神，不但推动了市场经济的诞生，而且保护了市场经济的生长。

第四，历史变迁具有丰富性、不确定性、未决定性。近代欧洲的战争史、经济史、政治史、文化史，为中外历史学家所重视。从挑战的强度上看，这个时期的欧洲可以与春秋战国时期的中国相比①。从应战的结果来看，两个地方都出现了基础性的制度变迁。但是，在春秋战国时代之后，中国出现了“大一统的中央集权”，由西周的封建时代进入秦汉的专制时代、帝国时代。在近代欧洲的百年战争之后，发展出了民主政治制度和市场经济制度。很显然，即使在大致相近的社会环境之下，两个地区还是出现了截然不同的制度选择。所以，关于历史变迁的简单对比，难以得到符合实际的结论。

概括而言，我们从文化政治经济学思想的整体观、生态观、过程观来看待节制权力和节制资本，两者之间并不直接构成对立关系，并不存在相互否定的关系，节制权力不能否定节制资本的必要性，节制资本也不能否定节制权力的必要性。而且两者之间也不形成替代关系，不能因为节制权力就可以不节制资本，也不能因为节制资本就不需要节制权力。

总而言之，节制文化对治“观念的灾害”，对治文化领域的激进和极端，揭示政治与文化、现实性和超越性之间的矛盾。节制权力对治“苛政猛于虎”，揭示权力和权利之间的矛盾，凸显行政权力和人民权利之间的矛盾。节制资本对治“市场猛于虎”“资本猛于虎”，凸显公平与效率、义与利、德与力、资本和劳动的共同发展，节制资本在于发展社会公平和社会正义。

---

① 许田波：《战争与国家形成：春秋战国与近代早期欧洲之比较》，上海人民出版社 2009 年版。赵鼎新：“在西方比较历史方法的阴影下——评许田波《古代中国和近现代欧洲的战争及国家形成》”，《社会学研究》2006 年第 5 期。

人类社会的长期繁荣，人类文明的长期兴盛，既需要对权力和资本进行双向节制，也需要文化、权力、资本三者之间相互节制。人类社会的高贵，人类文明的高远，在于美好心灵，在于美利天下。

第三编　文化政治经济学思想的现代阐释

本编共有三章。

本编三章为文化政治经济学思想的现代阐释。现代经济学的研究对象是国民财富增长或国民收入增长，即经济增长和经济发展。经济增长和经济发展，可以通过结构变迁来显现和衡量，即结构变迁的空间形式。经济学将现代经济增长分解为收入变迁、技术变迁、制度变迁三大要素，致力于探求这三大要素的空间结构变迁，即探求物力所在。文化政治经济学致力于探求这三大要素空间结构变迁是时间上的还原，还原到丁财关系，即丁财之道，最终落实到人，落实到人心人意，即探求人力所在。

我们将历史变迁的主线理解为丁财关系和丁财矛盾，即丁财之道。丁财之道是指由丁财关系自己开辟出来的、时时刻刻处于运动变化当中、不但受到历史和现实的影响并且能够开创未来的时间过程和时间关系。我们以“丁财生收入”“丁财生技术”“丁财生制度”的经济生态观来理解历史变迁的过程。我们认为，农业社会、工业社会和现代社会，都是丁财之道“生化”出来的经济现象。西方世界的兴起，新中国的百年变迁，同样如此。我们以生生不息的丁财之道来展示绵延的时间观，刻画历史变迁和社会变迁是文化政治经济的整体联动。

第十章阐释收入变迁背后的社会生态和经济生态之作用。近代以来，西方世界的兴起是世界经济史上的大事。从15世纪开始，西方世界连续突破低收入陷阱、中等收入陷阱，进入高收入阶段；连续跨越农业社会、工业社会，进入现代社会。近代以来的西方世界兴起，是文化、政治、经济三方面共振的结果，是社会生态和经济生态不断改善的结果，是法律革命、宗教革命、勤勉革命、人口革命、金融革命、财政革命、市场革命等因素的综合作用，任何因素都不能一力承担，都不能一力决定。

第十一章阐释技术变迁背后的社会生态和文化生态之作用。丁财生科技，技术变迁为丁财所共生，但是关键在人，在于纯粹兴趣。纯粹兴趣代表科学精神和自由精神，因此技术变迁和科技发展是自由之学和自由之文的结果。15世纪之后中国科技发展落后于西方，原因不在中国文化的源头，而在理学和政治对社会生态和文化生态的偏离。

第十二章提出了关于基础性、突破性、发展性、管理性制度变迁的分类标准和分析框架，将制度变迁类型与制度变迁主体联系在一起。见人见物，见德性见理性，见文明见富强，参与制度变迁的主体将文化人、政治人、经济人三种身份集于一身，三个心意汇成一心，即成为自由人。由自由人参与和发动的制度变迁为基础性制度变迁，基础性制度变迁对历史变迁具有深远影响和长期影响。

第十章
收入变迁的文化政治经济学解释

历史学家根据社会生产方式和社会生产关系的差异，将人类社会发展区分为农业社会、工业社会、现代社会。这种区分本来只是针对社会现象的特点而采取的观念上的区分，本来只是为了学术研究上的方便。但是，这种学术和观念上的抽象化、概念化的区分，得到了越来越广泛的使用，久而久之，农业社会、工业社会、现代社会就俨然成为三个截然不同的社会实体，而且代表社会发展进步的三个阶段。

由现象论而实体论，由实体论而结构论，成为近代以来西方学术思想的最大亮色。因为纯粹地采取“科学时间观”“绝对时间观”的做法，不可避免地陷入断裂时间、否定历史的“思维陷阱”。于是，绵延的历史变迁被切割成农业社会、工业社会、现代社会三个阶段。于是，近代以来，社会形态论、社会阶段论大行其道。

其实，农业社会、工业社会、现代社会，三者本来就是人类社会发展的绵延，是人类社会发展的连续。现代社会诞生的基础就在工业社会，工业社会诞生的基础就在农业社会，并没有所谓的社会阶段和社会形态。

为了摆脱社会变迁的实体观，历史变迁的结构观，我们可以把农业社会、工业社会、现代社会转变为收入结构的三种形态，分别对应低收入、中等收入、高收入，然后将三种收入状态放置在社会生态当中。思想观念的转变，有利于理解历史变迁、经济变迁的连续性和绵延性，有利于理解历史变迁和经济变迁的丰富性、复杂性，有利于理解历史变迁和经济变迁的不确定性和未决定论。

第一节　丁财关系与丁财之道

一、丁财的经济关系

战国时期，孟子从王道仁政、经世济民的角度提出了广土众民的经济思想，广土众民即是丁财两旺，代表经济丰裕。英国古典经济学家威廉·配第，从财富创造和财富来源的角度，提出了“劳动是财富之父，土地为财富之母”的说法。两种说法有异曲同工之妙。

丁为人，为劳动力，代表生发，丁为阳，丁生财。从整体而言，丁代表人口，既代表人口规模和人口数量，又代表人口素质和人口质量，而且还代表人口结构。丁生财表达的就是马克思在《资本论》中所言的劳动创造财富。

财为财货，为资本，代表生成，财为阴，财养丁。从整体而言，财表现为国内生产总值（GDP）、国民生产总值（GNP）、资本形成。财养丁表达的是中国文化中所言的民生发展，是指财货、财富、资本可以为丁的全面发展提供财力支持和物力支持，可以让丁接受更好的教育、培训、健康管理等服务，提高人口素质。也是《大学》一书所言的“以财发身”，通过经济发展来实现人的发展。

丁生财，财养丁，是在一般意义上讲两者之间的经济关系。但是，丁财的经济关系还具有更多的复杂性，丁财关系的复杂性可以表达为：

丁多旺财：人口规模增长可以增加劳动力供给，可以推动劳动力由农村向城市转移，推动工业化和城镇化发展，推动消费增长，进而推动经济增长。发展经济学家刘易斯等人的理论贡献就在这个方面。人口规模的增长，往往会伴随人口结构的年轻化，表现为人口结构和生产结构上的优势，释放出人口红利，人口红利理论即是他们的重要贡献。

财多旺丁：收入增长和财富增长之后，人们往往将货币和财富转化为人力资本投资，接受高等教育、职业培训、健康服务等，从而对提高人口素质，延长人口寿命，延长工作时间，整体上提高经济发展的质量。发展经济学家西奥多·舒尔茨、加里·贝克尔等人提出的人力资本理论的贡献就在这个方面。

丁少财衰：持续的人口出生率降低，将直接减少消费增长；由于人口出生率降低，还会导致一段时间之后的劳动力供给减少，又会导致劳动力成本增加，进而导致生产成本提高，不利于经济增长。经济学家凯恩斯讲出了人口增速放缓导致社会有效需求不足的大道理，从“丁少财衰”的角度来理解凯恩斯《就业、利息和货币通论》可以说是一条捷径。

财少丁衰：持续时间较长的经济危机，或者持续时间较长的经济衰退，直接导致投资减少，企业破产，工人失业，进而导致居民财富缩水，消费开支降低。投资和消费的减少，又进一步加剧经济收缩。在这种恶性循环的经济条件下，财富的减少最终会导致人口生产率降低，导致疾病发生率提高。

所以，从这个意义上讲，丁财两旺是有利于经济发展的最佳状态。但是，过犹不及，丁过多则伤财，财过多则伤丁。

丁过多伤财：其表现形式为人地矛盾，人口与资本的矛盾，人口与自然资源环境的矛盾。其内在的逻辑是：丁既是生产者又是消费者，如果人口增长的速度快于财富增长的速度，就会导致人均资本和人均收入的减少，从而降低资本形成的速度，导致经济增长速度下行，甚至出现经济增长的“陷阱”。英国经济学家马尔萨斯发表的《人口论》，“罗马俱乐部”基于人口增长对地球环境的影响而发表的《增长的极限》以及我国经济学家马寅初提出控制人口和“节制生育”的思想，西方发展经济学家关于发展中国家“低收入陷阱”的学说，就是在这个方面作出的理论贡献。

财过多伤丁：其表现方式就人们富裕以后，生育的欲望普遍降低了，从而导致人口出生率下降，人口老龄化出现。我国社会学家潘光旦所讲的“财丁难以两旺”就是针对这个现象有感而发。

丁过少伤财：不少发达国家或者发达地区，由于高收入、高福利等多种原因，人口出生率越来越低，甚至人口总量已经出现“负增长”，如俄罗斯、日本等国。人口出生率的持续降低，直接导致这些国家经济增长速度下行，经济发展陷入停滞状态。

财过少伤丁：在发展中国家或者贫困地区，收入增长和财富积累的速度太慢，劳动力价格过低。虽然这些国家或者地区处于“财贵丁贱”的境地，但是这些国家或者地区的人口增长却保持较高的水平。

可以说，丁财两衰为不利于经济发展的恶劣的社会生态环境。

二、丁财的社会关系

在纯粹的经济世界里，丁财主要表现为丁生财、财养丁的经济关系。在文化政治经济三者所构成的社会世界里，构成丁财的社会关系，相比丁财的经济关系，要复杂得多。

在社会世界里，丁不再以纯粹的劳动力方式存在，也不是只会计算经济利益的经济人，而是以文化人、政治人、经济人、社会人、道德人等多种方式同时存在的人，他也不再是作为无差别的、同质的、数学统计意义上的人而存在，而是作为活生生的、千差万别的、随时随地可以“生心动念”的人而存在。

同样，财也不是以 GDP、GNP 来代表的总量数，也不是以人均 GDP、人均 GNP 来代表的人均数，而是“我”实际得到的、“我”可以自由支配的实实在在的财富和财产；同时，“我”不仅关注社会财富分配给我的多少，而且关注社会财富的分配结构。“我”不仅关注社会财富的分配结构，还进一步关注社会权利的分配结构。

这样，丁不仅要受到历史文化宗教的影响，也受到现实政治经济的影响。他看待世界的眼光首先是“历史的”“文化的”“宗教的”的眼光，这是他由家庭教养、学校教育所习得。然后才是他经由社会实践、通过独立思考所获得的“现实的”眼光。这个眼光可以是“文化的”“政治的”，也可以是“经济的”，是他对“文化权利分配”“政治权利分配”“财产权利分配”的现实感受中得来的。

所以说，丁是历史的、文化的、宗教的人，也是文化的、政治的、经济的人。而且丁还是有自由意志的人，他最终会基于历史和现实，比较国内和国外，投入自己的意志，从而形成属于他“自己”的、独特的、独立的眼光，这个眼光即是开创未来的力量。作为现实世界的人，他既受历史的影响，也受现实的制约，但是他又能摆脱历史和现实，改变历史，开创未来。

概括而言，丁财关系即丁财之道，是指由丁财关系自己开辟出来的、时时刻刻处于运动变化当中、受到历史和现实影响并且能够开创未来的历史过程和时间关系。

第二节　丁财关系生收入变迁

一、丁财关系生资本形成

“二战”前后，西方发展经济学思想兴起。他们以当时经济落后国家即发展中国家作为研究对象，将发达国家和发展中国家进行比较，采取结构主义、比较制度的研究方法，试图开辟发展中国家的经济发展之路。通过横向比较发达国家和发展中国家的现实差异，他们描述了发展中国家从低收入、中等收入到高收入的发展次序，凸显资本形成在经济发展中的核心作用。这样，资本形成就成为发展经济学理论的核心思想。实际上，资本和资本形成就是我们所说的“财”。

为了简单地剖析发展经济学的理论框架，我们先对“资本形成”进行一个分解：资本形成可以看作是迈向下一个发展阶段的起点，也可以看作是前一个发展阶段的结果。就前者而言，资本形成就代表了经济发展的初始条件，这样资本形成就可以进一步区分为物质资本形成和人力资本形成两个方面。就后者而言，资本形成不是自然而然地就“在”那里，不是“呼之即出”“招之即来”的“现实物力”，而是“千呼万唤始出来的或有物力”，它是前一个阶段制度变迁的结果，是前一个阶段生产性努力的成果。

这样，发展经济学理论的整体框架就显现出来了，我们可以把它一分为三：一是强调物质资本形成的Ⅰ期发展经济学；二是强调人力资本形成的Ⅱ期发展经济学；三是强调制度变迁和生产性努力的Ⅲ期发展经济学①。

以刘易斯、讷克斯、纳尔逊、莱宾斯坦、罗斯托等为代表的Ⅰ期发展经济学家们，十分重视物质资本形成、资本密集型产业发展的重要性，也可以说他们十分重视“财”的重要性。但是，他们仍然没有离开“丁”来讨论“财”，而是丁财并举，围绕丁财关系和丁财矛盾来展开理论分析。他们认为在低收入条件下，人口规模对经济增长具有负面作用，所以他们提出要控制人口规模增长、提高人均资本的政策建议。所以，他们提出来的人均收入和人均资本，既标识了丁财矛盾，也凸显了丁财发展。

以西奥多·舒尔兹、加里·贝克尔、冈纳·缪尔达尔等为代表的Ⅱ期发展经济学，承认物质资本形成对经济发展的重要性，同时他们在物质资本形成之上或者之外，进一步强调人力资本形成的重要性，直接凸显文化教育、职业培训、医疗健康等因素的重要性，强调高素质的劳动

---

① Ⅰ期、Ⅱ期、Ⅲ期发展经济学的表述，并不是完全是根据时间先后进行的区分，而是根据逻辑的先后进行的区分。

力队伍在提高劳动生产率、提高全要素生产率方面的核心作用。可见，这群发展经济学家们十分强调“丁”的重要性，他们认为高素质的人口规模正是经济发展中的积极力量、重要力量。从人力资本理论中还衍生出了人口红利的学说，强调人口规模和人口结构的重要性，认为劳动力资源丰富和生产成本优势是一个国家经济增长的有利条件。

以罗纳德·科斯、奥利弗·威廉姆森为代表的新制度经济学，以道格拉斯·诺思、西奥多·舒尔兹等为代表的制度变迁理论，以保尔·罗默、罗伯特·卢卡斯为代表的新增长理论，以克鲁格曼、格罗斯曼、赫尔普曼等为代表的新贸易理论，以布坎南、塔洛克等为代表的公共选择理论，代表了Ⅲ期发展经济学，他们对制度选择、公共政策、贸易发展与经济发展的整体关系进行了深度研究。

从经济生态观来理解发展经济学理论，我们认为发展经济学理论始终不离丁财关系和丁财矛盾这条主线。Ⅰ期发展经济学强调物质资本形成的重要性，他们重视的是“财”，但是也没有离开“丁”；Ⅱ期发展经济学强调人力资本形成的重要性，他们重视的是“丁”，但是也没有离开“财”对丁的滋养和发展的重要性；Ⅲ期发展经济学强调制度变迁，重视有利于长期经济发展的生产性制度安排和公共性政策选择，同样不离“丁财关系”，正是丁财关系和丁财矛盾“生出”制度变迁。

换句话说，制度变迁的动力，说到底还是丁财关系。从制度变迁的主体和动力来看，不管是国家、政府还是其他社会组织或者社会个人，都是“人”的力量，都是“丁”的力量；由丁来发动和推动的“制度变迁”，一个重要的目的是创造出“财”，分配好“财”，使用好“财”。实际上，对制度变迁的优劣成败进行评价的标准，同样不离“丁财两旺”这个指标，它比GDP所反映的经济关系还要丰富。GDP的优点在于能够深入地反映“物”的发展，而“丁财两旺”不但可以反映“物”的发展，而且能够反映“人”的发展。

在西方经济学界，关注发达国家经济变迁的经济学家，往往重视经济增长理论，不再重视文化和政治因素的变迁，假定他们两者为一个常量。关注发展中国家经济变迁的经济学家，往往重视经济发展理论，重视文化、政治、经济三个因素的整体变迁和协同变迁，只不过以经济变迁为中心，以发达国家为目标。所以，他们在早期被称之为发展经济学家，而不是增长经济学家。

二、丁财关系生经济发展

在研究发展中国家的时候，发展经济学家同时观察到两个重要的经济现象：一是普遍的“低收入现象”，即发展中国家人均 GDP 落后。二是普遍的“低增速现象”，即发展中国家的 GDP 增速非常低下和缓慢。正常情况下，发展中国家由于经济增长的基数低，可以取得高于发达国家的 GDP 增速，但是往往并非如此。对于低收入现象的普遍性和持久性，发展经济学家提出了“低收入陷阱”的经济学思想。发展经济学的“低收入陷阱”之说，对应于这样的发问：低收入现象为什么会持续存在、持久存在？发展中国家为什么迟迟走不出低收入陷阱？以刘易斯、讷克斯、纳尔逊、莱宾斯坦、罗斯托等为代表的 I 期发展经济学们，强调物质资本的重要性，他们得到的结论是：资本形成[①]不足，资本积累缓慢。

讷克斯认为：（之所以）贫穷，是因为贫穷[②]。在发展中国家，由于经济落后、资本稀缺、收入微薄，会形成收入低—储蓄率低—资本缺乏—劳动生产率低—收入低的恶性循环。资本形成无法有效实现，国家总是处于贫穷境地，从而陷入恶性循环的发展怪圈。

莱宾斯坦[③]则进一步考虑人口增长与经济增长的关系，在他看来：

---

① 讷克斯把资本形成定义为：社会不把他目前的生产活动全部用于消费的需要，而是把其中的一部分用来制造资本品。包括工具和仪器、机器和运输工具、工厂和设备——各式各样能够大大增加生产力效果的实际资本。参考 R. 讷克斯：《不发达国家的资本形成问题》，谨斋译，商务印书馆 1966 年版。

② R. 讷克斯：《不发达国家的资本形成问题》，谨斋译，商务印书馆 1966 年版。

③ 莱宾斯坦：《经济落后与经济增长》，赵凤培译，中华书局 1970 年版。

发展中国家的收入增加速率不及人口增长速率，使得人均收入无法得到实质性的提高，从而陷入长期的贫穷。

纳尔逊[①]同样从人均收入增长的角度来思考，他考察了发展中国家在人均收入增长和人口增长不同速率的情况下，人均资本增长、人均收入增长、产出增长等资本形成问题，他的思想被称之为“低水平的均衡陷阱”理论。

在罗斯托看来，低收入陷阱是经济起飞的重要前提条件之一，他将经济发展分为传统社会、起飞准备、起飞、成熟和高消费追求生活质量五个阶段[②]。跳出“贫困的恶性循环”，越过“低水平的均衡陷阱”，走出资本缺乏的困境，提高人均收入是经济起飞的基础。

从低收入现象出发，发展经济学家意识到发展中国家资本形成的特殊性。对此，他们认为，首先需要以非市场的力量来推动经济发展走出低收入陷阱，然后再让市场和市场机制发挥作用。非市场力量主要指政府力量，包括采取必要的计划方式和计划手段来干预市场化的资本形成。政府力量包括但不限于：一是制定有利于资本积累的产业政策，引导资本形成。二是引导大规模投资，加速资本形成。三是推动金融改革，提高资本形成效率。四是大力发展教育，提高人力资本积累。

I 期发展经济学们对发展中国家经济增长和经济发展的理论思考，并不是基于西方国家在工业革命初期的历史经验，也不是基于欧洲民族国家形成过程中的经济制度的演进。他们是通过对发展中国家和发达国家的经济结构和经济增长方式进行比较分析之后得出的结论。

发展经济学家针对低收入现象，提出通过政府力量来加速资本形成的政策建议，对于发展中国家突破“低收入阶段”很有启发，体现了他们对丁财经济关系的深刻把握。在此之后，他们对于丁财社会关系的把握，也做出了深刻的分析。

---

① Nelson, Richard R. A Theory of the Low - Level Equilibrium Trap in Underdeveloped Economies. *The American Economic Review*, 1956 (46): 894 - 908。

② 华尔特·惠特曼·罗斯托：《经济成长的阶段》，商务印书馆 1962 年版。

三、丁财关系生发展陷阱

实际上，“低收入陷阱”之说，是一个意味深长的经济学概念。

首先，“低收入陷阱”标识的是一种收入现象，表达了在低收入的社会环境下资本形成的困难，即使全社会都进行生产性努力，但是因为低收入和贫穷的原因仍然难以获得资本密集型产业的发展和长期经济增长的突破。其次，“低收入陷阱”标识的是一种不利于经济增长的社会环境和经济生态，“低收入陷阱”本身就是“不发达”“欠发达”“发展不起来”、贫困和贫穷的代名词，所以需要对造成“低收入陷阱”的文化、政治、经济的整体根源进行穷究，需要对种种非生产性努力的因素如文化、制度、行为进行批判。

1968 年，瑞典经济学家缪尔达尔发表《亚洲的戏剧：南亚国家贫困问题研究》①，该书的重要性在于突破研究社会贫困问题的单一视野即经济学视野，试图从经济学、社会学、文化学、政治学、人类学的多视野、多维度进行考察。该书覆盖巴基斯坦、印度、斯里兰卡、缅甸、马来西亚、泰国、印度尼西亚、菲律宾、越南、柬埔寨和老挝等 11 个国家，从经济、政治和社会等经济和非经济的 6 个维度，对贫困和贫穷问题进行深入探讨，提出人口控制、教育发展、土地改革、农业发展等一系列的政策建议。

我们在此做适当的理论扩展，将发展经济学所言的“陷阱”理解为一种经济生态和经济环境。我们将“陷阱”界定为：在这样的经济生态当中，任何生产性努力都得不到积极的回报，非生产性努力反而广泛存在并且大行其道，“劣币驱逐良币”，导致整个社会非生产性努力全面“内卷化”，开展生产性努力的行为越来越短缺，越来越稀缺，文化政治经济整体发展出现大倒退。

从《周易》思想来看，“陷阱”就是社会经济发展处于否卦所代表

① 冈纳·缪尔达尔：《亚洲的戏剧：对一些国家贫困问题的研究》，谭力文、张卫东译，北京经济学院出版社 1992 年版。

的否塞之世，就是涣卦所代表的涣离之世。这里，我们以涣离之世来代表“发展陷阱”。关于涣离之世，《周易》有言，“物不可以终离，故受之以节”。对治涣离必须回到节卦，回到中节之道。由涣而节，节以止涣，节制可以理解为节制非生产性努力的思想，回复到生产性努力。由“涣”而“节”代表经济生态的修复，实际上是以德性拯救理性，通过“鼎革”“变革”“革命”，重新建立有效率的经济组织和经济制度。

这样，不但有低收入、中等收入、高收入三种经济现象，也有低收入陷阱、中等收入陷阱、高收入陷阱三种经济现象。三种“收入现象”和三种“收入陷阱现象”的背后，其实仍然是以丁财关系和丁财矛盾为主线编制而成的“经济生态”在起作用，由“涣”而“节”，由“乱”而“治”，最后回归到有利于“资本形成”的经济发展大道。

四、收入结构的三次变迁

低收入陷阱、中等收入陷阱、高收入陷阱，这些术语体现了发展经济学的重要思想。低收入、中等收入、高收入的说法，对应经济发展阶段或者经济发达程度，“陷阱”则对应经济变迁过程的不确定性。横向来看，这些术语可以用来比较同一个时点上不同国家的收入结构和发展状况差异。发展经济学最早提出低收入现象和低收入陷阱的概念，就是基于对不同国家在同一时点的横向比较。纵向来看，低收入、中等收入、高收入，可以用来描述同一个国家在不同时点上呈现出来的收入结构变迁。

近代以来，西方世界的兴起，次第走过三个收入阶段，顺序跨越三大收入陷阱。在此，我们从文化政治经济学视野来看待西方世界的兴起。自由市场的资本主义诞生，标志西方世界跨越低收入陷阱；国家干预主义标志现代市场经济诞生，推动西方世界跨越中等收入陷阱。概括而言，西方世界的兴起，既有制度变迁在时间的绵延，又有文化政治经济三个方面的整体制度变迁，也是财富和收入在空间上绵延扩展。

我们倾向于认为，I 期发展经济学提出的资本形成理论，同样可以适用于解释欧洲国家走出“低收入陷阱”的历史进程。为此，我们分别选取文化的力量（主要指基督教的宗教改革）、政府的力量（主要指有效率的经济组织的出现，它推动有利于经济增长的制度发展）、法律的力量（主要是指商人、商业和商法的崛起）、制度的力量（主要指财政革命、金融革命以及政府与市场的结合），分门别类地考察社会力量与资本形成、经济发展的关系。

第三节　西方世界的兴起

一、文化力量与资本形成

（一）宗教革命

1900 年前后，德国社会学家和政治经济学家马克斯·韦伯，开始研究宗教与资本主义的关系。1905 年前后，韦伯发表了《新教伦理与资本主义精神》。1921 年，韦伯发表了巨作《经济与社会》。《经济与社会》既是 20 世纪重要的社会学著作，也是 20 世纪重要的政治经济学著作。韦伯横跨社会学和经济学两大领域，其开创性的学术意义在于：通过经济结构通达社会整体，通过经济变迁通达历史变迁。其重要的政策意义在于：历史变迁不离经济变迁，经济变迁不离文化变迁。

在《新教伦理与资本主义精神》一书当中，韦伯将社会变迁区分为文化、政治、经济的结构变迁，然后从现实世界的经济变迁入手，渐渐扩展到政治变迁，进而追溯到超越世界的文化变迁，即资本主义精神的诞生。资本主义精神的特点是理性，即个人对经济利益的理性计算。理性的资本主义精神为何单单诞生于欧洲社会？对这个问题的回答，引导韦伯深入地开展两个维度的研究工作：

一是将基督教与其他世界性、区域性的宗教，如伊斯兰教、佛教、儒教、道教等，进行横向比较研究，即采取文化比较学的研究方法，凸显基督教与其他宗教在教义方面的重要差异，从而解释基督教促进资本主义精神的唯一性。

二是对欧洲基督教自身的发展历程开展研究，进行纵向的比较研究，揭示出宗教改革的历史生成性。基督教发展史上有过两次重大的分裂，因为第一次分裂而有东正教。因为马丁·路德的宗教改革而有第二次分裂，产生了新教，即“加尔文主义”。虽然宗教改革出自宗教动机和超越性考虑，但是新教伦理所表现出来的现世禁欲精神、勤勉节俭的伦理生活，促进了现实世界的经济发展。重要的原因在于，新教伦理给经商逐利的世俗行为赋予合理的、高尚的宗教目的，即荣耀上帝。从新教伦理观而言，人们从事商业、积累财富，不是为了现实的自我利益，而是为了超越的上帝存在。

特别重要和特别值得指出的是，新教伦理观不但让世人从中世纪的禁欲主义规则当中解放出来，走向节制欲望，不但解放了人，而且高尚了人。因为新教伦理引导人们向（慈）善，引导人们向（仁）义。随着资本主义的生产力发展，以钢铁大王、石油大王、铁路大王、船运大王为代表的实业家以及后来居上的银行家、金融家，他们作为资本家的代表，率先走向了“为富且仁”的发展道路，兴办大学，兴办医院，兴办研究机构，真正践行了财富慈善化、财富社会化、财富资本化，一方面推动社会发展，另一方面推动经济发展。

实际上，我们还可以根据韦伯之后的资本主义和市场经济的发展，“接着讲”“韦伯之思”①。以基督教和法治为代表的文化精神不但诞生了资本主义和市场经济，而且保护了资本主义和市场经济。如果没有基督教和法治的保护和守护，资本主义和市场经济很可能中途夭折。从中我们可以看到“经济发展文化”“文化保护经济”的深层理路。古今亦然，

① 国内学术界概括出了著名的韦伯之问，即工业革命为什么发生在英国而不是中国？相对于韦伯之问，本书提出韦伯之思，即对经济、社会、文化三者的整体思考和统一思考。韦伯之思是深水潜流，韦伯之问是水面浪花。

中西亦然。

新教伦理对于资本主义精神的推动，源于两种观念的结合。首先是命定论，“上帝通过他那完全不可思议的判决，永远地决定了一个人的命运，并控制了宇宙最细微的末节。”其次是天职观，“上帝所接受的唯一生活方式，不是用修道禁欲主义超越尘世道德，而是完成每个人在尘世上的地位所赋予他的义务，这就是他的天职。”①

由命定论和天职观的继续引申，形成了新教不同于旧教之教义的劳动观、财富观和享乐观。新教伦理反对奢侈浪费，倡导节制理性，主张将财富积累用于投资活动或慈善活动。于是勤勉工作，理性节制，扩大投资，共同推动了资本形成和资本积累，为资本主义发展奠定了精神力量和物质力量。

邹恒甫通过经济学的量化分析，解析了新教主义中的积累欲和节俭观对经济增长的作用。他认为这种经济思想很早便产生，从斯密的《国富论》、马克思的《资本论》、马歇尔的《经济学原理》、凯恩斯的《就业、利息和货币通论》，一直沿袭至今，无不渗透着资本主义的积累欲望。他发现财富积累的本身会给人带来效用，这导致了人的节俭动机，为积累而积累的资本主义精神能提高一国储蓄率，高储蓄率进一步会转化为高投资率和经济增长率②。

这样韦伯建立了关于宗教与资本主义的分析框架，韦伯的分析框架涵盖了因果关系、决定论关系、结构分析、比较分析。因此，韦伯的经济社会学研究方法，既是近代西方学术思想的奠基者，也是近代哲学认识论、实体论、结构主义、决定论思想的率先运用者。

作为20世纪重要的思想家，韦伯对于近代中国的影响，由隐而显，由轻而重。这与中国历史变迁的过程相应相契。1949年之前，中国身处近代化进程，寻求富强成为时代使命和历史使命。虽然韦伯的思想与此相涉，但是并不相契。20世纪80年代，韦伯的社会经济学思想开始为

① 马克斯·韦伯：《新教伦理与资本主义精神》，广西师范大学出版社2010年版。
② 邹恒甫：“积累欲、节俭与经济增长”，《经济研究》1993年第2期。

我国学者所关注，但是社会影响止于学术界，政策界并不熟悉，并不重视。而且学术界关注韦伯的思想，重要的缘起是韦伯将资本主义精神归结为新教伦理，将其他宗教排斥在外，这样我国学术界关注韦伯，始于挑战韦伯、批判韦伯，终于回答韦伯之问①。关于韦伯之问国内学者发表了不少有真知灼见的文献和观点。整体来看，韦伯的社会经济哲学思想，没有在中国掀起轩然大波。

阅读韦伯，我总是会想起陶渊明的诗句，“此中有真意，欲辨已忘言”。韦伯之问，事关中国，需要深思。韦伯之思，事关天下，事关万世，尤要深思。韦伯之思，大于韦伯之问，重于韦伯之问。同时，韦伯之问展示了韦伯之思的精彩和精妙，韦伯之思奠定了韦伯之问的厚重和厚识。

韦伯之问与后来者科技史学家李约瑟的发问，一脉相承，异曲同工。一问文化，一问科技。看似两问，实则一问。在科技史学家看来，工业革命是科技革命，在韦伯看来，工业革命是社会革命。因为工业革命具有深远性、突破性、历史性的特点，所以韦伯再进一步，将社会革命理解为文化革命，即欧洲基督教的宗教改革。这样，韦伯之问由韦伯之思来奠基。韦伯之思将经济、社会、文化三者全幅融通。实际上，从韦伯之思来回答韦伯之问，则将工业革命、科技革命，与社会革命、文化革命联系在一起，进而启发后来的学者将科技创新与个人纯粹兴趣，科学

---

① 韦伯之问即工业革命为什么发生在英国，而不是发生在曾经最早孕育资本主义生产关系萌芽的中国？韦伯不仅有名著《新教伦理与资本主义精神》，有巨著《经济与社会》。为了回答他自己提出的韦伯之问，他还发表了《儒教与道教》，旨在比较基督教新教与儒教、道教的教义差异，旨在通过中国文化来理解中国经济变迁。

韦伯之后，英国科技史学家李约瑟提出了李约瑟之谜，即工业革命为什么发生在英国？李约瑟观察到，在1500年之前，中国科技发展遥遥领先于欧洲；1500年之后，中国科技发展远远落后于欧洲（关于李约瑟之谜参阅本书第十一章）。

韦伯之问与李约瑟之谜具有很大的相通性。他们的发问的问题都是工业革命为什么发生在英国而不是中国。韦伯从文化上求解，李约瑟从科技上求解，看似南辕北辙，实际上殊途同归，最后都走向社会，是现实世界、现实社会，孕育了工业革命。韦伯视工业革命为社会革命，进而由社会革命走向文化革命。不管是文化政治，还是政治文化，韦伯始终没有离开社会和文化来做答。

精神与自由精神，科技繁荣与社会自由，联系起来，统一起来。

对待资本主义的态度，与同时代的思想家斯宾格勒相比，韦伯之思具有建设性，斯宾格勒之思具有批判性。斯宾格勒旨在揭示欧洲的古典文明与现代文明之间的差异性，反思第一次世界大战何以爆发。韦伯旨在揭示欧洲的基督教新教与旧教在教义上的差异以及基督教新教与其他宗教的差异，理解工业革命在英国爆发的唯一性和必然性。

但是，韦伯揭示了基督教新教精神的向慈向善、向仁向义、向勤勉、向创新的特点。这种宗教精神，这种文化精神，既是资本主义的理性所在，也是资本主义的德性所在。一旦基督教新教精神流失、基督教新教精神丧失，则斯宾格勒所预言的"西方世界的没落"就不可避免地发生，就将成为现实性。

1920 年韦伯去世。在韦伯之后的 100 年里，西方世界经历了新的文化变迁。就文化而言，后现代主义、解构主义思潮兴起，虚无主义思想对基督教新教的入世禁欲精神产生冲击。就宗教而言，越来越多的年轻人，远离教堂教义，远离理性节制，资本主义精神逐渐流失。就文化变迁而言，韦伯之思，可以解释西方世界正在遭遇的现实之困、政治经济之困以及当代西方经济学之困。

结合韦伯之问和韦伯之思，站在改革开放 40 周年之际，回望中国改革开放的伟大历程。我们同样可以发现，以改革开放为代表的政治经济变迁，由于缺乏相应相契的文化精神为之奠基，出现了经济发展上的繁盛和文化思想上的贫困同时并存的社会现象。就文化思想上的贫困而言，传统文化的礼义廉耻精神流失了，节制中庸精神流失了，功利的精神流行了，霸道的精神兴起了。而且西方文化的规则意识、职业精神、法治思想，也没有随着市场经济得到充分发展。

问题时代，问题社会，可以概括为当今世界的显著特点。问题时代和问题社会的根源在于文化贫困。重塑文化，重塑心灵，才能实现文化、政治、经济一起隆盛的太平之世。

（二）法律革命

美国法学家哈罗德·伯尔曼花费 40 年的时间，撰写了名著《法律与革命》。这是一部宏大的法律史巨著，完整地描绘了11—13世纪西方法律传统形成与演变的过程，刻画了法律变迁对于西方世界兴起的重要作用。《法律与革命》一书，至少作出了两个方面的学术贡献：一是通过法律史学研究，凸显法律变迁对于西方世界兴起、资本主义诞生的重要性。二是通过法律史学研究阐述了“法律塑造社会”“文化塑造政治”的法理学思想，凸显了法治建设对于西方世界兴起、资本主义诞生的重要性。

作为法律史学家的博尔曼认为，虽然商业经济在西方起源很早，商人也曾取得显赫的社会地位。罗马帝国的繁荣就是以城市商人的崛起为基础，但是随着罗马帝国的衰落，商人短暂地退出了历史舞台。公元1000年左右，商人重新出现在西欧，但是因为封建制度、宗教文化等原因，他们成为人们“嘲笑、侮辱、憎恨”的对象。为了保护自己的人身和财务安全，商人们不得不结伴组成武装的商队从事长途贩卖贸易。但是这种自我保护的力量是极其有限的，随着商业规模的不断扩大，商人们迫切需要一种制度保障，来保障他们的人身安全以及贷款、保险、汇兑等一系列复杂的商业业务。

伯尔曼认为，十字军东征表面以宗教的名义，实际上是关于商路和货币的战争，不仅扫除了掠夺商人的非生产性军人、骑士和小贵族阶层，开辟了商人前往东方的安全的贸易路线，而且带回了更系统和更符合商业需求的罗马法。对此，伯尔曼写道：“11世纪晚期和12世纪新的法学，按照秩序和正义的新概念，为各种商业关系制度化和系统化提供了一种解释性框架。假如没有诸如流通汇票和有限责任合伙这样一些新的法律设计，没有对已经陈旧过时的以往商业习惯的改造，没有商事法院和商事立法，那么要求变化的其他社会经济压力就找不到出路。因此，商业革命有助于造就商法，商法也有助于造就商业革命。实际上，所发生的不仅是商业的革命性转变，而且还是整个社会的变迁。”①

① 伯尔曼：《法律与革命》，贺卫方等译，中国大百科全书出版社1993年版。

正如“有效率的经济组织”对于产权保护、资本形成和经济发展的重要作用，法律正是维护产权制度的有力保障措施，稳定、合理、权威的法律环境能够提供给商人安全感和稳定的预期收益，使得经济活动具有了可计算性。所以说，11—12 世纪，正是欧洲的商人通过法律手段在封建秩序中寻求地位的时代。

作为法理学家的伯尔曼，重视法治建设在西方世界兴起当中的重要作用。伯尔曼认为，伴随着商业活动的社会实践，一种新的法律体系即新商法体系得以诞生，新商法不同于以农业为基础的庄园法或封建法。法律作为一种行为规则，既不能凭空创造出来，但又不能不进行制度创新。新商法体系一方面受益于罗马法，另一方面又颇具创制性，“商法最初的发展在很大程度上——虽不是全部——是由商人自身完成的：他们组织国际集市和国际市场，组建商事法院，并在雨后春笋般出现于整个西欧的新的城市社区中建立商业事务所”。商业的国际化（远距离的海上贸易和陆上贸易）带动了商法规则的传播，并且使得由商人们发展起来的商法规则得以汇集。

在伯尔曼看来，新商法体系具有客观性、普遍性、权利互惠性、整体性和发展性的特征，而且还出现了商事法院即参与裁判制，这种商事法院贯彻迅速、公平的程序原则，并为“异国商人”提供公平的司法保护。在英国，集市法院有“灰脚”法庭，“灰脚”一词形容参加法庭的商人风尘仆仆、灰尘未去的匆忙，“灰脚”法庭反映商事仲裁的快捷性；有“潮汐”法院，这是港口城镇中的地方海事法院，对涉及海运货物的商事案件和海事案件拥有管辖权，这些法院在潮汐之间于海滨开庭，审判应在潮汐之间完结；有贸易中心城镇法院，这种法院的首席法官将是该城镇的市长，由“商人共同体——其中也有作为居民的外国人”选举产生，非常有趣的事情莫过于外国商人居然参与选举英国城镇的市长。市长应该具有“商法知识”，并依据它进行审判，而且审理都需要有一个混合的陪审团，外国人占人员组成的一半，上诉可以向大法官和国王的政务会提起[①]。

我们以韦伯和伯尔曼为代表，讨论宗教和法律对资本主义诞生的影响。进一步而言，基督教和法治不仅代表欧洲的文化，而且代表欧洲的心灵。文化背后是心灵，是精神。韦伯和伯尔曼身处西方世界，他们沉浸在西方文化和西方精神之中，日用而不知，并没有对欧洲人的心灵结构进行深刻揭示。他们揭示西方世界制度结构，即显的一面。至于西方世界的心灵结构，即隐的一面，需要我们自己去体会和体贴。

今日，我们来阅读韦伯和伯尔曼，尤其需要领会基督教和法治，对于资本主义诞生和资本主义发展的连续作用，而不是一时一地之作用。实际上，文化、政治、经济，从来就是一体。通俗而言，西方世界的兴起，是一体两翼的整体发用，其体则为资本主义、市场经济，两翼则为基督教和法治。同理，西方世界的兴起，是一体两轮的整体发用，两个轮子即是基督教和法治。

对于中国市场经济的发展，吴敬琏强调法治之重，与伯尔曼相通。厉以宁强调文化之重，与韦伯相通。当然，我们需要将吴敬琏与厉以宁的各自所重结合起来。法治之重和文化之重，一体两面，不可或缺，不可偏废。

（三）信托精神

研究西方世界的兴起，不能离开英国，英国既是西方世界兴起的策源地，又是西方世界兴起的领头羊。《西方世界的兴起》一书，即是以英国为典范，通过国别比较研究而得出制度变迁推动西方世界兴起的学术结论。

就文化而言，英国是英美法系的代表，讨论市场经济的法治建设，离不开英国。信托法精神，是英国法律精神的重要代表和重要特色。

现代的信托制度产生于英国。在13世纪前后，英国处在主要依靠土地控制来加强统治的封建领主时代，土地是封建领主和教会、农民之间

① 刘云龙：《民主机制与民主财政——政府间财政分工及分工方式选择》，中国城市出版社2001年版。

争斗的主要权益对象。当时英国的宗教信仰十分普遍，教徒死后往往把土地等财产遗赠给教会，而当时的法律规定对教会不能征税，这种遗赠行为影响了封建君主的利益。

于是，英王亨利三世（1216—1272年在位）颁布的《没收法》规定：土地遗赠给教会，须经君主或诸侯的许可，否则就予以没收。在这样的法律限制下，土地捐赠人采取了“用益设计”的方式来摆脱《没收法》的限制，把土地委托给第三人使用并将经营土地的收益转交给教会，即甲将自己的财产转移给乙经营，由乙为了丙的利益而持有该财产。后来，这种做法逐渐发展到对其他财产的委托。“用益设计”中的甲、乙、丙就是后来信托制度中委托人、受托人和受益人的原型①。

在早期的“用益设计”中，委托人和受托人之间的关系纯粹是一种信任关系，无论是委托人还是受益人都没有任何法律上的方法或手段来约束受托人。这样，信托财产只能依靠受托人的善良而存在。

从信托法起源来看，人们遵守信托规则，凭借的是良心善意，凭借的是仁义道德。可以说，信托法的起源和发展不是创制者的伟大，而是遵守者的崇高，是人类善良诚实的品德成就了信托制度。

信托法诞生后，英国遭受了以英法百年战争为代表的一系列战争的洗礼，经历了人类历史上前所未有的欧洲黑死病的侵袭，可喜的是这些强大的外部冲击不但没有动摇信托法的基础，反而一而再、再而三地强化了信托法传统的延伸和扩展。在英法百年战争当中，不少原本当家立事的男主人，可能就在战争中死去了，他留下的家财得到了信托机制的保护。可以认为，英法百年战争对信托制度的冲击并不大，真正对信托制度的冲击和考验来自于欧洲黑死病，事后来看，传播信托观念的最大推动力也来自于这场黑死病。

黑死病是人类历史上最严重的瘟疫之一。起源于亚洲西南部，约在14世纪20年代散布到欧洲。这场瘟疫在全世界造成了大约7500万人死

---

① 崔明霞、彭学龙：“信托制度的历史演变与信托财产权的法律性质”，《中南财经大学学报》2001年第4期。

亡，其中2500万人为欧洲人，占到中世纪欧洲人口总量的三分之一。当黑死病在欧洲肆虐的过程中，不少欧洲的庄园主或贵族拖家带口、扶老携幼，长途辗转以避难。为此，他们不得不做好长期离家的准备，那么家中的不动产和其他资产怎么打理呢？不少人选择了委托管家、亲戚、朋友来受托管理自己离家后留下来的财产。有时候，由于离家出走得匆忙，甚至不得不委托才刚刚见过一面的其他人，更有甚者他可能就是流浪者。他们之间的约定往往是：等自己或者子女今后回来时再接手庄园管理。

此后，英国涌现出了不少感人至深、催人泪下的英国版“完璧归赵”的故事。有些时候，委托人姗姗归来已经是20—30年后；有些时候回到故乡的已经不是委托人自己，而是他的子孙辈，这时候所面对的同样可能是受托人的子孙辈，因为至此半个世纪早已悄然过去。就在两位陌生的年轻人之间顺利完成管理权交接的时候，人类善良仁义的道德情操也直冲斗牛，光耀天地。

亚当·斯密在《道德情操论》中写道：“人的天赋中总是明显地存在着这样一些本性，这些本性使他关心别人的命运，把别人的幸福看成是自己的事情……这种本性就是怜悯或同情，就是当我们看到或逼真地想像到他人的不幸遭遇时所产生的感情。”可以说，信托法起源于人类美好的道德情操。同时，信托法也随着社会经济关系的发展而发展。

15世纪，信托财产与受托人、委托人、受益人的自有财产相脱离，受托人的义务伴随着责任而得以确立，至此，英国信托法制已初具雏形。随着18世纪60年代英国工业革命的爆发，信托的功能从财富传承的转让设计逐渐转变为财富增值的管理设计。随着英国殖民主义在美洲的扩张，英国的信托制度传入美国。美国的信托业并没有囿于英国信托的观念，美国一方面继承了公民个人间以信任为基础、以无偿为原则的非营业信托；另一方面创造性地把信托作为一种事业，用公司组织的形式大范围地经营起来。美国最早完成了个人受托向法人受托的过渡、民事信托向金融信托的转移，为现代信托制度奠定了基础。

信托法被认为是普通法系[①]与大陆法系最具标志性的差异之一，相比大陆法系的合同法和公司法，信托法的灵活性和严谨性更加有利于金融发展和经济增长。今天，在英美等普通法国家中，经济和金融领域的信托关系不断涌现、层出不穷。以员工持股、养老基金、人寿保险、共同基金等方式积累的信托资产，占金融资产、GDP 的比重也越来越高。他们中的不少国家，信托资产的规模，早就已经超过银行资产规模、GDP 规模。

实际上，信托法最重要的是信托文化、信托精神，而不是信托制度本身。在普通法系国家中，信托传统早已深入人心，已经成为规范和提升国民“道德情操”的重要文化传统。特别值得指出的是，信托传统早已超越经济、金融等商业领域的行为准则，已经成为公共政治、公共管理领域的道德标准，公共权力、公众利益、政府治理同样适用信托原则。正是因为信托法和信托传统的渗透以及分权、宪政制度的确立，普通法系国家的公共权力得到了有效抑制，为官者、主政者自觉按照信托要求来行使公共权力。

二、市场力量与资本形成

从史学文献来看，西方世界的兴起，同样是丁财关系发展的历史变迁过程。首先是丁财两旺的社会发展过程；其次是资本形成和资本积累的生生不息。实际上，工业革命表现为技术变迁，同样为丁财关系所生。

（一）人口革命与工业革命

历史学家和人口学家的研究表明，在英国工业革命的前夕，英国乃

---

① 当今西方社会有两大法系，即英美法系和大陆法系。英美法系又称为普通法系、海洋法系，以英国普通法为基础，由英国扩大到英国殖民地、附属国，主要覆盖美国、加拿大、印度、新加坡等国。普通法的特点包括：遵循判例、陪审制度、程序优先原则等。大陆法系主要覆盖欧洲大陆的国家，如法国、德国、意大利等。大陆法系以 1804 年《法国民法典》和 1896 年《德国民法典》为代表。

至欧洲地区的人口增长速度明显提升，出现了人口膨胀的现象，而且英国和欧洲地区的人口增长速度一直贯穿欧洲工业革命的全过程，这是一个很重要的历史事实。

英国和欧洲地区作为工业革命的策源地，究竟是人口革命推动了工业革命，还是工业革命推动了人口革命，历史学家和人口学家之间存在分歧，大部分学者认为，两者之间存在着千丝万缕的互动关系，并且倾向于认为工业革命前夕的人口增长确实推动了工业革命的诞生。

（二）资本形成与资本积累

人口爆炸出现在工业革命的前夕，对工业革命而言既是有利的因素，可以为工业革命提供充足的劳动力，可以推动社会分工发展，也是不利的因素，因为人口增长需要消耗资本，从人口增长到消费增长，必定对资本形成和资本积累产生不利影响。因此，在工业革命之前，需要有资本形成和资本积累的动力发生，这种可喜的局面之所以得以发生，一个重要原因是马克斯·韦伯所言的新教伦理和资本主义精神，宗教改革和资本主义精神的诞生导致新的“经济剩余”出现。

三、政府力量与资本形成

极简而言，封建时代的欧洲四分五裂，绵延不绝的战争压力始终存在，由此而引发王国的财政压力，为了赢得战争国王不得不进行制度变迁，进而导致欧洲地区的整体性制度变迁。

就政治变迁而言，有议会制度、民主制度、财产权力制度、宪政制度等。就文化和经济变迁而言，有宗教革命、法律革命、财政革命、金融革命、工业革命。文化、政治、经济变迁三者密不可分，或远或近地、或多或少地推动着资本形成、工业革命、资本主义、自由市场的出现。

（一）有效率的经济组织

近代以来，我国学者致力于探索西方世界兴起的原因。有些学者把西方世界的兴起视同工业革命，将西方世界的兴起和西方世界的富强等同于技术革命。有些学者把西方世界的兴起视为资本主义的诞生和发展，将西方世界的兴起和西方世界的富强等同于资本主义制度。有些学者把西方世界的兴起视为文艺复兴的诞生，将西方世界的兴起和西方世界的富强等同于文化革命。有些学者将西方世界的兴起视为市场经济的诞生和发展，将西方世界的兴起和西方世界的富强等同于市场经济体制。于是，西方世界的兴起，分别与技术革命、政治革命、文化革命、经济革命联系在一起。

1973 年，经济史学家道格拉斯·诺斯和罗伯特·托马斯发表了《西方世界的兴起》一书，他们的经济史研究让人们认识到，技术革命、政治革命、经济革命只是发展结果，不是发展自身；它们都属于结构现象，不是发展本原。于是技术革命、政治革命、经济革命由制度变迁来统摄，制度变迁成为历史变迁和经济变迁的解释因子。1981 年，道格拉斯·诺斯发表了《经济史中的结构变迁》一书，进一步阐释制度变迁和制度结构变迁对于理解经济变迁、历史变迁的重要性，并对《西方世界的兴起》一书的思想进行补充和完善。

道格拉斯·诺斯与罗伯特·托马斯在《西方世界的兴起》[①] 一书中，通过产权的制度变迁来解释西欧从公元 900—1700 年的经济增长。在诺斯和托马斯看来，“经济的增长必须是人均收入的持续增长，创新、规模经济、教育、资本积累等并不是经济增长的原因，而是增长本身。推动经济增长的本质在于，一个有效率的经济组织的建立。”有效率的经济组织是指“在制度上作出安排和确立以便造成一种刺激，将个人的经济努力变成私人收益率接近社会收益率的活动”。这样，个人的经济努力便会不断地转化为社会经济增长。具体而言，就是要确立有利于社会生产活动的所有权制度，明确个体经济活动的收益、成本和界限，使得经济活动具有可计算性，最大化地提高经济运行效率，最大化地提高资本累积

① 道格拉斯·诺斯、罗伯特·托马斯：《西方世界的兴起》，厉以平、蔡磊译，华夏出版社 1989 年版。

的速率，从而促进经济快速增长。

最适合建立和维护有效率的经济组织必然是政府。因为随着市场的扩大，把这样一项边际成本递减的工程交给政府会更加有效率。所以诺斯把政府定义为：提供所有权保护和公正而收取税金作为回报的组织。然而政府一旦建立，利益集团一旦形成，权力一旦集中，维护公正和效率的初衷便会受到威胁。因为制度的维护也需要成本，当个人权利受到侵犯，政府需要动用自己的资源来维护这些个人权利，但是一旦保护了个人产权，政府对权利的干预就会受到限制，政府作为一个利益集团本身，其实并不具有和其意志相一致的保护个人产权的持久动力。所以权力的限制和制衡就变得十分重要。

实际上，政府作为有效率的经济组织的代表，其职责就在于为社会发展提供有效率的经济制度、法律制度，提供安全保护等必要的公共服务等，扮演亚当·斯密所言的“守夜人国家”。简单地讲，就是政府为国民的经济活动提供一个良好的社会经济环境，这个良好的经济环境就是历史学家黄仁宇所言的“数目式管理国家”。这样，每个人都可以都可以拥有稳定的预期，都可以开展理性的计算。黄仁宇所言的“数目式管理”可以理解为“资本主义的可计算性”。

作为史学著作，《西方世界的兴起》不但通过历史变迁和经济变迁来总结和提炼出经济学思想，而且深度地对历史变迁的政治结构和经济结构进行比较研究①。诺斯和托马斯的努力在于：一是选取英国、西班牙、法国、尼德兰作为研究案列，开展横向的比较研究，通过比较制度学方法来获得结论；二是将王权、议会、征税权三者相连，征税代表利益关系，王权与议会代表征税权力的分配关系以及对征税权力的制约关系。于是，在研究史料的基础上，两位学者发现：英国和荷兰，议会约束王权，由议会有效控制王权的征税权力。西班牙和法国则相反，议会不能约束和限制王权，王权继续垄断征税权力，并且滥用征税权力，结

① 《西方世界的兴起》一书获得了重要的社会影响。关于书中的史料是否准确，经济学界和历史学界至今仍有争议。不过该书提出的核心思想，并没有受到影响。

果导致产权得不到保护，经济活动衰减，社会生产性努力不断萎缩，经济发展由盛转衰。

（二）国家干预主义出现

工业社会与市场经济几乎同步诞生。由于自由放任的市场经济政策和“守夜人”的国家模式，机器大生产与社会化管理之间产生矛盾，并且以经济危机的方式表现出来。在经济危机阶段，因为工业化进程而失去土地的城市劳动者或产业工人面临失业，以社会失业为标志的经济危机在工业社会中此起彼伏地爆发，将工业革命的辉煌和光荣一而再、再而三地打翻在地。

于是农业社会中的人口与土地的矛盾，就延伸和演变为工业社会中的人口与资本的矛盾，它成为工业社会全部经济关系的基础。同时，农业社会中农民（土地耕种者）和地主（土地所有者），就演变为产业工人和产业资本家的矛盾。马克思深刻地领悟到工业社会人口与资本、工人与资本家的矛盾。马克思认为，在资本主义生产方式、收入分配、资本积累原则的作用下，工人失业和经济危机具有不可避免的制度属性，与此相关的社会财富分配必然出现两极分化的趋势：一端是财富的积累，另一端是贫困的积累。

马克思主义理论的兴起，工人运动的兴起，迫使工业社会建立新机制来缓解人口与资本的矛盾。于是“国家干预主义”思想应运而生。

国家干预主义行为，可以简略地概括为对市场失灵的救助：

第一，反危机。通过货币政策、财政政策和产业政策，加强宏观经济管理，尽量延长经济繁荣的时间，尽量缩短经济危机的时间，最大限度地减少经济危机的发生。面对已经发生的经济危机，政府通过扩大公共支出等干预经济的措施来减轻其对社会经济的影响和破坏。

第二，反垄断。通过制订反垄断法，确保经济领域有效的市场竞争，确保全社会获得“来自竞争的繁荣”。

第三，反贫困。政府向社会公众提供包括社会救济、养老保障、医疗保障等公共福利安排，确保失业者、伤残者、年老者的经济安全。

于是，以凯恩斯主义为指导思想的宏观管理管理政策，以“罗斯福新政”为代表的国家干预主义政策，以英国“贝弗里奇报告”为代表的福利国家模式，推动西方国家跨越“中等收入陷阱”，进入高收入发展阶段。

第十一章
技术变迁的文化政治经济学解释

现代经济学将技术进步视为经济增长的重要推动力。20 世纪 80 年代，邓小平提出“科学技术是生产力”的著名论断，这个论断可以得到新增长理论的论证和支持。

现代科技史的研究表明，技术进步并非招之即来、呼之即出，并非一步领先、步步领先，存在很大的不确定性。1954 年，英国科技史学家李约瑟提出两个问题：为什么在前现代社会中国的科学技术非常发达，为什么在现代社会中国又会成为技术落后的国家，没有继续维持原来的领先。后来，李约瑟的论断和发问被称之为“李约瑟难题”“李约瑟之谜”。进而，历史学家、经济学家、科学史学家、科技哲学史家，参与讨论和辩论。

对技术变迁的不断追问，由科技史学而经济学，由经济学而政治经济学，最后由科技哲学史学推向文化哲学。文化思想家、哲学家、科技哲学史学家，倾向于认为技术变迁是自由之学和自由之文的结果。

第一节　丁财生科技

一、经济增长的“三驾马车”

现代经济学对经济增长和经济发展进行了区分，短期的经济变化称之为经济增长，中长期的经济变化称之为经济发展。短期的经济增长，可以通过空间来把握。中长期的经济增长，需要结合时间和空间来对待。计算经济增长的指标为GDP，即国内生产总值，GDP数据有月度、季度、年度。以凯恩斯主义理论为基础的宏观经济学，重视GDP增长，主张通过宏观政策来改善市场条件，为经济增长寻找出一条优化的、最大化的路径。于是，以实现GDP增长为目标的宏观经济学理论框架，被简化为经济增长的“三驾马车”：消费、投资、贸易。实际上，这“三驾马车”全部对应和指向资本即财货。在简化过的宏观经济学理论框架中，根本看不到人口的身影，也看不到科技和制度的作用，纯粹以资本来讨论增长。

二、经济发展的“三驾马车”

与经济增长不同，经济发展代表中长期的经济变迁。这里不但有人口、资本的变化，而且有科技、制度的变化，同时还有四个要素之间的协同效应。因此，讨论经济发展，有“丁、财、科技、制度”的“四要素”之说。丁为人口，包括人口数量、人口结构、受教育程度。财为资本，即资本积累和资本形成，包括人力资本。

科技可以一分为二，包括科学和技术，以技术进步为代表。在经济生活中，技术进步既受到文化、教育、科学发展的影响，既受到国民财富、国民收入的影响，也受到金融市场的影响，金融市场则包括资本市场、私募股权市场、风险资本市场、创业投资市场等，还受到市场结构、市场竞争、企业研发投入的影响，甚至还会受到人口规模、人口结构、就业市场的影响。确实，科技发展受到文化政治经济方方面面的影响。大而化之，科技发展离不开丁财，科技为丁财所生，可以由丁财来代表和统摄。

正是因为科技为丁财所生，所以西方经济学一度将技术进步界定为经济增长的外生变量，只将丁财作为内生变量来对待。这个局面被新增长理论所终止和颠覆，新增长理论的一个重要贡献就是将技术进步视为经济增长的内生性要素，从而凸显出技术进步在中长期经济发展中的重要性、独立性、内生性。20 世纪 80 年代，邓小平提出“科学技术是生产力”的著名论断，这个论断可以得到新增长理论的论证和支持。

很显然，在新增长理论看来，丁财结合，教育发展和科研经费投入结合，可以孕育出科技发展和技术进步，而且科技发展和技术进步反过来又成为财富增长和经济增长的直接动力。我们将科技纳入丁财关系，与丁财并列为三，即丁、财、技。于是，丁财技三者共同成为经济发展的“三驾马车”，从而回到“丁、财、技”的“三要素”之说。关于经济发展的“三驾马车”之说，三要素之说，凸显了科技在经济发展中的显著作用和重要影响。

以道格拉斯·诺斯为代表的新经济史学派，将欧洲工业革命之前的技术进步和西方世界的兴起联系起来进行历史考察，进而将技术进步视为财产权利制度变迁的结果。这样，技术进步可以由制度和制度变迁来统摄。也就是说，制度变迁相对技术进步而言，更加深远，更加深厚。于是，中长期经济增长和经济发展又回到“丁、财、制度”的“三要素”之说。

技术进步既可以认为是由丁财关系所“生”，也可以认为是由制度变迁所“生”，并且制度变迁还可以进一步归结为丁财关系所生。这样，经济发展最终还是由丁财所“生”，回到了“两要素”之说，所以，我们有丁财之道的说法，即丁财“生”经济发展。

三、纯粹兴趣与科技创新

科技创新和科技发明的主体在人，在于人类的社会实践活动，在于人类的文化精神活动。丁财生科技的说法，表明科技不是他生，而是自生内生，为丁财所共生，既离不开人才（丁），也离不开投入（财），说到底还是由人所生。但是，科技发展具有无中生有的特点，完全由创造创新而来。

能够“生”出科技创新和科技发明的人，可以分为两大类：一类是天才，可遇不可求，属于不确定性；另一类是奇才，他们不能与天才相提并论，本是普普通通的人，平平常常的人。他们奇特之处表现在两个方面：一是有奇遇，或者遇到了名师指导，或者捕捉到了百年不遇的灵感，灵感有如天才，属于不确定性。二是有奇心，对事情有好奇心，有诧异心，恰如亚里士多德所言，“哲学起源于闲暇和诧异心”。好奇心是一种心性，对事物和事情表现出纯粹兴趣，也可以称之为匠心。恰如庄子笔下的能工巧匠，他们的共同特点在于有坚定不移的意志，有矢志不渝的爱好，有全副身心的投入，数十年甚至终其一生，坚守一业，操持一事，终于达到至诚入神、出神入化的境界。

在古代社会中，由于科技创新和科技发明活动主要不是通过集中组织、“实验室化”的科学研究方式来获得，因此中国古代思想家对科技发展、技术变迁的理解，往往会聚焦和归因于能工巧匠们的精神和心性，并且通过“曲全之辨”“道技之辨”来展开论述。

在现代社会中，科技创新和科技发明活动往往是由科技工作者、科研人员等专业人士通过实验室来完成，从这个意义上讲，科技发展和技术变迁的推动是专业人士与实验室的合力，是丁与财的合力。在现代社会，科技发展和技术变迁的主力是专业人士，而不是民间人士。这些专业人士往往需要接受初等教育、中等教育、高等教育，接受学校教育的时间将近20年。这样，科技人才、科技发展与教育体制、教育体系、教育方式直接关联。同时，教育行为又与社会需求、社会氛围直接关联。以我国的高等教育为例，为了满足工业化发展需要的社会需求，直接影响到高等教育的发展选择，采用标准化、模式化、统一化的教学方式和教学内容，重视了提升受教育者能力的同一性、同步性，放弃了因材施教、个性化、差异化的教育目标。于是，高等教育的成果在于为社会输出大量千篇一律的、能力平均的人才，但是培养不出具有原创性、创造性、创新性的高端人才。

天才难遇，奇才难有。奇才是有着纯粹兴趣的平常人，是平常人与纯粹兴趣的结合。个人有纯粹兴趣不易，社会有纯粹兴趣更难，而且个人和社会的纯粹兴趣还会受到历史和文化的影响。

第二节 科学精神与自由精神

一、科学与科技之辨

1954年，李约瑟在《中国科学技术史》（第一卷）的序言中写道：

> 中国的科学为什么会长期大致停留在经验阶段，并且只有原始型的或中古型的理论？如果事情确实是这样，那末，中国人又怎么能够在许多重要方面有一些科学技术发明，走在那些创造出著名的“希腊奇迹”的传奇式人物的前面，和拥有古代西方世界全部文化财富的阿拉伯人并驾齐驱，并在公元3世纪到13世纪之间保持一个西方所望尘莫及的科学知识水平？中国在理论和几何学方法体系方面所存在的弱点，又为什么并没有妨碍各种科学发现和技术发明的涌现？中国的这些发明和发现往往远远超过同时代的欧洲，特别是在15世纪之前更是如此（关于这一点可以毫不费力地加以证明）。

> 欧洲在16世纪以后就诞生出现代科学，这种科学已被证明是形成近代世界秩序的基本因素之一，而中国文明却没有能够在亚洲产生出与此相似的现代科学，其阻碍因素又是什么？从另一方面说，又是什么因素使得科学在中国早期社会中比在希腊或欧洲中古社会中更容易得到应用？最后，为什么中国在科学理论方面虽然比较落后，但却能产生出有机的自然观？这种自然观虽然在不同的学派那里有不同形式的解释，但它和现代科学经过机械唯物论统治三个世纪之后被迫采纳的自然观非常相似。

后来，学者们将李约瑟的论断和发问[①]，称之为李约瑟难题、李约瑟之问。进而有历史学家、经济学家、科学史学家、科技哲学史家，参与讨论和辩论，于是李约瑟之问又被称之为李约瑟之谜。

林毅夫在《解读中国经济》[②] 一书中撰写“第二章李约瑟之谜与中国历史的兴衰”一文，从文化、政治、经济学等方面对李约瑟之谜进行阐释和解答。该文的主要思想和观点包括：

林毅夫将李约瑟之谜提出的问题概括为两个方面：第一个方面是为什么在前现代社会中国的科学技术非常发达；第二个方面是为什么在现代社会中国又会成为技术落后的国家，没有继续维持原来的领先。解释李约瑟之谜的现有理论包括：一是文化决定论的解释，文化决定论者认为中国落后的原因是由于长期无法摆脱的儒家文化影响。韦伯在《新教伦理与资本主义精神》中认为资本主义之所以在西方创新是因为西方信奉新教，只有新教文明才能产生出资本主义和工业革命。但不能解释问题的第一个方面。二是国家竞争假说和专利保护说。国家竞争假说认为，欧洲分成很多小国，国与国之间存在竞争，为了让国家强盛，各个国家就会努力去倡导科学技术。而中国是大一统国家，不存在这种竞争，由于长期缺乏竞争压力，因而不会有进步。专利保护说认为欧洲出现工业革命是因为欧洲有专利制度，英国在15世纪时就有专利制度，所以后来

① 李约瑟：《中国科学技术史（第一卷导论）》，科学出版社、上海古籍出版社1990年版。
② 林毅夫：《解读中国经济》，北京大学出版社2012年版。

才会强盛。三是高水平均衡陷阱假设。伊懋可（Mark Elvin）在《中国过去的模式》一书中提出高水平均衡陷阱理论。在中国当时的社会经济状况下，人口的快速膨胀导致对新技术的需求不足，从而导致了中国的技术进步停滞。罗斯托（Rostow）的经济起飞理论认为，自由经济的积累率超过国内生产总值的11%，经济才能开始起飞，并据此提出了低生产能力和低技术水平的“低水平均衡陷阱”。两者实质都是说剩余的积累太少，或者说人口太多，劳动力价格过低。高水平均衡陷阱假设所说的剩余太少，意味着没有技术变迁。从没有技术变迁的暗含假设，推导出没有技术进步的结果，这是明显的循环论证。同时，也与实际的经济现象相矛盾。8—12 世纪是我国技术进步最快的时期，而从 2—10 世纪，人均耕地一直在降低。14 世纪技术进步速度日趋缓慢，而人均耕地却有所增加。瑞丝金（Riskin）发现中国 20 世纪 30 年代超过国民经济的30%的产出用于非必要性消费上，推断出剩余率超过 30%。不是没有剩余，可能没有投资机会。

林毅夫认为，技术变迁的速度加快才是工业革命最重要的本质。对此提出了“技术分布曲线”“发明可能性曲线”“尝试错误机制”三个概念和三个假说，并且将李约瑟之谜进行转换：要寻找中国为什么没有出现工业革命的原因，关键不在于了解中国为什么没有出现工业革命这一问题本身，而是要回答中国为什么没有出现科学革命。林毅夫先生认为，现代科学与传统科学的不同之处在于：第一，现代科学使用数学模型来表述关于自然界现象的假说；第二，现代科学使用可控制实验或可复制的实验的方式来检验假说的真实性。中国没有出现科学革命，主要的原因是虽然好奇心是与生俱来的，但是使用数学与做可控制实验却需要后天学习。可见，林毅夫通过技术变迁来理解工业革命，进而理解和回答李约瑟之谜。

林毅夫的研究结论是：在前现代社会技术的发明以农民、工匠的经验为主，中国人多，农民、工匠多，所以，在技术发明上具有优势。到了工业革命以后，技术发明的方式变为以科学家在实验室里进行以科学为指导的实验为主，中国人多的优势消失。工业革命产生的前提是以数学和可控制实验为主要特征的科学革命的发生和普及，中国由于科举制度所产生的激励机制妨碍了中国人对数学和可控制实验这种后天能力的学习，使得科学革命无法在中国产生，因此也就无法自发地从以经验为主的技术变迁方式向以科学为指导的实验方式进行转变。

林毅夫在发展经济学、制度经济学、农业经济学等方面都有经典之作，他对李约瑟之谜有长时间的研究积累，可以视为国内经济学界求解李约瑟之谜的重要代表。在这篇文献中，林毅夫讨论的重点在于理解技术变迁和工业革命的关系，核心还是科学与科技之辨、经验科学与实验科学之辨、人文与数学之辨，主要体现出技术经济学的视野。同时，该文还对中国科举制度与欧洲封建继承制度进行比较，强调唐宋开始的中国科举考试内容有人文无数学，欧洲处于封建社会，实行嫡长子继承制度，嫡长子们有资产有时间可以根据个人兴趣来学习数学，开展科学实验，从而导致中西在技术变迁上出现重大差异，该文因此体现出比较经济学、比较制度学的研究视野，展示了结构主义分析方法的魅力，由技术变迁进而触及政治变迁、制度变迁。可以看出，林毅夫先生从经济学角度求解李约瑟之谜的努力，已经在政治经济学框架内得以完成。不过，该文并没有进入文化层面和哲学层面，没有对中西文化的精神差异展开探求，也没有对宋明理学精神与两汉经学精神进行辨析。

二、科学与自由之学

实际上，求解李约瑟之谜的主力不在经济学界和经济学领域。主力在于科技史学界和科技哲学界。科技史学研究的重大成果就在区分科学和科技，即科学与科技之辨。科技史学家们的工作，揭示了工业革命前后科学发明和科学研究采用了独特的方式。

科学与哲学总是形影不离，对科学问题的求解最后都会指向并通向哲学。在国内哲学界，哲学家李泽厚提出中国文化重视“实用理性”的著名观点，即李泽厚之说。于是，李约瑟之谜与中国文化重视“实用理性”的李泽厚之说联系到一起，进而引发了学者们从中国文化层面来思考中国科技落后的根本原因，进而导致将中国科学发展的落后归结为中国文化重视“实用理性”。哲学家叶秀山以研究西方哲学闻名，推崇自由和自由精神，提出著名的自由之学的说法，可以称之为叶秀山之说。于是，李约瑟之谜与叶秀山之说联系在一起，进而导致将西方科学的成就归结为西方文化的“自由之学”。

科技哲学史学家吴国盛对科学发展史、李约瑟之谜都做过深入研究，他发表过颇有影响力的著作《科学的历程》[①]。近年来，吴国盛再次坚定地认为，中国文化能够推动“科技”的发展，因为科技的发展讲求实用，但是不利于“科学”的发展，因为科学的发展恰好相反，以不求实用为前提[②]。同时，吴国盛还沿着哲学家叶秀山言“自由之学”的方向，将“科学”视为“自由之学”的结果，认为是希腊文化和希腊文明推动了科学的发展。从西方哲学的源头上看，古希腊所言的哲学是“爱智慧”，而不是“有智慧”，正如苏格拉底所言的“无知之知”，因而鼓励人们不断地从已知出发去探索未知，从“知其然”出发去探索“知其所以然”。所以，“爱智慧”是一种精神，重在凸显对智慧的“爱”，由此衍生出“为学问而学问”“为艺术而艺术”的自由精神。这种自由精神是“无目的”“无功用”“纯粹兴趣”的精神，而不是“实用主义”的功利精神和功用精神，正是“自由之学”的精神诞生了古希腊的“自由七艺”[③]，进而由“自由七艺”诞生了“自由”的“科学精神”。

以吴国盛为代表的中国科技哲学史学者，将“科学”与“自由”相连，将“科学精神”与“自由精神”相连，将“科学”与“自由之学”相连，揭示古希腊自由精神和科学精神的重叠，并且从文化和哲学层面

---

① 吴国盛：《科学的历程》，湖南科技出版社1995年版。

② 吴国盛：“科学精神的起源”，清华大学演讲词，2016年10月14日。

③ 希腊时期的“自由七艺”是指自由民应接受的基本教育，先有“三艺”之说，即语法、修辞和逻辑，后又有“四艺”之说，即算术、几何、音乐、天文。合称“自由七艺”。自由七艺是西方人文教育的基础。

来挖掘西方科学发展和科技发展的大历史，建立理论解释的大框架，确实令人钦佩和赞善。但是，他们认为中国文化重视“实用”和“功用”而缺乏自由精神，中国哲学重视“心性”和“德性”不重视“逻辑”与“理性”而不能诞生出有利于科学发展的认识论思想，于是根据中国文化和中国哲学的特点来回答李约瑟之谜，进而认为中国有科技发展而无科学发展，这种理论解释难以令人信服。

第三节　自由之学与中国文化

一、自由之学的流变

对此，我们继续沿着科学与自由相依、科学精神和自由精神相连、科学与自由之学不离、科学与科技有分的学术进路，从文化政治经济学思想出发，对李约瑟之谜、李泽厚之说、叶秀山之说继续进行讨论，提出一个与吴国盛有差异的解释框架。

我们认为，讨论这一类宏大无比的社会问题，跨越千年的历史问题，首先需要树立通达历史、通达文化的开放精神，需要做到司马迁所言的“究天人之际，察古今之辨”，需要具备钱穆所言的“历史意识”。其次需要摆脱西方近代以来的科学主义的认识论思想以及亲近当代西方现象学、存在论、阐释论的思想，树立陈寅恪所言的“不中不西”“不古不今”的自由精神，这样我们才能走进中国文化，通达中国精神。最后，需要注意到文化比较观、制度比较观背后的实体论、结构论思想，需要亲近奥地利学派、历史学派、制度学派的文化观和制度观，树立社会生态观、历史演化观，才能对千百年来的技术变迁和文化变迁进行理解。按照阐释学家伽达默尔的说法，理解止于存在。理解不达存在，不足以言理解。

我们通过先秦诸子论曲全之道来揭示中国文化独特的认识论思想，曲全之道强调对事物的整全之知，是现象学和存在论意义上的“知”。虽然不同于柏拉图的“理念论”之知，也不同于康德的“理论理性”之知，但是，就“透过现象认识本质”“思维达至存在”而言，中西文化和中西哲学的源头皆为“自由之学”。

当然，中国文化和中国哲学是一个流变的生命体，而不是西方认识论意义上的实体。实际上，中国文化流变经过了《周易》时代、诸子时代、两汉的经学时代、魏晋的玄学时代、隋唐的佛教时代、北宋的道学时代、南宋的理学时代。从《周易》时代到理学时代，中国文化经历了7次大的文化流变。这7次流变，整体上呈现出“自由之学”精神的衰减，响应《周易》“自由之学”精神只有魏晋玄学、隋唐佛学、北宋道学。玄学、佛学、道学的自有之学精神，推动了隋、唐、宋时期的科技发展，同样表明自由之学与科学发展的同向性、一致性。林毅夫已经指出唐宋开始的科举制度对技术变迁的不利影响，原因在于科举考试内容有人文无数学，不利于科学和科技发展。我们从文化哲学的角度，比较《周易》思想与程朱理学思想的差异，认为由《周易》的“自由之学”精神走向程朱理学的“道德决定论”思想，是对《周易》文化和哲学思想严重的偏离。

中国文化重视“实用理性”的根本，在于《周易》建立了“一个世界的世界观”，而不是“两个世界的世界观”。重视“实用理性”虽然只能直接抵达“技”和“器”，但是技和器属于经验积累，而且由技而道、由器而道是一条开放的通道、上升的通道，由经验而知识的通道。从中国文化流变而言，南宋理学时代开始对中国文化重视“实用理性”进行了重大修正，重视德性（而不是道性，也不是物性）成为中国文化主流。结果，宋明理学时代的中国文化不但没有助益技术变迁，反而阻碍了技术变迁。所以，我们认为，中国文化独特的认识论在于曲全之道。曲全之道和道技之辨的思想，同样属于自由之学，对于我国未来科技创新、科学发展具有重要价值。恰恰是文化流变、自由之学精神的衰减、宋明理学的主导，技术变迁的通道受到了阻碍，所以我们需要对宋明理学精神进行深刻的反思。

我们从文化政治经济学思想角度来揭示技术变迁，旨在凸显科技创新的社会氛围和文化氛围，旨在凸显科技创新者独特的精神和心性。包括家庭、学校、社会在内的相关主体，如果不能保持开放、通达、自由的精神，则科技创新、科学发展难以有突破性的进展，不能塑造出有利于科技创新的自由之学、纯粹兴趣。

二、道进乎技与道技之辨

《庄子养生主》写道：

> 庖丁为文惠君解牛，手之所触，肩之所倚，足之所履，膝之所踦，砉然响然，奏刀騞然，莫不中音。合于桑林之舞，乃中经首之会。
>
> 文惠君曰："嘻，善哉！技盖至此乎？"
>
> 庖丁释刀对曰："臣之所好者道也，进乎技矣。始臣之解牛之时，所见无非牛者。三年之后，未尝见全牛也。方今之时，臣以神遇而不以目视，官知止而神欲行。

庖丁解牛的故事，说明世事纷繁复杂，只要反复实践，掌握内在事理，就能得心应手，运用自如，迎刃而解。庄子在这篇文章中还对"道与技"的关系进行了哲学思考，并且总结为"道进乎技"，道高于技，道超过技。当然，庖丁解牛的故事，也蕴含着"技进于道"的另一条解释进路，技师心无旁骛，日新其德，则技艺日新月异，出神入化，同样可以达到道的层面，最终实现"由技达道"的提升。庖丁解牛的故事，今天则被解读为"工匠精神"的体现。

《庄子》一书以天人、神人、至人为歌颂对象，他们神龙见首不见尾，或远或近，或民间或庙堂。同时，《庄子》一书描述了不少的杰出"匠人"，他们以特殊的精神和性情发展出了特殊的技艺和才能，赢得了尊严和闲暇[①]，开辟了人生向上发展的新进路，当然这条进路与儒家强调“内圣外王”之路有差异。除了《养生主》篇中的庖丁，庄子还刻画了一系列栩栩如生的“匠人”：有《人世间》篇中的匠石/匠伯，有《马蹄》篇中的伯乐，有《天道》篇中的轮扁，有《达生》篇中的佝偻者、梓庆、东野稷，还有《知北游》篇中的郢人。这些匠人都是一些身份不显的修行人，彻上彻下，道通于艺[②]。北宋文学家欧阳修也曾经写过《卖油翁》的名篇，“无他，惟手熟尔。”同样表达了熟能生巧、技进于道的思想。

先秦诸子的思想没有停留在对“技”一词进行过多的解释，也没有直接对“技艺”本身进行深入考察，但是他们对那些身怀绝艺的人即“技者”“匠人”进行了深度思考。当然，先秦诸子之中，以庄子对“匠人”群体的思考最为深刻。庄子关于匠技的哲学思想可以概括为：技与道相对，道高于技；技与器相伴处于一个层面，《周易》言“形而上者谓之道，形而下者谓之器”，道进乎技，进乎器；技与艺相连，后世有技艺之说，技与艺都与道相通相达。

庖丁解牛的故事，最深刻的文化含义在于将心性与认识、实践联系起来。

第四节　曲全之道与中国认识论

从《周易》开始，中国文化就强调不以“自我”“主观”来行事，而是要效法天地之道，顺应事物本身从而开物成务。所以，中国文化不讲“直成”，而讲“曲成”。“曲成”的思想既有认识论意义，又有实践

① 在古希腊时代，闲暇就被认为是自由民从事哲学和科学的一个重要前提条件。如果像奴隶一样为生计忙碌，毫无自由支配的时间，不可能有哲学和科学的发展。

② 张文江：“道进乎技：《庄子》中的几个匠人”，《上海文化》2016年9期。

论意义、价值论意义。“曲成”即自然而然地成，自由自在地成。我们认为，从中国文化源头和先秦文化主流来看，中国文化为自由之学。

一、《周易》：“曲成万物而不遗”

《周易·系辞上》写道：

> 《易》与天地准，故能弥纶天地之道。仰以观于天文，俯以察于地理，是故知幽明之故；原始反终，故知死生之说；精气为物，游魂为变，是故知鬼神之情状。与天地相似，故不违；知周乎万物而道济天下，故不过；旁行而不流，乐天知命，故不忧；安土敦乎仁，故能爱。范围天地之化而不过，曲成万物而不遗，通乎昼夜之道而知，故神无方而《易》无体。

《周易》中的这段文字非常经典，其中最末两句讲的是易道，易道为昼夜之道、阴阳之道。最后四句中还讲到了“范围”和“曲成”，东晋玄学家韩康伯在《周易注解》一书中写道：“范围者，拟范天地而周备其理也。曲成者，乘变以应物，不系一方者也。”[①] “范围”一词可以理解为效法，即效法天地；“乘变”体现了“变易”的易理；“应物”为顺应事物本身。但是，“曲成”的意思要复杂得多。分而言之，“曲”有委曲、委屈（屈与伸相对，即为曲）、曲折的意思，“成”有成全、成就的意思。从“曲”最本源的意义来讲，“曲”与“直”相对。衍生而言，“直”为直接，为自我，为阳；“曲”为间接，为他者（the other），为阴。“直成”一词的意思可以理解为“从自我立场出发”来成就事物。自我为“在场者”，为阳，完全从自我立场出发就是纯阳无阴，有乾卦之意；“曲成”与“直成”相对且相反，可以理解为“不从自我立场出发”来成就事物。不从自我立场出发，从何处出发？

一是从他者立场出发，完全站在他者的立场上想问题办事情，他者

① （魏）王弼著，（晋）韩康伯注，（唐）陆德明音义，（唐）孔颖达疏：《周易注疏》，中央编译出版社2013年版。

为“不在场者”，为阴，完全从他者立场出发就是纯阴，有坤卦之意，有“成功不必在我”之思想境界，有“完全放弃自我”的道德精神，有“无成有终”的元亨利贞。

二是从事物本身[①]出发，从事物本身出发就是“顺应事物”，简单而言就是“应物”，顺应事物而成就事物。当然，不管是从他者立场出发，还是从事物本身出发，都有一个共同的前提，这个前提是要做到“无我”，是孔子所言的“子绝四”，老子所言的“不自四”，前者以“毋我”为代表，后者以“不自我”“无我”为代表。所以“曲成”的真正思想就是千方百计地贴近事物本身，委曲求全，知全事物，使有成就。那么，委曲的主体是谁？当然是“自我”！通俗地讲，就是要把“自我”卷曲起来，放下“自我”，不伸张“自我”，不以“自我”为是，不以“他者”为非，而以“事情本身”为是，这样才能获得既“真”且“全”之整体的认识和全面的知识，才能成就事物。

在《周易》这段十分经典的文字中，没有明确表述出“全”字，明确讲出来的只有“曲”和“曲成”的表述。将“曲”与“全”联系在一起来把握，并且明确提出“曲则全”的认识论思想，那是老子难能可贵的思想贡献，是老子对《周易》思想的继承和发展。但是，“曲则全”思想的种子，早在《周易》这里就已经“埋下了”。虽然，《周易》没有明确界定“全知”“知全”的哲学含义，但是《周易》明确界定了“周知”的哲学含义，也可以说“周知”“知周”与“全知”“知全”具有

---

① 作为现象学派开创者的德国哲学家胡塞尔，有句名言就是“面向事物本身”，也可以理解为“回到事物本身”。这句话与《周易》讲“曲成”、老子讲“曲则全”、管子讲“不先物动”、《淮南子》讲“不先物动”，司马谈概括道家思想的“不为物先，不为物后，能为万物主”等话语，都有相通之处。“回到事物本身”即“合道”。当然，现象学家胡塞尔所言的“事物本身”也不同于存在论现象学家海德格尔所言的“事物本身”，胡塞尔的思想还是留有柏拉图理念论的痕迹，还是希望通过“形式”来达到“事物本身”，海德格尔希望能够直达存在。《周易》建立一个世界的世界观，“事物本身”即体用具足、阴阳相济的整体。

对“事物本身”而言，海德格尔所言的通达者，类似于《中庸》所言的“诚者”和“诚之者”，直接通达，因为“诚者，天之道；诚之者，人之道。”胡塞尔所言的通达者，类似于《中庸》所言的“致曲者”，因为“曲能有诚”。但是“致曲者”需要经过“形著明动变化”六个环节和六个步骤，才能达到“至诚若神”“出神入化”的境地。

同样的哲学意义，这正是《周易》认识论的“文眼”所在。

从上面引用的文字中可以看到，《周易·系辞上》已经明确写道：“知周乎万物，而道济天下，故不过。”实际上，《周易》在这里所言的“知周”完全可以理解为“周知”，即为“周全之知”，而且《周易》还对“周全之知”的特点做了十分明确的界定，即为“不过”。此“不过”有“不及不过”的意思，为“恰到好处”“恰如其分”之意。如果用现象学大师胡塞尔的话来讲，那就是“回到事物本身”，只有“回到事物本身”才能“恰如其分”“恰如其实”“恰如其是”“是其所是”。特别能够体现《周易》“极高明而道中庸”的地方，还在于《周易》将“周全之知”“周知”的认识方法归结为“道”，这个道就是“《周易》之道”，即为“易道”。在《周易》的理论体系中，“周全之知”为“易道之知”。

《周易·系辞上》中还写道：

> 乾知大始，坤作成物。乾以易知，坤以简能。易则易知，简则易从。易知则有亲，易从则有功。有亲则可久，有功则可大。可久则贤人之德，可大则贤人之业。易简而天下之理得矣。天下之理得，而成位乎其中矣。

在这段文字中，《周易》将“易简”代“乾坤”“天地”，易简即为乾坤之道，天地之道，阴阳之道，即为易道，易道就是对天地之道的效仿。而且这段文字还提出亲与功、德与业、理与位，这三组关系以德与业为代表，是讲认识论与实践论的统一，非常高明。

这样，《周易》在讲完认识论之后，接着就讲实践论的思想。《周易》的实践论思想，紧紧围绕“人何以合道”这个中心议题而展开。《周易》的回答也很简单：“一阴一阳谓之道，继之者善也，成之者性也。仁者见之谓之仁，知者见知谓之知，百姓日用而不知，故君子之道鲜矣”（《周易·系辞上》）。可以说，继善成性即为《周易》实践论思想的“行道”，即行道和履道。当然，继善成性的思想，也被学者们理解为价值论、功夫论、境界论。人因为“继善成性”，自然合于“阴阳之道”“天地之道”“易简之道”。因此，《周易》实践论思想与认识论思想通达不二，以“继善成性”对接“阴阳之道”，标志着《周易》将存在论、认识论、实践论完全融为一体。其实，融合的基础是《周易》建立的一个世界的世界观。

二、《中庸》：“其次致曲，曲能有诚”

今天的文化学者和科技史学者，倾向于认为儒家思想不利于科学和科技发展。实际上，这个说法过于笼统，并不准确。一是儒家思想内部有不同的理论进路。牟宗三对四部儒家经典的思想做过辨析，认为《论语》《孟子》代表“道德的进路”，《周易》《中庸》代表“宇宙论的进路”，于是将语孟相连，将易庸相连，牟宗三的辨析很有见地。二是《中庸》建立了以“诚论”为中心的思想体系，展示了与《周易》同样高远的自由之学精神，蕴含了非常高明和深刻的认识论思想，既上承《周易》又下启《荀子》。三是儒家文化经过两汉经学时代，特别是进入宋明理学时代，儒家文化中的自由之学精神衰减不已。所以，从儒家文化和思想的流变来看，儒家思想不利于科学和科技发展的历史，主要在南宋之后。因此，准确而言，宋明理学时代的儒家思想不利于科学和科技发展。

《中庸》写道：“诚者，天之道；诚之者，人之道。”在《中庸》看来，人因为“诚”而合于“天地之道”“阴阳之道”，将“继善成性”归结为“诚”，归结为“诚心”，诚心即为“天地之心”。而且《中庸》还有“至诚如神”之说，“神”是“周知”“全知”的代表，这是《中庸》对《周易》认识论思想的发展。在《中庸》看来，人有诚心，有天地之心，自然合于“天地之道”，自然有“至诚如神”的认识。这样，“曲成”就是“继善成性（而成）”“中乎（而成）”（《周易》的表述），就是“有诚（而成）”（《中庸》的表述）。

《中庸》对《周易》“曲成万物”的思想进行了继承和发展。《中庸》写道："其次致曲。曲能有诚，诚则形，形则著，著则明，明则动，动则变，变则化。为天下至诚为能化"。《中庸》区分了诚者（天之道）、诚之者（人之道）、致曲者（曲能有诚）。诚者和诚之者都可以"至诚如神""致曲者"不直接拥有前两者的能力，但是"致曲者"也有诚心，通过"形著明动变化"六个环节和步骤，同样可以达到"至诚如神""出神入化"的境地。

特别值得指出的是，"形著明动变化"代表了《中庸》之"空间认识论"的六个环节和步骤，这六个环节与空间有关，代表可观察、可辨识、可经验、可起用的内容，从现代学术意义上讲，《中庸》提出的"空间认识论"与西方近代以来的"认识论""现象学认识论"可以相通相达。但是，《中庸》提出的"空间认识论"，本意在于强调获得这种"空间认识论"之前提的重要性和根本性，这个认识论的前提就是"有诚""无我""无对无待"。所以，《中庸》所言的"空间认识论"与"诚体认识论"，两者是不可分割的，是两位一体的。实际上，这正是现象学大师胡塞尔的"现象学认识论"的古典版本、中国版本。

《中庸》一文中虽然没有直接提到"技"，虽然"致曲者"并不直接对应我们今天所言的科技工作者，但是"致曲者"还是可以理解为专心致志地、心无旁骛地、因顺事物本身而去从事某一项工作的社会实践者，最后可以成为有一技之长者、身怀绝技者、惟精惟一者。

三、《老子》："曲则全"

今天的文化学者和科技史学者，倾向于认为道家思想有利于科学和科技发展。这种说法的道理在于：一是道家重视人与自然的关系，老子推崇道法自然的思想，这个思想传统一直为道家所恪守。二是东汉时期道家思想孕育出了道教，道教重视生命和养生，重视长生久视之道。道教既重内养，也重外养。外养则通过炼丹等数理生化的实验工作来完成，因此与科学和科技关联紧密。

就认识论思想而言，老子继承了《周易》自由之学的精神，并且将《周易》“曲成万物而不遗”的思想进行了发展，老子提出了“曲则全”的说法，我们称之为“曲全之说”，即曲全之道。

老子在《道德经》中写道：

> 曲则全，枉则直，洼则盈，敝则新，少则得，多则惑。是以圣人抱一为天下式。不自见，故明；不自是，故彰；不自我，故有功；不自矜，故长。夫唯不争，故天下莫能与之争。曲则全者，岂虚言哉，诚全而归之。

在这段短短的文字中，老子提出了两个十分重要的说法。一是提出了“四不自”或者称之为“不自四”的说法：不自见，则事理明通；不自是，则是非昭然；不自我，则建功立业；不自矜，则百尺竿头，更进一步。简单而言，可以称之为“无我之说”。二是提出了“曲全之说”，即“曲则全，枉则直，洼则盈，敝则新，少则得，多则惑”。

无我之说与曲则全之说，这两个说法都可以独立表达，而且都很经典，都很精彩。不过，要完整理解老子这段文字的整体意思，奥妙恰恰就在这两个说法的首尾相连。恰恰是这两个说法的内在连贯性、内在一致性，构成了一个可以前后解释的逻辑关系。

“自见、自是、自我、自矜”，可以认为是人之性情的四个特点，即“四自”特点，用其中的一个词来代表就是“自我”。由于每个人对“自我”的理解和认识最为直接，至少最为贴近，因此“自我”的意思就衍生为“直接”“直”，意为距离最短，隔膜最少。于是从“自我”立场出发来成就事物即是“直成”，这样“自我”“四自”就与“直成”相连。但是，现实生活中往往不是“直成”，也不能“自成”，反而是“曲成”，是“无心而成”。所以，中国有句古语，叫做“有心栽花花不开，无心插柳柳成荫”。“有心”为有“我”之心，“有心而成”为“直成”；“无心”为无“我”之心，无我之心恰恰是天地之心，是诚心，“无心而成”即是“曲成”。

从语词意思上讲，“全”为整全，为真全，为周全，为完全，为全部，为全体。老子讲“曲则全”，是对《周易》思想的“接着讲”，而不是“照着讲”[①]，所以，老子所言之“全”，可以理解为“全知”“知全”，这样，就与《周易》所言的“周知”“知周”有异曲同工之妙。这里不再重复“全”和“全知”的解释，可以从前面分析《周易》的“周全之知”中得到理解。

四、《庄子》：“有真人而后有真知”

在中国先秦文化中，将“人”与“知”直接相连并且展开全面论述的经典文献，属于《庄子》。庄子不但直接提出“有真人而后有真知”的思想观点，而且对常人转变为真人的功夫路径、境界路径进行了理论阐述。

（一）有真人而后有真知

《庄子·大宗师》篇中写道：

> 知天之所为，知人之所为者，至矣！知天之所为者，天而生也；知人之所为者，以其知之所知，以养其知之所不知，终其天年而不中道夭者，是知之盛也。虽然，有患。夫知有所待而后当，其所待者特未定也。庸讵知吾所谓天之非人乎？所谓人之非天乎？且有真人而后有真知。
>
> 何谓真人？古之真人，不逆寡，不雄成，不谟士。若然者，过而弗悔，当而不自得也。若然者，登高不栗，入水不濡，入火不热，是知之能登假于道者也若此。

① 冯友兰在《三松堂自序》中结合自己的治学经验和历程，将阐释中国古典的学术态度区分为两种路径，即“接着讲”和“照着讲”。他认为哲学史家应“照着讲”，原原本本地把历史上哲学家的思想讲出来；哲学家应“接着讲”，要反映时代精神，要有所发展、有所创新。我们把冯友兰的意思做一些延伸，扩展到学术发展而言，则“照着讲”为“有继承无发展地讲”，是“重复着讲”；“接着讲”为“有继承有发展地讲”；“对着讲”为“前人讲A，我讲B，A与B对立”。当然，“对着讲”也可认为是“接着讲”的一种方式，可以体现批判精神和开新精神，但是为“求异”而“对着讲”，难免会出现“过犹不及”、是非颠倒现象。

文中的“天”为天道、自然，天之所为即自然行为；“所知”与“所不知”之“知”为知识，为认识；“有所待”即有所凭借，依赖外物。这段文字的整体意思可以表达为：认识的极致在于理解天地和人的作为，理解天地在于理解天地出于自然、本于自身，理解人在于由已知而未知，这是认识的最高境界。但是，知识的获致需要有所依凭来评判，而认识对象却是不稳定、不确定的，何以判断我的认识不是出于自然而是出于人为，或我认为是人为的东西又不是出于自然呢？有了真人才有真知。古时候的真人不恃强凌弱。不高高在上，不谋琐事，错过时机不后悔，赶上时机不得意，登高不恐，下水不湿，入火不热，智慧之人才能通达大道的境界。

庄子所言之知，实际上是存在论意义上的知。庄子认为，真知向真人开放，真人在前在先，具有优先性。获致真知依赖于人之性情，至情至性为真人。真知是本真之知，真实之知，为存在论意义上的知，非经验之知，非现象之知，非主观臆测之知[①]。

庄子在提出“真人和真知”的认识论思想之后，还提出了“物我两忘”“与物同一”的忘我、无我精神，集中体现为“坐忘”“心斋”“吾丧我”等经典的表述。

（二）“坐忘”“心斋”“吾丧我”

《庄子·大宗师》篇中写道：

> 颜回曰：“回益矣。”仲尼曰：“何谓也？”曰：“回忘仁义矣。”曰：“可矣，犹未也。”他日复见，曰：“回益矣。”曰：“何谓也？”曰：“回忘礼乐矣！”曰：“可矣，犹未也。”他日复见，曰：“回益矣！”曰：“何谓也？”曰：“回坐忘矣。”仲尼蹴然曰：“何谓坐忘？”颜回曰：“堕肢体，黜聪明，离形去知，同于大通，此谓坐

---

① 有不少学者坚持近代西方哲学的认识论，将认识理解为对自然物的认知，将知识理解为康德“理论理性”意义上的经验之知。认为庄子所言的真知，不同于科学中的真知只是知物情、人情之知。实际上，这种观念并不能得到康德“判断力评判”意义上的审美思想的支持，也得不到当代西方现象学、存在论、阐释论的支持。

忘。”仲尼曰：“同则无好也，化则无常也。而果其贤乎！丘也请从而后也。”

文中的“回”指孔子的弟子颜回，“仲尼”指孔子，庄子模拟了颜回与孔子的对话。这里，庄子通过否定自身来达到坐忘，即“堕肢体，黜聪明，离形去知，同于大通”。

《庄子·人间世》篇中写道：

回曰：“敢问心斋。”仲尼曰：“一若志。无听之以耳而听之以心，无听之以心而听之以气。听止于耳，心止于符。气也者，虚而待物者也。唯道集虚。虚者，心斋也。”

晋朝郭象对此注曰：“虚其心则至道集于怀也。”郭象的话很简练，也很有深意。自我之心虚无了，至道也就入怀了。通俗而言，心斋即虚心，虚心则得道。虚心即无我之心，虚心得道凸显无我之知与道同在。

《庄子·齐物论》篇中写道：“今者吾丧我，汝知之乎？”庄子所言的“吾丧我”，是对自我和自身的否定，与其所言“心斋”一样，同样强调无我之知。

庄子所言的坐忘、心斋、吾丧我，与《管子》所言的“毋先物动，以观其则”，有异曲同工之妙，都旨在强调事物自身的显现和开放。庄子强调否定自我，管子强调静观毋动，其实质都在于自我的完全开放。

《管子·心术上》篇中写道：

心之在体，君之位也。九窍之有职，官之分也。心处其道，九窍循理。嗜欲充益，目不见色，耳不闻声。故曰：上离其道，下失其事。毋代马走，使尽其力；毋代鸟飞，使弊其羽翼；毋先物动，以观其则。动则失位，静乃自得。

这段文字喻心为君，喻九窍为百官。心君在位处道，百官治事不怠。不要先物而动，而要静观物则[①]。“毋先物动，以观其则”，可以认为是

① “静观物则”“静因之道”的思想，为北宋时期的程颢等后世思想家所继承和发展，影响也很深远。程颢在《秋日》一诗中写道：闲来无事不从容，睡觉东窗日已红。万物静观皆自得，四时佳兴与人同。道通天地有形外，思入风云变态中。富贵不淫贫贱乐，男儿到此是豪雄。

《管子》的认识论思想，即“静观知物”。紧接着这段文字，《管子·心术上》继续写道：“是故，有道之君，其处也若无知，其应物也若偶之。静因之道也。”这段文字的意思是：有道的君子，自处之时象是没有知识，治理事物之时象是只起配合作用，他遵守的是静因之道。可以说，这段文字既是对上一段文字的提炼，也是对其认识论思想的总结，并且明确提出了“静因之道”的说法。所以，《管子》认识论思想的特点是不言“动”而言“静”，不言“先物”而言“因物”（同于“应物”），也可以视为对《周易》思想和老子思想的“接着讲”。

汉代历史学家司马谈在《论六家要旨》中写道：“道家无为，又曰无不为。其实易行，其辞难知。其术以虚无为本，以因循为用。无成埶，无常形，故能究万物之情。不为物先，不为物后，故能为万物主。有法无法，因时为业，有度无度，因物与合。故曰：‘圣人不朽，时变是守。虚者道之常也，因者君之纲也。群臣并至，使各自明也。’”司马谈也认为“不为物先，不为物后，故能为万物主”是道家思想的重要内容。

现在我们再对李约瑟之谜进行文化和精神维度的讨论。整体来看，以重实用和重自由作为标准来区分中西文化的差别，我们认为是一个重要的方向。但是，将这种文化差别与科技和科学的差别直接联系在一起，中间存在不少的逻辑“跳跃”，这个解释并不顺畅。实际上，重实用是《周易》的“一个世界的世界观”使然，即生活即自由即创新。重自由是古希腊哲学“理念论”、“两个世界的世界观”使然，理念世界决定现实世界。这里需要表明两个观点：一是重实用和重自由都可以通达到“道境”，都能够发展科学和科技。二是中国文化源头的精神是开放、通达、自由之学，阴阳之道、曲全之道，代表了中国文化的认识论，即存在论意义上的认识论，不同于西方近代以来的知识论、认识论。

第五节　毋我之知与无我之知

上面我们对《周易》《中庸》《道德经》《庄子》等经典进行了现代哲学意义上的解读。通过曲成之道，曲全之道、道技之辨的解释，已经看到曲与全的同一性、一致性，进而将我、曲、全三者联系在一起。

我们还可以对中国认识论思想再做进一步挖掘。现在我们需要讨论的问题就转变为：《周易》只对“我”“自我”进行审视，但是《道德经》《庄子》对“我”“自我”进行否定，两者的分歧和差异究竟在哪里？

一、《周易》：“利贞者，性情也”

《周易》在乾卦之《文言》中写道：“乾元者，始而亨者也。利贞者，性情也。乾始能以美利利天下，不言所利。”虽然《周易》自始至终都在强调“贞道”，即贞守易道。但是《周易》的“现实世界观”和“生活世界观”也同时表明，“利贞者”乃“性情也”。现实生活中的人并不总是“贞道”，并不都是“能以美利利天下，不言所利”。问题就出在“性情”上。所以，后世儒家学者才会不遗余力地对“性情”进行一辨再辨、一析再析，才形成精妙绝伦的“心性之学”“道德之学”。可以说，《周易》言“性情”是中国心性之学的源头。虽然《周易》没有明确提出“自我”的概念，也没有对“自我”明确提出否定或肯定的态度，但是《周易》对“自我”预留了开放的审视性态度。由于《周易》讲“中正”“中和”“中节”，因此《周易》思想本身就包含了对“自我”的管理、约束、节制。

二、《论语》：毋我之知

孔子在《论语》中提出了“子绝四”的说法，表达了与老子“不自四”几乎完全相同的见地。《论语子罕》篇中写道：“子绝四。毋意、毋必、毋固、毋我。”“毋”为不，表示否定、不要、不能的意思。“意”通“臆”，即主观揣测。“必”为绝对。“固”为固执。“我”为自以为是。这样，“子绝四”的意思非常简明扼要：不要凭空臆测，不要武断绝对，不要固执拘泥，不要自以为是。“子绝四”可以用一个词来概括就是“毋我”，“毋我”与老子所言的“不自我”同理。

但是，我们在看到孔子和老子所言的相通相同之处，还要看到他们两人之间的相差相异之处。孔子用词为“毋我”，老子用词为“不自我”，后世以“无我”相称。毋我与无我，看似一字之差，但是相去甚远。从根本上讲，老子对自我、对身体是抱有彻底的否定态度和批判态度，但是孔子不是这样的态度。孔子的前提是肯认自我，肯定自身①，他是在这个大前提下提出约束、限制“自我”的要求，所以孔子的“子绝四”只能理解为对“自我”的“纠偏”和“纠失”。他所言的“毋我”是《周易》的“节制”观（节卦精神）和文明观（贲卦精神）的延展，是中道观（文质彬彬精神）的坚守。

三、《老子》：无我之知

以老子和庄子为代表的道家学派，则直接以“无”“无为”来立论，老子和庄子共同的特点就是否定“自我”“自身”“身”。老子在《道德经》中写道：“五色令人目盲，五音令人耳聋，五味令人口爽，驰骋畋猎令人心发狂，难得之货令人行妨。是以圣人为腹不为目，故去彼取

① 杨儒宾：《儒家身体观》，台湾“中央研究院中国文史哲研究所”，1996 年。

此。”这段文字是讲人容易受到外物和外部环境的影响。紧接着，《道德经》又写道：“何谓贵大患若身？吾所以有大患者，为吾有身，及吾无身，吾有何患。故贵以身为天下，如可寄天下。爱以身为天下，若可托天下。”这段文字是讲人之所以受制于外部因素，在于人有其身，人受制于外因素的真正原因是“身”的存在。在这段文字之前，《道德经》写道：“天长地久。天地所以能长且久者，以其不自生，故能长生。是以圣人后其身而身先；外其身而身存。非以其无私耶？故能成其私。”从这段文字中我们可以看出老子对“身”和“我”的对治之策，落脚点就在“后其身”和“外其身”，身为“我”所有，“后其身”和“外其身”即是“无我”。

概括而言，15 世纪之后中国科技发展水平落后于西方，原因不在中国文化的源头，而在于宋明理学对自由之学的偏离，在于南宋以后的社会政治对纯粹兴趣的抑制。未来，我国的技术进步和科学发展，离不开自由之学的文化精神，离不开包容开放的社会精神。

第十二章
制度变迁的文化政治经济学阐释

制度在现代汉语中是一个名词，按照制度经济学的界定，制度代表对个人行为有激励或者约束作用的各种规则和规范，包括正式制度和非正式制度，正式制度包括法律、法规等，非正式制度包括文化、宗教、习俗等。对个人行为而言，制度代表外在约束力量，即他律；道德代表内在约束力量，即自律。制度在古代汉语和古代文化中，既可以作名词使用，即典章文物，也可以作动词使用，即统帅管理。“制”与“度”既可以连用，也可以分开使用。

制度是由人创造出来的，但是又对人的行为进行约束。人生活在现实世界当中，亦即生活在各种各样的制度当中。虽然制度无处不在，但是并不能代表它的合理性与合法性，只能代表它的约束性与管理性。通常情况下，人们把制度与法律相提并论。法有良法和恶法之分，制度也有善制和恶制之分。古罗马时期，法有自然法和实在法之分，自然法代表合理性、自然性与道德性，中正、公正、圆满；实在法代表目的性和功利性，有私、有偏、有漏。

中国古代汉语中的“度”为标准、衡器，即度量衡。延伸而有中国文化和哲学意义上的“度”，代表“完美”“圆满”“神妙莫测”。从这个意义上讲，制度代表良法，代表善制，代表自然之法，代表自然之制、自然之度。

《周易》节卦有言，“天地节而四时成。节以制度，不伤财，不害民。”节卦所代表的文化精神是节制、知止。个人行为的节制需要借助制度来完成，但是制度本身必须中正，制度实施要以“不伤财，不害民”为底线。

《中庸》提出了“王天下有三重”之说，后世以“议礼、制度、考文”来解释“三重”。《中庸》提出要以“君子之道”来订立制度，制度必须经得起三王、天地、鬼神的考问。最终，《中庸》将制度的合法性奠基于“民从”，即百姓喜闻乐见，日用不知，遵从不逾，这样的制度才是合理合法的制度。《中庸》的高明之处在于：以民心、民意、民从为标准来评判制度的合理性、正当性、自然性。

对此，《中庸》写道：

> 王天下有三重焉，其寡过矣乎！上焉者虽善无征，无征不信，不信民弗从。下焉者虽善不尊，不尊不信，不信民弗从。故君子之道本诸身，征诸庶民，考诸三王而不缪，建诸天地而不悖，质诸鬼神而无疑，百世以俟圣人而不惑。质诸鬼神而无疑，知天也；百世以俟圣人而不惑，知人也。是故，君子动而世为天下道，行而世为天下法，言而世为天下则；远之则有望，近之则不厌。

《中庸》这段文字的主题是“王天下有三重”，可分为“王天下”和“三重”两个部分，“王天下”一词代表了《中庸》的政治哲学思想，既对西周时期的宗法、封建、礼乐制度进行理论总结，又对君子之道、民从之道进行理论阐释。围绕“三重”一词，后世学者贡献了多种解读。东汉郑玄解释为“三王之礼”，南宋朱熹解释为“议礼、制度、考文”，也有学者解释为“动、行、言”。

可见，不能深入民心，不能符合民意，再繁多的制度，再严酷的制度，再严密的制度，徒有“制度”之名，而无“制度”之实。因此，从中国文化来看，制度可以人造，可以移植，可以照搬，可以创新，但是制度需要经受时间、天理、人心的检验。不合人心人意的制度建设和制度设计，一定会出现“制度异化”“制度生灭”的现象。所以，古代汉语中的“制度”一词，表征制度的自然生成性，而不是制度的人为设计性。从这个意义上讲，中国古典文化所言的制度，与古罗马时期的“自然法”、哈耶克所言的“自生自发秩序”，可以相提并论。

当然，西方文化衡量制度的标准在于“理”，“理”在柏拉图所言的“理念世界”和“概念世界”之中；中国文化衡量制度的标准在于人之心意，心意不在天上，就在现实世界、生活世界、意义世界之中，就在于人人都能心知肚明。所以，制度就成为“王天下”重要事务。“王天下”在于通达，通天下人之心，通天下人之情，通天下人之志，才有制度秩序，才有天下之王。

第一节　制度变迁与制度转轨

西方经济学对制度、制度变迁的研究，基本上沿着两个方向发展：一个方向是以经济史学、经济社会学、财政社会学、公共选择理论为代表的制度经济学；另一个方向是以转轨经济学、转型经济学、过渡经济学为代表的比较经济学、比较制度学。

一、制度变迁：“生而有之”的制度生成观

制度经济学强调制度变迁的时间性、连续性，凸显制度变迁的自发性，强调自由选择、公共选择在制度选择中的决定性，也就是说制度变迁具有演化性和历时性。制度变迁的历时性，表明制度变迁具有无限可能性，也就是说制度变迁是一个兼具时间性和历史性的统一过程。制度变迁的历史性表现为制度变迁方向的不确定性，因为制度是由众人的自主选择、自由选择而来，为众人所“生”。从根本上讲，制度变迁过程

是一个体现众人意志的公共选择过程。

但是，制度变迁又具有路径依赖性（path - dependence），路径依赖性恰恰是反映制度变迁的历史性和现实性，凸显制度变迁在方向选择上的约束性，可以解释现实经济生活中的制度安排往往并不最优，并不理想，原因就在于制度选择会受到历史和文化传统的影响。这样，从理论上讲，制度变迁虽然具有无限多的可能性，但是从实践上讲，无限多的可能性会被收敛、汇合而成一个现实的方向。这样，现实世界的制度变迁就是历史性、现实性、未来性（即开创未来的超越性）三者的统一，既受到历史选择的影响，又受到现实环境的影响，同时也体现自由意志和自由选择。

樊纲对制度经济学意义上的制度变迁，作过非常经典的概括。对此，他写道："传统意义上说的制度变迁是你不知道你的目的是什么，大家根据情况的变化自己调整行为，今天改一点，明天改一点，像欧洲在中世纪的时候，在 17、18 到 19 世纪农村跟城市发生变化了，工业和农民各种关系在发生变化，人民就各种制度变化，其中包括一个农奴可不可以出去打工，那时候他们隔几年就有一个新的法律，说今天可以往外走 20 英里可以出去打工，过几年可以是 50 英里，慢慢地也不知道最后会变成一个市场经济、变成一个资本主义，通过这样一种自发性变化，逐步向前走，一种盲目的进化过程。"①

从樊纲的总结和概括来看，制度变迁的特点包括：第一，目标是未知的，是不确定的；第二，过程是连续的，渐进的，即"今天改一点，明天改一点"；第三，过程是演进和进化的。当然，认为制度变迁是演进和进化的，本身已经包含了价值判断，意味着具有进步性、发展性。如果不持有进化和进步的观念，应该称之为"演变""演化""变化""变迁"，这是科学判断或事实判断。围绕演化与进化的问题，中西文化之间，中西文化内部，都有很大分歧。

① 樊纲："改革改不动怎么办?"，迈向新时代的经济体制改革研讨会暨第十六届中国改革论坛，2018 年 11 月 25 日，北京。

二、制度转轨："学而成之"的制度结构观

比较经济学、比较制度学不同于制度经济学，直接将现实世界中同时存在的两种经济制度即计划经济与市场经济作为研究对象，并且将两种经济制度进行结构化拆解和结构化比较。对此，樊纲写道："转轨经济学是制度经济学的组成部分，其中包括制度变迁。下面一个分支是比较经济学，就是过去说的比较两种制度，计划经济和市场经济，在改革初期很多的讨论都是讲的这些问题，看看哪个更有效率，哪个更好。然后就有了转轨经济学，中国改革从20世纪80年代初期，到了90年代初期苏东解体，一大批经济学家跑到苏东去研究他们的体制变化，那时候创造出了一个词叫转轨经济学。"①

对于转轨意义上的制度变迁，樊纲同样作出非常精辟的概括。对此，他写道："转轨经济学要描述向一个已知的、甚至别人已经实行的制度转变，计划经济、市场经济，市场经济是别的国家已经存在的或者历史上存在的。……中国是不是有一个明确的转轨的目标体系，我个人认为实际上是有的，摸着石头过河这句话，'过河'是知道的，模模糊糊定义，怎么过不知道，转轨经济学就解决这个问题，不再研究这两个制度哪个好，一定要转轨到这个市场经济，那个是我们的目标、模式，目标模式的过程是转轨经济学要解决的问题。"②

从樊纲对转轨经济学思想的概括来看，制度转轨的特点包括：第一，目标模式为已知的，而不是未知的。第二，制度变迁和制度建设可学习、可模仿、可借鉴。第三，制度变迁是一个工具理性的、技术性的、管理

① 樊纲："改革改不动怎么办?"，迈向新时代的经济体制改革研讨会暨第十六届中国改革论坛，2018年11月25日，北京。

② 樊纲："改革改不动怎么办?"，迈向新时代的经济体制改革研讨会暨第十六届中国改革论坛，2018年11月25日，北京。

性的工程建设问题①。

根据樊纲先生对制度经济学和转轨经济学的理解，我们可以看出转轨经济学不同于制度经济学，转轨经济学持有新古典主义的经济哲学观，核心是结构主义思想，希望通过横向的制度比较、结构比较来寻找制度发展和制度转轨的动力。也就是说，转轨经济学不再追问制度变迁的价值和意义，不再追问在制度变迁的过程中众人的心意是否已经出现转变和转折。

在转轨经济学看来，制度变迁是否有意义、是否有价值、是否可持续、是否会中断，回答这些问题都不是他的使命和职责，他唯一的任务就是将制度变迁一如既往地推进下去，达不到目标不罢休。极端而言，转轨经济学不问制度变迁之是非，只问制度变迁之成败。当然，正是因为转轨经济学聚焦制度变迁的成败，所以转轨经济学对制度变迁“改得动”“行得远”“立得住”等一系列重大现实问题，还是具有重要的理论指导意义。

三、制度选择：学而成之与生而有之

可以看出，以经济历史学、经济社会学、财政社会学、公共选择理论为代表的制度经济学，体现了“经济生态学”的哲学思考，展示了制度变迁和历史变迁的多样性、丰富性、不确定性、未决定性，是在不确

① 这种意义上的制度转轨，就如同河上架桥。一旦工程建设项目确定下来，施工方只需要关注架桥的质量、进度、工期，解决工程建设过程中出现的技术问题和工程难题，持续推进工程建设即可，不再需要对工程建设项目本身的可行性、必要性反复进行论证。从现实生活中的做法来看，施工方确实可以这样做，而且往往就是这样做。但是，从理论上讲，施工方最接近工程，最了解项目，如果有足够多的信息表明，该工程项目需要停工或者进行重大调整，则施工方仍然有责任有义务进行可行性、必要性的论证。后面这种情况仍然表明，施工方作为直接参与者、利益相关方应该如此而行，即使作为普通的社会人掌握了这些信息也应该如此而行。从项目建设管理的实践来看，项目投资方和项目建设方始终不能中断也不应该中断对该工程项目的价值、意义、可行性、必要性进行反复论证和检验，惟其如此才能真正让这座桥梁成为千年老桥、百年老桥，而不至于在较短时间里出现倒塌。实际上，桥梁的倒塌与制度崩塌并无二致，无非前者是地基不牢，后者是人心不稳。

定性的大前提下去寻找发展的确定性，展示发展的创造性、独特性，从而展现人类的德性。

以转轨经济学、转型经济学、过渡经济学为代表的比较经济学、比较制度学，则体现了“经济动力学”的哲学思考，展示了在一定的历史条件和一定的历史环境之下，制度变迁和历史变迁的确定性、方向性、动力性，是在预设存在确定性的大前提下去把握实践发展的不确定性，希望找出从一种制度结构跃升到另一种制度结构的进路，希望探索出最优方案和最优路径，从而展现人类的理性。

实际上，比较经济学和比较制度学都秉持结构主义的经济观，认为制度变迁完全可以“学而成之”。制度经济学则秉持生态主义的经济观，认为制度变迁只能“生而有之”。经济生态观强调制度变迁由自己“生”出来、“长”出来，是天时地利人和三要素的混沌式、协同式“生成”，所以并不封闭保守，不但不排斥外部世界的影响，反而十分重视外部世界的经验，主动对向外部世界开放。不过，经济生态观认为，任何外部的经验和他者的做法，所有的对外开放，必须经过“内化”“本土化”以后，才能真正地“如同己出”，进而将“他者”的“法宝”变成“自己”的“家珍”。

第二节　基础性、突破性、发展性制度变迁

制度变迁是指新制度对旧制度或者新的制度结构对旧的制度结构进行变革、否定或替代的过程。制度变迁的主体是多元的，可以是个体，也可以是集体；可以是私人部门，也可以是公共部门。林毅夫从新古典经济学的理论出发，对强制性制度变迁和诱致性制度变迁的理论进行了区分和辨析，并且指出当诱致性制度变迁缺失导致制度的需求得不到满足的时候，需要理性的（利益中立的）政府/国家提供强制性的制度变

迁予以满足①。

制度变迁的方向也是多元的。持有历史发展进化论的观点认为，制度变迁是一种制度演进的动态过程，符合成本—收益比较的效率原则。不持历史发展进化论的观点认为，制度变迁是一种制度演变的动态过程，它的方向性不是由成本—收益的效率原则来决定，而是由文化、政治、经济等多个维度的综合考量来决定的，需要用创造性和不确定性来代表。

我们从丁财之道和文化政治经济学思想的经济之道出发，将人类历史上的制度变迁区分为四种：基础性制度变迁、突破性制度变迁、发展性制度变迁、管理性制度变迁。其中，管理性制度变迁时刻都在发生，对此我们存而不论，主要讨论前面三种制度变迁。

一、文化人、政治人、经济人

我们首先从经济生态观出发，强调制度变迁的创造性和不确定性，强调由丁财关系这条主线编制而成的经济生态对制度变迁的“内生性”需求，这里的丁财关系包括丁财两旺、丁财矛盾、丁财转化等不同类型。

我们认为，参与制度变迁的人，不仅仅是一个会计算成本—收益的经济人，而且是有着七情六欲的丰富多彩的活生生的政治人、文化人。正如马克思所言，“人是全部社会关系总和”。他不仅是经济人，也是政治人，也是社会人/文化人/道德人（统称为文化人）。作为制度变迁主体的“人”，他是经济人、政治人、文化人的整体和整全。可能在较长一段时间里，这样的“人”显现出来的只是他的“经济人”身份，是他“在场”的身份，是他“显”的一面（即阳面），但是“非经济人”的身份，“不在场”的身份，“隐”的一面（阴面）没有显现出来，没有显现并不代表“无”“没有”“消失”，没有显现并不代表这些身份不能起

① 林毅夫：“关于制度变迁的经济学理论：诱致性制度变迁与强制性制度变迁”，载［美］R. 科斯、A. 阿尔钦、D. 诺斯等著：《财产权利与制度变迁——产权学派与新制度学派译文集》，胡庄君、陈剑波等译，上海人民出版社1994年版。

作用。因此，参与制度变迁的人，总是文化人、政治人、经济人三者的统一，他真真实实、确确切切地“在”那里，只是他的其他身份隐而不显、引而未发。

但是，当“时几”成熟的时候，当“时几”到来的时候，他所有的心意，他所有的承受，就会“像火山一样”爆发出来，参与“爆炸性”的制度变迁洪流中去，成为制度变迁方向的选择者。这个“时几”什么时候到来？“爆炸性”的制度变迁何时诞生？如何诞生？都是不确定的，这个不确定性恰恰就是时几的“历史性”。所以，中国文字中有“历史性事件”的说法，这个“历史性事件”可以理解为“历史性”的制度变迁，“爆炸性”的制度变迁。

当这个“时几”到来之时，每个人都是文化人、政治人、经济人的统一体，将文化人、政治人、经济人三种身份集于一身，即为马克思所言的“自由人”。这样，历史变迁、技术变迁、制度变迁的主体都是人，而基础性制度变迁的主体是真正的自由人。

二、基础性制度变迁

我们把具有历史意义的、具有历史性的制度变迁称之为“基础性制度变迁”（Fundmental Institution Change，FIC）。简单而言，基础性制度变迁的特点，可以概括为三个方面：一是制度变迁的时间性、时机性，具有历史性；二是制度变迁的空间性，具有爆炸性；三是文化、政治、经济三个方面都成为可变量，具有整体性，即整体之变。

具体而言，基础性制度变迁的特点包括：

一是从制度变迁的时机来看，它往往诞生于国家或民族的存亡之秋，按照佛教的说法就是“大事因缘”，体现生死攸关的生存原则。

二是从制度变迁的深度来看，它不离开历史，但是可以颠覆历史；它不唯“他者”，但是可以通达“他者”，可以拥抱“他者”，进而创造、创新、创生，体现深刻性、未来性原则。

三是从制度变迁的广度来看，作为社会整体构成的文化、政治、经济三大因素都成为变量，没有一个因素是维持不变的常量，所有凝固的东西都成为变量，并且将文化、政治、经济三大变量完完全全地、不折不扣地融入一炉，炼成一体，从而锻造出一个新制度。

四是从制度变迁的主体来看，制度变迁的主体是人、是人民群众，此时的每一个人同时拥有文化人、政治人、经济人三种身份，每个人都集三种身份于一体，他完完全全地、真真实实地以自由人的身份来参与和推动制度变迁。

五是从制度变迁的力量来看，它把精英与平民、穷人与富人、城市与乡村，所有的力量、所有的智慧，都能够动员起来，它团结了“一切可以团结的力量”，凝聚了“最大可能的共识”；它也把所有的对立、矛盾和冲突，都变成可以沟通的社会对话，可以交流的社会关系，可以较量的社会阶层，体现自由意志、广泛共识、完全开放，接近于“一致同意”原则。

六是从制度变迁的生命力来看，由于它既凝聚了前所未有的知识理性，又体现了“为万世开太平”的自由德性，并且将知识理性和自由德性融为一体，锻造出了制度变迁的生命力，体现了过去、现在和未来的连续性，历史发展的统一性，当下可以影响未来的深远性。可以说，这是一种文化政治经济学的视角。

我们认为，中国历史上出现过三次基础性制度变迁。

一是殷周之变。王国维在《殷周制度论》一书中写道：“中国政治与文化之变革，莫剧于殷、周之际。”“殷、周间之大变革，自其表言之，不过一姓一家之兴亡与都邑之移转；自其里言之，则旧制度废而新制度兴，旧文化废而新文化兴”。为此，王国维提出了三大论点：“周人制度之大异于商者，一曰立子立嫡之制，由是而生宗法及丧服之制，并由是而有封建子弟之制、君天子臣诸侯之制；二曰庙数之制；三曰同姓不婚之制。”王国维所言的三大论点，主要对应文化与政治两大方面：从文化来看，“故知周之制度、典礼，实皆为道德而设。”从政治来看，封建制度与“嫡庶之制相辅”“天子、诸侯君臣之分，亦由是而确定者也。”当然，王国维并未明言经济，不过封建制本身就是一种与土地财富和人口安排相关的基础性经济制度。①

二是战国与秦汉之变，在秦汉时期建立了“大一统”中央集权制度。在经历了漫长的春秋战国时代，秦始皇统一六国。秦亡而汉兴，汉朝是一个建章立制的大时代。相对西周而言，秦汉以郡县制代替了封建制，从政治制度上进行了彻底的变革；秦朝以法治思想代替德治和礼治思想，并且延续到西汉初期。直到汉武帝“罢黜百家，表彰六经”之后，再次推崇德治、礼治、孝治；以王有制和部分私有制代替了井田制、公有制。这样，文化政治经济三个方面皆有巨变。

三是近代之变，从1840年鸦片战争到1949年中华人民共和国成立。从文化上看，以民主和科学为基础的新文化代替了以四书五经为基础的传统文化；从政治上看，以民主共和制度代替了君主专制制度；从经济上看，以新民主主义经济纲领代替了土地私有制。同样，文化政治经济三个方面都进行了制度变迁。

我们认为西方历史上也有三次基础性制度变迁：一是以公元前594年索伦改革为代表的希腊文明和希腊城邦民主制度；二是公元476年西罗马灭亡后的封建割据和中世纪的封建制度；三是自15—16世纪开始并且延续至17—18世纪的近代革命，包括文艺复兴、宪政革命、工业革命的整体性制度变迁。

三、突破性制度变迁

“突破性制度变迁”（Breakthrough Institution Change，BIC）是指在时间和空间上影响力都十分深远的制度变迁。与“基础性制度变迁”相比，两者之间的差别主要在于文化方面基本保持稳定，但是在政治和经

① 王国维：《观堂集林》，河北教育出版社2003年版。

济两个方面进行了"革命性"的变化，可以说这是一种政治经济学的视角。当然，还可以宽泛而言：在政治保持稳定的情况下，文化和经济两个方面出现巨变；在经济保持稳定发展的情况下，文化和政治两个方面出现巨变。

突破性制度变迁的深层原因仍然是时间性，仍然是超越性。它既有"感物而动"的外部影响，也有"偏离"基础性制度变迁之后所蕴藏的"往复"与"回归"的需要，也有人心思变、德力并建、仁智并举的自由发展。这样，突破性制度变迁的特点包括：

一是从制度变迁的需求来看，面临或大或小的发展压力，希望克服制度或制度结构失衡所造成的具体制度瓶颈，体现效率性原则。

二是从制度变迁的方向来看，希望通过学习并建立有效率的制度，体现学习性原则。

三是从制度变迁的动力来看，存在着路径依赖的制约，同时也受到前期基础性制度变迁的牵制，体现渐进性、边际性原则。

四是从制度变迁的方式来看，既有自上而下的强制性制度变迁，也有自下而上的诱致性制度变迁。

中西历史上出现过多次突破性制度变迁。例如，中外历史学家盛言的中国"唐宋之变"①，认为中国在唐朝和宋朝之间发生了巨大的变化，存在巨大的差异。我们认为，"唐宋之变"可以称之为"突破性的制度变迁"，但不是基础性制度变迁。从政治经济学而言，西方世界的"国家干预主义"和我国 1978 年开始的改革开放，可以称之为突破性制度变迁。

四、发展性制度变迁

发展性制度变迁（Development Institution Change，DIC）是指在文化、政治或者经济领域内部的基础性、突破性的制度变迁，与前两者相

① 李华瑞主编：《唐宋变革论的由来和发展》，天津古籍出版社 2010 年版。

比，其现实性更强，超越性相对有限；其单一性更强，整体性相对有限。

可以说，这是一种纯粹的经济学视角。我们将中国唐朝的“两税法”和1994年“分税制改革”界定为发展性制度变迁（见表12－1）。

表12－1　　　　历史变迁与制度变迁的分类

制度变迁	原因/特点	历史性事件/代表性事件	制度变迁成果
基础性制度变迁	面临生存存亡的全面压力；文化、政治、经济都成为变量	中国夏商周三代的“殷周之变”	封建制度
		中国春秋战国时代的诸侯争霸战争	中央集权的郡县制度
		1840—1949中国近代化	《新民主主义纲领》
		公元前594年索伦改革	雅典的民主政治
		公元476年西罗马帝国灭亡后的封建割据	中世纪的封建制度
		源自于15—16世纪并延续至17—18世纪的战争压力	英国的《权利宪章》 美国的《独立宣言》 法国的《人权宣言》
突破性制度变迁	面临政治和经济的双重压力；政治和经济成为变量	1929—1933年经济大萧条	以“罗斯福新政”为代表的国家干预主义出现
		1949—1978年计划经济模式导致国民经济濒临崩溃	中国1978年开始的改革开放
发展性制度变迁	面临巨大的经济压力；经济成为变量	“安史之乱”，“租庸调制度”难以为继	780年唐朝实施“两税法”，税收“以资产为宗”
		1978—1994经过了15年的市场化改革	1994年“分税制”改革，提高“两个比重”

第三节　欧洲近代以来的制度变迁

从制度经济学的角度来看，西方世界的市场经济发展始终离不开源自15—16世纪并延续至17—18世纪欧洲国家的制度变迁，那是一场旷日持久、波澜壮阔的制度变迁，没有那时的制度变迁和制度建设，也就没有今天西方世界的市场经济、资本主义、基督教文明。而且在经济史学派、经济社会学派、财政社会学派看来，源自15—16世纪并延续至17—18世纪的自由市场经济的建立过程，体现了中国儒家所言的“天道人心”、中国禅宗所言的“烦恼即菩提”，制度变迁特点是“无师自通”“无先例可循”“自生自成”。

所谓的“烦恼”就是欧洲特殊的、板块式的地缘政治格局，各个板块之间和各个政治力量之间绵延百年的持续战争，长达千年的中世纪“宗教统治”等。所谓的“菩提”就是欧洲面对如此巨大的“挑战”不得不作出自己独特的“应对”和“选择”，从而演变出了欧洲历史上民族国家的形成、民主宪政制度的出现、基督教新教伦理的改革、自由市场经济的发展等一系列“历史性”事件。因此，西方世界的兴起、欧洲资本主义的诞生离不开“烦恼即菩提”的大智慧。

这样，按照我们所言的“经济生态观”，源自15—16世纪并延续至17—18世纪的欧洲民主政治制度和自由市场制度，是在欧洲独特的社会经济环境中“生长”“创造”“创新”出来的制度变迁。

一、15—18世纪的基础性制度变迁

从地缘政治的角度来看，欧洲是一个板块式的社会（fragmented society），很少出现类似于中国秦汉时期的“大一统”社会和中央集权统治，板块之间经常爆发了持续数十年甚至上百年的战争。由战争而引导的财政压力，成为欧洲社会最大的政治经济压力，而且这个巨大的压力始终持续着。当然，就单个欧洲国家而言，战争压力是外在性的，不过它会源源不断地转化为内在压力；就整个欧洲社会而言，战争压力是内生性的，这是由更早的欧洲历史所决定。或因为板块之间的势均力敌，或因为政治主体之间的合纵连横，或地区之间使用了不同的语言文字。总而言之，板块式的欧洲社会持续存在，始终没有走上统一之路。

实际上，欧洲社会因为战争压力、财政压力而引发的制度变迁，至少有两条通道可供选择：

第一条通道就是向中华帝国学习，实现大一统，释放财政压力。

实际上，15—16世纪的欧洲有一个学习对象，就是在遥远的东方存在着一个古老的中华帝国（明朝）：广土众民，中央集权，以德治国，国家富裕。当时，东方文明对西方世界的影响仍然十分巨大。西方世界的知识分子和精英人士，仍然对东方文明抱有或多或少的钦佩之情和学习之意。作为探索制度变迁方向的欧洲地区而言，东方文明的现实存在，无疑是一个可以供他们借鉴和模仿的外部因素。但是，欧洲地区没有选择中华帝国的发展模式。可以理解为他们对中华帝国模式的主动拒绝，也可以认为“学不会”“学不来”大一统帝国模式之后的主动放弃，这样的理解仍然表明欧洲地区的制度变迁其实是欧洲人的自由选择、自由意志。

第二条通道就是从板块式欧洲社会的自身特点出发，在充分保存自我特色的格局下进行制度变迁。

这样，欧洲地区独具特色的制度变迁过程就出现了：第一，民族国家的雏形得以塑造，欧洲社会内部板块之间的差异，逐步成为民族国家之间的地理分界线，民族之间的差异性被相对充分地保留下来。第二，民族国家内部崭新的政治经济结构确立了，政治与经济先分离再分立，进而由相对分立到完全分立，商人、商业、资本的力量崛起，成为制约和平衡政治力量的对立者、他者（the other）。从政治制度变迁来看，欧洲由王权政治走向民主政治，走向宪政制度。第三，政府与市场的关系确定了，封建王权曾经对商业活动实施无所不在的管制，现在则被拆除了。当然，重新界定政府与市场的边界，不仅有经济利益的考虑，还有政治利益的考虑。当时的封建王权希望联手商人和商业资本来反对封建割据，重建中央集权，这样既对王权有利，也对商业和商人有利，可以开展远距离贸易，可以开拓更大的市场。实际上，封建王权统治下的“政治决定经济”“政治主导经济”的模式，在不知不觉中转变成“经济基础决定上层建筑”的模式。从经济制度变迁来看，自由的市场和竞争的市场得以发展，税收国家、公共财政和民主财政制度得以形成。

同时，欧洲国家制度变迁的特色也显现出来：第一，文化问题、政治问题与经济问题，三者同时解决；基督教文明和民族国家形成，民主政治制度建立，自由市场经济制度建设，三者同步实现。第二，制度变迁的结果形成了有利于长期经济发展的生产性制度安排，民族国家和基督教文明、民主政治、自由市场成为推动经济发展的三驾马车，推动社会发展的三股合力，文化、政治、经济三要素组成的社会结构基本稳定下来。第三，国家内外和国家上下的关系，得到改善和缓和，形成了释放财政压力的整体合力。

这样，源自15—16世纪并延续至17—18世纪的制度变迁，我们称之为“基础性制度变迁”。之所以称其为“基础性制度变迁”，是指这种制度变迁没有预先设定一个不可以变化的因素，从文化、政治、经济三要素来看，三者都可以变化，都是变量，没有一个因素是不变量，是常量。而且这种制度变迁也没有预先设定一个确定性的方向，并不存在一个可以遥望的“彼岸”和“对岸”，完完全全地依靠自发演进和自由选择，最终整体上出现了有利于经济发展的生产性制度安排。这正是奥地利学派念兹在兹的“自发演进秩序”思想的历史渊源所在。在奥地利学派看来，近代欧洲制度变迁和历史变迁在于自由选择、自然发展。

二、19—20世纪的突破性制度变迁

经过15—18世纪的基础性制度变迁，欧洲国家发生了工业革命，开展了自由贸易，发展了市场力量，提高了人均收入，获得了资本形成，终于迎来了“西方世界的兴起”。19—20世纪，欧洲地区和西方国家继续引领世界发展，迈向高收入国家行列。

当然，西方世界的持续发展并不一帆风顺，同样困难重重，甚至九死一生。在获得自由市场推动国民财富增长的过程中，欧洲国家也遭遇到了“市场失败”“市场失灵”的严重考验。西方世界经受住这场严峻

考验的重要原因，在于国家干预主义的出现，基于公平和正义的需要，反对经济垄断，建立社会保障。于是，国家力量、政府力量、市场力量，在经济发展中并行不悖地发挥各自的优势和作用，这是欧洲地区和西方世界一场意义深远的“突破性制度变迁”。

在这一次制度变迁中，从文化、政治、经济三要素来看，基督教文明、民主宪政制度、自由市场经济体制都没有实质性的变化，真正变化的是政府和市场的边界调整，是政府和市场合力的进一步形成，是公平对效率的节制，是政治对经济的节制。说到底，是德性对理性的节制，是道德对力量的节制。当然，从宽泛意义上讲，文化、政治和经济三个方面，都或多或少地出现了新变化。

从社会历史发展来看，19 世纪 30—40 年代欧洲著名的三大工人运动，19 世纪末和 20 世纪初期的美国“进步运动”，20 世纪 30 年代的“罗斯福新政”，20 世纪 40 年代英国建立福利国家模式，都成了推动西方国家社会经济发展的重要政治力量。

第四节　中国近代以来的制度变迁

一、1840—1949 年：基础性制度变迁

（一）古今之变与中西之辨

1840 年鸦片战争爆发，成为中国近代史上一个标志性事件。1840 年之前的中国，是一个独立的封建[①]国家、专制国家。从文化上看，传统

① 这里所言的“封建”是指分封的政治制度，即封邦建国之意。实际上，中国自战国时代起就开始建立郡县制，秦始皇统一六国之后正式确定了“大一统”的中央集权制度，作为一种政治制度的“封建制”就由“郡县制”所取代。近代以来，我国学术界所使用的“封建社会”一词，更多是借用西方历史上中世纪封建社会的说法，实际上是指我国传统社会的“专制主义”特点。准确地讲，“封建社会”应该被称为“专制社会”。

的儒家文化占据着主导地位，为社会提供主流的价值观和意识形态；从政治上看，“大一统”的中央集权制度维持运转，皇权专制政治保持稳定；从经济上看，商品生产和商品经济持续得到发展，资本主义生产关系出现萌芽。但是，鸦片战争爆发后，中国社会发展的轨道改变了。

按照晚清重臣李鸿章的说法，中国遭遇了“数千年未有之大变局”“数千年未有之强敌”。李鸿章的说法，直接指向两大问题：一是古今之变；二是中西之别。两大问题集中表现为一个现实问题：中国贫弱，西方富强。

鸦片战争之后，中国国门洞开，被迫从文化政治经济领域全面走向对外开放。从文化上看，经学、国学、中学，转向实学、科学、西学，西学东渐之风盛行；从政治上看，由“得君行道”的维新变法走向“虚君共和”的君主立宪，再由君主立宪走向民主共和，由建立政党到武装革命，由治道改革走向政道重建；从经济上看，中国迅速进入半封建半殖民地经济形态，在社会经济关系中既有外国资本、官僚买办资本和民族资本，又有封建经济①。

从1840年鸦片战争开始到1895年中日甲午战争结束，在这55年间，中国应对外部挑战最重要的回应莫过于从19世纪60年代开始到90年代结束的洋务运动。洋务运动始于富国强兵之目标，终于甲午战争之失败。在此之前，魏源撰写过《海国图志》，提出“师夷长技以制夷”的思想，他被誉为近代“睁眼看世界第一人”。洋务运动当中，郑观应、王韬、冯桂芳、郭嵩焘、薛福成、容闳等人，接力魏源，直面古今之变和中西之别。对他们而言，古今之变和中西之别，不言而喻，一目了然。变革之道由此而生，一为主动应变，二为向西而变。

向西而变，只是代表变革的方向。但是，关于变革范围、变法幅度、变革层次等重大问题，仍然面临着政治上的选择和突破。夷夏之辨首开先河，但无生命力和说服力。接着有道器之辨、本末之辨、体用之辨，

① 王亚南：《中国经济原论》，中国大百科全书出版社2011年版。

以“中体西用”之说为主流。袁伟时先生认为，首先发出这种信号的是王韬，但是他自己接着就否定了这种看法。王韬在1867—1870年居留英国期间发出的信中写道：“盖其国以礼义为教，而不专恃甲兵；以仁信为基，而不先尚诈力；以教化德泽为本，而不徒讲富强。欧洲诸邦皆能如是，固足以持久而不蔽也。……余亦就实事言之，勿徒作颂美西人观可也。”与王韬的看法基本一致，郭嵩焘在1877年12月22日写道：“计英国之强始自国朝，……推原其立国之本，所以持久而国势益张者，则在巴力门议政院有维持国是之义，设买阿尔治民，有顺从民愿之情，二者相持，是以君与民交相维系。……此其立国之本也。而巴力门君民争政，互相残杀，数百年久而后定，买阿尔独相安无事，亦可知为君者之欲易逞而难戢，而小民之情难拂而易安也。中国秦汉以来二千余年适得其反。能辨此者鲜矣。”（“巴力门”为议会，“买阿尔”为市长）。至此，王韬和郭嵩焘已经超越了本末论、体用论的认识，已经看到了西方现代文明具有整体性①。

向西而变对晚清政府而言，是一个巨大的政治挑战。对晚清儒者而言，更是一个巨大的文化挑战。秦晖将这个由拒斥而接纳的文化消融过程解释为“引西救儒”。他认为，王韬、薛福成、徐继畲、郭嵩焘、张树声等儒者，已经将中国历史上的三代之治、仁政王道与西方的推举之法、君民交通联系起来，认为西方民主与天下为公几无二致，于是从文化和道统方面得到和解②。其中，徐继畲写道：“米利坚，合众国以为国，幅员万里，不设王侯之号，不循世及之规，公器付之公论，创古今未有之局，一何奇也。泰西古今人物，能不以华盛顿为称首哉！”③ 1884年，张树声在病重之际口授《遗折》当中讲道：“西人立国，自有本末，……育才于学校，论政于议院，君民一体，上下一心……此其体也。轮船、大炮、洋枪、水雷、铁路、电线，此其用也。中国遗其体而求其用，

① 袁伟时：《帝国落日：晚清大变局》，江西人民出版社2003年版。

② 秦晖：“晚清儒者的‘引西救儒’”，《南方周末》，2010年6月14日。

③ 徐继畲：《瀛寰志略》，卷九。

无论竭蹶步趋，常不相及，就令铁舰成行，铁路四达，果足恃欤？”于是，他建议“采西人之体，以行其用[①]。”

美国著名汉学家本杰明·史华兹认为，19世纪末到20世纪初，中国成熟的知识分子开始由接受传统文化转向接受西方文化思想和西方价值观，严复作为近代中国第一个系统介绍西方社会政治思想的学者，重要贡献在于将西方思潮中的社会达尔文主义介绍给中国，重新塑造了中国知识分子的思维方式：一是激发了中国近代民族主义的兴起，让中国的士大夫认识到“中国是一个民族国家，而不仅仅是一个文化实体”；二是强调个人能力的提升，重视对国家富强的追求。当然，史华兹也特别指出，社会达尔文主义思想同步塑造出了中国知识分子群体求富求强的“急切心态”，这种“急切心态”对于后来的制度选择和制度变迁产生了非常深远的影响[②]。

（二）西方富强与善恶之果

鸦片战争惊醒了睡梦中的中国人，他们不但横向“睁眼看世界”，纵向“睁眼看历史”，而且纵横结合以来一并关照。从封建时代走向资本主义时代的西方世界，对于经历过漫长的专制时代、皇朝时代的中国人而言，确确实实又是“他者”、异己者。于是，面对中国和西方世界的巨大差距，夷夏之辨、古今之辨、中西之辨开始激荡。激荡由点而面，由表而内，由器物之辨而制度之辨，由制度之辨而文化之辨。辨论的目的在于明体达用、学以致用。正如史华兹所言，此时中国知识分子所追求的“用”，全在中国富强之宗旨。

在这个时候，对于求富求强的贫弱中国而言，富强的西方世界是一个现实的学习榜样，中国求经济之道，求富强之道，不能离开对西方世界的全面认识。但是，西方世界和西方国家不是一成不变的社会实体，同样是日新月异的社会生命体。从1840年到1918年，中国社会变迁风起云涌、1840年的鸦片战争、1898年的戊戌变法、1911年的辛亥革命。

① 张树声：《张靖达公奏议》，卷八。

② 本杰明·史华兹：《寻求富强：严复与西方》，江苏人民出版社1996年版。

这段时间里，西方世界同样处于多事之秋，资本主义发展一波三折，并不一帆风顺。我们以英国为例，对近代以来的英国发展历程进行概览，旨在揭示出英国资本主义发展对中国知识分子的显现。为了揭示出资本主义发展的复杂性，我们将其概括为两个不同的历史阶段。

第一个阶段为1688—1848年。1688年，英国发生了国内政治上的"光荣革命"。之后经过西班牙战争、七年战争和拿破仑战争（第二次英法百年战争），英国战胜法国，全面取得海上霸权、殖民地和自由贸易的优势。18世纪60年代，英国工业革命爆发，19世纪30—40年代，工业革命完成，英国进入以机器大生产为主的工业化社会，以资本家和工人为代表的两个社会阶层形成，1848年，英国完成了"宪章革命"。

第二个阶段为1849—1918年。工人运动成为英国国内政治发展的主要标志，资本与劳动的矛盾成为社会主要矛盾。垄断竞争成为英国国内经济发展的主要特点，资本家之间的矛盾十分尖锐。在欧洲政治领域，英国的"光荣孤立""均势外交"的政策，失去势力和作用；在世界政治领域，英国的殖民地政策失效，殖民体系崩塌。在第一次世界大战（1914—1918年）当中，英国与法国、俄国结成协约国参战。

历史变迁有不确定性，盛衰变化同样不可避免，世界各国概莫能外。1648—1848年英国发展持续上行。1849—1918年英国发展逐步下行。实际上，这两个时段代表了英国历史变迁的连续性和统一性，前后相连，首尾一致。英国连续的历史变迁过程表明：自由竞争的市场经济正在走向垄断竞争的市场经济，自由资本主义正在向垄断资本主义转变，资本与劳动的关系由利益共享的和谐走向利益失衡的纷争。对于英国自身而言，市场经济和资本主义的发展并非一成不变、一帆风顺，必须日新其德、与时偕行。直到1936年，凯恩斯发表《就业、利息和货币通论》，英国的市场经济难题和资本主义难题才得到有效解答，自由市场经济开始向现代市场经济迈进。

将1688—1918年的英国历史变迁区分为第一和第二两个阶段。对英国人而言，英国历史变迁的第一个阶段，可以称之为美好的阶段、幸福的阶段。英国历史变迁的第二个阶段，可以称之为艰难的阶段、痛苦的阶段。对于他者、学习者的中国人而言，第一个阶段的英国虽然是辉煌的英国，但是他们绝大多数人没有身临其境，辉煌的英国只是历史的英国。第二个阶段的英国是善恶参半的英国，是苦难与辉煌并存的英国，是他们可以身处其中的英国，是现实的英国，但是此时的英国是并不完美的英国，并不圆满的英国。

于是，中国知识分子将第一阶段的英国和第二阶段的英国，统一起来进行综合批判。对他们而言，1688—1918 年英国历史变迁两个阶段的全貌和全部，充分地、毫无保留地展示出来。或者说，西方世界和资本主义的阴阳性、两面性一并呈现给了中国人。过去的辉煌和繁荣，当下的艰难和困苦，一并为中国知识分子所知悉。

辩证地、全面地对待英国、西方世界、资本主义，这是中国人的问题，是他者的问题，是学习者的问题。于是要不要学习西方？如何学习西方？成为摆放在当时中国学者、思想家、政治家面前的重大问题，直接关联和影响到未来中国的历史变迁和建国方略选择。

可见，英国的历史变迁对中国历史变迁的影响十分深远。这里既有世界历史变迁的开放性、关联性、协同性，更有人类历史变迁的不确定性、戏剧性。正当贫弱的中国向富强的西方世界“取经”①“效法”的关键时期，以英国为代表的西方世界和资本主义发展，恰好处于由近代化革命向现代化革命转变、自由市场经济向现代市场经济转变的前夜，最美好圆满、最生机勃勃的时机被中国知识分子错过了。

---

① 唐朝初期玄奘和尚西行、求取佛经的故事，被明朝小说家吴承恩演绎为《西游记》，留下了唐玄奘“西天取经”之说。玄奘到达印度后，在那烂陀寺学习唯识论。此时，印度佛教发展达到鼎盛，佛学发展达到顶峰。可以说，玄奘与最美丽的印度佛教和佛学相遇。值得指出的是，玄奘东归之后，受到唐太宗的器重，先后在长安的弘福寺、大慈恩寺译经，唐太宗为玄奘译经活动提供了非常优厚的人力和财力支持。但是，玄奘宣扬唯识论思想，并没有激荡起佛教和佛学的浪潮，仅仅是浪花而已。玄奘之后，由弟子窥基继续传扬唯识论思想，窥基之后，唯识论思想就销声匿迹了。玄奘之后，六祖慧能的《六祖坛经》流传开来，势不可挡，诞生了中国禅宗。六祖慧能成为中国佛教和中国佛学的代表人物，儒道释并列为三，共同成为中国文化的三大代表，佛教中国化至此完成。于是，孔子、老子、六祖慧能，被西方文化学者合称为“中国三圣”。

面对这种复杂的现实情况，近代中国人看待英国、西方世界、资本主义，心情复杂，众说纷纭，莫衷一是。历史学家杨天石从善恶之辨出发，将资本主义的善恶之辨与孙中山的建国方略之选，直接联系在一起，并且做了一个简洁的概括[①]，富有启发。在杨天石看来，对于资本主义世界的整体评价，章炳麟手起刀落，大而化之，结论是“善亦进化，恶亦进化”，开资本主义善恶之辨的先河。以梁启超为代表的一部分人认为，资本主义的善果、恶果一概接受下来。以章炳麟、刘师培为代表的另一部分人，宁可不要资本主义的善果，走倒退、复古的路。作为政治家的孙中山，他和梁启超、章炳麟、刘师培等政治思想家都不相同，都不一样，他既要继承资本主义的善果，又要避免资本主义的恶果。

1906年，孙中山在东京《民报》创刊周年庆祝大会上演说时称：“社会党常言，文明不利于贫民，不如复古，这也是矫枉过正的话。况且文明进步是自然所致，不能逃避的。文明有善果，也有恶果，须要取那善果，避那恶果。欧美各国，善果被富人享尽，贫民反食恶果，总由少数人把持文明幸福，故成此不平等的世界。我们这回革命，不但要做国民的国家，而且要做社会的国家，这是欧美所不能及的。”孙中山的这段话，为前资本主义或非资本主义国家的现代化提出了一个正确的原则。对于资本主义，人们既不应该全盘否定，也不应该全盘肯定，而要“取那善果，避那恶果”，创造出更高级、更灿烂的现代文明来。

概括而言，中国近代化进程是从古今之辨、中西之辨出发，经过思想激荡和文明激荡，结果走向善恶之辨。基于善恶之辨，辩证取舍，孙中山提出了著名的《建国方略》。

（三）《建国方略》

1917—1919年，孙中山著有《孙文学说》《实业计划》《民权初步》三部书，合称为《建国方略》。《建国方略》代表了孙中山思想的三个方面：文化建设（心理建设）、经济建设（实业计划）、政治建设（社会建

① 杨天石：“孙口山对资本主义取善果避恶果”，《炎黄春秋》2001年第4期。

设）。代表孙中山对中国现代化建设的顶层设计和系统规划，涉及文化、经济、政治三个方面。

《实业计划》代表了孙中山的经济纲领，它从经济哲学的高度回答了国家与国民、资本主义与社会主义、政治与经济、计划与市场、资本与劳动、中国与西方的重要关系，最后浓缩成“节制资本”的经济政策思想。

孙中山的“节制资本”思想非常深刻，非常高远。其政策思想可以概括为节制私人资本、发达国家资本，其经济思想可以概括为实现工业革命和资本革命。其政治经济思想可以概括为取善果、避恶果，其文化政治经济思想可以概括为通过资本主义经济发展实现大同社会的社会主义。

孙中山在《实业计划》中写道：“吾之意见，盖欲使外国之资本主义以造成中国之社会主义，而调和此人类进化之两种经济能力，使之互相为用，以促进将来世界之文明。”孙中山的这个说法，包含了三个方面的重要意义：一是代表了“经济发展文化”的理想，经济发展不能止步于资本主义，目标在于进入以社会主义为标志的大同社会。可以说，这是一个非常伟大的文化理想和文化政治经济思想。二是代表了现实性与超越性、力与德、智与仁的三个统一，这是求真务实的精神，开放通达的精神。三是代表了再造中华文明、推进世界文明的伟大理想。

孙中山在《实业计划》中写道：“中国今尚用手工为生产，未入工业革命之第一步，比之欧美已临第二革命者有殊。故于中国两种革命必须同时并举，既废手工采机器，又统一而国有之。”孙中山从中国手工生产的社会现实出发，肯定欧美的工业革命和工业生产，视其为资本主义的善果，进而要求发展中国的工业革命。但是，他断然否定私人资本的垄断行为，视其为资本主义的恶果，坚决予以避开。孙中山认为，“私人之垄断，渐变成资本之专制，致生出社会之阶级、贫富之不均。”所以，孙中山在中国要发动两场革命，一是工业革命，二是资本革命。就工业革命而言，就是要“废手工，采机器。”就资本革命而言，就是要“统一而国有”。孙中山认为，这两场革命必须同时并举，不可偏废。

孙中山所言之“节制资本”，包括发达国家资本和节制私人资本之意，两者为一体两面。关于发达国家资本，孙中山明确指出：“铁路、矿山、森林、水利及其他大规模之工商业，应归于全民者，由国家设立机关经营管理之，并得由工人参与一部分之管理权。”他后来又重申：“凡本国人及外国人之企业，或有独占的性质，或规模过大为私人之力所不能办者，如银行、铁道、航路之属，由国家经营管理之。发达国家资本、节制私人资本的经济意义在于避免私人资本的垄断行为，避免对国民经济、市场经济的破坏。同时，孙中山从中国生产力落后的社会现实出发，主张对中小私人资本采取奖励政策。孙中山在《实业计划》中写道：“中国实业之开发应分两路进行，一个人企业、二国家经营是也。凡夫事物之可以委诸个人，或其较国家经营为适宜者，应任个人为之，由国家奖励，而以法律保护之。今欲利便个人企业之发达于中国，则从来所行之自杀的税制应即废止，紊乱之货币立需改良，而各种官吏的障碍必当排去；尤须辅之以利便交通。至其不能委诸个人及有独占性质者，应由国家经营之。”而且孙中山还秉持开放的观念，赞成引进和利用外资、外才、外技、外法的做法。孙中山在《实业计划》中还写道：“此类国家经营之事业，必待外资之吸集、外人之熟练而有组织才具者之雇佣、宏大计划之建设，然后能举。以其财产属之国有，而为全国人民利益计以经理之。”整体上看，孙中山“节制资本”的意思是对对私人资本主义采取既奖励又限制、既开放又约束的政策，全面贯彻“取那善果，避那恶果”经济思想。

1924 年，孙中山提出“新三民主义”，在《建国方略》中体现出来的“节制资本”思想正式成为国民党的经济纲领。“中国国民党之民生主义，其最重要之原则不外二者：一曰平均地权，二曰节制资本。”以平均地权和节制资本为主要内容的民生主义思想，同样为中国共产党所接受，并且成为第一次国共两党合作的政治基础。

（四）《中国近代史》

1938 年，历史学家和外交家蒋廷黻出版《中国近代史》一书，认为

1840 年的鸦片战争拉开了中国近代化进程的序幕。在他看来，中国近代化的历史使命就是，“中国如何从一个乡土社会转变成一个真正意义上的近代民族国家”。蒋廷黻还认为：“师夷长技以制夷”、重器物发展而不重政治体制和民族精神的改变，改革和发展难以成功；百日维新，虽然矛头直接指向政治体制，但是保守顽固力量过于强大，变法运动也只能无果而终；义和团运动反对西洋人，反对近代化，代表倒退的观念，自然不会成功；以孙中山和蒋介石为代表的中国国民党，倡导“三民主义”，有望取得革命成功①。

（五）《新民主主义论》

1939 年，毛泽东发表《中国革命和中国共产党》②。他在该书的“第一章中国社会”中写道：“自从一八四零年的鸦片战争以后，中国一步一步地变成了一个半殖民地半封建的社会。自从一九三一年九一八事变日本帝国主义武装侵略中国以后，中国又变成了一个殖民地、半殖民地和半封建的社会。”他在该书的“第二章中国革命”中对中国百年来的革命运动进行了概括：“从鸦片战争、太平天国运动、中法战争、中日战争、戊戌变法、义和团运动、辛亥革命、五四运动、五卅运动、北伐战争、土地革命战争，直至现在的抗日战争”。最后，毛泽东提出了“新民主主义革命”的概念和思想，他写道：“这种新民主主义的革命是世界无产阶级社会主义革命的一部分，它是坚决地反对帝国主义即国际资本主义的。……因此，这种新式的民主革命，虽然在一方面是替资本主义扫清道路，但在另一方面又是替社会主义创造前提。……所谓新民主主义的革命，就是在无产阶级领导之下的人民大众的反帝反封建的革命。中国的社会必须经过这个革命，才能进一步发展到社会主义的社会去，否则是不可能的。”

1940 年，毛泽东发表《新民主主义论》③。他在该书中提出了“新

① 蒋廷黻：《中国近代史》，上海古籍出版社 2001 年版。

② 毛泽东：《中国革命与中国共产党》，1939 年。

③ 毛泽东：《新民主主义论》，陕甘宁边区文化协会，1940 年。

民主主义经济政策”，对此他写道：

大银行、大工业、大商业，归这个共和国的国家所有。“凡本国人及外国人之企业，或有独占的性质，或规模过大为私人之力所不能办者，如银行、铁道、航路之属，由国家经营管理之，使私有资本制度不能操纵国民之生计，此则节制资本之要旨也。”这也是国共合作的国民党的第一次全国代表大会宣言中的庄严的声明，这就是新民主主义共和国的经济构成的正确的方针。在无产阶级领导下的新民主主义共和国的国营经济是社会主义的性质，是整个国民经济的领导力量，但这个共和国并不没收其他资本主义的私有财产，并不禁止“不能操纵国民生计”的资本主义生产的发展，这是因为中国经济还十分落后的缘故。

这个共和国将采取某种必要的方法，没收地主的土地，分配给无地和少地的农民，实行中山先生“耕者有其田”的口号，扫除农村中的封建关系，把土地变为农民的私产。农村的富农经济，也是容许其存在的。这就是“平均地权”的方针。这个方针的正确的口号，就是“耕者有其田”。在这个阶段上，一般地还不是建立社会主义的农业，但在“耕者有其田”的基础上所发展起来的各种合作经济，也具有社会主义的因素。

中国的经济，一定要走“节制资本”和“平均地权”的路，决不能是“少数人所得而私”，决不能让少数资本家少数地主“操纵国民生计”，决不能建立欧美式的资本主义社会，也决不能还是旧的半封建社会。谁要是敢于违反这个方向，他就一定达不到目的，他就自己要碰破头的。

这就是革命的中国、抗日的中国应该建立和必然要建立的内部经济关系。

这样的经济，就是新民主主义的经济。

而新民主主义的政治，就是这种新民主主义经济的集中的表现。

从 1840 年到 1949 年，这是近代中国苦难的百年史，也是近代中国激荡的百年史。在这100多年的时间里，传统与现代（即古今），中国与西方（即内外），农村与城市（即城乡），穷人与富人（即经济阶层），精英与平民（即政治阶层），国民党与共产党（即政治力量），每一份力量，每一位国民，为了中国的近代化，为了中国的生存发展，为了中国的繁荣富强，一一登上中国的历史舞台，他们贡献自己的智慧，发出自己的声音，表达自己的愿望。

可以说，1840—1949的百年，是中国人求解中国近代化命运的百年，是探索中国社会发展方向、建立“基础性制度安排”的百年。在这百年的探索过程中，不但中国古代的智慧被挖掘过，而且中国还成为西方思潮的“跑马场”。在这百年的探索过程中，文化、政治、经济三大领域，没有一个领域是不可变革的常量，所有凝固的东西都可以重新评价，都可以为之一变。最后，代表中国近代化方向的基础性制度变迁，被浓缩成国民党的“新三民主义”和共产党的“新民主主义”。1949年，中国共产党取得全面胜利，标志着经过1840—1949百年探索而获致的近代中国“基础性制度变迁”得以完成，新民主主义的文化、政治、经济纲领得以建立。

我们认为，1840—1949年近代中国的“基础性制度变迁”与源自于15—16世纪并延续至17—18世纪近代欧洲的“基础性制度变迁”，具有历史发展的可比性。

第一，两者都是近代化进程的结果。前者是中国近代化进程的结果，后者是欧洲近代化进程的结果，两者的使命和目标没有差别。虽然两者在模式和内容方面并不相同，但是两者的差异恰恰体现了历史变迁的多样性和丰富性。

第二，两者都是在强大的生存压力和生存挑战下做出的深刻回应和应战。15—16世纪欧洲国家面临的财政压力由战争引发，是一种生存压力。生存压力是一种弥漫式、整体式的压力，每一个民族国家、每一个王权时时刻刻都感受到这种压力，而且生存压力既是文化压力、政治压力，又是经济压力，可以说生存压力是所有压力的集合体。同样，

1840—1949 的中国面临古今和内外的双重压力，同样表现为民族的生存压力。正是因为这种弥漫式、整体式的生存压力需要释放，所以才导致整体性的、根本性的、基础性的制度变迁。

第三，基础性制度变迁要求文化政治经济三大领域都可以由民众来自由选择，体现了历史变迁主体在人、根源在心的民本精神，而且参与历史变迁和制度变迁的主体，可以将文化人、政治人、经济人的三种身份集于一身，以自由意志参与其中。自由之人、自由意志、自由选择，汇聚而成历史变迁和制度变迁的潮流和方向。实际上，源自 15—16 世纪并延续至 17—18 世纪的欧洲革命，与 1840—1949 的中国革命，都满足了国民对社会变迁的自由选择、自主选择，从而完成了基础性制度变迁和历史性社会变迁。

二、1978 年改革开放：突破性制度变迁

1949—1978 年的 30 年，是新中国探索社会主义革命和社会主义建设的 30 年，是在中国共产党成为执政党并且建立新政权的基础上进行社会主义实践的 30 年。根据毛泽东《中国革命和中国共产党》《新民主主义论》等著作的思想，社会主义革命和社会主义建设是新民主主义革命的继续和发展，两者具有发展的连续性。社会主义计划经济模式的建立和运行，是社会主义革命和社会主义建设的重要内容，计划经济模式的选择既受到马克思、恩格斯等经典著作的影响，也受到苏联“社会化大工厂”模式的影响，也反映了新中国成立后高层决策者追求富强、赶英超美、急于求成的“急切心态”。

我们倾向于认为，新民主主义经济纲领和经济政策是经过 1840—1949 百年探索、经过中国共产党深思熟虑并且充分采纳社会各界意见之后确定的“基础性制度安排”。相比较而言，新民主主义经济纲领的确立，相对于计划经济模式的选择，前者的选择具有基础性、根本性，后者的选择具有探索性和发展性。两者不可同日而语，两者不能相提并论。

因此，纵向来看，社会主义计划经济模式是对新民主主义经济纲领的偏离。横向来看，社会主义计划经济模式是与西方世界市场经济模式相对立的一种制度安排。

计划经济模式的实施，虽然有利于“集中力量办大事”，推动了国防军工体系建设，推动了“大而全”“小而全”的工业体系建立，初步建立起完整的民族工业体系，为后来的社会发展奠定了一定的经济基础，但是，它没有办法解决经济发展中的低效率问题、低激励问题、低产出问题，最后导致国民经济发展处于濒临崩溃的境地，于是巨大的经济压力就显现出来了。从财政社会学的观点来看，计划经济模式所导致的经济压力自然会转化为财政压力，持续的财政压力自然会转化为民生压力，进而转化为政治压力。因此，财政压力的释放自然会“倒逼”制度变迁。从这个意义上讲，从1978年开始，以改革开放为代表的中国经济体制改革，其政策思想的逻辑起点是：要从根本上解决经济压力、财政压力、民生压力和政治压力。

反观1978年前后中国面临的经济压力和财政压力，从深层次来看其实是一种发展压力，虽然它直接表现为经济压力，进而表现为财政压力，最后表现为民生压力和政治压力，这几种压力可以看成并列的、共存的，也可以理解成衍生的、渐进的。这种发展压力的释放，往往由经济压力而起，往往也会因经济压力释放而消减。相对于生存压力的释放而言，发展压力的释放是结构性的，是局部性的，它并不要求对文化政治经济组成的社会整体进行根本性、脱胎换骨的变革，因此对社会智慧的动员、对社会共识的凝聚、对改革对象的设立，都是有限度的，有选择的，并不能排除后来某些改革举措会浅尝辄止、点到为止。当然，在经济压力释放的过程中，又会衍生出新的制度变迁需求，进而导致更大范围、更大强度的制度变迁，这种可能性很大，也是很自然的。不过，后面这种情况的发生，并不是前一次制度变迁的初衷，也不是前一次制度变迁的目标，而恰恰是制度变迁和历史发展的不确定性、戏剧性、连续性在起作用。

当然，不管是生存压力还是发展压力，都是一种挑战。英国著名历史学家阿诺德·汤因比认为，有挑战就会有应战，在挑战—应战[①]的互动过程中就会发生广义上的制度变迁。汤因比还认为，挑战的强度、压力的结构等因素，都会对制度变迁的方向、着力点、过程、效果产生显著影响。

（一）改革开放的历史性和发展性

这样，我们可以从两个维度来理解1978年改革开放以来中国制度变迁的特点：一是坚持“新民主主义经济纲领”的基本精神，改革开放总是存在着或隐或显地、或明或暗地向“新民主主义经济纲领”往复和回归的社会力量，这是历史性的眼光；二是改革开放过程中不断地学习“西方市场经济制度”的成熟经验，这是发展性的眼光。

实际上，1978年中国改革开放以来的制度变迁，基本上是历史性与未来性、中国特色与国际经验（即现实性与发展性）、超越性与现实性、理想主义与经验主义[②]的融合和交织。在改革开放的过程中，呈现出四个方面的特点：

第一，坚持“新民主主义经济纲领”。毛泽东在《新民主主义论》一书中，不但明确提出了新民主主义的文化、政治、经济三大纲领，而且也从整体上阐述了新民主主义阶段社会发展的特点。“新民主主义经济纲领”一方面表现为重大经济政策，如节制资本、平均地权、国有经济等。另一方面表现为处理政治与经济关系的基本精神和基本原则，可以概括为“政治主导经济”。可以说，“政治主导经济”是“新民主主义经济纲领”作为基础性制度安排的核心。

“政治主导经济”作为社会治理方式、经济治理方式、治国理政方式、经世济民方式，是中国社会千百年来文化、政治、经济发展的历史

① 阿诺德·约瑟夫·汤因比：《历史研究》，郭小凌、王皖强译，上海人民出版社2010年版。

② 顾准：《希腊城邦制度——读希腊史笔记》，中国社会科学出版社1982年版；顾准：《从理想主义到经验主义》，光明日报出版社2013年版。

传统，它体现了千百年来中国国民对国家与个人、义与利、公平与效率、政府与市场等重大关系的理解和感悟，这个历史传统在东亚文化圈中至今仍然或多或少地存在着、鲜活着。

实际上，在改革开放过程中，“政治主导经济”的基本精神和基本原则，始终得到坚持和贯彻。坚持“新民主主义纲领”与坚持“政治主导经济”的文化政治经济学思想，两者一脉相承。

第二，改革生产关系以解放生产力。释放计划经济模式失败带来的经济压力和财政压力，必须建立有利于长期经济发展的生产性制度安排，即解放和发展生产力，它同样成为改革开放所坚守的基本经济原则。而且通过改革开放，建立有利于长期经济发展的生产性制度安排，获得长期经济发展和经济增长，又进一步推动改革开放幅度的扩大和程度的深化。改革开放的扩大和深化，实现了政治经济利益的共同增进，不但民生事业得到发展，而且政治权威得到发展。

自改革开放以来，国内外学者理解改革开放，基本上秉持经济决定论。这里，我们以西方学者的经济决定论解释为例。他们认为，计划经济模式导致中国国民经济濒临崩溃，不可持续，必须改弦更张，必须改革开放。这种经济决定论解释，将“国民经济崩溃论”与“改革开放政策”，作为前因与后果进行相联，进而以改革开放所取得的经济发展和经济成果，论证改革开放政策的正确性，然后论证改革开放的可扩展性和可持续性，并将改革开放与市场经济、资本主义、西方制度联系起来，推导出市场经济改变中国，国际经验改变中国，经济制度改变中国。

西方学者的这种解释，属于典型的结构主义的经济决定论。这种方法的优长之处和优胜之处，在于将改革开放前后的中国，在时间上进行断裂，区分为计划经济时代和改革开放时代，将两个阶段或者说两个时代的空间特征凸显出来，通过经济结构变迁来寻找经济发展规律，进而将经济规律归结为市场经济制度，最后概念化、理念化为“华盛顿共识”和“普世价值”。这种结构主义的经济分析方法，展示了经济学方法的先进性。但是，这种解释的背后是经济决定论和经济理念论，最终会走向理念世界、概念世界，进而成为一种抽象的意识形态，即会将市场发展变成市场主义，将资本发展变成资本主义。

改革开放作为重大国策，同样基于文化政治经济的整体考量，同样需要采取社会生态观来整体对待，而不能采取经济实体观、经济决定论来单一对待。实际上，从 1978 年前后的决策来看，它是文化、政治、经济因素的共同激荡、同时激荡，成为改革开放的起点。就改革开放的起点而言，当时最大的挑战不在经济方面，甚至不在政治方面，因为政治问题的核心在于思想观念，表现在文化方面，所以才有“真理标准”的大讨论、“实事求是”观念的大弘扬等一系列重大文化政治举措。从 1978 年以后的实施过程来看，同样是三者的持续激荡、不断激荡，构成改革开放的过程。随着改革开放进程的持续推进，原来隐而不显的问题开始显现，既表现为市场、资本方面的经济问题，也表现为腐败渎职、官商勾结的社会问题，进而表现为现实主义、庸俗主义的文化问题。这样，改革开放是一个连续的动态的过程，并不是一劳永逸、一成不变的政策举措。因此，改革生产关系以解放生产力，并没有止步于改革开放，而是与时偕行。

实际上，改革生产关系所言的“生产关系”，并不是纯粹的经济关系，而是复杂的社会关系，覆盖文化、政治、经济三个领域。建立适宜的生产关系，恰恰不能以经济决定论所言的“经济规律”来立论，需要以《周易》所言的继善成性、与时偕行来把握，需要回到千变万化的个人心灵、社会心理来通达。

概括而言，改革生产关系以解放生产力，既是文化政治经济学所言的“文化塑造政治”思想的延续，也是“文化塑造政治，政治主导经济，经济发展文化”的社会生态观之起用。

第三，实现政治与经济的适度分离分立。当然，改革开放旨在建立有利于长期经济发展的生产性制度安排，以解放生产力和发展生产力。基于对计划经济模式的反思，对市场经济模式的借鉴，决策者和社会精英认识到实现政治和经济的适度分离和适当分立具有必要性，采取了以行政分权、经济分权、分散决策为内容的改革举措。

在坚持“政治主导经济”的原则和前提之下，通过自上而下的政治力量来推动市场化改革，激发经济主体的积极性和创造性，既发挥市场经济的力量，又同步发挥政府的力量。

第四，坚持国家资本和国有经济的主导。随着市场化改革的推进，在国有经济和国有资本之外，民营经济和民营资本得到快速发展，从资本形成来看，国家资本、社会资本、民营资本并列为三。从社会发展来看，商业的力量、商人的力量、资本的力量成为重要的社会力量。由于“政治主导经济”“节制私人资本”“发达国家资本”的基本原则在起作用，国家资本形成、国有经济发展的理念和思路始终得到坚持，国家资本形成的优先性和主导性得到强化，通过国家资本形成推动经济发展和经济增长的战略意图得到贯彻。

在改革开放的进程中，国家强化国家资本形成、国有经济发展的“心意”，在财政金融改革、财政金融管理、财政金融发展领域表现得尤为明显。从这个意义上讲，对于中国改革开放和制度变迁的历史过程，如果纯粹采用“结构主义”的“转轨经济学”来观察，只能看到改革开放的发展性方面，看不到改革开放的历史性方面。借助“经济生态观”和“文化政治经济学”来观察，我们就可以对改革开放的发展性和历史性都有深刻的理解，进而可以将改革开放理解为发展性和历史性的统一，中国特色和国际经验的融合，发展市场与节制资本的兼顾。

（二）丁财关系生改革开放

如果秉持“经济生态观”而不是“经济结构观”来看待改革开放，就不会将改革开放仅仅理解成中国对西方世界的“学习”“模仿”“移植”过程，而是将它理解成市场和市场经济从计划经济模式下“生”出来、“长”出来、“创造”出来、“创新”出来的动态过程，是“无中生有”“由小到大”的制度变迁过程，但是这个“创生”过程仍然是一个自主选择和自发演进的过程。

当然，有中国特色的社会主义市场经济的“创生”过程，有着特殊的外部环境，有着特别的“机缘巧合”，那就是西方世界的市场经济体系已经成长和发展了数百年，它清清楚楚、明明白白地就在西方国家那里存在着、运行着。而且当时人们已经认识到市场经济比计划经济更有效率、更具活力。但是，我们仍然不能简单地将中国市场经济的发展理解为西方市场经济的“翻版”和“移植”，而应该理解为我国基于发展压力、丁财矛盾对“市场经济制度”的“认可”和“接受”，并且将西方的市场经济模式“中国化”“本土化”。因此，从根本上讲，中国市场经济的发展，不是西方的市场经济来到了中国，仍然是市场经济在中国的“出生”“化育”的历史过程，简单而言，就是市场经济在中国的“生化”过程。

从制度变迁的角度来讲，市场经济在中国的“生化过程”，仍然是一个制度的自发演进过程。西方世界的市场经济模式只是为中国市场经济体系的建立提供了一个参照和参考，只是十分重要的外部因素，为中国市场化发展方向提供了“外部信息”的引导，但是并非决定力量和主导因素。

如果我们将中国经济发展比喻成黄河或者长江，那么河流的整体流向是由源和流两个因素来共同塑造的，源的作用是基础性的，流的作用是发展性的。虽然这条河流在特定河段的河道走向受“流”的影响会很大，甚至会超过“源”的作用力，但是毕竟不改“源流”的合力。我们认为，真正决定中国走向市场化改革的仍然是中国自身独特的文化政治经济生态。

1978 年开始的改革开放，可以称之为中国经济发展的新河段，其河道的走向同样不改“源流合力”。我们认为，这个河段的“源”就是“新民主主义经济纲领”，“流”则是西方世界的市场经济模式。“新民主主义经济纲领”作为 1840—1949 百年探索出来的“基础性制度安排”，虽然从 20 世纪 50 年代开始已经由社会主义计划经济模式来代表，但是计划经济模式已经远远地偏离了“新民主主义经济纲领”，已经偏离了中国社会发展的现实需要。即使没有西方世界的市场经济制度，中国同样需要对计划经济模式进行了改革和发展。

从基础性制度安排的生命力来看，新民主主义经济纲领可以“隐而不显”，可以“不出场”，也可以“不在舞台上”，但是其作为“基础性制度安排”的精神和理路，却会一而再再而三地显现出来。所以，我们看到的是中国市场化改革与西方市场经济的有某种趋向性、相似性，但是我们看不到的是中国市场化改革对新民主主义经济纲领的回归。所以，看到我国市场经济发展的历史性和发展性，就是《周易》所言的“阴阳之道”，必须知阴知阳，才能有“整全之知”，才能“周知”和“全知”。

所以，《周易》和《中庸》强调社会发展必须“合内外之道”。《周易》写道：“形而上者谓之道，形而下者谓之器，化而裁之谓之变，推而广之谓之通，举而措之天下之民，谓之事业。”《中庸》写道：“诚者，非自成己而已也，所以成物也。成己仁也，成物知也。性之德也，合内外之道，故时措之宜也。”

如果我们持有制度变迁和历史发展的连续性、历时性的观念，则我们可以从制度经济学的理路来把握中国制度变迁的“自生性”“自发性”“内生性”。当然，我们同样认为，中国的制度变迁、市场化发展不但需要学习、借鉴当代西方国家市场经济发展的经验，而且需要重视转轨经济学提供的“操作”“技术”等方面的指导。但是，基于制度比较、制度转轨得出的理论观点或者政策建议，仍然需要转变成在中国社会实践中立得住、站得稳、行得远的制度变迁，仍然需要得到制度变迁参与者“民心”“民意”的认可和接受。

所以，从根本上讲，任何领先的、先发的制度和制度变迁，都是在特定的制度环境中“生出来”的，“创造出来的”“无中生有”而来的。任何学习、借鉴、“搭便车”的制度建设和制度变迁，看似模仿、移植，实际上仍然是“生化”出来的，是将本来属于“他者”的“法宝”转变成“我”可以接受、分享、使用、管理的可用之策，直至成为“我”的“家珍”和“法宝”。从宽泛意义上讲，学以致用、为我所用的过程，也是一个选择、生化、转化的过程。

而且我们还可以从制度变迁的世界经验来看，东方国家对西方世界市场经济制度的学习和借鉴，就其深刻性、全面性、时间性来看，莫过于日本。但是，即使是日本，其市场经济制度的安排仍然具有日本自身的特点。所以，在中国改革开放 40 多年的过程中，我们仍然发现中国市场经济具有自身的特点，如果严格地按照西方国家的市场经济制度来看，我们仍然是"形似而神不似"。面对这种差异，我们当然应该采取开放包容的态度来对待它，一方面需要采取比较制度学、转轨经济学的态度，认认真真地、踏踏实实地学习西方的经验，看到我们在制度建设方面的落后之处，而且还要知行合一，对不合适、不合理、不方便的制度进行深化改革；另一方面，我们必须坚持制度经济学、政治经济学、经济生态学的态度，"不唯上、不唯书、只唯实"①，坚持实事求是的精神，实实在在地进行"创造性努力""创造性转化"。

总而言之，改革开放需要"合内外之道""合时措之宜"，不离源流，不舍源流，开拓创新，真正做到中国禅宗所言的"烦恼即菩提"。

（三）从计划到市场：从苦节到中节

改革开放实现了从计划到市场的重大政策转变。因此，从经济学角度来讨论改革开放，离不开对计划经济模式的讨论。在此之前，国际经济学界因为讨论苏联和东欧计划经济模式，形成了比较制度学、比较经济学的学术分支和学术流派，该学派以制度比较的研究方法而著名。

对计划经济模式的讨论，主要有两次重要的学术活动。一是 20 世纪 20—30 年代关于社会主义经济计算问题的大辩论。1920 年，米塞斯发表了题为《社会主义国家的经济计算》论文，引发了西方奥地利学派、新古典主义学派、马克思主义学派之间的大论战，哈耶克、泰勒、兰格分别为其代表人物。二是东欧经济学派的崛起，即东欧国家的政治经济学发展。1936 年，波兰经济学家兰格发表了著名的《社会主义经济理论》，此后东欧国家涌现出了一大批优秀的经济学家，代表人物有波兰的卡莱

① 陈云："不唯上、不唯书、只唯实，交换、比较、反复"，载中央文献研究室：《陈云同志同浙江省党政军负责同志谈话的要点》，1990 年 1 月 24 日。

斯基、布鲁斯，奥地利的科尔奈，捷克的锡克等。其中，科尔奈以《短缺经济学》闻名遐迩，该书提出了“预算软约束”的重要经济学概念。

我国国内学者讨论改革开放与计划经济、计划与市场，基本上没有超越或突破比较经济学和比较制度学的理论框架，大多运用新古典经济学和东欧经济学理论来分析我国的现实情况。

对此，我们不从西方经济学思想出发，从文化政治经济学视角来看改革开放，我们同样将改革开放视为联结计划经济与市场经济的桥梁。同时，我们将研究视野进一步拉长，覆盖到1840年以来的近代中国的历史变迁。我们将新民主主义经济纲领、计划经济模式、改革开放、市场经济模式作为一个连续的自主的主动选择过程来看待。

从《周易》的哲学观来看，1840—1949年的中国社会属于涣离之世。这样，近代中国革命的时代使命和历史使命，就可以理解为治理涣散。如何治理涣离？《周易》的涣节之道表明，必须以节制来治理涣散。从近代中国历史变迁的过程来看，中国国民党和中国共产党最终都选择和实施“平均地权和节制资本”两大政策。国共两党之所以毫无分歧地选择和实施这两大政策，是因为他们都把治理涣离作为建国方略，都把节制资本作为经济国策（平均地权也属于节制资本）。

1949年中国共产党建立新政权之后，迅速由新民主主义革命转向社会主义革命和社会主义建设，由新民主主义经济纲领转向计划经济模式。在计划经济模式下，市场、货币和资本不见了，唯有计划大显身手，唯有指令上传下达。可以说，计划经济模式相对于新民主主义经济纲领而言，消灭了市场、货币和资本。

这样，新民主主义经济纲领和计划经济模式相比，两者之间的差异可以概括为消灭利益，即计划经济模式彻底消灭了私人利益。对此，顾准的解释是由经验主义向理想主义转变，吴敬琏的解释是向马列主义经典和苏联“社会化大工厂”模式学习，林毅夫的解释是赶超英美的“追赶战略”倒逼出“计划经济模式”。

我们对此的解释是，新民主主义经济纲领代表了《周易》所言的

“中节”，既节制大资本和大地主又发展中小资本，节制和发展并举，发展和节制并重。但是，由新民主主义经济纲领向计划经济模式的转变，则是由中节走向了苦节。走向苦节，从理论上讲，是对中节的偏离。从实践上讲，是对新民主主义纲领的偏离。就理论而言，《周易》写道："节以制度，不伤财，不害民。”“苦节贞凶，其道穷矣。”从实践而言，在计划经济模式下，完全消灭私人利益，建立“人民公社”，结果是国民经济濒临崩溃，走到苦节的悬崖边上。就此而言，顾准的解释超越了经济，通达了文化。

1978 年开始，对计划经济模式进行渐进式改革，允许个体经济、私人经济、民营经济、对外经济和国有经济一起发展，共同发展。这样，改革开放成为连接计划与市场的桥梁。实际上，通过改革开放，中国发展由苦节再次回向中节。这样，由新民主主义经济纲领到计划经济模式、通过改革开放再到市场经济模式的发展过程，代表了中国发展由中节向苦节、由苦节向中节的连续发展。

根据《周易》的哲学观，我们将改革开放理解为由苦节向中节的转变，同时还会给我们带来两个重要的启示：一是改革开放代表了由苦节向中节的重要转变，改革了生产关系，释放了生产力，说到底，肯认私人利益的合理性，释放了人的生产性和积极性。二是由苦节转向中节，并没有放弃中节，中节精神仍然得到坚持。中节精神不仅是中国文化“义利之辨”的绵延，而且代表对私人资本的节制。

国内不少学者，将改革开放视为对社会主义计划经济的彻底否定，甚至认为否定得越彻底越好。这种认识，虽然重视了对计划计划弊端的深刻反思，但是忽略了对市场经济和私人资本之利弊的同时关照。市场和资本的两面性在于，既有建设性的一面，又有破坏性的一面，需要知阴知阳，需要辩证对待，需要坚守中国文化的中道精神和节制精神。而且这种认识往往将计划与市场、改革开放的前 30 年与改革开放的后 30 年，割裂开来，对立起来。

实际上，不重视对市场的节制，不重视对资本的节制，我国市场经济发展已经蕴藏了不少的社会问题。就此而言，需要重视对市场经济发展的文化政治经济学思考，需要重视市场经济发展过程中的社会生态建设，特别是文化生态建设。通俗而言，社会生态建设和文化生态建设，耽误不得，失误不得。

（四）全面理解改革开放

站在改革开放40周年的时间点上，回望改革开放的40年历程，我们认为改革开放所代表的制度变迁，是一场深刻的、伟大的制度变迁，在非常深远的意义上改革了社会生产关系，解放了社会生产力，满足了人民群众的发展心愿，提高了人民群众的民生水平，推动了中国发展和中国富强。

我们认为，计划经济模式给我国社会发展带来的经济压力，与1840—1949中华民族遭遇的生存压力、与源自15—16世纪并延续至17—18世纪欧洲地区遭遇的战争压力和财政压力，存在根本性差异，它们不可同日而语。

站在改革40周年的时间点上，眺望未来的30年，我们认为：改革无止境，继善成性；开放无穷尽，与时偕行。唯有改革开放，才能合内外之道，举时措之宜，才能“苟日新，又日新，日日新。”

三、1994年分税制改革：发展性制度变迁

（一）分灶吃饭与财政管理体制改革

1978开始，国家实施改革开放政策，以乡镇企业、私营经济、个体经济、外资经济为代表的非国有经济得到发展，成为中国渐进式改革、体制外改革逻辑的重要内容。直接采取在国有经济体制外发展非国有经济的改革开放战略，主要基于三个方面的考虑：一是渐进改变资源配置的方式，推动市场化改革；二是引进市场竞争机制，提高国有经济的效率；三是通过非国有经济的税收贡献来减轻“利润财政”的压力。

1978—1993年，“为解决国家对企业、中央对地方‘管得过多、统得过死’的问题，财税体制改革以‘放权让利’为突破，以‘利改税’

和财政管理体制改革为主要内容，以规范国家与企业、中央与地方的分配关系为目标，旨在调动企业和地方建设社会主义现代化的积极性。作为整个经济体制改革的突破口，财政体制改革拉开序幕。"[①]

"利改税"使得财政收入的税收化特征开始凸显，从原来的"利润国家""利润财政"模式开始向"税收国家""税收财政"模式转变，可以用财政收入税收化来标识"利改税"的特点。从中央和地方的财政收入管理角度来看，可以用"分灶吃饭""包税制""财政包干制"来概括1978—1993财政管理体制的特点。"分灶""包干"的说法，体现的是政府间行政性分权的特点，试图通过励机制来调动地方政府在财政资源动员方面的积极性。政府间行政性分权的做法，培育了市场，发展了非公有制经济，增加了税收收入。

但是，行政性分权改革也带来了一系列不利的方面："利改税"过程中形成了高税率、多优惠、松管理的工商税制，难以为市场主体构筑起成为相对独立经济实体的外部边界；财政管理体制频繁变动，多种体制并存，中央与地方"一对一"的谈判机制，难以解决体制的规范性、透明化问题。同时，"分灶吃饭"的财政体制缺陷非常明显，收支指标的核定缺乏客观性，"鞭打快牛"和"机会主义"并存，中央、地方"讨价还价"的现象频繁发生[②]。

同时，行政性分权改革还带来了"两个比重"过低的问题。"两个比重"过低问题分别是指财政收入占国内生产总值（GDP）的比重过低、中央财政收入占全国财政收入的比重过低。财政收入占GDP的比重从1979年的28.4%降到1993年的12.6%，中央财政在全国财政的比重从46.8%降到31.6%。如果我们把财政收入理解为（不等同于）公共收入，国内生产总值理解为（不等同于）私人收入，"两个比重"就是公共收入与私人收入、中央财政和地方财政的经济关系，简单而言就是国富与民富、中央与地方的关系。但是，"两个比重"又蕴含着强烈的政治关系，"两个

① 项怀诚："中国财政体制改革六十年"，《中国财政》2009年第19期。
② 项怀诚："中国财政体制改革六十年"，《中国财政》2009年第19期。

比重”过低问题直接涉及国家富裕、国家能力、中央财力等问题。

从经济指标和经济关系来看，“两个比重”过低的问题，在欧洲历史上发生过而且长时间持续地存在，它就是财政社会学家古尔德夏依德所言的“国家贫穷”，或者称之为“国家贫穷化过程”。但是，财政社会学家和经济史学家们认为，源自15—16世纪并延续至17—18世纪的财政压力，引发了西方国家近代史上的财政和金融革命，其中一个重要的经济特征和经济条件就是“国家贫穷”，正是因为“国家贫穷”才迎来西方国家近代史上的“基础性制度变迁”。这样，“两个比重”的问题就体现和展示了个人权利与国家权力、市场力量和国家力量、地方自治与财政联邦等一系列丰富而且重大的政治经济关系。

但是，中央财力不足、国家不富裕、国家能力不强的问题，是秦朝和汉朝建立“大一统”中央集权制度时就开始反对的事情，也是秦汉之后历朝历代的统治者十分敏感并且重点规避的事情，也与“新民主主义经济纲领”和“社会主义市场经济制度”所坚持的“政治主导经济”的基本原则和基本精神不相符合。

王绍光、胡鞍钢两位学者①适时地从现代政治学和现代社会学角度分析了“两个比重”过低问题的严重性，强调国家能力建设的重要性，并且建议提高“两个比重”，主张将财政收入占国内生产总值（GDP）的比重提高到20%，将中央财政收入占整个财政收入的比重提高到60%。他们的研究报告引发了一场重要的学术讨论，张曙光②从现代政治经济学的角度，对国家在经济发展和制度转型中作用、国家能力的强弱进行了辨析，认为可以站到更高的层面，可以采取更加宏观的视野，可以从国家、社会、个人的三者关系，从国家力量、社会力量、市场力量的三个维度来进行整体考察，才能全面认识和正确回答“两个比重”

① 王绍光、胡鞍钢：《中国国家能力报告》，辽宁人民出版社1993年版；王绍光：《分权的底线》，中国计划出版社1997年版。

② 张曙光：“国家能力与制度变革和社会转型”，《中国书评》，1995年1月；董辅礽、王绍光、胡鞍钢、张曙光、樊纲：《集权与分权——中央与地方关系的构建》，经济科学出版社1996年版。

高低问题的丰富意义。

由“两个比重”过低的问题，进而引发国家能力建设的学术讨论，很快就转入以分税制改革为目标的政策研究层面，并且迅速进入对策性、操作性很强的政策制订层面，在高层决策者的直接推动下，很快就开展了1994年实施分税制改革的重大决策。由“两个比重”过低的问题，到分税制改革的实施，从社会实践上看两者之间有着直接的相关性、因果性。但是，从逻辑关系看，两者之间存在一个重要的理论“跳跃”。

如果我们不考虑政治体制的因素，纯粹从现代经济学理论上讲，分税制直接针对的问题是中央和地方在财政收入的分配关系，表现出来的形式是中央和地方之间“分收入”“分财权”，但是“分收入”“分财权”的背后实际上是在“分责任”“分事权”，进而言之又是在“分管理权”，通过实施“分税制”可以让财权和事权更加匹配，财政管理更有效率，而且“分税制”本身还代表和体现征税管理的技术进步。可以说，分税制是分财权、分事权、分管理权的“三位一体”的制度综合体。这样，相对于西方国家分税制下分财权、分事权、分管理权“三位一体”的制度结构而言，我国1994年实施分税制改革，希望直接解决的是“分收入”“分财权”的问题，是为了解决“两个比重”过低的问题，是为了提高“两个比重”。那么，我们只是走出了“分税制三步曲”中的第一步，还有两步没有走完。中国有句古语，“行百里者半九十”。由此可见，我国分税制改革还远远没有终结，还处在“继续改革的路上”。

如果我们考虑政治体制的因素，按照制度经济学的公共选择理论和财政宪法学理论，西方国家的分税制是与政治制度联系在一起的，不管是单一制还是联邦制政体，征税和分税都是一种“立宪性”制度安排，是财政民主制的范畴，需要由立法机构（议会）来审批通过，从根本上讲是“老百姓说了算”，而不是“政府说了算”，因此它不是“行政性”“管理性”的制度安排。所以，纯粹由中央政府来推动分税制改革，不管是基于“利益最大化”的经济原则，还是基于“政治主导经济”的政治原则，都称不上“基础性”制度变迁，而只能称之为“发展性”制度变迁，或者说是在“财政管理体制”方面的重大调整。所以，从根本上讲，分税制仍然属于财政集权模式下的财政分权制度，是由中央政府主导的、地方政府可以接受的“行政性一致同意”出来的分权制度[①]，它与财政联邦主义的“立宪性一致同意”存在着重大差异[②]。

当然，从改革开放40年的历史来看，分税制对于财政体制改革具有十分重大的意义。按照新古典经济学关于制度变迁的理论来看，分税制改革更多地体现了强制性制度变迁的特点，自上而下，中央决策，全国推行。按照“经济生态观”关于制度变迁的分类来看，分税制改革更多地体现了“发展性制度变迁”的特点，还没有进入“基础性制度变迁”“突破性制度变迁”的范畴。

（二）分税制改革与政治经济体制改革

项怀诚在《中国财政体制改革六十年》一文中，对分税制改革的主要内容作了一个简要的概述[③]：

> 1994年确立了分税制的财政体制，政府间财政关系调整实现了从传统的财力集分转向制度创新，奠定了适应市场经济基本要求的中央地方财政关系框架基础，成为整个经济体制改革的突破口。
>
> 分税制财政体制主要内容包括：
>
> 一是按照中央政府和地方政府的“基本事权”，划分各级财政的支出范围。
>
> 二是根据财权事权相统一的原则，合理划分中央和地方收入。按照1994年税制改革的税种设置，将维护国家权益、实施宏观调控所必需的税种划为中央税；将与地方经济社会发展关系密切、适宜地方征管的税种划为地方税；将涉及经济发展全局的主要税种划为中央与地方共享税。

---

① 唐寿宁：“行政性一致同意——对中国公共职能机构改革的一个解释”，《中国社会科学季刊》1995年第13期。

② 刘云龙：《民主机制与民主财政——政府间财政分工与分工方式选择》，中国城市出版社2001年版。

③ 项怀诚：“中国财政体制改革六十年”，《中国财政》2009年第19期。

三是与分税办法相配套，分别建立中央和地方两套税务机构分别征税。

四是税收返还承认现状，分省分别确定税收返还的数额。中央财政对地方税收返还数额以1993年为基期年，按照1993年地方实际收入以及税制改革和中央地方收入划分情况，核定1993年中央从地方净上划的收入数额，并以此作为中央对地方税收返还基数，保证地方既得财力。1994年以后，中央对地方的税收返还在1993年基数上逐年递增，递增率按全国增值税和消费税平均增长率的1∶0.3系数确定，即上述两税全国平均每增加1%，中央财政对地方的税收返还增加0.3%。

从分税制改革的主要内容来看，1994年分税制改革构建了市场经济体制下财政管理体制的基本框架，初步理顺了中央与地方、国家与企业的分配关系。1994年之后，随着中国经济发展与体制改革的深化，继续有针对性地对财政管理体制运行中的一些方面进行了调整，体现了“与时俱进”的发展精神。

正如我们前面从制度变迁的角度所做的分析，从分税制改革的初衷和目标来看，它具有很强的现实性和权宜性，超越性和深远性不够；从制度安排来看，它只走出了“分税制三步曲”中的第一步，局限性较大；从制度变迁来看，它是由中央政府主导的强制性制度变迁，“人为的”“计划的”色彩很浓，而不是“自然的”“自发的”制度演变，片面性和偏颇性就在所难免。

1994年中央财政收入比1993年增长200%，占全国财政总收入的比例也由1993年的22%提高至56%。10年之后的2003年，全国财政收入占国GDP的比重从12.6%提高到18.6%，中央财政收入占全国财政收入的比重从1996年的39%升至54.6%。可以说，1994年实施的分税制改革成功地实现了改革初衷，取得了预期的成效。

但是，我们从中国《周易》所言的“阴阳之道”来看。“两个比重”的持续提高，正是我们可观察、可统计的“阳面”。大家很容易将分税制改革与“两个比重”提高的“因果关系”进行实证分析。但是，在分税制改革之初，或者分税制改革10年之际，不可观察、不可经验、不可统计的“阴面”实际上也同步在“生长发育”了。只不过时机尚未成熟，“阴面”尚处在“隐而不显”的境地，不为我们所关注，不为我们所重视。但是，它又确确实实地“在”那里。

以《周易》的“阴阳之道”来观之，分税制改革的“阴面”包括：土地出让收入归地方政府，与后来出现的“土地财政”“土地金融”现象有关系；分财权、分财政收入为主，分事权、分财政支出为辅，这种做法导致财权与事权的不匹配，导致地方政府不得不面临财政支出压力，不得不千方百计地“想辙”“创收”，而且越是基层财政面临的财政压力越大。这是因为在“行政性”管理体制下，上级政府和上级财政可以“甩支出包袱”。以2004年为例，地方财政收入占全国财政总收入的比重约为45%，但是财政支出却占全国财政总支出的比重约为72%。这样，分税制改革与后来出现的“城投平台”“地方政府债务”现象也有关系。

我们在这里讲分税制改革“理路”上的“阴阳之道”，不是讲分税制改革“事功”上的“阴阳之道”。因为身处现实世界，再严谨的制度设计也有不完美的地方，也有不完备的地方，因为设计者（计划者）的理性是有限的，拥有的信息是有限的。正是因为有限理性和有限信息，制度设计总是不能圆满。这样，才会出现历史发展的不确定性、意外性、戏剧性。

但是，《周易》所言的“阴阳之道”，对我们的启发和启示在于：事物由阴阳两个方面组成，阴阳不是两个事物，而是同一事物的两个方面，但是阴阳两面总是以“侧显”的方式呈现出来，“不得俱出”“不得二起”，总是有一个方面处于“遮蔽”的状态。所以，当我们在看到事物发展顺利一面（阳面）的时候，必须想到事物发展还有“看不到”的另一面（阴面），所以需要树立“阴阳相济”的思想，需要在思想上和行动上“去蔽”“解蔽”，才能获得对事物和事物发展的整全性、整体性的把握，才能真正做到“与时偕行”“与道偕行”，才能从根本上避免事物发展的不利局面。

实际上，1994年分税制实施后，地方政府进一步强化以GDP增长为目标，以政府投资和公共投资来驱动地方经济增长。由于国内金融市场得到发展，地方政府可以便利地通过金融市场融资来推动基础设施建设等公共投资活动，于是地方财政的财政赤字开始增长，债务负担开始累积。这样，1994—2008 年财政金融化的特点和趋势就非常明显。

实际上，即使在分税制的大框架下，中央财政和地方财政之间仍然存在隐形的“父子关系”。这种隐形的“父子关系”使得地方政府作为金融市场上的融资主体，具有独特的“增信优势”。于是，地方政府的“县级竞争”就由此前招商引资过程中常用的“税收减免”发展到向金融机构的“举债竞争”，由“财政竞争”演变为“金融竞争”。一旦中央财政放松对地方财政融资的要求，则地方政府的公共投融资活动就会“一发而不可收”，高效的与低效的、有效的与无效的、可投的与可不投的、可承受的与不可承受的、政绩性的与公益性的、有条件的和没有条件的项目和工程，只要能够通过“创造条件”获得金融机构的“资金支持”，就会“大干快上”。

（三）财政金融化与财政债务化趋势

地方政府与地方财政实施金融竞争的发展策略，旨在发展地方经济，实现地方 GDP 和财政收入增长。但是，这种片面和畸形的发展策略，一个重要的后果就是累积庞大的地方债务规模，承担日益严重的债务压力。于是，地方财政债务化问题浮出水面。

对此，中国经济学家们展开持续而深入的对策研究。从文献的角度来看，有学者从经济风险入手开展的宏观研究，有学者联系分税制改革和“地方政府竞争”开展的制度研究，也有学者通过中外财政结构比较进行的发展研究。这些文献对于理解我国财政债务问题的来龙去脉，对于评估财政债务风险的高低轻重，对于分清财政债务问题的是非曲直，具有非常重要的价值。

从研究方法来看，这些文献主要采用新古典经济学的结构主义，展示了可量化和可实证的方法论特点，但是缺乏对财政债务问题“缘起、发展、变化”的生态性、动态性、过程性的揭示和解释。从实证研究来看，注重了总量数据，但对政府债务结构的分析较少，难以反映我国政府债务融资的特点。从政府债务规模的计算来看，文献基本上局限于公共财政收入和政府性基金收入核算，尚未包括公共养老金的隐形负债。从国际经验和理论测算来看，公共养老金负债可能导致未来中国沉重的债务压力。

实际上，深入分析地方财政的债务化问题，需要应用经济生态观才能有一个整体和动态的把握。我国地方财政的债务化问题是由一连串的经济事件和生生不息的社会生态变迁共同作用的结果。从制度发展来看，这个现象根源于我国财政体制的初始安排，即"以发展经济为己任"的财政职能设定。在 1994 年分税制改革之前，它表现为地方财政事权和财权的不匹配。在 1994 年分税制改革之后，中央对地方政府和地方官员的"考核评价机制""激励机制"出现扭曲。同时，它与我国城市土地使用制度改革相关、1998 年城镇居民住房体制改革交织在一起。

从经济发展来看，它与中国的工业化、城镇化、全球化进程有关。美国经济学家斯蒂格利茨曾经讲过，美国硅谷的新技术革命和中国的城镇化发展是 21 世纪带动世界经济发展的"两大引擎"。2001 年中国加入世界贸易组织，进一步推动了中国出口增长，投资、消费、出口成为中国经济增长的"三驾马车"。

从金融市场发展来看，以商业银行信贷、政策性金融机构贷款、保险债权投资等多种金融服务，可以满足地方政府融资的需要。由于我国金融机构的主体为国有资本，对地方政府信用的偏好和信仰，对地方财政债务化起到了推波助澜的作用。

在我们看来，工业化、城镇化、全球化、金融化背景下的中国经济增长犹如一圈一圈地向外扩张的经济水波，这是一个欣欣向荣、愈演愈烈的经济发展过程。但是，经济水波的扩张始终离不开由"丁财关系"形成的那个"波心"。

从根本上讲，这个经济水波的"波心"就是"丁财"关系。但是，这个阶段的"丁财关系"，既不是计划经济时代的"丁贱财贵"，也不是改革开放初期的"丁贱财贵"，这个阶段丁财关系的最大特点就是丁财两旺，人口红利和资本红利一齐爆发。由人口红利和资本红利共同爆发而形成的巨大合力，对水面形成了巨大冲击力，推动了经济水波的“扩张性”外延。

由丁财两旺、人口红利和资本红利合力形成的“波心”，推动一圈一圈向外扩展的经济增长之波浪，进而汇集成覆盖全国的财富漩涡，它把一切能够金融化、市场化、货币化的经济资源都纳入这个巨大的漩涡当中。当然，这个财富漩涡的形成，离不开金融杠杆的力量，是它放大了水波的冲击力，形成了“卷起千堆雪”的财富幻觉。

果然，现实生活中的财富漩涡进一步异化成地方政府、商业机构、居民家庭的财富幻觉，地方财政加杠杆、金融部门加杠杆、企业加杠杆、居民加杠杆，于是全社会的杠杆比例得到整体提升，全社会进入了经济增长的“冲刺阶段”“冲浪阶段”，卷入了“以钱生钱”的财富漩涡（见表 12－1）。

表 12－1　　丁财关系的经济生态观

经济发展	丁贱财贵	丁贵财贵	丁贵财贱
收入发展	低收入陷阱	中等收入陷阱	高收入阶段
人口发展	人口红利	人口红利	人口负债
资本发展	资本积累	资本形成	资本扩张

这一场巨大的财富创造和财富漩涡，是以经济资源的市场化、社会资源的金融化、金融资产的信用化、政府信用的金融化的形式展示出来的。从中国经济增长的外部环境来看，在这个财富漩涡的形成和发展过程中，虽然经历了 1997 年亚洲金融危机和 2008 年全球金融危机两次大的外部冲击，出现了需要政府实施扩张性的财政政策和增加财政支出来加以应对的压力，继续维持稳定的经济增长。但是，两次危机爆发的时间间隔有 10 年之久，前一次危机持续的冲击时间和冲击强度对中国经济增长的影响相对有限，真正对中国经济增长有重大而持续影响的冲击是 2008 年全球金融危机。但是，整体上看我国经济增长的冲刺和冲浪，经济增长的财富漩涡，主要不是由外部的经济冲击来推动，而是由内部的税收收入和财政收入增长幻觉、企业营业收入和利润增长幻觉、居民财富和收入增长幻觉等综合

所致。

其实，我们真正关注和真正担心的不是财政债务积累带来的短期“财政风险”“经济风险”，而是“丁财两旺”这个“波心”正在“悄然生变”“陡然生变”。它即将“生”出来的可能就是“丁贵财贵”。如果“丁贵财贵”成为未来中国经济水波的“波心”，那么它将持续导致和推动“经济增速下行”“收入增速降低”“资产价格下跌”等一系列不利的水波和漩涡，它将是一个“收敛式”“渐进式”的“崩塌过程”。短期来看，虽然并不可怕；长期来看，让人胆战心惊。

第四编　中西经济哲学思想的会通

本编共有三章。

第十三章概述中国经济哲学思想。中国经济哲学思想的特点是时间、德性、生态，概括而言为时间德性。“以美利利天下”的文化政治经济学为其开端，义利之辨的思想贯穿历史变迁的始终，文化对政治经济学思想的笼罩和塑造始终未有改变。我们以经济生态学思想来标识中国经济哲学思想的特点。

第十四章概述西方经济哲学思想。西方经济哲学思想的特点是空间、理性、动力，概括而言为空间理性。从古希腊时代的文化政治经济学思想，到古典时代的政治经济学思想，到新古典时代的经济学思想，到当前的宏观经济学思想。整体而言，空间化、动力化思想为其代表。我们以经济动力学思想来标识西方经济哲学思想的特点。

第十五章阐述中西经济哲学思想之间的可通与会通。中西经济哲学思想源远流长，中西之别，显而易见，由来已久。西方经济哲学以空间统摄时间，重视事物在空间上的结构变迁；中国经济哲学以时间统摄空间，重视事物在时间上的全幅显现。两者共同面对时间和空间，但是各执一端。实际上，中西经济思想之会通，在于经济之道和富强之道的通达。西方经济哲学致力于通过发现事物空间上的变易来寻求富强之道，福国裕民。中国经济哲学致力于通过发现事物时间上的简易来寻求经济之道，经世济民。西方文化由变易之道而入道境，中国文化由简易之道而入道境，就其最终达致的理想状态而言，都在道境之中，都把德性和理性融为一体，无有差别，无有高下。

第十三章
中国经济哲学：经济生态学思想

时间、德性、生态是中国哲学和中国经济哲学的三个特点。三个特点概括成一个特点就是时间德性，时间德性代表了时间观对空间观的统摄。中国经济哲学不把经济视为财富实体、货币实体，而视为社会生态关系，由丁财关系所生。中国经济哲学重视经济发展之德，但是忽视经济发展之力。

第一节　社会生态观与共同体思想

一、真实世界与生活世界

一个世界的世界观，在世觅道的方法论，在世行道的价值观和实践论，成为中国哲学思想的特点。就经济哲学思想而言，《周易》提出聚人之说和理财之说，既重视财富利用的社会效应，又重视财富增长的民生效应。但是，《周易》之后，聚人之说压倒理财之说成为主流的经济思想，重视财成之道、均平之富的社会生态建设成为主流的政策思想和学术思想。

相对而言，西方始终重视理财之说。古希腊时代，柏拉图有社会分工理论，亚里士多德有价值论、货殖术的思想。罗马时代，权利论、契约论、罗马法精神得到发展。中世纪，交换价值论、等价交换的思想得以发展。亚当·斯密时代，价值论、分工理论、市场理论得以发展，国民财富增长成为经济学主题。

比较而言，中国基于真实世界，建立了财富生态观、生成论、体用论，重视社会生产关系和人的一面。西方基于理念世界，建立了财富实体论、决定论、价值论、价格论、契约论，重视社会生产力和物的一面。

二、时间观统摄空间观

《周易》认为，不离经验而有知，不唯经验而有知。因为经验的特点在于有限性、片面性，不具有无限性、整体性，因此依靠经验不能有整全之知，不能达道。而且经验的关照总是指向空间、现象，关照不到时间、本体。所以，《周易》凸显阴阳之道，主张贯通阴阳而有知，阴阳相济而有全。《周易》言阴阳之道、继善成性、与时偕行，强调对事物的"易知""周知""全知"。这样，中国哲学视时间为存在，视空间为存在者，存在者属于现象，不是存在本身，存在者和现象具有流变性、未决定性，需要以时间来统筹空间，以本体来驾驭现象。

所以，中国经济哲学不以财富增长、财富多少的空间表现为关注重点，认为它们都属于财富现象、财富空间、财富数量，不具有稳定性，不具有长久性，有生有灭，变动不居。唯有社会生态关系的中和，唯有文化政治经济的通达，才有社会生产性努力的充分释放，才有社会生产可能性边界的全幅扩展。

与中国经济哲学思想不同，西方经济哲学恰恰以财富现象、财富空间、财富数量为关注重点，致力于探究财富增长的动力论、财富价值的决定性、财富占有的契约论。财富价值论、财产权利论，都是基于柏拉图的理念论，表现为理事关系，其思想核心是财富实体论。

确实，中西经济哲学思想差别巨大：中国秉持财富生成论，财富时间观，体现一个世界的存在论思想；西方秉持财富实体论，财富空间观，体现两个世界的理念论思想。可以说，各执一端，泾渭分明，莫衷一是。

我们认为，借助经济现象学思想，可以通达中西经济哲学思想。

20 世纪现象学思潮在西方世界兴起，现象学哲学家胡塞尔，存在论哲学家海德格尔，阐释论哲学家伽达默尔，一脉相承，他们三人致力于探究“事情本身”。胡塞尔要“回到事情本身”，海德格尔要“从事情本身出发处理前有、前见和前把握”，伽达默尔把“事情本身”理解为在“存在”中和通过“存在”展现自身的东西①。

胡塞尔致力于统一人文与科学之辨，强调“纯粹之知”，即现象学之知，回到生活世界。海德格尔致力于统一存在与时间之辨，认为存在是指事物本身，是指事物在时间中的开显、去蔽，回到时间即是回到存在。伽达默尔致力于统一古今之辨、内外之辨，认为古今相通，他者可通。

胡塞尔的“纯粹之知”，与中国哲学的“毋我之知”“无我之知”②，相通相达。海德格尔所言的开显、去蔽，可以理解成“一阴一阳”“一隐一显”同时显现于世、显现于人，即阴阳相济、阴阳交通的阴阳之道。伽达默尔所言的“理解”，可以理解为中国文化所言的“周旋”“通达”。

---

① 洪汉鼎：“何谓现象学的‘事情本身’（下）？——胡塞尔、海德格尔、伽达默尔理解之差异”，《学术月刊》2009 年第 6 期。

② 孔子在《论语》中有“子绝四”之说，即“毋意、毋必、毋固、毋我”。老子在《道德经》有“四不自”之说，即“不自见、不自是、不自我、不自矜”。孔子的思想可以概括为毋我之知，老子的思想可以概括为无我之知。世人完全开放意味着“无我”，世界完全开放意味着“澄明”。世人由“自我”而“无我”，世界由隐晦而显明，世人与世界相遇，即是自由，即是真理，即是存在。海德格尔认为，亚里士多德以“形式”来定义“存在”，其实“形式”不是存在，只是“存在者”，仍然是现象，而不是本体。结合海德格尔的存在论，我们可以更好地理解《周易》的哲学思想。《周易》哲学开创道论，提出阴阳之道，正是对存在论思想的凸显，只不过是以阴阳观、生成观、德性观、中和观等言说方式表达出来。《周易》哲学通过阴阳观、变易观来探究事物的存在，强调事物自身的整全性和整体性，强调世界万物的共生性和共存性，希望探索出长久之道、永恒之道。

经济现象学的核心思想在于，以中国哲学倡导的德性精神，来关照西方哲学重视的空间变迁和空间现象，即由现象而本体，以德性精神关注经济现象。

三、财富生成论与心物观

《周易》提出了财成之道的思想，凸显财富生成论。财富生成在于天时地利人和同时具备的社会生态，在于生产性努力一齐释放的社会环境。财富生成观与财富心物观，两者密不可分。

中国哲学的心物关系，不是西方哲学所言的认识关系，不将心物对立，不把心理解为认识主体，把物理解为认识客体。心物关系的核心在于心能感受外物，心能通达外物，因心生物，感物生心。

现实世界的心物关系，亦即现实世界的体用关系。中国哲学常言“体用一如”，即体即用，体用不二。中国哲学常言“心物一元”，非心非物，心物不二。心意感物而有“生”，心意感物而有“成”，心意感物而有现实世界。因此，生成关系、体用关系、心物关系，三者浑然一体。

中国哲学所言的心物关系，亦即内外关系、内心与外境的关系。虽然中国哲学常言内外一如，但是内外有别、内重于外、内亲于外。因此，中国哲学朝着探究内心的方向发展，重在讲心讲性，由内而外，以内主外①。经过北宋道学和南宋理学的锤炼，中国哲学发展出了境界论、工夫论学说，影响至今。新儒家重镇唐君毅先生撰写过《生命存在与心灵境界》一书，提出了“心灵九境”的说法。唐君毅先生所言的“心灵九境”之说，采用现代学术语言来刻画人的心灵结构。实际上，心灵结构正是制度结构、历史结构、社会结构、财富结构的基础。在中国哲学看来，所有的变迁和变易虽然表现为空间现象、结构现象，但是现象背后

① 从心物关系来看，中西哲学的差异也是一目了然。中国哲学重视心，发展了心性论，致力于探究心灵结构，穷究“天人之际”；西方哲学重视物，发展出认识论，致力于探究物质结构，有深厚的原子论、实体论思想。

的本体、根源在于心灵，在于时间，在于存在。

中国哲学的体用论、生成论、心物观、心性论，与西方哲学的理事论、理事关系不同。前者是一个世界的世界观，体用关系为现实世界的生成论关系。后者是两个世界的世界观，理事关系为决定论关系，为超越性的逻辑关系。理事关系刻画了理与事，两者分别位居超越世界和现实世界的两个世界。

四、生态观与中和论

《周易》将现实世界归结为生活世界，生活世界是一个万物相连、万有相通、休戚与共、生死相依的共同体，既是文化政治经济共同体，又是天下共同体[①]。《周易》写道，“乾道变化，各正性命，保合太和，乃利贞”。天下一体的生态观与中和论一气相连。

从《周易》开始，中国文化对“和”展开了持久的论述，有太和、中和、保和等诸多表述，中国文化因此而有“和文化”之称。生态观和中和论成为中国经济哲学思想的重要内容。

五、生生之道与不确定性

《周易》哲学的生生之道，包含了三个方面的重要含义。

一是生生不息表现为生成，生成不是他生，而是自生，是阴阳的自生自成，是现实世界的自生自成，不是概念和理念的生成。因此，《周易》哲学彻底反对在事物自身之上之外的决定论和命定论。

二是生生不息表现为变易，变易即空间变化和结构变迁，变化和变迁在时间上具有连续性，无始无终。所以，在既济卦之后，继之以未济

① 历史学家许倬云，经济学家盛洪、张宇燕，哲学家赵汀阳等，从“天下体系”和“天下观念”入手，对共同体思想进行了现代阐释。参阅赵汀阳：《天下体系》，中国人民大学出版社 2011 年版。

卦，表明事物变易未有终结，永无止境。

三是变易在空间上具有无限性，无边无际。对此，《周易》认为，变易和变迁在方向选择、范围幅度上具有无限可能性，上下左右，前进后退，皆有可能。

生生之道表明事物变迁具有非决定性、不确定性、无限可能性。所以，《周易》哲学反对决定论、终结论。

第二节　中国经济哲学思想的主流

一、《周易》：聚人理财美利财成

《周易》经济哲学思想的基石是聚人之说与理财之说。聚人之说强调财货之利用厚生的社会意义，凝聚人心，强大共同体。理财之说强调财货之发达增长的民生意义，改善民生，提升幸福。聚人与理财，体现了阴阳之道。

“以美利利天下，不言所利”是《周易》的乾卦精神，凸显了义利之道和德财之道，美利思想成为中国经济哲学思想的代表。财成之道是《周易》的泰卦精神，凸显了《周易》的经济生态观和经济生成观，凸显了社会生产性努力的达成。损益之道是《周易》损益两卦的精神体现，凸显了国富和民富的平衡，凸显中和、节制精神。

二、《尚书》：正德利用厚生惟和

《尚书》与《周易》同为六经。《尚书》在《大禹谟》中写道：“正德、利用、厚生、惟和。”此 8 字箴言概括了政治经济文化三件大事。正德为中正之德，代表政治；利用、厚生为财用、民生，代表经济；惟和为中和，代表文化。《尚书》不仅明确了政治经济文化三件大事，而且指明办好三件大事的基本要求。

《尚书》为中国政治哲学的代表作，讲述王道政治思想。中国台湾学者傅佩荣对《尚书》有一个非常独到的解读，他认为，“天子所推行的王道是以‘大中’（绝对正义）为目标，亦即要让百姓对‘善恶报应’这种正义要求得以实现。这无异于以政治来实践宗教的目的，欲使人间成为幸福之地。这种理想就是‘永恒哲学’的表现。以此为理想，人民生活在变化多端的世间，不会丧失行善避恶的信心，同时对美好未来抱着希望。相对于西方的发展，中国古代的政教关系确实自成一格，颇有特色。”①

《尚书》讲述政治哲学的思想，集中体现在《洪范》篇。“初一曰五行，次二曰敬用五事，次三曰农用八政，次四曰协用五纪，次五曰建用皇极，次六曰乂用三德，次七曰明用稽疑，次八曰念用庶征，次九曰向用五福，威用六极。”后世将此内容称之为《洪范九畴》。其中，“农用八政”的内容是：“一曰食，二曰货，三曰祭，四曰司空，五曰司徒，六曰司寇，七曰宾，八曰师。”汉代班固撰写《汉书·食货志》，其中有“洪范八政，食为政首”的表述。

以《周易》和《尚书》为代表的中国文化，从文化源头上已经将“理财”“厚生”确定为“为政”的基本任务，强调优良政治必须承担起发达财用、民生的重任。通俗而言，财用和民生是否得到发展，成为检验政治优良与否的重要标准。《周易》和《尚书》把“理财”“厚生”与“为政”“致和”融为一体的传统，共同奠基了中国文化政治经济学思想。

三、《论语》：富教之道、义利之道

在《周易》和《尚书》之后，孔子在《论语》中提出了社会经济发

① 傅佩荣：《哲学与人生》，东方出版社2005年版。

展的10字箴言："即庶矣，富之；即富矣，教之。"孔子首先讲丁，即人口增长，并且把人口增长置于社会经济发展的首位。接着讲财，即经济富裕，实现百姓厚生的需要；最后讲教育，即开展文化教育。孔子的10字箴言，既是经济学意义上的富教之道，也是政治学意义上的生养、富裕、教育的为政之道。

在《周易》之后，孔子"接着讲"义利关系。"君子喻于义，小人喻于利"（《论语・里仁》）；"君子义以为上"（《论语・阳货》）；"君子义以为质"（《论语・卫灵公》）；"见利思义"（《论语・宪问》）；"不义而富且贵，于我为浮云"；"放于利而行，多怨"（《论语・里仁》。

孔子针对当时社会重利轻义的不良倾向，展开对义利关系的讨论，有告诫之意，有拨乱反正之意。难能可贵的是，孔子秉持中道思想，不悖《周易》精神，不因为现实性而伤害思想的超越性，讨论义利关系，温文尔雅，文质彬彬，不偏不倚，孔子的理财思想可以称之为义利之道。

四、《大学》：德财之道，生财之道

曾子作《大学》，提出了两个非常重要的经济哲学思想。一是德本财末的思想，可称之为德财之道；二是生财有大道的思想，可以称之为生财之道。

《大学》写道："有德此有人，有人此有土，有土此有财，有财此有用。德者本也，财者末也。外本内末，争民施夺。是故财聚则民散，财散则民聚。是故言悖而出者，亦悖而入。货悖而入者，亦悖而出。"

这段文字非常经典，讲述的内容涉及德财关系、丁财关系、聚散关系、本末关系，蕴含的道理十分深刻，对后世的文化政治经济学思想有深远影响。曾子认为，聚敛财富非为仁政，实为苛政。以身发财非为仁者之行，实为不仁之举。苛政不可长，财聚则民散；仁政可长久，财散则民聚。曾子所言的德财关系是对义利之道的承上启下，既上承孔子，又下启孟子。

曾子在《大学》中还写道，“生财有大道，生之者众，食之者寡，为之者疾，用之者舒，则财恒足矣。”曾子这段文字同样经典，讲述的内容涉及生产与消费、节俭与积累、生产者与非生产者。北宋时期的学者吕大临写道：“吕氏曰：国无游民，则生者众矣；朝无幸位，则食者寡矣；不夺农时，则为之者疾矣；量入为出，则用之舒矣。”

按照现代经济学理论来理解曾子的思想，已经涉及西方发展经济学讨论过的诸多经济学概念，包括资本形成、积累比率、消费比率、债务比率等。从经济哲学而言，曾子的高明在于重视了经济发展和经济增长的生态性、生产性。就生产性而言，曾子关注了社会生产力；就生态性而言，曾子关注了社会生产关系。曾子经济哲学思想的高远，在于生产力和生产关系的平衡，体现阴阳之道的精神。

第三节　中国经济哲学思想的争鸣

一、儒墨之争与义利之辨

（一）儒墨之别与义利之辨

曾子、子思子之后孟子出。孟子是儒墨之争与义利之辨[①]的主要人物，挑战墨学代表人物墨子。当时墨学为显学，“天下之言，不归于杨，即归墨”（《孟子·滕文公》）。《墨子》一书中有《非儒》篇，对儒家思想提出批判，因此有“儒墨之争”的说法。儒墨之争的核心是义利之辨。墨子认为义利合一，义即是利，并且讲“兼相爱”和“交相利”的统一。

《孟子》一书以“孟子见梁惠王”为首章。《孟子》写道：“王亦曰

① “义利之辨”也可以称之为“义利之辩”。“辨”为辨别、辨异，“辩”为争辩、辩论。在讨论和交流中，往往既有“辨”又有“辩”。所以，不作严格区分。

仁义而已矣，何必曰利?”(《孟子·梁惠王上》)。孟子因而开启“义利之辨”。东汉末期赵岐注《孟子》，他指出：“治国之道明，当以仁义为名，然后上下和亲，君臣集穆。天经地义，不易之道，故以建篇立始也。”南宋时期朱熹从“理欲之辩”的视角来看待“义利之辨”，他认为以此章居《孟子》之首章，颇有深意。

《孟子》还写道：“大人者，言不必信，行不必果，惟义所在。”(《孟子·离娄下》)。孟子还有舍生取义之言说，“生，亦我所欲也；义，亦我所欲也。二者不可得兼，舍生而取义者也。”(《孟子·告子上》)。整体上看，孟子对待义利关系，旗帜鲜明，态度坚决，羞言利，不言利，义利不共存，舍利而取义。

孟子不同于孔子。孔子从现实性出发走向超越性，因此重视超越性的仁义，但是兼顾现实性的功利，所以他并不否定利益和欲望，反而保留利益和欲望的合理性、正当性，但是需要用义来节制和约束利。在孔子看来，义利是相通相济的阴阳关系。孟子推崇超越性，贬斥现实性，将义利关系认为是纯粹的对立关系，进而否定利益和欲望，弘扬仁义和道德。可以看出，孟子对待义利关系的观点，偏离了孔子，偏离了《周易》。孟子讨论义利关系，可以称之为“义利之辨”，而不能称之为“义利之道”。

（二）孟荀之别与义利之辨

孟子之后荀子出。孟荀两人都继承孔子的思想，并且都对孔子的儒家思想做出了重大发展。对孔子而言，孟荀两人为儒家之龙象。对孟子而言，荀子则有“歧出”之嫌，孟荀之间，一东一西，一左一右。关于孟荀之别，中国哲学界和史学界的争论长达千年，时至今日，未有定论，涉及文化、历史、哲学的方方面面。对此，我们存而不论。

但是，孟荀之别对中国历史变迁和文化变迁的影响却不容忽视。两汉时期，特别是西汉时期，荀子的思想占据主导地位，西汉时期的重要政治思想家基本上是荀子思想的继承者，陆贾、贾谊、晁错、董仲舒一脉相承，大同小异。近代思想家谭嗣同甚至有“二千年之学，荀学也”

之说[1]，对荀子展开批判。

孟子的思想占据主导地位，则开始于两宋时期。唐朝后期，孟子的思想已经受到韩愈等思想家的推重。北宋时期，从宋初“三先生”到后来的“北宋五子”，他们对孟子推崇有加。南宋时期，朱熹对孟子尤为推崇。随着《孟子》进入《四书》之列，成为科举制的考试内容，孟子的影响力在宋明之后无出其右。可以说，中国思想界的孟荀之别，恰如西方思想界的柏拉图与亚里士多德之别，成为千百年来始终绕不过去的两座思想高峰。

就经济思想和政策思想的差别而言，孟荀之别在“义利之辨”问题上得到全幅体现，荀子对孟子的义利思想进行了重大修正。荀子写道，“义与利者，人之所两有也，虽尧舜不能去民之欲利，然而能使其欲利不克其好义也。虽桀纣亦不能去民之好义，然而能使其好义不胜其欲利也。故义胜利者为治世，利克义者为乱世。”（《荀子·大略》）。这段文字集中体现了荀子对义利关系的思想认识。

首先，荀子把“义与利”视为“人之两有”，持有义利共存的思想，而且荀子认为义利共存的道理不在天上，不在理念，就在人之所欲，“人之两有”。可以说，荀子是以现实性来论证义利共存的道理，挑战孟子以超越性来论证义利不共存、不共处的道理。其次，荀子强调义以节利、见利思义。荀子重视利，重视力，这是荀子政治经济思想的显著特点。但是，荀子并不片面强调利和力的重要性，并非要与孟子“对着讲”，“反着讲”，而是强调义以节利，义以节力，强调礼法、礼制、道义的重要性，反对惟利是图。这样，荀子仍然身处儒家之中。再次，荀子越过孟子，回向孔子。荀子写道：“惟利所在，无所不倾。”（《荀子·儒效》。可见，对待义利关系，荀子与孔子的思想非常接近。

---

① 作为近代思想家，谭嗣同旨在批判专制主义，他视秦始皇和荀子为法家思想的代表人物，对他们展开激烈批判。谭嗣同在《仁学》一书中写道：“两千年之政，秦政也，皆大盗也；两千年之学，荀学也，皆乡愿也。唯大盗利用乡愿，唯乡愿工媚大盗，两者交相资，而罔不托之于孔。”谭嗣同对荀子的批判，体现了时代精神对他的影响，超越性不够，并不准确。

概括而言，看待义利关系，荀子回归孔子的义利之道。

二、《春秋繁露》与义利之辨

西汉时期，先是政治思想家陆贾从反思秦政入手，提出“逆取顺守，文武并用”的思想。司马迁在《史记陆贾列传》中写道：“且汤武逆取而以顺守之，文武并用，长久之术也。”陆贾作为汉初的政治家，提出文武并用、义利平衡的长久之术，为汉高祖所采纳。后是政治思想家贾谊从反思秦政入手，提出“仁义不施，攻守势异”的政治思想，并且从汉朝现实出发，撰写了著名的《治安策》《论积贮疏》。贾谊的政策建议只有极少部分为汉文帝所采纳，但是绝大部分为汉武帝所采纳。汉武帝时期，思想家董仲舒提出了著名“元光三策”，并且撰写了著名的《春秋繁露》一书，提出了自己的义利观、功利观、贫富观。

（一）义利观

董仲舒在《春秋繁露·身之养莫重于义》中写道：“天之生人也，使人生义与利。利以养其体，义以养其心。心不得义不能乐，体不得利不能安。义者，心之养也；利者，体之养也。体莫贵于心，故养莫重于义，义之养生人大于利。”董仲舒从天人关系出发，凸显义利为人所生，强调义利共存同存的辩证关系，义利不二的圆融关系，并且提出“利养体”“义养心”，虽然义利有分，但是义利统一于人，人对义利皆有所需。

董仲舒的义利观，是对荀子思想的接受和发展。荀子提出“义与利者，人之所两有也”的说法，董仲舒则将“人之两有”进行细分，利之“两有”表现为身与心，对应于身与心。荀子所言的“两有”统一于人，董仲舒所言的“身心”同样统一于人。于是，在人之两有的基础上，义利一体，义利统一于人。在义利统一的前提之下，义利仍然有别，董仲舒与荀子一样，强调义重于利、义以节利，回向孔子的义利之道。

（二）功利观

董仲舒在《春秋繁露·对胶西王越大夫不得为仁》中写道：“仁人

者，正其道不谋其利，修其理不急其功，致无为而习俗大化，可谓仁圣矣，三王是也。”对此，东汉班固在《汉书·董仲舒传》中记载为：“夫仁人者，正其谊不谋其利，明其道不计其功。”从班固的记载来看，一是删除了“致无为而习俗大化”一句，屏蔽了董仲舒尊重黄老道家思想的调和态度；二是部分地修改了董仲舒的原文，导致董仲舒原本的思想由是大变，“差之毫厘，失之千里”。

黄朴民认为，“修其理不急其功”一句，则被改动为“明其道不计其功”。“急”与“计”虽然只有一字之差，但语意上却起了很大的变化。“不急”表明董仲舒主张在“功利”的追求上，不要太操之过急，不能太急功近利，不必好大喜功而已，并非从根本上拒绝“功利”，将“义”与“利”截然对立起来。而所谓不“计”者，则是意味着将“功利”彻底置之度外，绝口不提，过于绝对化[①]。张岱年认为，“从《春秋繁露》中其余各篇的言论来看，董氏还是讲功的。《汉书》所说应是经过班固修润的。”[②]

从《春秋繁露》的原文来看，董仲舒的经济哲学思想是“义利统一观”，而非“义利对立观”。董仲舒不是“接着讲”孟子的“义利之辨”思想，而是“接着讲”荀子的“义利一体”思想。

（三）贫富观

董仲舒在《春秋繁露·度制》中写道：

> 孔子曰：“不患贫而患不均。”故有所积重，则有所空虚矣。大富则骄，大贫则忧，忧则为盗，骄则为暴，此众人之情也。圣者则于众人之情，见乱之所从生，故其制人道而差上下也，使富者足以示贵而不至于骄，贫者足以养生而不至于忧，以此为度而调均之，是以财不匮而上下相安，故易治也。今世弃其度制，而各从其欲，

① 黄朴民：“试说《春秋繁露》的几个特征”，载“2018 中国·衡水董仲舒与儒家思想国际学术研讨会”论文集。参阅黄朴民：《董仲舒与新儒学》，文津出版社 1992 年版。

② 张岱年：“新时代的义利理欲问题”，《北京大学学报（哲学社会科学版）》1994 年第 6 期。

> 欲无所穷，而俗得自恣，其势无极，大人病不足于上，而小民羸瘠于下，则富者愈贪利而不肯为义，贫者日犯禁而不可得止，是世之所以难治也。

这段文字的分量和意义非常重大，集中体现了董仲舒的贫富观、经济观。贫富观与义利观、功利观，一起构成董仲舒的政治经济哲学观。

实际上，董仲舒不同于贾谊，贾谊从现实性出发走向超越性，为上行路线。董仲舒从超越性出发，走向现实性，为下行路线。所以，我们将贾谊视为政治哲学家，将董仲舒视为文化哲学家。但是，董仲舒的文化哲学毕竟要落实到政治哲学上来，可以说董仲舒的经济政策思想的落脚点就在义利观和贫富观。

董仲舒的贫富观，核心思想有三个方面：一是大富则骄则暴，大贫则忧则盗，为人之常情；二是圣人治理大富大贫现象在于厘定制度，使得“富者足以示贵而不至于骄，贫者足以养生而不至于忧”，意在对大贫大富现象进行管制、节制，将贫富差距控制在一个可以接受的范围之内；三是放弃制度，放弃节制，放纵欲望，一定会导致“富者愈贪利而不肯为义，贫者日犯禁而不可得止”的社会问题，于是贫富为仇，贫富为敌，共同体解构。因此，这个问题的深层原因，在于义利之别、义利之辨。

董仲舒认为，贫富差别现象具有自然性、合理性，不能“无贫富”，不能“均贫富”，不能“灭贫富”。董仲舒意在对贫富现象进行有效管理。管理贫富差距的原则是：富者无骄，贫者无忧。可以说，董仲舒的思想非常高明，他建立了经济政策上的底线思维：上有顶，下有底。国民无骄无忧，则国家太平无乱。同时，董仲舒也非常开明，他抓住贫富差距之所以造成社会问题，不在贫富有差距，而在贫富差距过大，贫富差距过大才是问题的根本，即贫富问题的根子在于“大”，富大则骄，贫大则忧；贫富差距不大，不骄不忧，天下无事。所以，董仲舒的经济政策思想可以概括为“节制大富”。

董仲舒“节制大富”的经济政策思想，与孙中山“节制资本”的思想遥相呼应。孙中山“节制资本”的思想可以概括为：节制私人资本，发达国家资本。其核心思想在于“节制大资本”，避免私人资本垄断。

对于董仲舒的贫富观，蒙文通赞赏不已。他在《汉代的经济政策》[①]一文中写道：“是知董子之义，实超于墨孟之俦，故舍其说而不循也。《管子书·侈靡》篇曰‘甚富不可使，甚贫不至于忧。’此又晚周之说而董生之所本耶。董生使富不至于骄，贫不至于忧，是则贫富之不可废，而应有其度。贫富不废，是自由也。贫富有度，则平等也。平等而自由，固至上之制。岂今世各国所能跂及者哉？我建国最高原则之树立，良以此也。董生忌乎大富大贫，曰‘节制资本’，是去大富。曰‘平均地权’，是去大贫。”蒙文通认为，董仲舒的思想超过了孟子和墨子的思想。与东周时期的节制观，《管子》所言的节制观，一脉相承。孙中山“民生主义”的两大原则即平均地权与节制资本，与此相通相达。

董仲舒在《春秋繁露》中表达出来的贫富观，与孟子的义利观比较，两者相去甚远，体现了董仲舒贴近现实、开放包容的思想特点。将一定范围内的贫富差别现象，视为一种自然现象和合理现象，体现了董仲舒的高明阔达。就此而言，董仲舒与司马迁两人的思想，倒是有相通相达之接口。

当然，就经济思想和政策思想的整体来看，董仲舒与司马迁两人的差异性更大。他们两人在经济哲学思想和经济政策主张上的差异性，被钱穆所关注和重视。钱穆在《中国经济史》[②]一书中，将董仲舒与司马迁列为中国经济思想两大流派的代表人物。一派以贾谊、晁错、董仲舒为代表，代表正统的儒家思想，主张统制的计划经济。从政策立场而言，他们持有人本主义、道德主义的经济思想，甚至可以说是社会主义的经济思想。一派以司马迁为代表，代表自由放任的经济思想，代表个人主义的经济思想。钱穆认为，中国历代政府轮番采用这两种经济思想，从

① 蒙文通：《儒学五论》，广西师范大学出版社2007年版。

② 钱穆讲授、叶龙记录整理、林毅夫序：《中国经济史》，北京联合出版公司、后浪出版公司2013年版。

而展现出中国政治变迁的复杂性。两汉时期，董仲舒的经济政策思想占据上风。唐宋时期，司马迁的经济政策思想占据上风。

三、《货殖列传》与义利之辨

司马迁与董仲舒同为汉武帝时代的杰出学者。司马迁“究天人之际，察古今之变，成一家之言”，在《史记》中撰有著名的《货殖列传》，提出了自然之道、货殖之道、贫富之道等重要的经济哲学思想。

我国哲学界、史学界把司马迁父子归入道家一系。司马迁的父亲司马谈撰写过《论六家要旨》一文，对阴阳、儒、墨、名、法、道德六家思想进行评述，对道家思想颇为推崇。司马谈写道：“道家使人精神专一，动合无形，赡足万物。其为术也，因阴阳之大顺，采儒墨之善，撮名法之要，于时迁移，应物变化，立俗施事，无所不宜，指约而易操，事少而功多。”

司马迁在《史记·货殖列传》中写道：

> 故善者因之，其次利道之，其次教诲之，其次整齐之，最下者与之争。
>
> 故待农而食之，虞而出之，工而成之，商而通之。此宁有政教发征期会哉？人各任其能，竭其力，以得所欲。故物贱之征贵，贵之征贱，各劝其业，乐其事，若水之趋下，日夜无休时，不召而自来，不求而民出之。岂非道之所符，而自然之验邪？
>
> 周书曰：“农不出则乏其食，工不出则乏其事，商不出则三宝绝，虞不出则财匮少。”财匮少而山泽不辟矣。此四者，民所衣食之原也。原大则饶，原小则鲜。上则富国，下则富家。贫富之道，莫之夺予，而巧者有馀，拙者不足。
>
> 故太公望封于营丘，地潟卤，人民寡，于是太公劝其女功，极技巧，通鱼盐，则人物归之，繦至而辐凑。故齐冠带衣履天下，海岱之间敛袂而往朝焉。其后齐中衰，管子修之，设轻重九府，则桓

公以霸，九合诸侯，一匡天下；而管氏亦有三归，位在陪臣，富于列国之君。是以齐富彊至于威、宣也。

故曰："仓廪实而知礼节，衣食足而知荣辱。"礼生于有而废于无。故君子富，好行其德；小人富，以适其力。渊深而鱼生之，山深而兽往之，人富而仁义附焉。

故曰："天下熙熙，皆为利来；天下攘攘，皆为利往。"

夫用贫求富，农不如工，工不如商，刺绣文不如倚市门，此言末业，贫者之资也。

由是观之，富无经业，则货无常主，能者辐凑，不肖者瓦解。

对于《货殖列传》的经济思想，可以从四个方面来理解。

（一）自由与管制之辨

公元前108年前后，司马迁完成了《货殖列传》的写作。他在《货殖列传》中写道："人各任其能，竭其力，以得所欲。故物贱之征贵，贵之征贱，各劝其业，乐其事，若水之趋下，日夜无休时，不召而自来，不求而民出之。岂非道之所符，而自然之验邪？"1776年，亚当·斯密发表了《国富论》。他在《国富论》中写道："每个人都试图应用他的资本，来使其生产品得到最大的价值。一般来说，他并不企图增进公共福利，也不清楚增进的公共福利有多少，他所追求的仅仅是他个人的安乐，个人的利益，但当他这样做的时候，就会有一双看不见的手引导他去达到另一个目标，而这个目标绝不是他所追求的东西。由于追逐他个人的利益，他经常促进了社会利益，其效果比他真正想促进社会效益时所得到的效果为大。"①

司马迁和亚当·斯密虽然时隔千年、地隔万里，不可同日而语。但是，他们的经济思想相通通达，都强调自由放任政策和自由市场经济的重要性。《货殖列传》用"道之所符，自然之验"来赞美自由放任政策。《国富论》则用"一双看不见的手"来赞美自由市场。

---

① 亚当·斯密：《国民财富的性质和原因的研究》（下卷），郭大力、王亚南合译，商务印书馆1974年版。

理解他们两人经济思想的相通性，可以从两个方面来展开：一是从经济哲学层面来看待，司马迁以道家的“自然主义”思想立论，亚当·斯密以西方传统的“自由主义”思想立论，可以说两人在哲学思想层面可以相互通达。二是从经济政策层面来看待，司马迁提出的政策建议是“故善者因之，其次利道之，其次教诲之，其次整齐之，最下者与之争。”斯密则提出取消贸易管制措施，实施自由贸易政策，推动市场半径扩展，发挥市场调节作用。

（二）义利之辨

1890年前后，马歇尔出版了《经济学原理》一书。他在该书的开篇写道：“经济学是一门研究财富的科学，同时也是一门研究人的科学，宗教和经济是影响历史的两大因素。”① 司马迁则在《货殖列传》中写道：“天下熙熙，皆为利来；天下攘攘，皆为利往。”司马迁与马歇尔一样，从真实的生活世界出发，对人之欲望和利益动机进行充分肯认。尽管两人在时间上相差2000年，但是他们对经济世界的看法相通相达。

把司马迁的这个论断，与孟子发起的儒墨之争、义利之辨联系起来，我们同样能够感受到司马迁论断的震撼力。从义利之辨的角度来看，司马迁的这个论断包含三个方面的重要意义：第一，司马迁肯认利的重要性和现实性，概括为“天下熙熙，皆为利来；天下攘攘，皆为利往。”并且引用《管子》的名言，“仓廪实而知礼节，衣食足而知荣辱”，论证利益、欲望、民生的基础性。第二，司马迁重视仁义的重要性，重视文化的发展性，提倡富而有德、为富且仁，反对“以身发财”的做法。第三，司马迁重视经济发展的延伸性、扩展性，由经济发展而文化发展、仁义发展，是一条自然而然的向上延伸的道路，不能反其道而行之。对此，司马迁写道：“礼生于有而废于无。故君子富，好行其德；小人富，以适其力。渊深而鱼生之，山深而兽往之，人富而仁义附焉。”

（三）货殖之道

在《货殖列传》中，司马迁比较了农工商三业的货殖之力，阐述了

① 阿尔弗雷德·马歇尔：《经济学原理》，朱志泰、陈良璧译，商务印书馆2009年版。

货殖之道，提出了工商业强国富国的政策思想，反对重农抑商的现实政策。

首先，司马迁阐述农工商虞四民分工促进民生发展的大道理①。他引用《周书》的观点，“农不出则乏其食，工不出则乏其事，商不出则三宝绝，虞不出则财匮少。”司马迁认为，农工商虞（采集业）四民和四业，各有所长，各有所重，皆有满足民生发展的独特性。对此，司马迁平等地加以肯定。司马迁重视四民分工，以分工为重，不讲本末，不厚此薄彼，不重农抑商。

其次，司马迁比较农工商三业的货殖之力。通过对农工商三业的货殖之力进行比较，司马迁得出一个非常重要的结论：“夫用贫求富，农不如工，工不如商，刺绣文不如倚市门，此言末业，贫者之资也。”文中的“刺绣文”为女工所从事的小手工业。“倚市门”为色情业，为贫者从事的末业。在这里，司马迁将农业、工业、商业三个生产部门的生产力、生产效率进行了比较，并且明确表达了三业货殖之力的大小和强弱。在司马迁看来，农业的货殖之力（生产效率）最低，工业其次，商业货殖之力最为强劲。

最后，司马迁列举姜太公治齐、管子相齐两个经典案例，进一步论证工商业富国裕民的货殖之力。齐国本来地穷人少，农业发展的基础不强，如果重农抑商自然富裕无望，但是经过姜太公因势利导，另辟蹊径，采取“劝其女功，极技巧，通鱼盐”的工商业发展举措，立即得到了工商业强劲的货殖之力，于是“故齐冠带衣履天下，海岱之间敛袂而往朝焉。”后来，齐国出现衰落，管子协助齐桓公再次复兴齐国。管子复兴齐国的发展举措是“设轻重九府”，权衡货币、谷物、百物的供需、贵贱，采取商业发展的举措实现国家富强，并平抑物价安定民众生活。结果是“桓公以霸，九合诸侯，一匡天下。”

---

① 中国传统政治学意义上的四民是指士农工商。司马迁讨论货殖之道的时候，考虑到士的非直接生产性，所以他没有讨论士。但是，司马迁考虑到对自然物的使用和利用，所以他把从事采集工作的虞人独立出来，与农工商三业并列，进而提出农工商虞四业或新四民之说。

这样，司马迁通过对货殖之力的理论概括，对齐国强大和复兴的案例分析，表达了富国裕民离不开工商业发展的经济思想和政策思想，认为先秦以来的“重农抑商”做法并非强国富国之策和经世济民之道，而是背道而驰之举、南辕北辙之行，希望西汉重新回到工商业富国富民的道路。

(四) 贫富之道

在现实生活中，由于农工商三业存在货殖之力的差异，进而导致行业和个人之间出现收入差距。针对这个社会现象，司马迁阐述了贫富之道。

司马迁不但看到了四民和四业对社会分工和社会发展作出的贡献，而且关注到四民分工带来收入分配上的差距。由于四民分工、四民分业，社会因此而有贫富差别。如何对待由于社会分工而产生的贫富差距？司马迁以贫富之道[①]来加以解释。“贫富之道”一语，可谓力敌千钧。在司马迁看来，有贫有富，贫富差距，不是非道，不是无道，本身就是“道”。既然为“道”，必须尊重，必须遵循，不能简单地“均贫富”“灭贫富”。面对社会分工基础上的贫富差距，司马迁的观点是“莫之夺予”。

司马迁既然言贫富差距为“贫富之道”，他当然要回答这个“道”“理”究竟在哪里？司马迁的回答是：“巧者有馀，拙者不足”。是因为人有“巧者”与“拙者”之分，两者之分自然而然，天然存在。虽然司马迁没有进一步解释，但是我们能够读出来，“巧者”与“拙者”之分正如天地之分，天地尚且有分，则人何有不分。人之有分恰如天地之分，当然可言“贫富之道”，“贫富之道”恰如“天地之道”“乾坤之道”“阴阳之道”。当然，司马迁不是空泛地讨论贫富差距，不是片面地鼓励

① 司马迁言“贫富之道”，不是讲贫富差距可以无限制地拉开而不加以节制。司马迁身处汉武帝时代，正是实行“经济管制主义”的顶峰时期，以桑弘羊为代表的聚敛之臣以求国富、均贫富为名，行“与民争利”之实。所以，司马迁认为一定程度内的贫富差距正是“贫富之道”，不能反其道而行之。

贫富差距。贫富之道的思想，代表司马迁对汉武帝为国理财、重农抑商之时代精神和现实政策的有力挑战。

在汉武帝时期，既有董仲舒禁止商贾之家占有土地的建议，又有桑弘羊为国敛财的计策：均输、平准、盐铁专卖、手工业官营、算缗令、告缗令等。明代官员张瀚在《松窗梦语·商贾纪》写道："自汉武用弘羊计，置均输官，笼天下之货，贵卖贱买，商贾无所牟其利，而物价悉平，名曰平准。又令贾人不得衣丝乘车，仕宦为吏，重赋税以困辱之。自后作业剧而财匮，匈奴数侵边，屯戍者多，边粟不给。于是募民输粟塞上，得拜爵除罪，复弛商贾之律，令佐国家之急。而贾人愈富，国用愈不足。乃用卜式，下缗钱令，用张汤、杜周腹诽法，以税民深者为明吏，自是商贾中人之家大率破产入官，不事畜藏，而贾人亦大困矣。"①从《商贾纪》的记载来看，汉武帝时代实行经济管制主义政策，抑商贱商之举成风，工商业发展举步维艰，社会发展伤痕累累，经济发展难以为继。

从现实性和政治性而言，司马迁的经济自由主义思想，既是对汉武帝经济管制主义思想的挑战，也是对"文景之治"的赞扬。文帝和景帝执政时期，奉行黄老之学，无为而治，休养生息，结果出现了商业繁荣，社会发展。对此，司马迁写道："汉兴，海内为一，开关梁，弛山泽之禁，是以富商大贾周流天下，交易之物莫不通，得其所欲，而徙豪杰诸侯彊族於京师。"从超越性和思想性而言，司马迁的经济自由主义思想是对老庄道家、黄老道家哲学思想的接受。

总体而言，文景之治的历史经验，无为而治的道家思想，"究天人之际，察古今之变"的治学精神，共同启发了司马迁的思想开新。于是，自然之道、义利之道、货殖之道、贫富之道，油然而生。

① 张瀚：《松窗梦语》，中华书局1985年版。

四、事功学派与义利之辨

到了南宋时期，“义利之辨”再起烽火。心学代表人物陆象山应理学代表人物朱熹的邀请，在庐山白鹿洞书院讲述《论语》“君子喻于义，小人喻于利”一章，说“人之所喻，由其所习；所习，由其所志。志乎义，则所习者必在于义；所习在义，斯喻于义矣。志乎利，则所习者必在于利；所习在利，斯喻于利矣”。象山之说意在鼓励学子们效仿圣贤，读书仕进，日后能够做到“供其职，勤其事，心乎国，心乎民，而不为身计”。朱熹对陆象山所言尤为钦佩，在讲述活动结束之后，朱熹刻碑记录此事。

当此之时，以陈亮和叶适为代表的事功学派崛起，与朱熹的理学、陆象山的心学并列为三。事功学派被理学和心学视为另类，他们之间就“心性与事功”“义与利”等问题进行了长时间的争辩。事功学派讲求事功、经世致用、倡言功利，并举义利；反对理学和心学虚妄不实地空谈心性命理，反对“抑末厚本”，主张“农商并重”。发生在南宋的这场“义利之辨”，其规模和声势直追战国时代儒墨之间的“义利之辨”。

到了明朝，“义利之辨”再次烽火连天，以思想家黄宗羲、顾炎武为代表的浙东学派，他们接续司马迁货殖之道的思想，接续事功学派“农商并重”的思想，反对“重农抑商”的现实政策，明确提出“工商皆本”的思想，旨在发展工商业。从经济政策思想上讲，明清时期的浙东学派犹如欧洲近代的重商学派。

南宋之后，朱熹的理学思想成为元明清三个时代的官方意识形态，特别是朱熹注疏过的四书五经成为科举制的考试内容，使得朱熹“理欲之辨”的经济哲学思想成为主流，事功学派和浙东学派的思想影响相对有限，其争鸣之举只是死水微澜。

第四节　对中国经济哲学思想的反思

从《周易》开始，中国哲学就建立起一个世界的世界观，这个世界是真实的现实世界，现实世界是生活世界、民生世界、道德世界、意义世界的统一体。通过“义与利”“道与器”“体与用”“理与欲”等关系，将现实世界的方方面面都通达起来、联通起来。“通达”“联通”就是“道”，就是“路”。

虽然《周易》认为真实世界的特点在于变易，但是《周易》不持不可知论，反而认为真实世界是可知世界。如何才能把握住这个变化的世界?《周易》的解决方案是阴阳之道，继善成性；凡益之道，与时偕行。继善成性，与时偕行，凸显了时间，把事物发展和变化归结为时间绵延。

我们把时间、德性、生态赋予中国哲学和中国经济哲学。三个特点概括成一个特点就是时间德性。在中国文化和中国哲学的影响下，中国经济哲学的核心思想是“民生关系”“德财关系”“义利关系”。由于中国哲学缺乏西方哲学的逻辑思辨，“德财之辩”“义利之辩”最后流于道德说教，长期重农抑商，从而窒息了货殖之力和经济之力。可以说，中国经济学重视了经济发展之德，但是忽视了经济发展之力。只有当经济发展长期停滞，丁财矛盾空前激烈，在遭受屈辱和战败之后，才开始反省反思，才会放松对世俗道德的固守，转向求富求强，为货殖之力和经济之力的解放让出一条通道。简单而言，中国经济哲学思想之“失”在于对力和智的忽视。

第十四章 西方经济哲学：经济动力学思想

1776 年，亚当·斯密发表《国富论》，《国富论》成为古典经济学的代表。至今，西方经济学发展已经有 200 多年的历史，西方经济学的发展受到西方哲学特别是近代认识论的深远影响，拥有深厚的经济哲学思想。

空间、理性、动力是西方经济哲学的三个特点。其实，三个特点可以概括成一个特点就是空间理性，空间理性代表西方哲学以空间观统摄时间观。从亚当·斯密开始的西方经济学，重视了经济发展之力，但是轻忽了经济发展之德。修补德性的任务，交给了伦理学、社会学、人类学等其他学科。

第一节 经济实体观与经济动力学思想

一、理念世界与现实世界

对确定性知识[①]的寻求，是西方文化和西方哲学发展的一条主线。从

① 约翰·杜威：《确定性的寻求——关于知行关系的研究》，上海人民出版社 2005 年版。

古典经济学到现代经济学的发展，同样致力于寻求经济发展的确定性知识。

古希腊哲学家柏拉图提出了理念论，并且构筑了理念世界，现实世界（即现象世界）只是理念世界的摹本。当然，这个客观、独立、永恒不变的理念世界，不是一个真实的现实世界和生活世界，是对现实世界的超越，是人们自己构建起来的观念世界和思想世界，或者说是一个概念世界和理念世界。理念世界拥有现实世界不具备的许多优点：理念世界永恒不变，现实世界变动不居；理念世界遵循逻格斯的同一性，现实世界呈现千变万化的差异性。这样，从柏拉图开始，西方哲学体系中出现了两个世界：一个是真实的现实世界，另一个是抽象的理念世界。

柏拉图的理念论思想，对西方哲学发展影响深远。在 20 世纪英国哲学家怀特海看来，“两千年的哲学不过是柏拉图的注脚”。柏拉图提出理念论思想，建立理念世界，既满足了世人对确定性知识的追问，消除“仁者见仁，智者见智”的个人意见，又开创了西方哲学追求确定性、追求同一性的传统。

亚里士多德有句名言：“吾爱吾师，但吾更爱真理”。亚里士多德作为柏拉图的学生，有别于老师柏拉图，他提出了实体论、四因论，凸显形式作为事物存在的共同特征，进而把形式理解为普遍性的共相。同时，他认为事物还有差异性的殊相。柏拉图强调共相统摄殊相，亚里士多德强调共相寓于殊相。柏拉图的理念世界是一个高高在上的超越世界，亚里士多德希望由虚无缥缈的超越世界回到实实在在的现实世界，只不过亚里士多德还是停留在半空之中，没有脚踏到实地。虽然实体论与理念论相比颇有差异，实体论更加接近现实世界。但是，亚里士多德所言的实体论思想，仍然属于理念论这个大家庭。

近代以来，人的主体性和认识的主观性得到重视，主观和客观两分，主体和客体对立。作为近代哲学开创者的法国哲学家笛卡尔，提出了“我思故我在”的名言，提出了物质实体具有广延性的思想，物质实体的广延性意味着物体一定要占有空间，具有空间属性，并且具有无限的可分性。从一定意义上讲，笛卡尔所讲的广延性与亚里士多德所讲的实体性，可以视为遥相呼应的思想。

当代现象学思想家胡塞尔提出了“回到事物本身”的思想，他既要突破“有物在我之外”的科学主义，又要突破“物有所用”的经验主义，希望回到真实的生活世界和现实世界。作为胡塞尔的学生，存在论哲学家海德格尔强调“心物合一”，强调“澄明之境”，强调“天地之境”。他认为亚里士多德的实体论，旨在探究和刻画“存在”，但是亚里士多德所言的“存在”止于“存在者”，止于“形式”，并不是“存在”本身。在海德格尔看来，存在不是空间范畴，而是时间显现，是事物在时间上的开显、揭示、去蔽的过程。

关于理念世界与现实世界的关系，从西方哲学史来看，有三个发展阶段：古希腊时期，两分理念世界与现实世界，思想围绕着存在转，逻辑思维得到充分发展。近代以来，主体与客体两分，存在围绕着思想转，认识论思想得到充分发展。当代的现象学和存在论哲学，强调理念世界和生活世界的统一，希望由理念世界走向现实世界，现象学思想和存在论思想得到新的发展。

二、空间观统摄时间观

斯密之后的西方经济学和经济哲学，既受到古希腊哲学特别是理念论、原子论的影响，又受到近代哲学认识论、实体论、结构主义的影响。西方经济学哲学思想的特点，可以概括为5个方面。

（一）可定义

事物之所以可定义，是因为事物具有可观察性、可感知性、可经验性。由于物体被认为占有一定的空间，因此可以用数学方式来描述和表征出物体的长、宽、高特征，即事物独一无二的形式因[①]。

可定义体现了西方哲学的概念思维，也是逻辑分析的起点，它将物体的广延性在理念世界中呈现出来，使之具有普遍的必然性，完全的同一性。

事物之所以需要定义，是为了满足可识别、可辨别的需要，即是对事物同一性的规定，并借助逻辑演绎来消除众说纷纭的意见性，从而达到认识上的统一性。西方哲学的概念思维认为，任何事物都可以定义，而且必须经过定义，才能进行讨论和争论的论域之中，惟其如此才能满足科学认识的要求，才能进入概念体系和观念世界。

当然，可定义性与逻辑性、精准性、唯一性联系在一起，非常高明。但是，也有哲学意义上的不足之处。可定义意味着事物的完成性和终结性，或者说事物处于“已完成”的状态，《周易》称之为“既济”。如果事物总是尚未完成，一直处于运动和变化当中，始终处于“未完成”的状态，即《周易》所言的“未济”状态。对于“未济”状态，从概念和逻辑而言，该事物不可以定义。

《周易》有既济和未济两卦，两卦相连。《周易》强调事物发展的连续性、过程性、自生性、未完成性、未终结性，事物发展总是处于生生不息、绵延不绝的生成过程当中。所以，《周易》将未济卦列为最后一卦。所以，《周易》强调事物的不可定义性、不可分别性，因为事物总是处于发展变化当中，总是处于万有相通、万有相连的社会生态关系之中。“未济”是事物和世界的常态，“既济”只是他们的殊态。

《周易》以事物发展之未济为常态，并非持有不可知论，只是不主张通过空间标识来定义、分辨、界定事物。《周易》认为，以事物的空间表现来定义事物，只是凸显出事物发展之“阳”，并没有关注到事物发展之“阴”，这种舍“阴”而求“阳”的做法，并不能获得对事物和

---

① 古希腊哲学家亚里士多德认为，“形式因”是对一个事物本质性的规定。亚里士多德有“四因”之说，分别为形式因、质料因、动力因和目的因。在四因之中，形式因最为根本，是事物的本质性规定，即事物“是其所是”的原因，即事物之存在。但是，海德格尔认为，亚里士多德所探索到的“存在”，不是存在本身，而是“存在者”，仍然属于现象范畴。

世界的整全之知，周全之知。所以，《周易》提出“一阴一阳谓之道”的思想，不致力于对事物空间上的现象和形式进行探究，而致力于对事物在时间上的呈现和开放进行探究。

（二）可计算

可计算体现了古希腊哲学的原子论思想和实体论思想，体现了近代哲学的认识论思想，将认识对象进行物化、机械化、钟表化处理。

亚当·斯密在《国富论》中提出了市场、分工、国民财富等一系列现代经济学概念，认为国民财富及其增长具有可计算性。国民财富由商品、货币代表，而商品、货币具有内在价值，其内在价值由劳动来决定，劳动可以通过劳动时间来进行计算和定价，进而可以通过劳动生产率来计算生产效率。这样，经济不是由主观价值、边际效用所决定的社会生产关系，而是由客观价值、生产成本来决定的国民财富实体。于是，社会财富和国民财富就由商品、货币来代表，由劳动、劳动时间、劳动生产率来决定。这样，国民财富就完全表现为商品堆积、货币堆积、贸易发展。

《国富论》将经济发展理解为国民财富增长，进而将国民财富理解为商品和货币，于是国民财富的增长就简化为商品和货币的增长，代表经济增长。这样，丰富多彩、千奇百怪、光怪陆离的心灵世界、生活世界、现实世界，就简化为纯粹的商品世界、货币世界。于是，斯密眼中的现实世界和经济世界，就成为类似于牛顿眼中的机械世界、钟表世界。牛顿经典力学的伟大贡献，在于发现了机械运动背后的作用力即机械动力。斯密古典经济学的伟大贡献，在于发现商品交易背后的市场力量即市场动力。

《国富论》的核心思想在于提出和解答“市场与分工”的关系问题，这是古典经济学的“一问开天”之思[①]，后来经济学家们称之为“斯密定理”。简单而言，斯密定理可以表述为市场范围扩大有利于分工发展。

---

① 杨小凯：“贸易理论和增长理论的重新思考及产权经济学”，载汤敏、茅于轼主编：《现代经济学前沿专题》（第一集），商务印书馆1996年版。

这样，斯密关于国民财富增长的逻辑构思就圆通无阻，巧夺天工：自由贸易可以扩大市场半径，市场半径扩大可以推动分工发展，分工可以业精，业精可以提升劳动生产率，提升劳动生产率可以增加单位时间生产的商品数量，商品数量增加代表国民财富增长。于是，斯密的经济学思想就全幅展现。

之所以把斯密的经济学称之为政治经济学，是因为斯密的经济学思想具有强烈的政策指向，旨在获得政治和经济的双重效应。斯密反对重商主义的贸易价值论，主张劳动价值论；反对重商主义的贸易管制政策，主张自由贸易政策。这样，市场有力、市场有效的大道理，就被斯密用计算方法、逻辑方法、数学方法，丝丝入扣地刻画出来。《国富论》有言，“市场是一双看不见的手”，尽写斯密对自由市场的由衷礼赞和一往情深。

市场推动分工，是斯密论证市场有效的重点和核心。后来的经济学家继续挖掘和论证市场有效性。其中，奥地利经济学家冯·米塞斯赞美自由市场对货币价格发现的伟大意义，强调自由市场在获取分散信息、组织社会分工方面的不可替代性。经济学家弗里德曼夫妇在《自由选择》一书中，赞美自由市场在商品价格发现方面的伟大力量。

当然，斯密关于国民财富及其增长的可计算性思想，也符合斯密身处英国的社会现实。斯密时代的英国，经历了政治上的“光荣革命”，经过了宗教革命、法律革命、财政革命、金融革命、财产权利革命等一系列历史性制度变革，社会发展已经具有相对的稳定性和可计算性①。因此，斯密是在文化政治经济环境相对稳定的情况下，通过市场和分工来求解国民财富增长的确定性、可计算性、可实证性。

与可计算思想相左，则是不可计算的思想。如物理学“海森堡定

① 历史学家黄仁宇在《资本主义与二十一世纪》中，以“数目字管理”来刻画英国“资本主义革命”的经济特点，富有洞见。“数目字管理”其实是言“资本主义的可计算性”，或者说“资本主义具有可计算性”。但是，当他以“数目字管理”为标准来衡量中国明代，并论证中国自明代开始就处于经济停滞的境地，这个结论遭到历史学家们的批判。见黄仁宇：《资本主义与二十一世纪》，三联书店2006年版。

理”所言的“测不准”，奥地利学派所言的“自发演进”，瑞典学派所言的“一致同意”，弗兰克·奈特所言的“不确定性”[①]，约瑟夫·熊彼特所言的“创新”。说到底，不可计算的思想与生态、时间、不确定性密不可分。

（三）可还原

可还原是指还原论思想或还原论方法，它把复杂实体看作是由更为简单或更为基础的实体所构成的集合，还原论思想的背后是西方哲学坚实的本体论和实体论思想，最早可以追溯到古希腊时代的原子论。

还原论思想的特点在于：

第一，凸显事物发展在空间上的广延性、连续性、可分割性。

第二，断裂事物发展在时间上的连续性、生化性、可变易性。

经济学的还原论思想源自西方哲学的原子论，直接借鉴牛顿经典力学。牛顿经典力学持有绝对的时间观，牛顿的时间观是一种“空间化”的时间观，将时间空间都视为实体，可以进行无限细分，直至成为一个个独立的“时刻”和“时点”。实际上，牛顿就是通过这种时间观来刻画物体在空间上的运动和位置上的移动。牛顿所言的时间，是一个具有同一性、没有差异性的空间。

后来，法国哲学家伯格森在《创造进化论》一书中，对西方传统哲学和牛顿经典力学的时间观进行了批判，并且创造性地提出了“时间绵延”的思想，认为时间的本质就是连续和绵延，提出了“自由时间观”，强调时间不可分，事物发展具有连续性和过程性。“自由时间观”是对西方传统哲学和牛顿经典力学之“科学时间观”的一种批判和颠覆[②]。伯格森所言的“自由时间”，与《周易》哲学所言的“时几”“几微”相仿佛。《周易》哲学所言的“时几”“几微”，强调时间的差异性，而不是时间的同一性，实际上是一种“时间性”即时间本身，代表事物的存在。

---

① 弗兰克·奈特：《风险、不确定性和利润》，华夏出版社2013年版。

② 亨利·柏格森：《创造进化论》，姜志辉译，商务印书馆2004年版。

（四）结构主义

还原论思想与西方哲学传统一脉相承，渊源于古希腊哲学的原子论。致力于刻画事物空间特征的结构主义方法，体现了西方哲学以空间来统摄时间的传统，成为西方实体论、认识论思想的重要代表。还原论思想与结构主义思想，高度一致，若合一契。简言之，原子论（实体论）、空间主义、结构主义思想三位一体。

结构主义是新古典经济学的显著特色。对农业社会与工业社会的结构主义分析，既是结构主义的初期运用，也是结构主义的经典范式。结构主义经济学的研究方法和研究步骤可以概括为：

首先，把农业社会与工业社会、东方与西方、发展中国家与发达国家、计划与市场、贫穷与富裕等一系列经济现象，一一并列起来、对立起来，视为独立的经济状态和经济实体，分别定义为 A 与 B，并且假定 B 高于和优于 A。由 A 到 B 的跃升，代表社会发展的进步。

其次，将 A 和 B 所代表的经济现象，进行对象化和概念化处理，方法和手段就是对 A 和 B 分别进行空间结构的解析。他们解析出来的结构，既可以是文化结构，也可以是政治结构，还可以是经济结构。依据他们所选取的空间结构，出现了政治经济学、经济社会学、制度经济学、发展经济学、数理经济学等不同的学术阵营，尽管经济学思想五花八门，但是他们的经济哲学思想都离不开结构主义。

最后，通过社会结构的比较，寻找出由 A 发展到 B 的最优路径，这个“最优路径”就成为了结构主义经济学所说的“经济规律”“经济定律”。所以，结构主义经济学的核心是历史变迁、经济变迁、制度变迁的比较观、空间观、动力观。

结构主义经济学思想有三个非常重要的逻辑预设：一是可还原论思想，即 A 和 B 都是由各自的结构所决定和代表。二是同一性和收敛性思想，即一旦 A 获得了和 B 完全相同的空间结构，那么 A 和 B 之间的差异最终就可以消除，原本有差异的 A 和 B 就完全收敛为最终的同一状态，即 A = B。三是由 A 走向 B，代表经济发展和社会进步，因此持有线性的、进化的历史哲学观，认定由 A 走向 B 具有更高价值和更大的意义。

结构主义经济学面临的困难，至少有两个：

一是不能很有效地处理时间性。时间性即中国文化所言的时机，是指文化政治经济的整体发生重大变化的"时间拐点""时间节点"。结构变迁为空间变迁，但是空间变迁的背后是制度结构，制度结构的背后是文化政治经济的社会结构，社会结构的背后则是人作为文化人、政治人、经济人的心灵结构，即人之为人、人之为群社会心理结构。说到底，所有的社会结构变迁都是人之心灵结构的变迁，而人之心灵结构的变迁则是人之为人、人之为存在的时间性。

由 A 到 B 的历史变迁和制度变迁的过程，心灵结构、社会结构、制度结构都有可能随时变迁，这个随时变迁的可能性，恰恰是历史变迁不确定性的代表，因为人的心灵幽深莫测、随时开显。因此由 A 到 B 有无限多的可能性，有无限多的路径，线性发展只是微乎其微的一种可能性。

实际上，新古典经济学的结构主义分析方法，不仅在理论上存在局限性，而且在理论运用上同样存在局限性，因为它只考虑了经济结构的单一维度、单一向量，没有将文化、政治因素考虑进来。目前，西方经济学试图将政治结构、文化结构等重要因素加入进来，进行整体考虑。实际上，一旦由经济结构叠加政治结构，再叠加文化结构，则结构主义就逐步转变为整体主义。甚至可以说，结构主义"讲到头"就变成了整体主义。结构主义是西方经济哲学的特色，整体主义是中国经济哲学的特色。因此，我们对于中西经济哲学的会通，持有乐观态度。

二是由 A 达 B 的最优路径是数学意义上的最大化，只在理念世界中存在，要在现实世界的社会实践中落实最优化路径，往往事与愿违。事与愿违的现实表现就是社会发展遭遇经济危机、收入陷阱，即结构变迁的通道突然断裂，社会发展陷入困境和陷阱而不能自拔，经济发展陷入长期停滞。

经济危机、收入陷阱、长期停滞代表"事"，理论共识、思想共识代表"愿"。事与愿违，不是事情错了，而是理论错了。实际上，是经济学家们的建构理性错了，是人为设计的结构变迁通道断裂了，而不是作为结构变迁和历史变迁的主体即世人错了。世人并没有错，只不过世人的行为改变了，世人的心灵结构改变了，社会心理改变了。一旦出现这种情况，结构主义经济学就不灵验了。

（五）可实证

可实证是西方哲学在概念论、原子论、知识论基础上，对因果关系进行揭示的逻辑方法。其重心不在于寻找事物背后的本体，而在于直面现象，通过自明性的、公理性的几何设定和逻辑推演来获得知识，并通过知识运用来衡量知识的价值。可实证的哲学思想是古希腊理念论和近代知识论的共同产物，是毕达哥拉斯定理和欧几里得几何学体系的延续。

可实证分析的技术手段是数学，数学几乎具有理念论的全部优势，符合可定义、可计算、可还原、结构主义的逻辑需要。于是丰富多彩复杂无比的社会经济体系，经过抽象化的概念处理，只留下来概念、定义、逻辑、计算的理性分析。因此，实证主义成为理性主义的代名词。

经济学的实证方法取得了很大的成就，同时也存在不小的局限。概括而言，实证主义方法存在 4 个方面的理论困境：

第一，可实证之“实”是概念世界的“形式之实”，并不是真实世界的“内容之实”①。可定义、可计算、可实证，三者浑然一体，是西方哲学概念思维发展出来的三朵金花，概念世界与真实世界始终处于二分、对立的境地。由于概念世界是一个纯粹的、空洞的“形而上的共相的世界”，一旦推崇概念世界的至高无上地位，则丰富多彩的、真实存在的“形而下的差别的世界”“具体而微的世界”，就可能被忽略或被低估。

第二，可实证之“实”，是短期之“实”，非长期之“实”。实证主义最擅长处理的是稳定的、量变的、可以重复的、可以线性外推的环境或对象，它难以处理正处于巨变的、剧变的、拐点性的、质变性的环境或对象。也就是说，在文化和政治两个变量处于相对稳定的情况下，探

---

① 亚里士多德有四因之说，形式因最重要，是标识事物属性的根本原因，其他三因分别是质料因、动力因、目的因。这里所说的“内容”，相当于其他三因。

求经济变量之间以及变量内部结构之间的关系，其逻辑推演的结论往往可以得到实证研究的支持，从而出现理论假说与实证结论的一致性。但是，在文化、政治、经济三个变量或者其中两个变量都处于剧烈变动之中，基于实证分析的需要，仍然坚持其他变量稳定不变的假定，则这种假定本身就与社会现实相悖，而不是相应。

第三，可实证之“实”，只是说理[①]之“实”，非实事求是之“实”。实证主义处理因果关系，强调时间上的先后性和逻辑上的一致性[②]。可以说，实证主义方法能够满足说理方式上的自洽性要求，但是不能满足对事物“是其所是”的整体性要求和真实性要求。

第四，实证之“实”是范式之“实”[③]，非事物自我显现之“实”。范式[④]作为一个科学和哲学的概念，由托马斯·库恩[⑤]首先提出。库恩认为，随着一门学科的兴起和发展，往往形成一个对话和交流的学术圈子，或者说是一个喜好和偏好相近的俱乐部，库恩称之为“科学共同体”。在共同体内部，成员们接受相同的教育，阅读相同的文献，相互砥砺交流，久而久之，由于熏习的作用，共同体成员往往会对事物形成共同的方法、信念和观点，这就是范式。简单而言，范式只是共同体成员之间的共识而已。因此，范式的转变并不一定代表认识上的进步，很有可能只是一种信念的转变，因为检验和评判一种思想或者学说的主体就是科学共同体，标准就是范式。因此，实证主义之“实”是范式之“实”，是科学共同体的“共识”之实，非事物自身之“实”。

---

① 金岳霖写过《论道》一书，认为道论是中国哲学的特点，“由是而之焉”即是“道”。通俗而言，就是“说出一套道理的道理”。陈嘉映先生写过《说理》一书，认为西方哲学的逻格斯即言说之道，希望中国人能够更好地懂得说理方式，能够把道理讲好。见金岳霖：《论道》，中国人民出版社 2005 年版；陈嘉映：《说理》，华夏出版社 2015 年版。

② 从常识上看，因果关系表现为一种时间上的先后关系。从哲学上看，因果关系还可以表现为逻辑上的先后关系。前者可称之为历时性的因果关系，即时间上的因果关系。后者可称之为同时性的因果关系，即逻辑上的因果关系。

③ 樊纲：“苏联范式评判”，《经济研究》1995 年第 10 期。

④ 吴国盛：“再读库恩”，《科学文化评论》2012 年第 4 期。

⑤ 托马斯·塞缪尔·库恩是美国著名的科技史家和科学哲学家，代表作有《科学革命的结构》和《必要的张力》等。

三、理事关系与决定论

西方哲学有着深厚的本体论和认识论思想。本体为理，为一，为共相；现象为事，为多，为殊相。本体与现象的关系是共相与殊相的关系，是一与多的关系，是理与事的关系。

理事关系源于古希腊哲学家柏拉图所构建的理念论。理在理念世界中，不在现实世界中，它一成不变，永恒不变。事在现实世界中，不在理念世界中，它千变万化，变动不居。但是，理念世界高于现实世界，现实世界只是理念世界的摹本，因此，理念世界和现实世界的关系就是决定和被决定的关系。这样，理事关系也就成为理决定事、事决定于理的决定论关系。

理事关系既是一种认识论，也是一种决定论，它与理念世界决定现实世界相一致。理事关系确立了"理"的至高无上性和优先性，"理"贯彻到现实世界就转变为"理则"，与现实世界相对应的就是制度和规则，制度和规则就是模仿"理"而得以建立。因此，西方文化强调遵守规则、追求真理、敬畏他律。

西方哲学所言的理事关系，不同于《周易》开始建立的道器关系以及衍生而来的体用关系。体用关系反映一个世界的世界观，体用关系是一种生成关系，用为体所"生"，体为用之"本"，体为用之"源"。全体是用，全用是体；体用不离，体用不二。因此，在中国文化中，体用关系不是理事关系，不是决定和被决定的决定论关系，"体"并不代表"理则"。在中国文化的体用关系中，"体"代表"心则"，是人心、民心、天下人之心，由世人善变的心"生出"世间百态的事，而不是由上帝来决定世间万物，也不是由天帝来决定天下万事。所以，《周易》哲学强调"通天下人之心"，才能明体达用。

四、经济理性与经济动力

在西方经济学理论中，最大化原则即是理性。经济学家阿玛蒂亚·森认为，理性的第一层含义就是最大化原则，表现为优选或者选优，体现可度量、可计算的要求。理性的第二层含义是自洽性原则，表现为遵循逻格斯精神，满足形式性的要求，体现可言说的要求。

最大化原则满足可定义、可计算、可还原、可实证的逻辑要求，可以说是西方经济学一以贯之的思想。经济学家萨缪尔森在《经济分析基础》一书中将全部经济学问题归纳为最大化问题。

实际上，最大化原则只是一种理念论，也是一种抽象的、逻辑的认识论。最大化原则只在理念世界中适用，可以畅通无阻地推演和推论。但是，在现实世界中，万有相通，万物相连，社会关系无处不在，生态关系无时不在，最大化原则难以得到贯彻落实。

五、财富实体与经济动力

亚当·斯密在《国富论》一书中提出了国民财富的思想，国民财富具有可计算性，可以定义为通过货币来计算的商品价值的总和。斯密的国富论思想，挑战重商学派提出的流通价值论、贸易价值论、货币价值论、金银价值论，返回到重农学派的劳动价值论、生产价值论、商品价值论。

国民财富论的哲学思想是财富实体论，不管是商品还是货币，都具有确定不易的内在价值。斯密认为劳动创造价值，劳动价值论即商品价值论。商品内在价值的货币表现形式就是商品价格，商品价格由商品价值所决定，即外在价格由内在价值所决定，价格围绕价值上下波动。这样，国民财富就被理解为劳动价值、商品价值、货币价格，价值论、财富论与决定论三位一体。于是，经济学意义上的财富实体论，与自然科学意义上的原子论、可计算、可量化思想一脉相承。因此，数学意义上的最优化、最大化思想就能够畅通无阻，大行其道，经济动力学思想就能够大大方方地登堂入室了。

可以看出，经济动力学思想的背后是西方经济哲学的财富实体论、经济实体论、社会实体论思想。

第二节 西方经济哲学思想的主流

一、古典经济学的机械观、钟表观

（一）市场机械观

古典经济学受牛顿经典力学的影响很大，仿照经典力学建立的古典经济学体系，也可以说是一种“机械市场论”[①]，市场直接被看做是一台十分精密和灵敏的“机器”“钟表”。它类似于我们在建筑工地上处处可见的“搅拌机”[②]，只要把原材料、劳动力、资本等生产要素投入进去，就会有产出，主要的产出就是商品，辅助的产出包括商品价格、工人工资、企业利润。它也类似于一块机械表，只要将钟表的发表上好，就能够分秒不差地一直走动。

（二）利益动力观

在市场经济体系中，一切行为都围绕经济利益来展开。在古典经济学体系中，市场已经不是单纯的交易场所、物理空间，而是一种“机械化”“自动化”的商品交易机制、利益分配机制、资源配置机制。经济利益成为“市场机械”“市场钟表”运转的动力和发条。

---

① 马克·布劳格：《经济学方法论》，石士钧译，商务印书馆 1992 年版。

② 在斯密创建的古典经济学思想当中，市场和个人为有待打开的“黑箱”。

后来，以经济学家马歇尔[①]为代表的新古典主义经济学，继续沿着经济利益这个主题"接着讲"，并且将经济世界等同于自然世界，从而全面引入自然科学的力学研究方法，扩展和深化对成本与收益、供给与需求、价值与价格的均衡分析。新古典经济学的力学观和均衡观，成为市场动力学说的两大支柱[②]。

（三）经济人理性

古典经济学创造性地提出了"理性经济人"或"经济人理性"假定。这一假定，包含两个方面的重要含义：

第一，个体的全部社会功能在于计算经济利益。古典经济学假定个人只具有利己观，个人的道德观、价值观、意义观，则消失不见[③]。计算经济利益成为个体的全部社会功能。

第二，个体具有无所不知、无所不能的计算功能。个人不仅按照利己主义、利益最大化原则开展经济活动，而且被赋予全知全能的计算能力，可以称之为"拉普拉斯神"[④]。

在古典经济学阶段，个人和市场都是有待被打开的"黑箱"。但是，古典经济学已经预设了完全理性、完全信息、完全竞争、无交易费用的理论前提。后来，新古典经济学提出了有限理性、信息不完备、非完全竞争、交易费用等理论，修正了古典经济学的预设。

（四）劳动价值论

由于受到西方哲学本体论思想和近代哲学实体论思想的影响，古典经济学认为商品背后一定有一个不变的本体。这样，作为古典经济学的

---

① 马歇尔：《经济学原理》，陈良璧译，商务印书馆1997年版。

② 新自由主义经济学家弗里德曼在《资本主义与自由》一书中，直接提出了"市场有力量"的鲜明观点。市场的力量观，可以认为是对市场机械力量的最好解释。

③ 从斯密开始，伦理学与经济学就已经开始分离和分立。斯密于1759年出版《道德情操论》，凸显利他精神；于1776年出版《国富论》，凸显利己精神。

④ 牛顿经典力学诞生后，法国科学家拉普拉斯侯爵在19世纪初断言，宇宙是完全被决定的。他认为存在一组科学定律，只要我们完全知道宇宙在某一时刻的状态，就可以依此预言宇宙中将会发生的任一事件。后来，根据拉普拉斯侯爵的断言，创造了"拉普拉斯神/妖"一词，该词极言个人无所不能的计算天赋。

分析起点就是商品价值论，希望为每一件商品寻找到自身价值、内在价值。同时，每一件商品的内在价值都能够通过货币化和数量化来进行标识，从而交易中的经济利益都可以计算。于是，自然物、生产要素、中间投入品等，被看成是可以赋值和定价的商品或者物品。

概括而言，斯密建立的古典经济学大厦，有五大理论支柱：一是市场机械论，市场被认为一台客观公正的机器。二是利益动力观，经济利益成为市场机器运转的动力。三是“理性经济人”假说，个人被认为是经济利益的计算器和计算工具。四是劳动价值论，劳动创造价值。劳动价值论即商品价值论，进而有货币价值论，即商品价格学说。劳动价值论属于客观价值论。五是国民财富论，国民财富的增长完全可以用空间数量来客观地进行衡量，可以用商品、货币来代表，并且假定国民财富增长与国民收入增长、国民幸福增长具有同一性。

二、现代经济学的结构观、均衡观

1915 年前后，物理学家爱因斯坦发表广义相对论。以相对论和量子力学为基础的现代物理学诞生，突破了以牛顿经典力学观、均衡观为基础的古典物理学。古典经济学之后，经济学发展先后经历了“边际革命”“新古典革命”。1890 年前后，马歇尔发表了《经济学原理》，成为新古典经济学的标志。但是，新古典经济学并没有跟随现代物理学而脱胎换骨，依然坚守古典物理学的经典教义而矢志不渝。当然，相比古典经济学，新古典经济学还是取得了可喜的变化。

（一）宏观结构分析

宏观结构分析标志着结构分析和宏观分析的两者并举，既有经济学内容上的深化，又有经济学体系上的扩展。政府与市场、公共物品和私人物品、货币与商品、利率与价格、国内与国际，都被纳入统一的经济学分析框架，以宏观理论、公共财政、金融理论、贸易理论、投资理论等分支学科的发展最为瞩目。宏观经济学、发展经济学、新增长理论、新制度经济学等流派，深化了宏观结构分析，在解密“市场黑箱”[①] 方面作出了贡献。

由于受到西方哲学思想的影响，新古典经济学框架内的宏观经济学，仍然只是机械学意义上的结构加总，数学意义上的代数求和，并没有反映出宏观大于结构、重于结构的生态思想，因此不是生态学意义上的整体观。这与中国的共同体观、生态哲学思想相去甚远，生态哲学将宏观理解为整体和全部，将微观理解为部分和局部，认为整体大于、高于、重于部分之和，宏观大于、高于、重于微观之和。

（二）微观结构分析

微观结构分析以数量化和计量化为标志，代表了微观分析和结构分析的融合[②]。信息经济学、管理经济学、行为经济学、心理经济学等流派，深化了微观结构分析。其中，斯蒂格勒和阿罗的信息不完备理论，西蒙的有限理性学说，彼得·德鲁克的管理学思想，丹尼尔·卡尼曼的行为学说[③]，在解密“经济人黑箱”方面作出了贡献，并且对“经济人理性”假设进行了适当的修正。

新古典经济学的发展与实证主义的兴起如影随形，实证主义成为新古典经济学的方法论。借助结构分析和实证分析，出现了“经济学帝国主义”现象，成本—收益、经济理性、结构分析、实证分析，被应用到分析家庭、婚姻、生育、教育行为[④]。经济学领域的扩张，意味着工具理性对价值理性的胜出。

---

① 奈特的不确定性理论、熊彼特的创新理论、科斯的交易费用和社会成本理论，也是对“市场黑箱”的揭秘。

② 汪丁丁：《经济学思想史讲义》（第2版），上海人民出版社2012年版。

③ 赫伯特·西蒙提出了“有限理性”理论，推动用“社会人假设”取代“经济人假设”，认为人的理性是处于完全理性和完全非理性之间的一种有限理性。行为经济学则将人类学、社会学、心理学等因素纳入经济学范畴。

④ 西奥多·舒尔兹、加里·贝克尔等经济学家发展出了人力资本理论。加里·贝克尔在人力资本理论的基础上，提出了“家庭经济学”之说，推动了“经济学帝国主义”现象的发展。

三、西方经济哲学思想的空间化流变

（一）古希腊时代：文化政治经济学

古希腊时代是一个颂扬美德、高扬理性的时代，伟大之处在于将美德视为理性，将理性视为美德，有“美德即知识”之说。苏格拉底、柏拉图、亚里士多德，一脉相承，致力于探索关于幸福、正义、富强的知识，致力于探索建立幸福的城邦、正义的城邦、富强的城邦的社会实践。

极简而言，柏拉图提出了社会分工理论，倡导天下为公、财产公有的美德思想，其经济思想不离“理念论”哲学思想，“理想国”犹如理想中的天国。相对于柏拉图，亚里士多德回到现实世界。他致力于建设正义的城邦。亚里士多德重视价值理论，重视自然需要，重视家政管理即理财之术、货殖之术，他明知交易术、理财术、货殖术对于财富增长的民生意义，但是他更加重视生活世界之上之外[①]的正义世界、美德世界。所以，我们将古希腊时代柏拉图、亚里士多德的经济思想称之为文化政治经济学思想。

（二）亚当·斯密：政治经济学

1759 年，斯密出版《道德情操论》。1776 年，斯密出版《国富论》。《道德情操论》与《国富论》两书，一前一后出版。斯密先讲《道德情操论》，凸显人之利他精神，代表斯密的文化观和伦理观。斯密后讲《国富论》，凸显人之利己精神，代表斯密的政治经济观。可以说，本来是利他精神和利己精神集于一身的社会人，被斯密区分为社会人和经济人，前者利他，后者利己。将人一分为二，现实世界随之一分为二，一为道德世界，二为经济世界。现实世界一分为二，评价现实世界的标准同样一分为二。作为道德世界的社会人，接受道德原则和伦理原则的社

---

① 亚里士多德的正义世界、美德世界在现实世界和生活世界之上之外，《周易》哲学将正义世界、美德世界视为在现实世界和生活世界之中。两者的差异在于，柏拉图和亚里士多德构建的是两个世界的世界观，而《周易》哲学建立的是一个世界的世界观。

会考评，作为经济世界的经济人，接受效率原则和生产力原则的考评。

《国富论》的发表，标志着由柏拉图、亚里士多德构建的文化政治经济学思想传统，被斯密拦腰截断。斯密两分人、两分世界、两分评价标准的做法，反映到政治经济学思想当中，就是去文化、去时间，挺立空间，挺立财富，挺立商品价值和国民财富。

于是，去除文化因素之后，政治经济学传统终于独立门户，开宗立派。这样，政治经济学传统成为古典经济学的标志和旗帜。

去除文化，意味着去除时间，文化是时间性的代表。去除文化之后的政治经济学体系，相比文化政治经济学体系，其思想特点非常鲜明。

第一，完全满足了经济利益、国民财富的可计算性。不管是个人、家庭，还是国家，经济利益可以通过个人财富、家庭财富和国民财富来显示和计算。

第二，国民财富的增长，代表政治经济利益的整体增长，代表国家富强。实际上，这是一个非常理想化的假设，假定国民财富与政治经济利益具有一致性、同向性，国民财富增长即是国家富强，即是政治经济利益的最大化。完全没有考虑到收入分配、财富分配与国民财富生产的差异性、异化性。

（三）马歇尔：经济学

1890年前后，马歇尔写成和出版《经济学原理》一书，《经济学原理》标志着经济学由斯密古典经济学阶段发展到新古典经济学阶段，马歇尔成为新古典经济学的代表人物。

斯密代表的政治经济学传统，于是被马歇尔代表的新古典经济学传统所截断。《经济学原理》所代表的重大思想变化，至少体现在三个方面：

一是将政治经济学原理裁剪为经济学原理。马歇尔的裁剪行为，影响重大而深远，他把两个层面的政治经济学体系推向纯粹的单一层面的新古典经济学体系。本来，在斯密视野中，政治经济利益大于和高于纯粹的经济利益。现在，在马歇尔视野中，政治经济利益完全由经济利益来代表，政治利益与经济利益因此分离，只留下孤零零的经济利益。从这个意义上讲，以马歇尔为代表的新古典经济学，既是对古典政治经济学的发展，也是对古典政治经济学的偏离。

二是将纯粹的经济世界等同于自然世界。通过政治与经济的分离，新古典视野下的经济世界，不再是由国民组成的生活世界，由政治经济利益构成的社会利益共同体，而是完全可以类比自然界的商品世界、货币世界。于是，丰富多彩的生活世界、现实世界、人类社会就完全等同于自然世界、机械世界。

三是借用古典物理学的方法来解释经济世界。因为马歇尔视野中的经济世界完全等同于自然世界，即人类社会与自然世界具有统一性。古典物理学的科学方法可以行之有效地解释自然世界，当然可以借用来解释经济世界。于是，马歇尔建立了成本—收益、供给—需求、价格—价值为代表的力学体系和均衡体系。

相对于斯密的政治经济学体系，马歇尔的新古典经济学体系，更加注重推动国民财富增长。

（四）凯恩斯：宏观经济学

1936年，凯恩斯发表《就业、利息和货币通论》，标志着宏观经济学的诞生，对马歇尔的新古典经济学进行了一场意义深远的“凯恩斯革命”。从经济思想史而言，凯恩斯的宏观经济学理论属于货币理论、资本理论、商业周期理论，受启发于瑞典学派的维克赛尔、奥地利学派的庞巴维克等经济学家。从经济史而言，宏观经济学可以称之为“危机经济学”，诞生于1929—1933年的经济大萧条之后，有着对治经济周期和经济危机的政策取向。关于凯恩斯对新古典主义理论的突破和创新，存而不论。这里，主要揭示凯恩斯对治经济危机的哲学思想。

经济危机的反复爆发，表明新古典经济学不是真实世界的经济学，而是理念世界的经济学。本来，马歇尔以力学体系和均衡体系来刻画市场均衡的内在节制和自动调节，旨在解释市场经济的有效性，经济世界的完美性。但是，经济危机的反复爆发，表明市场并非万能，总是有失败的地方，总是有失灵的时候，意味着新古典经济学的力学体系和均衡体系存在严重的理论缺陷。从经济学逻辑上讲，意味着后来的理论创新者应该在这个方面取得突破。从哲学逻辑上讲，力学体系和均衡体系奠基于经济世界与自然世界的可比性和相似性，理论创新者需要从这里突破，将经济学理论大厦重新建立在真实世界的基础上，而不是建立在理念世界的基础上，意味着需要为新古典经济学大厦重建地基。这个理论地基的重建，可以朝着马克思主义的理论方向走，重走回头路，退回到政治经济学体系，重新回到政治经济利益的综合计算，摆脱马歇尔对经济利益的单一考量。也可以朝着熊彼特主义的理论方向走，将经济危机视为历史变迁的不确定性表现，可以通过企业家才能、企业家创新来化解经济危机，进入不确定性——确定性——不确定性的动态循环。

凯恩斯既不走马克思的道路，也不走熊彼特的道路，他走更加空间化、功利化、力量化的道路，为此，他引入非市场力量即政府力量来推动经济增长，他用经济增长来解决经济危机，用技术化、管理化、工程化的空间手段来解决经济危机导致经济收缩的空间问题。概括而言，凯恩斯用空间化的政策手段来解决经济收缩的空间化问题。

在马克思看来，资本主义经济危机不是空间问题，而是时间问题，是资本主义生产方式本身的阴阳两面性随着时间的开显，所以治理经济危机的根本在于发现时间，在于消除资本主义生产方式自身的内在矛盾。在马克思看来，资本主义的内在矛盾在于资本的利己性和资本的逐利性。

凯恩斯主义并不简单，自有高明之处。从经济哲学思想而言，凯恩斯坚信人类的理性，坚信政策的理性。在凯恩斯看来，经济危机爆发的根源是人类理性的合成谬误，表现为人类理性的暂时谬误，只要用理性来鼓舞理性，用理性来修复理性，经济危机可以安然无恙地渡过。相对而言，凯恩斯不像马克思那样悲天悯人，马克思相信人类的德性，唯有德性的高贵才能拯救理性的谬误。实际上，从经济哲学思想而言，马克思主义思想与中国传统文化特别是儒家文化精神，相通相达。

相对于马歇尔而言，凯恩斯将理性主义、空间主义、技术主义的作用发挥到淋漓尽致的地步。但是，在理性主义道路上的义无反顾，完全忽略对人类德性的回向和回归，注定了凯恩斯主义道路是一条非常崎岖、非常狭窄、非常危险的道路，全凭“艺高人胆大”的理性，才得以避免堕落山崖。但是，一往无前和勇往直前的凯恩斯主义经济政策，迟早会酿成经济发展的大悲剧。

第三节　西方经济哲学思想的争鸣

一、文化与科学之辨

极简而言，斯密以来的西方经济学发展，大致可以区分为三个阶段：以斯密为代表的古典经济学，以马歇尔为代表的新古典经济学，以凯恩斯为代表的宏观经济学。当代西方经济学思想的主要流派，大致可以区分为左中右三派：以哈耶克为代表的奥地利学派，以弗里德曼为代表的新自由主义学派，以萨缪尔森为代表的新凯恩斯主义学派。三大流派对待自由市场的不同信念，基本上代表了他们的思想分歧。

奥地利学派对市场推崇备至，对古典经济学的“有效市场观”坚信不移，认为市场“无为而无不为”，坚持市场完美论和“唯市场论”。新自由主义学派推崇市场但不备至，相信市场有效但不完美，希望市场主导与政府参与相互结合，政府力量可以拾遗补缺，从而将“不完美市场”推向“完美市场”。新凯恩斯主义对市场半信半疑，将信将疑，犹豫不决，摇摆不定，认为“市场长期有效”与“市场短期失灵”同时并存，强调使用政府力量对治“市场短期失灵”，达到拯救市场、拯救资本的政策目标，实现“市场长期有效”。

三大学派对待自由市场的信念差异，导致他们之间的亲疏关系各不相同。奥地利学派与新自由主义学派，同属自由主义经济学，犹如姊妹，脉脉深情，对自由市场一往情深。新自由主义学派与新凯恩斯主义学派，同属新古典主义经济学，犹如兄弟，意气相投，对政府干预念兹在兹。但是，奥地利学派和新凯恩斯主义学派之间，形同陌路，势同水火，“是其所非，非其所是”。

比照我国先秦时代诸子百家的说法，奥地利学派可以称之为道家，即老子和庄子所代表的老庄道家，主张无为而治，反对政府干预，反对制度设计。新自由主义学派也可以称之为道家，但不是老庄道家，而是黄老道家，推崇道术，重视有为；也可以称之为儒家，类似于德力兼顾的子夏和荀子。他们既要市场，又要政府；既要德性，又要理性。新凯恩斯主义学派可以称之为法家，强调“市场短期失效”的经常性，推崇政府干预，重视制度设计，强调积极使用财政货币等短期政策工具来推动经济增长。

三大学派对待自由市场的理念差异，导致他们对待市场与政府、效率与公平、长期与短期、发展与增长的态度各不相同，因此经济政策取向大不一样。从三大学派对经济学界和政府部门的影响来看，新凯恩斯主义学派占据主流地位，新自由主义学派次之，奥地利学派没有进入主流。但是，奥地利学派在西方文化界和思想界声名远扬，真正做到了“墙里开花墙外香”。

奥地利学派的代表人物不一而足，门格尔、庞巴维克、维塞尔、米塞斯、哈耶克等经济学家一脉相承，代有贤人。门格尔是奥地利学派的开创者。1871 年，门格尔发表《经济学原理》，杰文斯发表《政治经济学理论》。1874 年，瓦尔拉斯发表《纯粹政治经济学要义》。门格尔、杰文斯、瓦尔拉斯三人共同拉开了经济学“边际革命”的大幕，经过“边际革命”洗礼之后的经济学被称为新古典经济学或现代经济学。三人因为发动经济学“边际革命”的巨大贡献，被合称为“边际三杰”。门格尔以主观价值论、边际分析法闻名于世。同时，他从人的时间偏好、贴现偏好出发，强调时间与利率在经济活动中的重要地位，奠定了资本理论和宏观经济理论的基础。

庞巴维克和维塞尔是奥地利学派第二代的代表人物。庞巴维克从人之节俭行为和积累欲望出发，推导出生产迂回、技术进步、消费增长，将其归结为经济增长的本质所在；他还将交易理解为人在不确定性条件下的连续选择和自由选择，克服不确定性必须依赖拥有创造性的企业家精神，因此把经济发展视为企业家创造性运用生产要素的动态过程。维塞尔创造性地提出了边际效用、经济计划、机会成本等现代经济学术语，并且将经济增加值视为企业的真实利润之所在。

米塞斯是奥地利学派第三代的代表人物，被认为是现代奥地利学派之父。1920年，米塞斯发表了题为《社会主义国家的经济计算》论文，拉开了关于社会主义经济计算问题大辩论的序幕。米塞斯挑战了三大问题：经济计算问题、责任心和进取精神问题以及与上述两个问题相关联的知识问题。简化而言，即是经济计算问题、激励问题、信息问题。米塞斯认为，离开了市场竞争和自由价格，激励问题、信息问题、计算问题一个都不能得到有效解决，中央集权的计划经济不可长久，不可持续。张维迎先生认为，“米塞斯最重要的著作是1949年出版的《人类行为的经济学分析》[①]，在这本现代奥地利学派的经典著作中，他提出了诸多奥地利学派的关键理论，包括方法论上的个人主义、理性人类行为、主观价值观、经济行为的不确定性、健全货币、有限政府等。他认为，人类行为总是有目的的，所有的经济理论必须从这个根本前提出发。”[②]

哈耶克是米塞斯的学生，是奥地利学派第四代的代表人物。哈耶克对经济学最重要的贡献是他1931年出版的《价格与生产》一书，完成了奥地利学派的商业周期理论。该理论认为，货币对经济活动和价格的影响非中性，中央银行增加货币供应，或者人为引导利率下行，会诱导企业家错误地增加投资与资本品生产，进而引发经济繁荣，但是好景不长，一旦货币增发停止或者利率重新上行，经济繁荣就会破灭。在经济学研

① 冯·米塞斯：《人类行为的经济学分析》，黄丽丽、李淑敏、赵磊译，广东经济出版社2010年版。

② 张维迎：“关于奥地利学派经济学”，《理解经济危机》（中文版序言），载于默里·罗斯巴德著：《美国大萧条》，谢宥华译，上海人民出版社2003年版。

究之外，哈耶克转向哲学研究，提出了著名的“自发秩序原理”，完成由经济学家向思想家、哲学家的转变。

从经济学理论而言，张维迎认为[①]奥地利学派在20世纪经济学中有三个突出贡献：一是资本理论和商业周期理论；二是企业家精神和动态市场调整理论；三是社会经济理论。从经济哲学思想而言，奥地利学派始终坚守古典经济学的自由主义思想，致力于为经济学发展注入人文因素。相对而言，新凯恩斯主义学派继承新古典经济学的自然科学精神，致力于为经济学发展注入科学因素。人文与科学之辨，基本上可以概括奥地利学派和新凯恩斯主义学派的立场。

（一）主观价值论

古典经济学聚焦于价值的交换制度，即价值理论和市场理论。古典经济学的商品价值理论奠基于劳动价值论。商品价值论和劳动价值论的思想，都是客观价值论思想。即商品价值是由商品背后的本体来决定，从古典经济学的哲学思想而言，商品价值不是由消费者来决定，而是由商品自身来界定，继承了西方哲学的理念论和实体论思想。因此，商品价值论、劳动价值论、客观价值论，把商品世界和消费者世界截然分成了两个完全独立的世界。一端是人的世界，另一端是物的世界；一端是消费者世界，另一端是生产者世界，即商品世界。

门格尔参与发动的经济学“边际革命”，一个重要使命就是将商品价值论、客观价值论转变为主观价值论、消费者价值论。门格尔提出了“边际效用论”。“边际效用论”思想的核心在“效用论”而不在“边际”。效用论是主观价值论，是人之消费意愿、效用表达，是消费者对商品价值的主动赋予，而不是人对商品价值的被动接受。这样，“边际效用”就是消费者为商品定价的心理过程。因此，门格尔提出“边际效用论”之后，该学派也被称之为心理学派。

门格尔的“边际效用论”认为，商品价值是由消费者行为单独定

---

① 张维迎：“关于奥地利学派经济学”，《理解经济危机》（中文版序言），载于默里·罗斯巴德著：《美国大萧条》，谢育华译，上海人民出版社2003年版。

价，消费者会对现有商品数量和未来即将生产出来的商品数量进行统一考虑和整体判断。对此，门格尔提出了“订货率较高”的商品理论，表示生产者最终要接受消费者的评价和选择，最终受制于消费者，消费者对生产者的制约和影响在于“订货率”的高低。实际上，订货率就是消费者的货币投票，就是消费者显示主观效用、自我偏好，就是实实在在的信息披露和偏好揭示。与门格尔不同，新古典经济学家马歇尔认为，商品价值是由供给—需求两方力量共同决定，需求代表个人的主观效用，供给代表生产的客观成本。在马歇尔这里，商品价值是由客观性和主观性共同决定，不分彼此，不分伯仲。实际上，在价值论问题上，马歇尔是折中主义的调和论。既不是主观价值论，也不是客观价值论，并无真正的创见。

从根本上讲，奥地利学派的主观价值论思想，包含了深厚的人文精神，凸显了经济世界是人的世界，不是商品的世界；是消费者的生活世界，不是生产者的利润世界；是主观的效用世界，不是客观的成本世界。

（二）人类行为学

奥地利学派始终恪守方法论的个人主义，个人主义方法论是奥地利学派的精神和灵魂。微观上的主观效用论，中观上的资本理论和商业周期理论，宏观上自发秩序理论，甚至可以说奥地利学派的整座理论殿堂都奠基于深厚的个人主义方法论之上。我们认为，奥地利学派的人文精神根植于：人是在不完美的现实世界之中生活着的不完美存在，世界的不完美，个人的不完美，恰恰就是真实的世界。可以看出，奥地利学派的人文精神与中国文化所言的求真务实的精神一样，就在于他们不离不弃由芸芸众生组成的现实世界和生活世界。

从这个意义上讲，奥地利学派既不同于新凯恩斯主义学派，后者总是希望赋予人和世界具有至高无上的理性，推崇建构理性和制度设计。奥地利学派也不同于中国的儒家思想，后者总是希望赋予人和世界具有至高无上的德性，推崇整体主义和管制主义。实际上，奥地利学派的人文精神与中国禅宗倒是可以相映成趣，明明白白地知道世人并不完美，世界并不完美，但是真真切切地相信世人和世界可以通达和通往完美，只不过奥地利学派寄希望于市场理性和无为而治，禅宗寄希望于明心见性和见性成佛。

我们认为，奥地利学派视野中的经济学，是真实世界的经济学，是现实世界的经济学，是生活世界的经济学，说到底是关于人的经济学，关于个人的经济学，关于每一个活生生的个人的经济学。因此，我们把奥地利经济学称之为人本主义经济学，不过不是政治学意义上的人本，而是文化学和哲学意义上的人本，从真实的人出发，从现实的人出发，从每一个人出发。

我们认为，人本主义经济学的背后，是人本主义的世界观。因此，奥地利学派的世界观可以概括为“回到人的世界”的世界观。它与《周易》哲学相通，《周易》提倡回到“一个世界的世界观”，这个世界是人的世界。它也与我国禅宗的思想相通，《六祖坛经》有言，“佛法在世间，不离世间觉，离世觅菩提，恰如求兔角。”“菩提只向心觅，何劳向外求玄。”它也与西方现象学相通，现象学大师胡塞尔提倡“回到生活世界”的世界观。

根据个人主义方法论的特点，米塞斯把奥地利学派的经济学称之为“人类行为学”，这是富有洞见和睿智的自我概括和自我总结。在我们看来，奥地利学派的“人类行为学”与胡塞尔的现象学思想大有相通相达的接口。人类行为是由人自然而然地呈现出来的行为倾向和心理现象，是人向经济学家自然而然的“显现”，一览无余地“直接给与”，不需要经济学家筋疲力尽地构思和寻思，静观即可。所以，在奥地利学派看来，新古典经济学并不高明，他们往往自以为是、信心满满地对人类行为的特点进行观察、统计，然后进行赋予和裁剪，都是不得要领的做法。奥地利学派对人类行为的哲学思考，与我国北宋思想家程颢有相通之处，程颢有言，“万物静观皆自得，四时佳兴与人同”。

（三）可观察性

奥地利学派反对以观察的方式来研究经济。观察的方式正是新古典经济学实证主义分析的基础，实证分析正是建立在量化分析和统计分析的基础之上。而且奥地利学派通过反对新古典经济学观察的方式，进而一并反对了新古典经济学提出的可经验性、可计算性、可实证性。

奥地利学派反对经济现象的可观察性，在于他们从哲学层面区分了自然科学和社会科学在研究方法上的差异。在奥地利学派看来，可观察法只能在一些可以控制实验要素的自然科学领域才能适用，而不能适用于复杂多变的人类行为。因此，奥地利学派主张通过隔离人类行动的逻辑方法而不是通过观察的方法来研究经济现象，即人类行为学方法。

（四）自发秩序

哈耶克后来转向经济哲学、法律哲学、社会哲学、历史哲学的研究。他首先将规则、秩序联系起来，进行系统思考。哈耶克认为秩序来自于社会成员之间的相互协调，而不是规则的强制。“有时，秩序是在没有任何人设计的情况下出现。这种自发秩序的产生是个体因素遵守规则的结果，而这种规则并不以造成后来出现的秩序为目标。”[①] 于是，哈耶克将社会秩序一分为二，即人造的秩序和自生自发的社会秩序。人造的秩序代表建构理性，自生自发的社会秩序代表渐进理性。在哈耶克看来，人类文明是人之行动的产物而非人之设计的产物。

站在系统思考和整体考量的基础上，哈耶克发问“自由社会如何型构”，他的回答是“自生自发社会秩序”，即“自生自发秩序原理”。哈耶克写道：“自生自发秩序的理念是自由主义社会理论的核心概念，或者说社会理论的整个任务，乃在于这样一种努力，即重构存在于社会世界中的各种自生自发的秩序。”[②] 从哈耶克对“自生自发社会秩序”的定义来看，他将自己的答案奠基于人、奠基于人之能力，即人在知识论上的无知、在理性上的有限。于是，规则、秩序、无知三者融为一体，自生自发社会秩序的自然呈现，显示了哈耶克的高明和深刻。

实际上，哈耶克关于（西方）知识论上的人之无知的思想，与《周

---

① 布鲁斯·考德威尔：《哈耶克传》，冯克利译，商务印书馆2007年版。

② 哈耶克：《自由秩序原理（上册）》，邓正来译，生活·读书·新知三联书店1997年版。

易》的哲学思想颇为相通相达。《周易》认为阴阳为一物，一物分阴阳，但是阴阳“不二起”“不俱出”“一出一入”“一入一出”。所以，从（西方）认识论而言，人对事物不可能有全知、周知、易知。于是，《周易》不从理性出发，而从德性出发，提出阴阳之道、继善成性，回到“德性之知”。相比而言，哈耶克基于认识论上的人之无知，反对建构理性，回归渐进理性，接受“自生自发社会秩序”[①]。

概括而言，奥地利学派与新古典经济学特别是新凯恩斯主义学派的分野，是他们在经济哲学思想的差异。奥地利学派从人类行为学角度出发，将人理解为在不完美生活世界中生活着的不完美的存在，自由市场则是推动不完美的人和不完美的生活世界走向完美的力量。于是自由市场成为连接此岸经济世界和彼岸经济世界的桥梁。

从近代以来的哲学思想而言，新凯恩斯主义学派，与笛卡尔、康德一系的知识论、理性论思想更为相近，奥地利学派与胡塞尔的现象学思想更为相近。从西方古代哲学渊源来看，新凯恩斯主义学派的实证主义方法，与柏拉图的理念论思想更为相近。奥地利学派的个人主义方法论，与亚里士多德的实体论思想更为相近。

二、历史与科学之辨

（一）历史变迁的空间性

从西方经济思想史来看，言历史必言德国的历史学派。历史学派的先驱和代表人物是李斯特，他在1871年发表《政治经济学的国民体系》。李斯特的国民经济学思想强调经济生活中的国民性和社会历史发展的阶段性，即经济政策制定必须重视和立足经济发展的现实性，他看到了德

---

① 当然，《周易》提出“继善成性”的说法，不是为了凸显人之无能为力，而是为了凸显可以/应该有所作为，即强调人之主动性，只不过个人行之有效的主动性在于德性之知，即强调乾元精神。哈耶克毕竟是西方哲学“理念论”的持有者，他凸显知识论意义上的个人无知，反而强调个人不能有所作为，不能主动去建构理性，应该被动地接受事物自生自发的秩序，即强调坤元精神。

国和英国在工业发展上的巨大差距，因此反对英国古典经济学的自由贸易政策，提出德国必须采取保护贸易政策，保护民族工业和民族产业，实际上是保护德国的国民财富。李斯特思想的超越性在于他提出了经济学研究的历史主义方法，反对古典经济学派的抽象演绎的方法和自然主义的方法，并且因此与奥地利学派就方法论展开论争。

实际上，德国历史学派重视经济发展的历史性和连续性，并且由经济发展的连续性和历史性进而重视国民经济的整体性，这是历史学派对现代经济学的重要贡献。但是，德国历史学派所言的历史性，只是经济发展在空间上的历史性，而不是经济发展在时间上的历史性。真正重视经济发展在时间上的历史性，则属于制度经济学和财政社会学。其中，财政社会学派重视经济发展在时间和空间两个维度上的历史性和连续性，尤其难能可贵。通过古尔德夏依德和熊彼特的财政社会学的思想，既可以理解历史发展的连续性和时机性，又可以理解历史发展的不确定性和未决定性。

（二）历史变迁的时空性

在现代经济学文献中，财政社会学思想独树一帜，他们站在20世纪初期即第一次世界大战爆发之后的时点上，一方面回望欧洲历史，从经济生态和制度变迁的角度来解释近代欧洲为什么会有基础性制度变迁的发生以及欧洲近代制度变迁的实质究竟是什么。另一方面，他们对第一次世界大战爆发的原因进行深刻的反思，希望能够为欧洲未来的和平发展提出政策建议。财政社会学思想与马克思主义的思想有着重要的联系，财政社会学思想的代表人物古尔德夏依德和熊彼特对马克思主义的思想既有继承也有发展。

财政社会学没有采取新古典经济学的均衡方法、边际方法来分析公共物品的供给、需求和税收决定等问题，而是主要运用历史方法、演化方法、古典政治经济学的制度分析和整体分析方法，分析财政金融关系的构成及其冲突，把财政活动和财政问题置于社会经济的整体发展当中，考察财政需要与社会经济变迁的引致和互动关系。因此，财政社会学的主要研究国家的财政活动，分析财政需要和财政危机引起财政制度从而政治经济制度变迁的来龙去脉和前因后果。

奥地利著名财政学家古尔得夏依德和著名经济学家熊彼特，作为财政社会学派的代表人物，他们创造性地将国王失去财富、民族国家形成、赋予国家财富这三个因素直接联系起来，并且自始至终地盯住文化、政治、经济三者组成的经济生态，理性思考和整体理解欧洲地区从1500年前后资本主义萌芽到1918年第一次世界大战结束的历史发展，他们对资本主义发展提出了独特的经济学思想。

1. 贫穷国家与富裕国家。财政社会学的文献致力于证明：公共财政、民主财政的制度变迁过程，实质上就是国王交出公共权力的历史过程。15—16世纪的时候，国王集财权、法权、军权于一体。但是，欧洲各国在战争和财政的双重压力下，国王不得不把立法权、征税权交给议会，把司法权交给治安法庭、普通法院，把军权交给议会和其他委员会。因此，这一过程就是国王丧失权力和权威并且最终走向现代意义上的民族国家的形成过程。

通过对欧洲历史的考察，古尔得夏依德得出两个结论。他的第一个结论是：国家的贫穷迎来了新兴的民主、宪政、资本主义现代国家。也就是说，国家获取财政收入方式的转变，代表了国家的现代化进程。他的第二个结论是：贫困化的国家必定是一个创造贫穷的国家。

通过对15世纪以来600多年欧洲社会经济发展历史的反思，特别是经历了第一次世界大战，古尔得夏依德看到了国家和生产资料的分离从而导致社会邪恶的可能。于是，古尔德夏依德认为，贫穷国家的必要性却最终束缚了生产，贫困化的国家必定是一个创造贫穷的国家。对此，古尔得夏依德提出的政策建议是：赋予国家以财富，即从“无产国家”走向“有产国家”，即国家可以取得私人企业的股权来代替税收，即财政社会学派的“股权国家模式”。

古尔得夏依德认为：一方面市场经济必须得到保护，以避免来自国家权力的伤害；同时，国家又必须富裕，才能不受贫穷的挑战和征服。

这样，国家就能通过股份分红的办法确保充足的财政收入，实施超越阶级利害关系的、代表全体国民利益的财政政策；另一方面国家自身可以成为有力的股东，干预私人企业的经营，防止其片面追求私人利益[①]。

2. 税收国家和股权国家。1918 年，熊彼特发表“税收国家的危机”一文，他采用税收社会学方法，结合欧洲历史研究，分析了现代民族国家和民主国家的起源和性质。在熊彼特看来：财政需要是现代国家生活的第一个标志，税收作为一种长久性的制度安排与现代国家制度不可分离，税收与国家是孪生双胞。这样他把“税收”与“国家”两个概念并列到一起，创造出一个“税收国家”的新命题。熊彼特的“税收国家”命题直接针对欧洲中世纪以来的封建经济关系，他的逻辑结论是：如果没有财政需要，那么创造现代国家的直接动力便会缺失。

在熊彼特看来，财政需要是导致新的政治、社会、经济需要以及生活新质量的象征和标志，即财政压力引起政治和其他方面的变化，这是历史发展的逻辑。但是，熊彼特站立在欧洲第一次世界大战的现实立场上，认为当前的税收国家财政实践已经面临新的财政压力，必须扬弃税收国家，建立企业家国家，用股权收入来取代税收收入，这正是“创新—资本主义”的出路。

特别值得指出的是，无论是从经济思想史的发展脉络来看，还是从经济学家的学术思想渊源和学术旨趣来看，古尔德夏依德和熊彼特两位经济学家，都有着非常浓厚和深刻的社会主义思想。古尔德夏依德既挑战马克思，同时又受启发于马克思；熊彼特同样如此，一方面对资本主义“恨铁不成钢”，他接受克思的思想并对资本主义进行了深度批判；另一方面又对资本主义念念不忘，希望将资本主义引导到“创新之路”上，这条路可以通向社会主义，可以通达民主之途[②]。

（三）历史变迁与心灵变迁

上面以财政社会学派为例，重点讲述了他们的理论逻辑和政策思想。

① 井手文雄：《日本现代财政学》，中国财政经济出版社 1990 年版，第 57 页。

② 约瑟夫·熊彼特：《资本主义、社会主义与民主》，吴良健译，商务印书馆 1999 年版。

实际上，与财政社会学派相近，经济社会学、新经济史学、公共选择理论、新制度经济学等学派，他们同样重视历史研究和哲学研究，致力于揭示历史变迁和制度变迁的多样性、丰富性、不确定性、未决定性特点。

从经济哲学思想而言，他们往往把历史变迁、经济变迁理解为结构变迁，结构变迁属于空间变迁，空间变迁的背后则是制度结构的变迁，制度结构由文化政治经济三要素来塑造和定型，制度结构整体上体现为社会结构。社会结构的背后则是人作为文化人、政治人、经济人的心灵结构，即人之为人、人之为群的社会心理结构和心灵结构。说到底，结构变迁皆为心灵结构的变迁，而人之心灵结构的变迁则是人之为人、人之为存在的时间性。

可以看出，历史学派、制度学派、社会学派等经济学派，他们将历史变迁、经济变迁、制度变迁归结为空间上的结构变迁，进而归结为时间变迁和心灵变迁。这样，他们视野中的经济世界不再是自然世界，而是人的世界，是心灵的世界，是社会心理的世界，是真实世界的变迁。这样，历史与科学之辨就出现了。

第四节　对西方经济哲学思想的反思

从柏拉图开始，西方哲学建立了两个世界：一个是理念世界，另一个是现实世界。理念世界高于现实世界，理念世界决定现实世界，由逻格斯精神和理性精神来主导西方文化发展，理念论、原子论、决定论、确定性、同一性思想十分深厚。

亚当·斯密代表的古典经济学，其哲学基础是牛顿的经典力学观和古典物理学的机械观、钟表观。在斯密那里，市场是一台机器或钟表，个人是利益的计算器，利益是市场运转的动力源和润滑剂。斯密将丰富多彩的个人设定为纯粹的利益主体，将丰富多彩的社会关系设定为利益关系，将丰富多彩的世界设定为纯粹的财富世界。在斯密那里，实体论、还原论、结构论的哲学思想，可计算、可预期、可计量、可实证的研究方法，都可以得到容纳和覆盖。

我们把空间、理性、动力三个特点赋予西方经济哲学和西方经济学。其实三个特点可以概括成一个特点，就是空间理性，而且空间理性代表了空间观对时间观的统摄，将绵延的时间、自由的时间、存在的时间统统理解为断裂的时间、可分的时间、科学的时间。

西方经济哲学和西方经济学虽然收获了空间理性，但是丧失了对时间德性的关照。也就说，西方经济学重视了经济发展之力，但是忽略了经济发展之德。这样，西方经济学逐步将德性修补的责任交给了伦理学、社会学等其他学科。简单而言，西方经济学发展之“失”在于对文化和德性的忽视。

第十五章
中西经济哲学的会通：德力并建与时空互摄

中西经济哲学思想源远流长，西方经济哲学以空间统摄时间，中国经济哲学以时间统摄空间，两者共同面对时间和空间，但是各执一端。中西文化中的“经济”一词，名同而实异。可见中西之别，由来已久，显而易见。

中西经济哲学各有所长，各有千秋，但是各有所短，各有欠缺，两者需要会通。会通之后，虽然中西哲学之间还会存在差异和分歧，但是两者之间可以更好地通达和理解。会通中西，不辨中西，各美其美，美美与共，则有境界提升。

中西经济哲学思想并非凝固不变的思想实体或思想结晶体，而是一个流变的思想生命体。就中国而言，“以美利利天下”的文化政治经济学思想为其开端，义利之辨贯穿历史变迁和文化变迁，文化对政治经济学思想的笼罩未有改变。千百年来，中国经济政策思想主流奠基于《周易》、荀子、贾谊、董仲舒，间以司马迁的货殖思想为之补充，时间化、道德化为思想特点和文化底色。就西方而言，古希腊时代的文化政治经济学思想为其开端，从斯密的政治经济学传统，到马歇尔的经济学传统，到凯恩斯的宏观经济学传统，空间化、力量化为其思想特点和文化底色。

中西经济哲学会通方向在于德力并建和时空互摄。

第一节　理解止于存在

一、中西之辨

中国先秦时代，经济的含义由理财、厚生、民生等词语来代表。《周易》有“理财正辞，禁民为非”之说。《尚书》有“正德利用厚生惟和”之说。《左传·宣公十二年》中写道：“民生在勤，勤则不匮。”这里所言的“民”指百姓，“生”是指生计，合起来讲就是老百姓的生计、生产、生活。两汉时期，经济的含义由货殖、食货来代表。司马迁在《史记》中撰有《货殖列传》，班固在《汉书》中撰有《食货志》。从字面意思来理解，货殖的意思是财货生发。货为财货，殖为生发，有增加和增长的意思；合起来讲就是财货生发。唐宋以来普遍使用的“经济”一词的核心思想是：经世济民、治国安邦、发展民生、为国理财、为天下百姓造福、让天下苍生过上好日子①。

雅典历史学家色诺芬在《经济论》当中最先使用西文“经济”一词，原意是“家政（或译家庭、家务、家计）管理”，因此该书又称《家政学》。古希腊思想家亚里士多德认为经济学研究取财术和致富术，为家庭和国家取财与追求货币增值是理财的重要内容，但他鄙视“货殖”而在意道德，他希望将家庭管理与城邦管理和谐地联系起来、统一起来。可见，西方的“经济”一词起源于微观性的“家政管理”，这与中国“经济”一词源自宏观性的“经邦治国”不同，但其也含有管理城邦国家的宏观含义，因此也有与中文“经国济民”相仿佛的内容，并带

① 叶坦：“中国经济学”寻根，《中国社会科学》1998 年第 4 期。

有伦理道德、情感哲理的色彩。这与古代中国尤其是儒家的经济观是很相似的①。

严复在《原富》一书的《译事例言》中写道："计学，西名叶科诺密，本希腊语。叶科此言家，诺密为聂摩之转，此言治、言计，则其义始于治家。引而申之，为凡料量经纪撙节出纳之事；扩而充之，为邦国天下生食为用之经。盖其训之所苞至众，故日本译之以经济，中国译之以理财。顾必求吻合，则经济既嫌太廓，而理财又为过狭。自我作故，乃以计学当之。虽计之为义，不止于地官之所掌，平准之所书，然考往籍，会计、计相、计偕诸语，与常俗国计、家计之称，似与希腊之聂摩较为有合，故《原富》者，计学之书也。"②

古代汉语中的"经济"一词，与现代汉语中的"经济"一词，与西方文化所言的"经济"一词，名同而实异。可见，中西之别，显而易见。而且，中西之别，由来已久。

（一）西学东渐与东学西传

1840 年鸦片战争之后，中国陷入半封建半殖民地的深渊。睁眼看世界、师夷长技以制夷、求富求强，成为国人的共识。1901 年，严复翻译出版了《国富论》。后来，"北京大学于 1912 年设立了中国最早的经济学系——商学科。同时陆续有不少学生负笈欧美，学习经济学。对西方经济学的译介也更为全面，出版了不少经济学原理、财政金融、经济学说史等方面的书。伴随西方经济学的传播，围绕中国的若干现实经济问题，也有不少著述，仁智之见交相迭出。"③《国富论》的翻译出版，是经济学领域西学东渐的标志性事件。

1911 年，学贯中西的陈焕章以英文写成《孔门理财学》④ 并在美国出版发行。《孔门理财学》被认为是中国学者在西方刊行的第一部关于

① 叶坦："中国经济学"寻根，《中国社会科学》1998 年第 4 期。

② 亚当·斯密：《原富》，严复译，商务印书馆 1981 年版。

③ 林毅夫、胡书东："中国经济学百年回顾"，《经济学》（季刊）2001 年第 1 卷第 1 期（总第 1 期）。

④ 陈焕章：《孔门理财学》，商务印书馆 2015 年版。

中国经济思想的著作。陈焕章写作该书的原意是弘扬儒家文化精神，挺立儒家经济思想。《孔门理财学》出版之后，对西方文化、政治、经济学界都有影响。尤其是中国古代社会的平准、均输、赈灾、济贫、养老、施药等宏观管理政策，得到西方经济学界和经济政策界的重视。在中西文化交流和经济政策发展方面，陈焕章作出了贡献。

西方经济思想的西学东渐，与中国经济思想的东学西传，两者不可同日而语。对中国而言，西学东渐是百年来的浪潮，西学之风至今吹拂不已。对西方而言，东学西传，只是文化交流、文化传播、政策借鉴的浪花，无足轻重。当然，从1901年至今，中国经济学领域也出现了一些激荡和回响。

（二）“知中国”与西方经济学中国化

20世纪30—40年代，经济学在中国出现了初步繁荣的景象，成为中国发展变迁的折射。当时，何廉、马寅初、刘大钧、方显廷被称为“四大经济学家”，他们都是西行东归，熟稔西方经济学理论。“基本理论的掌握为系统分析现实问题奠定了坚实的基础，这两方面的学者紧密结合中国现实展开研究，现代意义的中国本土经济学由是发端。”①

何廉是民国时期重要的经济学家和经济政策学家，参与过民国政府的重大经济政策制定。他被称为“最早重视农业的经济学家”“现代经济政策学的先驱者”“国内最早引入市场指数的调研者”。何廉对中国近代经济学发展的贡献在于“中国化”，可以概括为两个方面：一是经济学理论的“中国化”；二是经济政策的“中国化”。

何廉开创了中国化经济学教育体系，改变用西方经济学理论一成不变地向中国学生灌输的教学方法，将西方经济学理论和经济政策思想与中国实践联系起来开展课堂讨论。由于何廉的推动，1928年《南开大学发展方案》提出了“土货化”的发展方针，倡导“以中国历史、中国社会为学术背景，以解决中国问题为教育目标”。于是，“中国化”由南开

① 林毅夫、胡书东：“中国经济学百年回顾”，《经济学》（季刊）2001年第1卷第1期（总第1期）。

大学的研究方法而成为中国一时学风。何廉建立了中国第一家经济研究所，即南开经济研究所，致力于研究现实经济问题，诞生了具有国际影响的“南开指数”，成为中国第一个物价指数。1944 年，何廉主持编制完成《（战后）第一个复兴期间经济事业总原则草案》，即第一个国家经济计划。该方案规定采用混合经济体制，体现了何廉提出的“在混合经济中有计划的发展”之经济思想。何廉和方显廷倡导“知中国、服务中国”，强调“贵在洞彻本国之经济历史，考察本国之经济实况”，探索中国工业化道路。同时，何廉重视中国农村发展，创建了“华北农村建设协进会”，旨在推动中国乡村建设。

概括而言，何廉把“知西方”与“知中国”结合起来，把知理论与知实践结合起来，把传经者身份与建设者身份结合起来。三个“结合”的基础，在于知中国、中国化。

（三）《中国经济思想史》与以西化中

1936 年，学贯中西的唐庆增出版《中国经济思想史》[①]，该书聚焦于中国先秦时代的诸子思想，梳理了儒、道、墨、法、农诸家经济思想脉络，成为当时中国经济思想史系统研究的重要标志。作为研究中国古代经济思想的精深之作，该书为中国经济思想史学科的发展奠定了基本格局，包括研究方法、研究体例等。唐庆增的《中国经济思想史》常常与胡适的《中国哲学史大纲》、冯友兰的《中国哲学简史》相提并论，备受称赞。

新中国成立后，巫宝三、赵靖、胡寄窗等学者，以研究中国经济思想史而知名，他们大多出版过题为《中国经济思想史》的著作。诸位先生对中国经济思想史的研究，突破先秦时代，以通史研究为主，在人物或学派思想的专题研究方面，相比唐庆增更加细致深入。

研读陈焕章、唐庆增、巫宝三、赵靖、胡寄窗等的著作，我们能够感受到他们有一个共同的学术特点：以西化中。他们基本上采取“以西

---

① 唐庆增：《中国经济思想史》，商务印书馆 2010 年版。

化中”的方式来研究中国古代经济思想，按照西方经济学关于生产、交换、分配、消费四个环节的区分来比照和格义，然后让古今中西的经济思想一一对应起来。“以西化中”的方式，往往伴随着“古今之辨”的展开，难免会出现“以今律古”的痕迹。后面这种情况的出现，不是治学态度问题，而是治学方法问题，由“以西化中”研究方式所内生和自生。与陈焕章志在挺立儒家文化不同，其他学者秉持“为学问而学问”的纯粹精神。在研读中我们可以感受到中国经济思想的博大精深，源远流长，但是我们仍然看不到中西经济思想浪潮之间的澎湃与激荡，根本原因在于诸位学者以西方经济学理论为范式，作为评价和评判中国古代经济思想的标准。

当然，近代以来中国经济学界采取“以西化中”的做法，是由于现实的推动，不得已而为之，并非自愿选择或主动选择。与“以西化中”的做法相对，则有“以中化西”的做法。从超越性而言，两者皆不可取，并非圆满和完美的做法，而是有偏有失的做法。因此，理想的做法是会通中西经济哲学，在中西有别的情况下，不辨中西，“各美其美，美美与共”。

二、会通非会同

会通不等于会同。会通的基础在于通达、开放的精神，会通的目的在于避免对立、对峙，求取差异性的包容，保持差异性的存在，实现包容性的发展。会同的基础在于各执己见，故步自封，会同的目的在于求取同一性，消除差异性。这样，会同的过程往往是消除异己、征服他者的痛苦过程。双方都没有获胜，反而是两败俱伤。会通的过程则是“各正性命，保合太和”的中和过程，是兼容并包、和谐共荣的发展过程。

中西哲学思想的差异，恰如《周易》所言的一阴一阳。一方面阴阳同在，另一方面阴阳有别。但是，阴阳可以相通，阴阳可以相济，阴阳相通相济而有中和，阴阳相通相济即是会通，即是中和，恰如《周易》

所言的“乾道变化，各正性命”。会同则是一个有阳无阴、有阴无阳的统一局面，是一个有我无他、有他无我的单一境地，是大一统的思想世界，思想生态的丰富性和多样性消失。

会通即会意和通达。中国文化有直通、横通、曲通、亨通之说。直通为直接相通，直截了当，简单高效，但是往往自说自话，莫衷一是。横通为旁通，不能“深入虎穴，取得虎子”，不得要领。曲通与直通相对，曲径通幽，大有可通之途。亨通代表无对无待，无障碍，无遮蔽，为天下万有相通相达的理想状态。从现实性而言，以曲通入亨通，为会通之正途。

三、不辨中西

不知中西文思和哲思之别，纠察理论和政策之别，知今而不知古，知下而不知上，知现象而不知根本，只可谓知之不全，知之不深，不能算作知中西有别。不知中西有别，大辨中西，厚此薄彼，褒贬不当，不为高明。明知中西有别，而有中西之辨，不偏不倚，公允公正，可谓高明。明知中西有别，而能不辨中西，求真务实，会通中西，进乎高明。不唯经济学领域如此，其他学科领域亦然。

横向而言，则有中西之辨。纵向而言，则有古今之辨。不辨中西，不辨古今，不是治学方法上的主张，而是治学态度上的主张。陈寅恪有“平生为不古不今之学”的说法，罗志田视其为陈寅恪的治学态度：不古不今，不中不西，方能“亦古亦今”“亦中亦西”①。明知有别，不辨中西，不辨古今，代表治学者通达、开放的精神，创造、创新的精神。惟其如此，方能通达古今，方能通达中西。实际上，不辨中西，不辨古今，也是自信心的体现。治学者如此，学界如此，文化界和思想界同样如此。

---

① 罗志田：“陈寅恪的‘不古不今之学’”，《近代史研究》2008 年第 6 期。

不辨中西，不辨古今，需要由极少数的学者率先垂范，越来越多的学者亦步亦趋，全社会的学者趋之若鹜，进而成为时代风气、时代精神。届时，学术创新将会蔚然成风，学术经典将会层出不穷。

中国哲学言“会通”，意在通达，通达天下，通达万有。西方阐释学家伽达默尔言“理解”，理解他者，他者可通；理解历史，历史可通。按照中国哲学的思想，会通止于天下。按照伽达默尔的思想，理解止于存在。

中西经济哲学的会通，同样需要理解对方以至于天下，以至于存在。

第二节　时空互摄互融

一、时间与空间互摄

从超越性而言，中国经济哲学的特点是时间统摄空间，西方经济哲学的特点是空间统摄时间，中西会通首先在于时间与空间的互摄互融。

我们认为，中西经济哲学的源头都是文化政治经济学思想，中国文化以《周易》《论语》、周孔之道为代表，西方文化以柏拉图的《理想国》，亚里士多德的《政治学》《伦理学》为代表。两者之间可以相通相达。

从中国经济哲学思想的流变来看，孟子开义利之辨的先河，片面推崇德性和仁义，将文化政治经济学思想推向超越性境地，远离生活世界，远离现实世界。管子和荀子重视现实性，重视富国富民，将文化政治经济学思想推向现实性境地，接近于政治经济学思想。贾谊、董仲舒以荀子的思想为底色，以孟子的思想为亮色，沿着折中荀子、管子、孟子的思想往前迈进，发展了新的政治经济学思想。司马迁秉持道家自然主义的思想，同时重视文化、政治、经济三者的生态化关系，同样建立新的政治经济学思想。就经济哲学思想而言，司马迁与亚当·斯密、奥地利学派，古今相应，中西相应。

从中国经济哲学思想的流变来看，整体上呈现由文化政治经济学思想向政治经济学思想变迁的趋势。荀子、贾谊、董仲舒的经济思想和政策思想，对中国政治经济发展和中国历史变迁的影响巨大。就经济哲学思想而言，荀子的富国论思想，管子的治国论思想，董仲舒的贫富观思想，与当代新凯恩斯主义学派，大有依稀仿佛之处。

从西方经济哲学思想的流变来看，亚当·斯密将文化与政治经济学分离，他在《道德情操论》中言利他精神，在《国富论》中言利己精神，建立了古典的政治经济学体系。马歇尔将人类社会视同自然世界，将政治与经济分离，将政治经济共同体解构为以个人为主体的纯粹经济利益单元，建立了纯粹的经济学，政治经济利益完全等同于经济利益，将政治考量从经济计算当中去除，进一步推动经济增长朝着空间化方向发展。凯恩斯求解自由市场与经济危机的关联性，但是他不走回头路，没有回到政治经济学框架，而是用技术方法、管理方法、工程方法来稳定短期的宏观经济和经济增长，将长期的微观问题转变为短期的宏观问题、将市场职能问题提升为政府职能问题、将经济发展问题转变为经济增长问题，采取工程化、项目化的解决方案，进一步推动经济增长朝着纯粹空间化方向发展。整体而言，宏观经济学关注了短期经济增长，关注了国民经济的空间结构，起到了熨平短期经济波动的作用。但是忽略了经济发展，忽略了人口、技术、制度变迁，放弃了对时间的关注。

纵观西方经济哲学思想的流变，整体上出现了由文化政治经济学走向政治经济学、经济学、宏观经济学的变迁趋势，这是一个去时间、去文化、去政治的变迁趋势，凸显空间化、功利化、力量化的变迁趋势。经济增长的纯粹空间化、纯粹力量化，成为新凯恩斯主义学派的旗帜。

纵观西方经济哲学的流变，回归亚当·斯密的政治经济学，重视政治经济利益共同体的长期发展，强调综合的政治经济利益大于纯粹的经济利益，是未来西方经济哲学变迁的一个方向（见表 15－1）。

表 15－1　　中西经济哲学思想比较

代表	特点	体用关系	时空关系	适用性
《周易》 《论语》	文化政治经济学	重体重道 体用不二	重时间和德性 时间统摄空间	千年兴衰
《孟子》	文化政治经济学	重体重道 体笼罩用	重时间和德性 时间统摄空间	千年兴衰
《荀子》 《管子》	政治经济学	重体重道 体用兼顾	重视空间 时空互摄	千年兴衰
《治安策》 《春秋繁露》 《货殖列传》	政治经济学	大政之道 节制之道 货殖之道	重视空间 时空互摄	千年兴衰
《理想国》 《伦理学》	文化政治经济学	美德与理财并举 美德优先	美德与功用并重 时空互摄	千年兴衰
《国富论》	政治经济学	自由市场 货殖之道	重空间和理性 空间统摄时间	百年成败
《经济学原理》	经济学	重用轻体 以用代体	重空间和理性 空间统摄时间	三十年或 五十年
《通论》	宏观经济学	重用不重体 以用代体	空间主义 削峰填谷	十年或一年

二、美利与美力互融

中国经济哲学重视德性，“以美利利天下，不言所利”，当然代表德性。不过，美利毕竟是利益，不但是利益，而且能够利益民生，利益天下，推动国泰民安，实现长治久安，美利亦是理性。

西方哲学重视理性，倡言力量。古希腊时代有“美德即知识”之说，近代西方有“知识即力量”之说。合而言之，有美力之说。美力虽然很美，但是毕竟还是力，属于理性。但是，美力可以发达民生，为民所愿，为民所从，美力亦是德性。

中国经济哲学从义利之分、义利之辨走向义利之和、义利并举，走向美利。西方经济哲学从时空之分、时空之辨走向时空之和、结构之美，走向美力。虽然中西有别，一为美利，二为美力，中西经济哲学思想仍然各有所重，各有所轻，但是，美利由德性而理性，德性和理性互融。美力由理性而德性，理性和德性同样互融。

古今之间，中西之间，皆以审美的视野来看待对方，则有“各美其美，美美与共”的境界出现。

第三节　整体与结构互摄

根据西方哲学的一多之理，印中西，儒释道，孔孟荀，西方经济学三大流派，各自之间存在着巨大差异性，难以通达。但是，根据中国哲学的一多之道，根据中国唐朝学者孔颖达“易之三名”的思想，他们之间都有相通相达的接口。

一、三易与印中西文化

按照“易之三名”的标准，我们可以对世界三大文化体系进行简单地区分：西方文化从变易之道入道境，重视空间，体现逻辑之道。中国文化从简易之道入道境，重视时间和空间，体现阴阳之道。印度文化从不易之道入道境，重视时间，体现永恒之道。西中印三种文化、三种哲学、三种精神，都能进入道境，都能获得真理和自由。虽然，路径选择各有千秋，各有特色，但是就其通达道境的高度而言，无有优劣之分，都能通达“道”“自由”和“存在”。

二、三易与三大经济流派

按照“易之三名”的标准，我们可以把当代西方经济学界的三大流派进行简单地区分：以哈耶克为代表的奥地利学派，从不易之道入道境，强调自由市场、自由主义的无偏无失，精彩绝伦。以弗里德曼为代表的新自由主义，推崇自由市场和自由主义，但是关注到市场失灵和市场失败，希望在自由市场和自由主义的基础上与时偕行，适当地引入政府干预，从简易之道入道境。以萨缪尔森为代表的新凯恩斯主义，聚焦于市场失灵和经济危机的空间原因，致力于优化经济增长的空间结构，凸显经济人理性和决策者理性的不可思议性，从变易之道入道境（见表 15－2）。

表 15－2　　　　世界文化思想之通达

	易道/道境		
易之三名	不易	简易	变易
人类三德	真	善	美
佛教三学	体	相	用
中庸	勇	仁	智
世界文化	印度文化：佛教	中国文化：儒家	西方文化：古希腊哲学
古希腊思想家	柏拉图	苏格拉底	亚里士多德
先秦诸子	老庄道家	儒家、墨家	兵家、阴阳家、 黄老道家、法家
儒家内部	孟子	孔子、 曾子、子思子	子夏、荀子
佛教内部	空宗（无）	中国禅宗 （非有非无，亦有亦无）	唯识宗（有）
儒家经济思想	文化政治经济学 孟子	政治经济学 贾谊、董仲舒	政治经济学 荀子
道家经济思想	老子 小国寡民	司马迁 货殖之道	管子 官山海、正盐策
当代西方经济学派	奥地利学派	新自由主义学派	新凯恩斯主义学派
当代经济学代表人物	哈耶克	弗里德曼	萨缪尔森

第四节　德力并建与仁智并举

一、智仁勇三德

孔子在《论语》中提出了仁的思想。“仁者爱人”，仁为德性，因此有仁德之说。子思子为孔子的孙子，相传为曾子的弟子，子思子作《中庸》。《中庸》有“三达德”之说，三达德即智仁勇三德。《论语》在前，《中庸》在后。孔子已经提出仁德之说，子思子为什么要创造性提出仁智勇三达德之说？对此，我们认为，子思子之所以将仁德一分为三，并且将智仁勇并列为三，一个重要原因在于因对现实性的需要，凸显仁德的扩展性、衍生性。于是，智仁勇三德获得各自的独立性。当然，从智仁勇三达德的词序表述来看，仁德居中，起到统摄作用。孔子所言的仁德，为乾元之德，乾元有“元亨利贞”四德，乾德与仁德具有无穷无尽的生发性，大仁可以生出大智、大勇，智勇为仁所生，三达德统摄于仁德。

子思子提出智仁勇三达德之说，是对孔子仁学仁德思想的发展。一方面建立了结构化的分析架构，展示了智仁勇三德的可分性。二是揭示了仁德的全面性，展现了仁德的力量性，打破了“仁德无力”“德性无力”的理论困境，解放了儒家思想，发展了孔子的思想。三是通过仁德的全面性和扩展性，丰富了儒家解决现实问题的政策工具箱。子思子提出智仁勇三达德之说，使得儒家的政治哲学和文化哲学思想更加开阔和开放，面对现实问题增加有应对能力。

结合孔子和子思子的思想，我们可以有更加包容通达的视野。从超越性而言，德性不但包括以仁德为代表的长期理性，而且包括以智勇为代表的不可思议的短期理性，历史变迁、技术变迁、制度变迁皆有德性，为仁德所生，亦为智仁勇三达德所共生。从现实性而言，理性不但包括继善成性的仁德，与时偕行的智德，而且包括乾道乃革的勇德。历史变迁、技术变迁、制度变迁，需要有鼎革和井革的精神，鼎革和井革精神即是乾德。就乾德而言，既是仁德，也是勇德。鼎革与井革，同时需要把握时几（代表时间性），需要拿捏分寸（代表空间性），体现智德和勇德。

就宽泛意义而言，中国文化强调仁德对智勇两德的统摄性，强调智勇归仁的统一性和原初性，即强调德性。西方文化强调智勇两德的独立性，强调智勇两德对仁德的补充性和发展性，强调智勇两德解决现实问题的最优性、工具性，即强调理性。在中西文化当中，都有德性和理性圆融不二的伟大思想。在中西历史变迁和制度变迁当中，都有智仁勇三德融为一体的德性之举。

二、仁：制度变迁的德性

（一）《孙子兵法》：制度生成与制度生命

1972年山东临沂银雀山汉墓出土了春秋时代孙武子的佚文《吴问》[①]，竹简记载了吴王阖闾与孙武子的问答，为传世古藉《孙子兵法》所未载。

《吴问》篇写道：

> 吴王问孙子曰："六将军分守晋国之地，孰先亡？孰固成？"
>
> 子曰："范、中行氏先亡。"
>
> "孰为之次？"
>
> "智氏为次。"
>
> "孰为之次？"
>
> "韩、魏为次。赵毋失其故法，晋国归焉。"

① 《孙子兵法·吴问》，载《银雀山汉墓竹简》（壹），文物出版社1985年版。

吴王曰："其说可得闻乎？"

孙子曰："可。范、中行氏制田，以八十步为畹，以百六十步为畛，而五税之。其□田狭，置士多，伍税之，公家富。公家富，置士多。主骄臣奢，冀功数战，故曰先亡。……（智氏）公家富，置士多。主骄臣奢，冀功数战，故为范、中行氏次。韩、魏制田，以百步为畹，以二百十步为畛，而五税之。其□田狭，其置士多，伍税之，公家富。公家富，置士多。主骄臣奢，冀功数战，故为智氏次。赵氏制田，以百二步为畹，以二百卌步为畛，公无税焉。公家贫，其置士少。主佥臣收，以御富民，故曰固国。晋国归焉。"

吴王曰："善。王者之道，厚爱其民者也。"

《吴问》一文的内容并不复杂，讲述孙武子根据晋国六卿的亩制大小来预测其政权生死存亡的先后次序。范氏和中行氏亩制最小，以八十步为畹，以一百六十步为亩，收取的税赋最重，高达20%，所以范氏和中行氏会最先灭亡。智氏的税赋也是20%，但是智氏的亩制要大一些，以九十步为畹，以一百八十步为亩，百姓负担相对要轻一点，但还是比较繁重，紧接着灭亡。接下来就会轮到韩氏和魏氏，他们的亩制要大，一百步为畹，以二百步为亩，百姓的负担会比前三家轻很多，可以存活更长久。赵氏的亩制最大，以一百二十步为畹，以二百四十步为亩，税赋也不重，对老百姓还施行宽厚的政策，所以赵氏一定会发达起来。

孙武子所言的亩制，其实就是一种赋税制度，所反映的经济关系就是索取程度，通俗地讲就是统治者对老百姓的剥削程度。亩制越大，表明对老百姓的索取程度越低，制度的德性越高，以赵氏最为宽厚；亩制越小，表明对老百姓的索取程度越高，制度的德性就越低，以范氏和中行氏最为苛刻。结果是制度德性最高的赵氏政权存活的时间最长，制度德性最低的范氏和中行氏政权存活的时间最短。孙武子就是选择亩制这个具有基础性意义的财税制度，进而以制度德性来判断晋国六卿的竞争力和生命力。孙武子不是臆测，而是以制度的量化分析为基础，他的预测结果与历史发展一致，体现了逻辑与历史的一致。

巫宝三曾经对孙武子的经济思想做过深入研究，他选择的切入点正是《吴问》中的著名发问："晋国六卿谁先灭亡?"在巫宝三看来，孙武子虽然身处春秋时代，但是他的经济思想却十分高明，展示了量化分析的逻辑思维，展示了经济理论的预测功能[①]。从巫宝三的评价来看，孙武子对制度的量化分析与现代经济学的结构分析、计量分析、实证分析可以相提并论。

从中国文化来看，孙武子的高明不是因为他采取量化分析方法的创新，也不是因为科学地选择了具有基础性意义的制度结构，即税赋结构来展开分析，而是他的理论分析深入到了道德层面，超越到了德性层面，与中国文化对仁政的推崇毫无二致，并且能够以精妙的结构分析方法证明仁政的重要性和正义性。

在中国传统文化看来，不良善的统治者也会建章立制，但是他们建立的制度缺乏德性的支撑，注定了他们建立的制度和以此建立的秩序不会有长久的生命力，这样的制度凝聚不了人心，超越不了时间，战胜不了对手，制度建设只是昙花一现，社会发展也会戛然而止。

（二）《正义论》：正义实现与制度德性

与孙武子《吴问》思想和精神遥相呼应的西方名著至少有两部。一部是著名经济史家诺斯和托马斯合著的《西方世界的兴起》一书。该书是一部薄薄的作品，研究结论也很简要：有效率的经济组织的出现，是西欧从公元900年到1700年经济增长的原因。而且诺斯和托马斯还对"有效率的经济组织"进行了定义，它是指"在制度上做出安排和确立以便造成一种刺激，将个人的经济努力变成私人收益率接近社会收益率的活动。"[②] 其实"将个人的经济努力变成私人收益率接近社会收益率"，体现的正是制度的德性，就是每个人"得其应得"，就是"按贡献分配"的正义原则。

---

① 巫宝三：《巫宝三经济文选》，中国时代经济出版社2011年版。

② 罗伯特·托马斯、道格拉斯·诺斯：《西方世界的兴起》，厉以平、蔡磊译，华夏出版社1989年版。

另一部是美国著名学者约翰·罗尔斯的政治学著作《正义论》。《正义论》是一部厚厚的作品，内容十分丰富，但是其核心的思想已经在标题中反映出来了，就是简简单单的“正义”二字①。我国学者何怀宏认为罗尔斯所言的“正义”可以理解为社会制度的德性②，非常精辟。在我们看来，这部书还有一个道理讲得非常精彩，非常深刻，颇得中国文化的精髓，就是讲“无知之幕”。

罗尔斯认为，体现正义原则的制度只有在这样的原初状态下才能出现：每个人都不知道他在社会中的地位、阶级出身、天生资质和自然能力的限度，更不知道他的善的观念、心理特征和社会经济政治状况等。简言之，人们选择正义原则是在“无知之幕”的状态下完成的。通俗地讲，我们每个人在选择制度的时候，最好是大家都被一块“无知之幕”所笼盖，大家都处于“无知境地”，谁都不知道新制度建立之后大家所处在的位置、所得到的境遇。身处这种境地，大家反而会尽量理性地、不偏不倚地做出选择，于是体现正义原则的制度就可以得到现实地实现。罗尔斯对经济理性也做出了定义：按照最大的最小值规则来选择，即选择那种其最坏结果和其他选择对象的最坏结果相比是最好结果的选择对象。

罗尔斯是美国著名学者，受到西方哲学思维的熏陶，他讲“无知之幕”是从知识论的角度出发，他把“无知之幕”理解为人们能够获得公平正义的自由心性，而这种自由心性体现了西方哲学意义上的“理性”。最终，罗尔斯把“无知之幕”所代表的“理性”归结为一种现实世界中的“智慧”，即中国文化所言的“智慧”“智识”，而不是“仁义”“仁德”。

实际上，在中国文化和中国哲学看来，“无知之幕”就是孔子所言的“四毋”，老子所言的“四不”，《中庸》所言的“诚明”，庄子所言

① 约翰·罗尔斯：《正义论》，何怀宏、何包钢、廖申白译，中国社会科学出版社2001年版。

② 何怀宏：《伦理学是什么》，北京大学出版社2002年版。

的“真人”。在中国哲学来看，“无知之幕”是“无我”“毋我”，代表德性、工夫和境界。

在中国文化和中国哲学看来，“有知”是理性，“无知”是德性。由“有知”变成“无知”，由“理性”走向“德性”，看似是退步，其实是进步。“有知”看似是理性，最后却往往得不到体现正义原则的制度，反而出现凯恩斯所言的“集体理性合成的谬误”，落入“有心栽花花不开”的境地。“无知”看似非理性，最后却能够达成体现正义原则的制度，获得“无心插柳柳成荫”的惊喜。

以“有知”为起点，为什么反而得不到体现正义原则的制度？以“无知”为起点，为什么可以获得体现正义原则的制度？

实际上，《周易》关于阴阳之道的思想，已经从哲学的存在论上阐明了这个道理：“有知”之“知”为经验之知，为见闻之知[①]，而经验是有限的，见闻是有偏的，这是由于阴阳“不二起”“不俱出”“或出或入”的存在特性所决定的。“无知”为德性之知，为自由之知，无私无偏，开放通达，正是海德格尔存在论意义上的“开显”。

在佛教唯识论看来，前者是“有为法缘起”，体现了强烈的目的性和功利性，一旦人的行为有目的和有功利，就会在社会实践中落入“固守”“困守”“执着”“顽固”的境地，从而不能开放自身，不能与时偕行，只知自我（为阳），不知他者（为阴），从而犯错，最终结果是根本到达不了那个“已知”的目标和“设定”的收益。后者是“无为法缘起”，大家都不设定目标和目的，都从“无为”“无欲”“自然”的态度出发，最终结果是意想不到地达成了目标和事功。

三、智勇：制度变迁的理性

不管是言发展，还是言变迁，总是面向未来，指向未来，因此充满

① 北宋“五子”之一的张载，提出了“德性之知”和“见闻之知”的说法，他认为“德性之知”高于“见闻之知”。

不确定性。如何驾驭深不可测的不确定性？如何找到不确定性背后的确定性？对此，《周易》有两个建议：一是阴阳之道，继善成性；二是凡益之道，与时偕行。

下面，我们考察20世纪20年代至今美国百年历史变迁、经济变迁、政策变迁，进而考察三者之间的关系。对此，我们有三个发问：一是洞悉美国历史变迁、经济变迁的学术思想如何诞生？二是学术思想如何转变为国家战略、国家政策？三是政策的理性与发展的德性如何统一？

（一）经济大萧条与罗斯福新政

1929—1933年是西方世界的经济大危机时期，我国学者称之为“最持久、最深刻、最严重的资本主义世界经济危机”，西方学者则称之为“经济大萧条”。这场经济危机首先爆发在美国，然后在西方世界蔓延，它对社会生产力的破坏前所未有，几乎将“自由市场经济”置于死地。当时，大多数经济学家非常悲观，乐观的经济学家则是凤毛麟角，约瑟夫·熊彼特则相对乐观，从危机中看到希望，他对哈佛大学的学生们说，“先生们，你们都为大萧条而忧虑，其实大可不必。对资本主义制度来说，大萧条是一场有益的冷水浴。”[①]

当然，治理危机、扭转乾坤的代表人物，则是英国经济学家凯恩斯和美国总统罗斯福。1935年，美国实施“罗斯福新政”。作为“罗斯福新政”的重要组成部分，美国通过《社会保障法案》，建立了社会保障制度。1936年，凯恩斯发表了《通论》，诞生了宏观经济学，开始了经济学思想的一场革命。

罗斯福新政和凯恩斯主义，标志着西方世界发展由“自由市场经济”转向“现代市场经济”，政府干预成为市场发展的重要补充。建立社会保障制度，实施罗斯福新政，是罗斯福总统拯救美国市场、美国社会的重大举措，代表美国朝着重建政治经济共同体的新方向发展。建立宏观经济学，进行社会总需求管理，政府通过财政政策和货币政策改善

① 罗伯特·海尔布罗纳：《几位著名经济思想家的生平、时代和思想——世俗哲人》，蔡受百等译，商务印书馆1994年版。

市场条件，推动消费和投资，进而推动经济增长，这是凯恩斯主义拯救自由市场、拯救资本主义的药方。

对罗斯福新政和凯恩斯主义进行考察，我们可以发现：政策目标在于拯救自由市场失灵、原始资本主义失败，政策手段在于政府干预，政策效果在于社会福利提升。从政策效果来看，发展的德性得以修复和提升。可以说，美国对治经济大萧条的路径特点，是从理性主义通向道德主义。

如果我们继续对美国社会保障制度发展历史进行考察，仍然可以看到理性导向德性、德性促进理性的相容性。在 G7 成员国中，德国、日本、英国、法国建立社会保障制度的时间，要比美国早得多，通过罗斯福新政来建立美国社会保障制度，只能称之为亡羊补牢，并无制度创新、政策创新的首创之功。但是，美国选择建立“小而全”的社会保障制度，不走其他国家“大而全”的发展之路。从 1935 年到 2020 年，65 年过去。如今除了美国，G7 的 6 个成员国都因为人口老龄化、社会保障慷慨化而导致财政不堪重负。唯有美国的社会养老保障体系建设得以幸免。一方面因为美国人口持续增长，另一方面美国社会养老保障体系始终保持“小而美”的特点。

（二）经济滞胀与里根经济学

1945 年“二战”结束之后，得益于复兴欧洲的“马歇尔计划”和重振日本的“道奇计划”，联邦德国和日本在 20 世纪 60—70 年代得到迅猛发展，进而对美国经济发展施加强大的竞争压力。再加上“朝鲜战争”和“越南战争”的拖累，1971 年“布雷顿森林体系”的解体，20 世纪 70 年代发生的两次石油危机，美国经济发展陷入困境。当时世界发展出现了“英国病、美国滞、日本热”的新现象。从 1964 年到 1981 年的 17 年间，美国经济增长放缓，但是通货膨胀攀升，“高赤字、高通胀、高失业”成为美国经济发展的代名词。在联邦基准利率节节攀升的市场环境下，这 17 年间道琼斯指数的上涨幅度几乎为 0。当时，国际社会和美国国内，讨论“美国衰退”“华尔街将消亡”的声音不绝于耳。

1981—1989 年，里根担任美国总统。在此期间，里根制定了一系列行之有效的经济政策，治理经济停滞和通货膨胀，因此享有“里根经济学”的赞誉。“里根经济学”有两大理论渊源：一是经济改革的思想，主要来源于以拉弗为代表的“供给学派”，以弗里德曼、蒙代尔为代表的“货币学派”。他们发展新自由主义思想，批判凯恩斯主义的需求管理理论，主张通过减税政策、自由企业政策、货币发行政策来管理通货膨胀、刺激生产供给，推动经济增长[①]。二是经济发展的思想，主要来源于以费尔德斯坦为代表的“养老金融学派”。他们关注美国储蓄率过低的根本问题，强调资本形成对经济增长的基础性作用，主张通过税收优惠政策来引导基金积累制的私人养老金发展，推动金融市场发展，推动长期经济增长。

与此相对应，“里根经济学”有两大政策支柱：一是经济改革；二是经济发展。前者代表财政政策和货币政策，旨在推动美国产业经济发展；后者代表金融发展政策，旨在提升储蓄率和长期资本形成，推动金融经济发展，重振华尔街。从 20 世纪 80 年代来看，供给学派和货币学派的贡献十分巨大。但是，从 20 世纪美国百年发展历史来看，“养老金融学派”着眼于养老金发展和长期资本形成，改变了美国的经济结构和金融结构，作用更加深远和长久。

从 20 世纪 80 年代中后期开始，我国经济学界高度重视里根经济学与供给学派、货币学派的思想渊源和政策脉络，高度重视里根总统关于经济改革的政策举措。我国经济学界的这种选择性关注，是出于理论研究和对策研究两个方面的综合考虑。因为里根总统的经济政策不但可以与我国 20 世纪 80 年代市场化取向的经济改革相联系，而且可以与我国 20 世纪 80 年代探索建立宏观经济管理体系相联系。我国经济学界对里根时代经济改革的政策研究，取得了十分丰富的成果[②]。

---

① 赫伯特·斯坦：《总统经济学：从罗斯福到里根以及未来总统经济政策的制定》，刘景林译，中国计划出版社 1989 年版。

② 杨鲁军：《论里根经济学》，学林出版社 1987 年版；陈宝森：《美国经济与政府政策：从罗斯福到里根”》，世界知识出版社 1988 年版；陈宝森、侯玲：《美国总统与经济智囊》，世界知识出版社 1996 年版。

对于费尔德斯坦的养老金融学、新增长理论的思想，我国经济学界基本上没有涉及。之所以出现这种情况，其实也很好解释和理解，因为那时我国经济学界正在致力于探索通过改革和开放来获致经济发展的路径，而且由于我国拥有高储蓄率的文化传统，一旦获得人均收入水平的提高，资本形成可以水到渠成。改革开放40年后，我国人口结构、养老金结构、金融结构失衡的问题越来越凸显。站在这个时点上我们再来研读费尔德斯坦的新发展经济学思想，别有一番风味，同样大有启发。

（三）经济发展与新增长理论

实际上，早在20世纪70年代初期，费尔德斯坦就建立了人口结构、资本形成、税制改革、金融发展、经济增长五位一体的新发展经济学框架，成为一名有重要国际影响力的经济学家①。费尔德斯坦认为，20世纪60年代美国经济衰退的根本原因是国民储蓄率太低、资本形成困难。费尔德斯坦的实证结果显示：在1929—1971年间，美国社会保障大约挤出了30%—50%的个人储蓄，即社会保障对于个人储蓄存在明显的“挤出效应”；通过建立基金积累制的私人养老金计划，可以改善美国的国民储蓄率，可以直接提升美国GDP增长率2%②。而且费尔德斯坦认为：即使在资本具有高度流动性的OECD国家，居民储蓄和国内投资同样高度相关，国民储蓄率的增加将导致国内投资率几乎同等程度的变化。这项研究的政策意义表明：储蓄率对于本土资本形成、国内投资增长具有基础性作用，通过国际资本流动来增加资本形成只能起到辅助性的作用。因此，美国政府必须从国家战略高度来推进养老金改革和养老金发展。

费尔德斯坦的新发展经济学、养老金融学思想，后来成为20世纪80

① Feldstein, Martin. Social Security, Induced Retirement, and Aggregate Capital Accumulation [J]. *Journal of Political Economy*, 1974, 82 (5): 905 -926.

Feldstein, M., and A. Pellechio, Social Security and Household Wealth Accumulation: New MicroeconometricEvidence [J]. *The Review of Economics and Statistics*, 1979, 61 (3): 361 -368.

Feldstein M, Horioka C. Domestic Saving and International Capital Flows [J]. *Economic Journal*, 1980, 90 (358): 314 -329.

② Feldstein M, Horioka C. Domestic Saving and International Capital Flows [J]. *Economic Journal*, 1980, 90 (358): 314 -329.

年代全球养老金改革的指导思想和理论基础，为美国和全球的养老金改革、金融发展作出了重要贡献。

（四）制度变迁与结构变迁

1982—1984 年，费尔德斯坦担任里根总统经济顾问委员会主席，直接参与美国经济改革和 1983 年养老金改革。在养老金融发展改革方面，费尔德斯坦帮助里根总统留下了非常丰富的制度遗产、政策遗产和思想遗产：第一，推动养老金改革，降低社会保障的支付压力。一是改革社会福利制度[①]；二是实施参数式改革；三是建立“部分基金积累制”的社会保障信托基金[②]。第二，财政改革与金融改革互动，推动私人养老金发展。

2018 年，美国养老金资产规模为 27.78 万亿美元，三支柱养老金占比分别是 10%、55%、35%。如果加上税收递延型年金保险，资产规模达到 31 万亿美元，不仅超过美国当年的 GDP（20 万亿美元），而且超过中国、日本、德国、英国、法国等五国 GDP 的总和。美国养老金资产规模占全球养老金规模的比例，超过 50%，但是美国的人口占全球人口规模的比例不到 5%。可以说，美国是世界上当之无愧的“养老金帝国”。

2018 年，美国银行业资产规模为 18 万亿美元，共同基金为 18 万亿美元，商业保险为 10 万亿美元，养老金在美国金融资产中的占比接近 40%，养老金成为美国四大金融支柱的顶梁柱。作为长期资本的代表，养老金成为美国金融体系的基石，成为美国货币市场、国债市场、股票市场、纳斯达克市场、风险资本市场、私募股权市场最重要的机构投资者。

首先，美国养老基金的发展，推动了美国金融结构变迁。目前，养老基金发展超越商业银行、证券基金、商业保险的资产规模，居美国四

① 黄安年：《当代美国的社会保障政策（1946—1996）》，中国社会科学出版社 1998 年版。

② 1935 年美国建立社会保障制度的时候，采取“完全基金积累制”进行管理。1939 年调整为“现收现付制”。1983 年调整为“部分基金积累制”，旨在实现由消费向投资的转变，将信托基金与资本积累、公共储蓄与私人储蓄联系起来，推动资本形成。

大金融支柱之首，以养老金和保险资金为代表的长期资本成为美国金融体系的基石。长期资本开展长期投资，降低了社会资金成本，降低了长期国债的收益率水平。长期资本的发展，奠定了美国资本市场国际化的坚实基础。养老基金是美国股票市场的基石。

其次，美国养老基金发展，推动经济结构变迁。国际社会往往以消费驱动、创新驱动、美元驱动来概括美国经济发展的结构化特点，实际上，私人养老金发展推动了美国经济结构的变迁。养老基金是美国风险资本市场和纳斯达克市场的主要资金来源。1980 年，养老基金投资占当年风险资本总额的 29%，已经成为第一推动力。1998 年，该比例最高达到 60%，此后逐渐下降，至今仍然保持着 30%—40% 的比重。风险资本投资于创新企业和科技企业，从而推动了美国创新发展和技术进步。相关研究表明，1970—1990 年，美国不同生产要素对经济增长的贡献率分别为：资本占 28%、劳动力占 19%、技术进步占 53%，而同期亚洲新兴工业化国家这三项指标分别为 73%、7% 和 10%。

概括而言，“二战”至今的美国经济变迁和政策变迁，绕不过 20 世纪 80 年代的里根革命和里根经济学思想。就学者的贡献而言，绕不过弗里德曼的新自由主义思想，绕不过费尔德斯坦的养老金融学和新增长理论。特别是费尔德斯坦的经济政策思想，推动了美国经济结构和金融结构的长期变迁。

四、智仁勇三德与制度变迁

结合美国百年来的历史变迁、经济变迁、制度变迁，我们从文化政治经济学的视野出发，回答前面提出的三个发问。

（一）纯粹兴趣与学问之道

作为经济学家，弗里德曼和费尔德斯坦，基本上达成了中国士大夫所言的人生目标：立德、立功、立言。不过，他们与中国士大夫的人生发展路径并不相同。他们的人生发展路径可以表述为：立言、立功、立德。简单地从词序来看，两者完全相反，但是根据两者达成“三立完人”的结果来看，并无二致。

对于西方学者而言，立言是他们人生发展的直接目标，而且他们立言的方式是发达个人的理性，他们并不是也不要求从个人德性出发。但是，他们理性的立言，可以转变为公共政策，公共政策的成效最终要接受民众考验，为民众所从，为民众所愿，该项公共政策即为社会变迁和历史变迁立功。公共政策所立之功，为民所享，惠及民生，则是立德之举。

可以说，西方学者的“三立完人”，从立言的个人理性出发，经过为社会立功、为民众立功的社会理性，得以达致个人德性实现，即为立德。于是，言、功、德三者具足。中国学者的“三立完人”，首先从树立个人德性出发，修身养性，通天下人之心，为社会变迁和历史变迁制定政策，成就事功，进而为中国文化发展创立新言。

实际上，中西文化对“三立完人”的塑造和界定，恰恰体现了中西文化的差异。中国文化由简易之道入道境，西方文化由变易之道入道境。就西方文化而言，现实世界千变万化，为了追求确定性的知识，社会的需要在于：发达理性，发达科学，发达知识。“三个需要”“三个发达”最终需要落实到人，落实到各行各业的创新者、创造者，从而通过确定性的知识积累来理解世界、变革世界、发达世界。个人努力达成和实现社会需要，则为事功发达，功德圆满。所以，西方文化由立言而立功，由立功而立德，立德为社会发展之成就，为人生发展之圆成，并非人生发展之起点。

就弗里德曼和费尔德斯坦而言，他们主要从事经济学教育和经济学研究工作，政策研究和对策研究既不是他们的兴趣所在，也不是他们的任务所在。他们基于学术研究、切身感受、纯粹兴趣，形成了自己独特的经济学思想，其思想和理论在学术界经过审视、激荡和回应，得到学界的接受和重视，进而他们的思想和理论自然而然地产生社会影响，为政策界和政府部门所重视。于是，属于个人的、超越性的思想和理论，就转变为公共性、现实性的经济政策。经济政策因为合理、有效，得到持续实施和长期实施，结果成功地推动历史变迁。

对于弗里德曼和费尔德斯坦，他们的本意在于发达个人理性，致力于“立一家之言”。不过他们在发达个人理性的努力过程中，他们掌握和发展出了独到的学术功夫，“究天人之际，察古今之变”，达到了对经济学研究的“纯粹兴趣”境界，于是个人理性得以显现。这种即自由即创新的理性精神，孔子称为“为己之学”，司马迁称之为“天人之学”，西方哲学称之为“自由之学”。可以说，弗里德曼、费尔德斯坦对经济变迁、历史变迁的个人理性，在于纯粹兴趣，体现了学问之道，古今亦然，中外亦然。

（二）继善成性和与时偕行

作为政治家的里根总统，奠定了美国百年变迁的基础。从里根总统的自身条件和自身经历来看，里根总统没有显赫的学术背景，没有显赫的家庭背景，没有显赫的职业背景，担任总统时已经年过古稀。所以，很多学者宁愿将里根总统的历史贡献归结为“时势造英雄”，而不愿意将其归结为“英雄造时势”。

作为任期制下的政治家，包括美国总统在内，往往将短期发展目标置于长期发展目标之上、之先，这是政治家对待任期制的本能反映，被认为是制度安排之下的理性行为。如果政治家真是这样思考并且这样行动，也只能称其为平庸的理性政治家，而不是非理性、非道德的政治家。

对于里根总统而言，治理“经济滞胀”是他的任期目标。这个目标可以分解为“经济胀”“经济滞”两个目标，刚好对应于里根经济学的两大支柱：经济改革与经济发展。相对而言，治理“经济胀”可以确定为短期目标，由经济改革来代表；治理“经济滞”可以确定为长期目标，由经济发展来代表。

对于里根总统而言，能够在任期内治理好“经济胀”这个短期目标，就可以称得上是一位优秀的美国总统。于是，在弗里德曼、蒙代尔、拉弗等经济学家的帮助下，通过货币政策和财政政策的共同作用，“经济胀”的问题迎刃而解。但是，里根总统没有止步于此，而且一鼓作气，推动美联储体制机制改革①，推动美国税收制度改革，从体制机制上来解决通货膨胀的深层问题。可以看出，里根总统在治理通货膨胀的问题上，他没有浅尝辄止，而是寻根究底，为美国长期发展奠定基础。

有效治理“经济滞”的问题，对于里根总统而言可以算是职责所在，他同样可以有两个做法：一是大题小作；二是大题大作。而且大题大作的社会经济效果，并不会在自己的任期内全幅体现出来，很有可能是“自己种树，后人乘凉”，最后花落后人，花落别家。而且大题大作的政策突破口如何选择，从哪里入手？从美国文化上找原因，还是从美国政治上找原因，还是就美国经济论经济？可以说，治理通胀是问题导向的，由问题找原因，高明之处在于挖掘问题的深浅，使劲用力的大小。治理经济停滞、推动经济发展的问题是理论导向的，不确定性更大，众说纷纭，莫衷一是，对于政治家或者大部分官员而言，更是一头雾水。

但是，里根选择大题大作，不但着眼于经济问题，而且直接向政治问题和文化问题求索。在费尔德斯坦的帮助下，他们从美国储蓄率太低的文化层面出发，寻找到资本形成的困难，进而推动美国税收政策和财政政策变革，推动税收递延型养老基金发展，以401K计划、个人退休金账户（IRA）为代表的私人养老金体系得以建立和完善。可以说，能够让经济学家们都眼花缭乱的经济学逻辑、经济学推理，反而意想不到地为里根总统毫不犹豫地采用，并且坚定不移地实施。

美国历史变迁和社会变迁的百年历程，同样具有不确定性。由于有开放包容的学术氛围，有纯粹兴趣的经济学家，有以长期发展为重的政治家，风云际会，使得美国政策变迁取得理想效果。在百年变迁的历史过程当中，包括里根总统在内的美国政治家们，选择了长期发展观，对自己负责，对民众负责，对历史负责，超越了自身利益，超越了党派利益，超越了当前利益，展示了智仁勇三达德。可以说，成功的政策变迁、

① 宋小川：“美联储货币政策百年历程”，《经济学动态》2014年第4期。

制度变迁背后，一定有智仁勇三德的深厚作用。

凝聚智仁勇三德的制度变迁和历史变迁，方为完美和圆满，方能行稳致远。美国如此，中国如此，世界如此。

参考文献

一、传统文献

【春秋】孙武撰，【三国】曹操等注：《十一家注孙子校理》，中华书局1999年版。

【周】左丘明传，【晋】杜预注，【唐】孔颖达正义：《左传正义》，北京大学出版社2000年版。

【汉】贾谊：《新书校注》，中华书局2000年版。

【汉】司马迁撰，【宋】裴骃集解，【唐】司马贞索引，【唐】张守节正义：《史记》，中华书局2014年版。

【汉】宋衷注，秦嘉谟等辑：《世本八种·王谟辑本》，中华书局2008年版。

【汉】毛亨传，【汉】郑玄笺，【唐】孔颖达疏：《毛诗正义》，北京大学出版社2000年版。

【汉】孔安国传，【唐】孔颖达疏：《尚书正义》，北京大学出版社2000年版。

【汉】桓谭：《新辑本桓谭新论》，中华书局2009年版。

【汉】孔安国传：【唐】孔颖达疏：《尚书正义》，北京大学出版社2000年版。

【汉】班固撰，【唐】颜师古注：《汉书》，中华书局1962年版。

【汉】郑玄注，【唐】孔颖达疏：《礼记正义》，北京大学出版社

2000 年版。

【东汉】郑玄注：《易纬》，新疆人民出版社 2000 年版。

【魏】王弼注：《老子道德经校释》，中华书局 2008 年版。

【魏】王弼注、孔颖达疏：《周易正义》，北京大学出版社 1999 年版。

【唐】杜佑：《通典》，中华书局 1988 年版。

【唐】吴兢：《贞观政要》，骈宇骞译注，中华书局 2011 年版。

【唐】韩愈：《韩昌黎文集校注》，上海古籍出版社 1986 年版。

【唐】柳宗元：《柳宗元集》，中华书局 1979 年版。

【唐】文远：《赵州录》，文远记录，张子开点校，中州古籍出版社 2001 年版。

【唐】刘知己撰，【清】浦起龙通释，吕思勉评：《史通通释》，上海古籍出版社 2008 年版。

【宋】普济：《五灯会元》，中华书局 1984 年版。

【宋】张载：《张载集》，中华书局 1978 年版。

【宋】朱熹：《四书章句集注》，中华书局 1983 年版。

【宋】黎靖德：《朱子语类》，中华书局 1986 年版。

【明】张瀚：《松窗梦语》，中华书局 1985 年版。

【明】李贽：《焚书　续焚书》，中华书局 2009 年版。

【清】李光地：《御纂周易折中》，中央编译出版社 2011 年版。

【清】吴楚材、吴调侯编选：《古文观止》，中华书局 2008 年版。

【清】永瑢、纪昀等：《四库全书总目》，中华书局 1965 年版。

【清】苏舆：《春秋繁露义证》，中华书局 1992 年版。

【清】陈立：《白虎通疏证》，中华书局 1994 年版。

【清】孙诒让：《周礼正义》，中华书局 1987 年版。

【清】孙怡让：《墨子闲诂》，中华书局 2001 年版。

【清】郭庆藩：《庄子集释》，中华书局 1961 年版。

【清】王先谦：《荀子集解》，中华书局 1988 年版。

【清】王先谦：《韩非子集解》，中华书局2003年版。

【清】徐继畬：《瀛寰志略》，清道光二十八年刻本版。

【清】张树声：《张靖达公奏议八卷》，清光绪二十五年刻本。

赵尔巽等：《清史稿》，中华书局1977年版。

刘文典：《淮南鸿烈集解》，中华书局1980年版。

徐元诰：《国语集解》，中华书局2002年版。

王利器：《盐铁论校注》，中华书局1992年版。

黎翔凤：《管子校注》，中华书局2004年版。

许维遹：《吕氏春秋集释》，中华书局2009年版。

杨伯峻：《孟子译注》，中华书局2012年版。

黄怀信等：《逸周书会校集注》，上海古籍出版社2007年版。

余敦康注：《周易》，国家图书馆出版社2017年版。

《孙子兵法》：《银雀山汉墓竹简》（壹），文物出版社1985年版。

阙勋吾、许凌云、张孝美、曹日升等译注，陈蒲清校订，《言文对照古文观止》，岳麓书社1988年第3版。

二、研究论著

（一）专著

毛泽东：《论持久战》，载《新华日报》，1938年。

毛泽东：《毛泽东选集》第二卷，人民出版社1991年版。

邓小平：《邓小平文选》，人民出版社1993年版。

陈云：《陈云文选》，人民出版社1995年版。

陈焕章：《孔门理财学》，商务印书馆2015年版。

陈嘉映：《说理》，华夏出版社2015年版。

陈来：《仁学本体论》，三联书店2014年版。

陈宝森：《美国经济与政府政策：从罗斯福到里根》，世界知识出版社1988年版。

陈宝森、侯玲：《美国总统与经济智囊》，世界知识出版社1996年版。

董辅礽、王绍光、胡鞍钢、张曙光、樊纲：《集权与分权——中央与地方关系的构建》，经济科学出版社1996年版。

樊纲：《渐进改革的政治经济学分析》，上海远东出版社1996年版。

樊纲：《渐进之路——对经济改革的经济学分析》，中国社会科学出版社1993年版。

樊纲（主笔）、张曙光（副主笔）、杨仲伟、张燕生、袁刚明：《公有制宏观经济理论大纲》，上海人民出版社1994年版。

费孝通：《费孝通全集》第三卷，内蒙古人民出版社2009年版。

费孝通：《乡土中国》，上海人民出版社2006年版。

冯友兰：《中国现代哲学史》，三联书店2009年版。

傅佩荣：《哲学与人生》，东方出版社2005年版。

顾准：《希腊城邦制度——读希腊史笔记》，中国社会科学出版社1982年版。

顾准：《从理想主义到经验主义》，光明日报出版社2013年版。

傅斯年：《民族与古代中国史》，上海古籍出版社2012年版。

何怀宏：《伦理学是什么》，北京大学出版社2002年版。

何盛明：《财经大辞典》，中国财政经济出版社1990年版。

何兹全：《中国古代社会》，北京师范大学出版社2007年版。

海闻：《国际贸易：理论、政策、实践》，上海人民出版社1993年版。

黄安年：《当代美国的社会保障政策（1946—1996）》，中国社会科学出版社1998年版。

黄朴民：《董仲舒与新儒学》，文津出版社1992年版。

黄仁宇：《资本主义与二十一世纪》，三联书店2006年版。

黄裕生：《站在未来的立场上》，三联书店2014年版。

蒋廷黻：《中国近代史》，上海古籍出版社2001年版。

金岳霖：《论道》，中国人民大学出版社2010年版。

江小涓：《体制转轨中的产业政策：对中国经验的实证分析及前景展

望》，上海人民出版社 1996 年版。

李华瑞主编：《唐宋变革论的由来和发展》，天津古籍出版社 2010 年版。

李维武：《徐复观学术思想评传》，北京图书馆出版社 2001 年版。

厉以宁：《文化经济学》，商务印书馆 2018 年版。

李泽厚：《论语今读》，安徽文艺出版社 1998 年版。

李泽厚：《人类学历史本体论》，天津社会科学院出版社 2008 年版。

李泽厚：《历史本体论·己卯五讲》，三联书店 2003 年版。

李泽厚、刘绪源：《该中国哲学登场了？——李泽厚 2011 年谈话录》，上海译文出版社 2011 年版。

李泽厚、刘绪源：《中国哲学如何登场?》，上海译文出版社 2012 年版。

梁漱溟：《梁漱溟全集》第四卷，山东人民出版社 2005 年第 2 版。

梁漱溟：《东西文化及其哲学》，上海人民出版社 2006 年版。

林毅夫：《解读中国经济》，北京大学出版社 2012 年版。

林毅夫、蔡昉、李周等著：《中国的奇迹：发展战略与经济改革》，上海人民出版社 1994 年版。

林毅夫：《新结构经济学》，北京大学出版社 2012 年版。

刘尚希：《收入分配循环论》，中国人民大学出版社 1992 年版。

刘佛丁等著：《中国文化通志·工商制度志》，上海人民出版社 1998 年版。

刘世锦：《经济体制效率分析导论——一个理论框架及其对中国国有企业体制改革问题的应用》，上海三联书店 1993 年版。

刘云龙：《民主机制与民主财政——政府间财政分工及分工方式》，中国城市出版社 2001 年版。

刘云龙、肖志光：《养老金通论：关于人口结构、养老金制度、金融结构变迁的一般理论》，中国财政经济出版社 2012 年版。

吕思勉：《中国通史》，上海古籍出版社 2009 年版。

蒙文通：《儒学五论》，广西师范大学出版社2007年版。

牟宗三：《历史哲学》，（台湾）学生书局1984年版。

牟宗三：《政道与治道》，广西师范大学出版社2006年版。

牟宗三：《心体与性体》，吉林出版集团责任有限公司2013年版。

牟宗三：《时代与感受》，（台湾）鹅湖出版社1984年版。

钱穆：《国史大纲》，商务印书馆1996年版。

钱穆：《中国历史研究法》，三联书店2005年版。

钱穆：《中国史学名著》，三联书店2005年版。

钱穆：《中国历代政治得失——钱穆作品系列》，三联书店2012年版。

钱穆讲授、叶龙记录整理：《中国经济史》，北京联合出版公司、后浪出版公司，2013年。

钱善刚：《本体之思与人之存在——李泽厚哲学思想研究》，安徽大学出版社2011年版。

秦晖：《传统十论——本土社会的制度、文化及其变革》，复旦大学出版社2004年版。

盛洪：《儒家的经济学解释》，中国经济出版社2016年版。

苏秉琦：《满天星斗：苏秉琦论远古中国》，赵汀阳、王星选编，中信出版集团2016年版。

孙中山：《孙中山全集》第一卷，中华书局1979年版。

唐庆增：《中国经济思想史》，商务印书馆2010年版。

王亚南：《中国经济原论》，中国大百科全书出版社2011年版。

吴国盛：《科学的历程》，湖南科技出版社1995年版。

徐复观：《两汉思想史》，（台湾）学生书局1979年版。

徐复观：《中国人的生命精神——徐复观自述》，华东师范大学出版社2004年版。

许田波：《战争与国家形成：春秋战国与近代早期欧洲之比较》，上海人民出版社2009年版。

杨儒宾：《儒家身体观》，（台湾）“中央研究院中国文史哲研究所”，1996 年。

余敦康：《周易现代解读》，华夏出版社 2006 年版。

余敦康：《哲学导论讲记》，北京大学出版社 2017 年版。

叶秀山：《中西智慧的贯通——叶秀山中国哲学文化论集》，江苏人民出版社 2002 年版。

汪丁丁：《经济学思想史讲义》（第 2 版），上海人民出版社 2012 年版。

王国维：《观堂集林》，河北教育出版社 2003 年版。

王绍光：《分权的底线》，中国计划出版社 1997 年版。

王绍光、胡鞍钢：《中国国家能力报告》，辽宁人民出版社 1993 年版。

巫宝三：《管子经济思想研究》，中国社会科学出版社 1989 年版。

巫宝三：《巫宝三经济文选》，中国时代经济出版社 2011 年版。

吴冠中：《笔墨等于零》，江苏文艺出版社 2010 年版。

吴敬琏：《中国改革三部曲》，中信出版集团 2017 年版。

吴敬琏、周小川等：《中国经济改革的整体设计》，中国展望出版社 1989 年版。

张国刚：《唐代藩镇研究》，湖南教育出版社 1987 年版。

张宇燕：《经济发展与制度选择——对制度的经济分析》，中国人民大学出版社 1992 年版。

杨鲁军：《论里根经济学》，学林出版社 1987 年版。

袁伟时：《帝国落日：晚清大变局》，江西人民出版社 2003 年版。

张灏：《幽暗意识与民主传统》，新星出版社 2006 年版。

赵汀阳：《天下体系——世界制度哲学导论》，中国人民大学出版 2011 年版。

周振鹤：《体国经野之道——中国行政区划沿革》，上海书店出版社 2009 年版。

周质平：《光焰不熄：胡适思想与现代中国》，九州出版社 2012 年版。

（二）论文

陈赟："绝地天通与中国政教结构的开端"，《江苏社会科学》2010 年第 4 期。

陈赟："'语言的转向'与现代境况下人的解放"，《社会科学论坛》2003 年第 3 期。

崔明霞、彭学龙："信托制度的历史演变与信托财产权的法律性质"，《中南财经大学学报》2001 年第 4 期。

邓锋："金石写意　世纪承变——吴昌硕与二十世纪写意花鸟画风传承略论"，《荣宝斋》2014 年第 9 期。

杜维明："存有的连续性：中国人的自然观"，《世界哲学》2004 年第 1 期。

樊纲："苏联范式评判"，《经济研究》1995 年第 10 期。

高希中："中国人的'活在历史'意识"，《粤海风》2013 年第 5 期。

郭德宏、林小波："'三年困难'与中央上层的尖锐分歧"，《书摘》2005 年第 9 期。

郭齐勇："牟宗三先生'三通并建'说及其现代意义——以'开出民主政治'说为中心"，《孔子研究》2016 年第 1 期。

何怀宏："雅典的兴衰——《伯罗奔尼撒战争史》读书笔记"，《书屋》2002 年第 3 期。

洪汉鼎："西方诠释学的定位及伽达默尔诠释学的本质特征"，《中国思想史研究通讯》2003 年第 2 期。

洪汉鼎："何谓现象学的'事情本身'（下）？——胡塞尔、海德格尔、伽达默尔理解之差异"，《学术月刊》2009 年第 6 期。

胡泳："定于一"，《财富》，2012 年 2 月 13 日。

金岳霖："中国哲学向来是通达的"，《中国社会科学》（英文版）

1980 年。

李定生："董仲舒与黄老之学——儒学之创新"，《复旦学报·社科版》1995 年第 1 期。

李宏飞："中国古典意义的'大同·小康社会'"，《社会学研究》2010 年第 4 期。

李翔海："从'哲学在中国'到'中国的哲学'——中国哲学发展历程的回顾与展望"，《学术月刊》2007 年第 4 期。

厉以宁："融合的文化有益于回应挑战——序《定力：中国社会变革的思想基础》"，《北京日报》，2020 年 2 月 10 日。

林毅夫："关于制度变迁的经济学理论：诱致性制度变迁与强制性制度变迁"，载《财产权利与制度变迁——产权学派与新制度学派译文集》，胡庄君、陈剑波等译，上海人民出版社 1994 年版。

林毅夫、胡书东："中国经济学百年回顾"，《经济学》（季刊）2001 年第 1 卷第 1 期（总第 1 期）。

刘军宁："节制资本，还是节制权力？"，《人民论坛》2009 年第 22 期。

刘悦笛："从'人化'启蒙到'情本'立命：如何盘点李泽厚哲学？"，《中华读书报》，2012 年 1 月 1 日。

刘尚希："中国财政方向的制度特征：'风险大锅饭'"，《管理世界》2004 年第 4 期。

罗志田："陈寅恪的"'不古不今之学'"，《文史知识》2009 年第 2 期。

秦晖："晚清儒者的'引西救儒'，《南方周末》，2010 年 6 月 14 日。

唐寿宁：《行政性一致同意——对中国公共职能机构改革的一个解释》，《中国社会科学季刊》1995 年第 13 期。

盛洪："《盐铁论》的难题：经济自由与富国强兵"，《文化纵横》2011 年第 4 期。

宋小川："美联储货币政策百年历程"，《经济学动态》2014 年第

4期。

孙广振、张宇燕："利益集团与'贾谊定理'"，《经济研究》1997年第6期。

王博："对权力的节制"，《哲学研究》2010年第6期。

王海光："刘少奇、毛泽东和四清运动——刘源、何家栋对一段历史公案的回忆、考证"，《南方周末》，1998年11月20日第10版。

王讚源："思想的探险者：韦政通教授访问录"，《湖南科技学院学报》2019年第1期。

吴国盛："再读库恩"，《科学文化评论》2012年第4期。

许倬云："'中国'概念与其经济接口"，《历史月刊》（台湾）2005年第5期。

项怀诚："中国财政体制改革六十年"，《中国财政》2009年第19期。

许苏民："王夫之对宋朝士大夫政治文化的批判——以《春秋家说》《读通鉴论》《宋论》为中心的考察"，《天津社会科学》2017年第5期。

杨天石："孙中山对资本主义取善果避恶果"，《炎黄春秋》2001年第4期。

杨念群："'文质之辩'与中国历史观之构建"，《史林》2009年第5期。

杨小凯："贸易理论和增长理论的重新思考及产权经济学"，载汤敏、茅于轼主编：《现代经济学前沿专题》（第一集），商务印书馆1996年版。

叶坦："'中国经济学'寻根"，《中国社会科学》1998年第4期。

叶秀山："哲学中的贯通精神——在东南大学人文大讲座上的演讲"，《新华文摘》2010年第21期。

叶秀山："对于中国哲学之过去和将来的思考"，《江苏行政学院学报》2016年第1期。

叶秀山："胡塞尔先验现象学对欧洲哲学发展的贡献"，《哲学动态》

2017 年第 1 期。

余敦康："儒家伦理思想与中国传统文化"，载《文化：中国与世界》第 3 辑，三联书店 1988 年版。

余敦康："夏商周三代宗教——中国哲学思想发生的源头"，载姜广辉主编：《经学今诠三编》（《中国哲学》第 24 辑），辽宁教育出版社 2002 年版。

俞宣孟："在技术的本质中看天道——读海德格尔《关于技术的追问"，《学术月刊》1995 年第 5 期。

张岱年："新时代的义利理欲问题"，《北京大学学报（哲学社会科学版）》1994 年第 6 期。

张光直：《论中国文明的起源》，《文物》2004 年第 1 期；

张曙光："国家能力与制度变革和社会转型"，《中国书评》，1995 年 1 月。

张维迎："理解经济危机"（中文版序言），载默里·罗斯巴德著：《美国大萧条》，谢育华译，上海人民出版社 2003 年版。

张文江："道进乎技：《庄子》中的几个匠人"，《上海文化》2016 年 9 期。

张祥平："吾师贺麟——'西化'精明效短，中庸长效高明"，载张祥平：《人生六境——心智》，辽宁人民出版社 1998 年版。

赵鼎新："在西方比较历史方法的阴影下——评许田波《古代中国和近现代欧洲的战争及国家形成》"，《社会学研究》2006 年第 5 期。

赵汀阳："箕子的忠告"，《哲学研究》2017 年第 6 期。

邹恒甫："积累欲、节俭与经济增长"，《经济研究》1993 第 2 期。

三、外国文献

（一）外文

Feldstein, Martin. Social Security, Induced Retirement, and Aggregate Capital Accumulation [J]. *Journal of Political Economy*, 1974, 82 (5): 905 – 926.

Feldstein, M., and A. Pellechio, Social Security and Household Wealth Accumulation: New MicroeconometricEvidence [J]. *The Review of Economics and Statistics*, 1979, 61 (3): 361-368.

Feldstein M, Horioka C. Domestic Saving and International Capital Flows [J]. *Economic Journal*, 1980, 90 (358): 314-329.

Nelson, Richard R. A Theory of the Low-Level Equilibrium Trap in Underdeveloped Economies. *The American Economic Review*, 1956 (46): 894-908。

（二）译著

【美】华尔特·惠特曼·罗斯托：《经济成长的阶段》，商务印书馆1962年版。

【美】R. 讷克斯：《不发达国家的资本形成问题》，谨斋译，商务印书馆1966年版。

【美】莱宾斯坦：《经济落后与经济增长》，赵凤培译，中华书局1970年版。

【美】丹尼尔·贝尔：《资本主义文化矛盾》，赵一凡、蒲隆、任晓晋译，三联书店1989年版。

【美】道格拉斯·诺斯、罗伯特·托马斯：《西方世界的兴起》，厉以平、蔡磊译，华夏出版社1989年版。

【美】赫伯特·斯坦：《总统经济学：从罗斯福到里根以及未来总统经济政策的制定》，刘景林译，中国计划出版社1989年版。

【美】阿尔温·托夫勒：《权力的转移》，刘江、陈方明、张毅军、赵子健译，中共中央党校出版社1991年版。

【美】伯尔曼：《法律与革命》，贺卫方等译，中国大百科全书出版社1993年版。

【美】罗伯特·海尔布罗纳：《几位著名经济思想家的生平、时代和思想——世俗哲人》，蔡受百等译，商务印书馆1994年版。

【美】杜赞奇：《文化、权力与国家——1900—1942年的华北农村》，王福民译，江苏人民出版社 1996 年版。

【美】本杰明·史华兹：《寻求富强：严复与西方》，江苏人民出版社 1996 年版。

【美】哈耶克：《自由秩序原理（上册）》，邓正来译，生活·读书·新知三联书店 1997 年版。

【美】约瑟夫·熊彼特：《资本主义、社会主义与民主》，吴良健译，商务印书馆 1999 年版。

【美】黄宗智：《华北的小农经济与社会变迁》，中华书局 2000 年版。

【美】约翰·罗尔斯：《正义论》，何怀宏、何包钢、廖申白译，中国社会科学出版社 2001 年版。

【美】阿马蒂亚·森：《以自由看待发展》，任赜、于真译，中国人民大学出版社 2002 年版。

【美】约翰·杜威：《确定性的寻求——关于知行关系的研究》，上海人民出版社 2005 年版。

【美】保罗·克鲁格曼主编：《战略性贸易政策与新国际经济学》，海闻等译，中国人民大学出版社 2000 年版。

【美】布鲁斯·考德威尔：《哈耶克传》，冯克利译，商务印书馆 2007 年版。

【美】弗兰克·奈特：《风险、不确定性和利润》，华夏出版社 2013 年版。

【美】弗兰西斯·福山：《历史终结及最后一人》，黄胜强、许铭原译，中国社会科学出版社 2003 年版。

【奥】冯·米塞斯：《人类行为的经济学分析》，黄丽丽、李淑敏、赵磊译，广东经济出版社 2010 年版。

【德】鲁道夫·希法亭：《金融资本——资本主义最新发展的研究》，福民等译，王辅民校，商务印书馆 1994 年版。

【英】亚当·斯密：《国民财富的性质和原因的研究》（下卷），郭大力、王亚南合译，商务印书馆1974年版。

【英】亚当·斯密：《原富》，严复译，商务印书馆1981年版。

【英】庇古：《福利经济学》，商务印书馆1984年版。

【英】李约瑟：《中国科学技术史》，科学出版社1990年版。

【英】马克·布劳格：《经济学方法论》，石士钧译，商务印书馆1992年版。

【英】亚当·斯密：《道德情操论》，蒋自强等译，商务印书馆1997年版。

【英】伯特兰·罗素：《自由之路》，李国山等译，西苑出版社2004年版。

【英】阿尔弗雷德·马歇尔：《经济学原理》，朱志泰、陈良璧译，商务印书馆2009年版。

【英】阿诺德·约瑟夫·汤因比：《历史研究》，郭小凌、王皖强译，上海人民出版社2010年版。

【英】伯特兰·罗素：《权力论》，吴友三译，商务印书馆2012年版。

【法】亨利·柏格森：《创造进化论》，姜志辉译，商务印书馆2004年版。

【法】费尔南·布罗代尔：《十五至十八世纪的物质文明、经济和资本主义》第二卷形形色色的交换，顾良等译，商务印书馆2017年版。

【德】马克斯·韦伯：《新教伦理与资本主义精神》，于晓、陈维纲等译，三联书店1987年版。

【德】奥斯维尔德·斯宾格勒：《西方的没落》，齐世荣、田农等译，商务印书馆2001年版。

【德】胡塞尔：《现象学和科学基础——纯粹现象学和现象学哲学的观念》（胡塞尔著作集第4卷），李幼蒸译，中国人民大学出版社2013年版。

【德】马丁·海德格尔：《存在与时间》，商务印书馆2016年版。

【日】井手文雄：《日本现代财政学》，中国财政经济出版社 1990 年版。

【立陶宛】伊曼纽尔·列维纳斯：《总体与无限——论外在性》，朱刚译，北京大学出版社 2016 年版。

【瑞典】冈纳·缪尔达尔：《亚洲的戏剧：对一些国家贫困问题的研究》，谭力文、张卫东译，北京经济学院出版社 1992 年版。

【法】托马斯·皮凯蒂：《21 世纪资本论》，巴曙松等 译，中信出版社 2014 年版。

【美】罗伯特·希勒：《金融与好的社会》，束宇译，中信出版社 2012 年版。

四、网络资源

佚名：《易经证释》，Https：//www. chulian. cn/yijingzhengshi/1. html

国务院新闻办公室：《中国的和平发展》白皮书，参见中华人民共和国国务院新闻办公室官网：http：//www. scio. gov. cn/tt/Document/1011394/1011394. htm

吴国盛：《科学精神的起源》，清华大学演讲词，2016 年 10 月 14。https：//news. tsinghua. edu. cn/info/1011/58713. htm

樊纲：《改革改不动怎么办?》，迈向新时代的经济体制改革研讨会暨第十六届中国改革论坛，2018 年 11 月 25 日，https：//finance. sina. cn/2018 – 11 – 25/detail – ihmutuec3428071. d. html? pos = 108

后　　记

我出生于江西赣江之畔，成长在湖南大山之中。山村近邻沈从文先生笔下的湘西边城，近似南宋诗人杨万里笔下的皖南山区，“一山放出一山拦”。山上、山腰、山脚，皆有人家，入夜之后，油灯一闪一烁，星星点点，恰如郭沫若先生笔下之“天上的街市”。1984 年，山村告别了“一窖红薯，半年生计”的日常生活。1990 年，山村告别油灯时代，正式进入电力时代。

山村的“培英学校”由我的曾祖父参与创办，爷爷担任过校长。从我懂事起，爷爷就给我讲《三国演义》《隋唐演义》。冬夜，大雪纷飞，漫天皆白，一家人围坐灶炉前，听爷爷和父亲谈论《滕王阁序》《陈情表》，至今记忆犹新。“我的背影是帆，奶奶的目光是河流”，带着家人和乡邻的期盼，背负富强山村、富强家乡的想法走出了山村。对我而言，山村的生活、儒家的熏陶，皆是挥之不去的记忆。对人生而言，他们奠定了我的历史性。“为情所动，对爱奉献”之情，总是油然而生。

1998 年我博士生毕业，父亲和亲友希望我能“学而优则仕”，结果进入保险企业，父亲和亲友难以释怀。我有数次机会可以转换工作，自己又阴差阳错地放过。我国领导人有言，金融是现代经济的核心，金融是国民经济的血脉。置身国有企业，置身金融行业，成为我理解世界、理解中国、理解社会、理解经济的立足点和瞭望台。从 1998 年至今，我在金融行业工作已有 22 年，这段经历汇成了我的现实性，也触发了我的超越性。

从2001年出版《民主机制与民主财政——政府间财政分工及分工方式》一书，到2012年出版“养老金融学”丛书，数部著作体现学以致用、参与政策、推动制度的实学思考。我有一个“养老基金梦”，尽写我对父老乡亲、养老基金、金融发展的一往情深。

就知行而言，所知不离现实，不离实践，所知更多来自所行，来自“边干边学”“边学边干”。就学思而言，不从书本出发，不从理念出发，而从心意出发。为己之学，首在感动自己。即现实即超越，这是我的学思之途。

不居学堂之高，而无研究任务之累。不处江湖之远，而无衣食之忧。虽然日日与金融为伴，但是“身在曹营心在汉”，向学向教之念始终未断。工作既是生活场所，也是学思场所，即生活即学问。苏轼有言，“长恨此身非我有，何时忘却营营”。六祖慧能有言，“烦恼即菩提”。南宗禅师有言，“立处即真”“触类是道”。前贤所言，契合我意。对于工作，感激不尽。

我的硕士生导师刘思华教授，是我国生态经济学家的重要代表。老师倡导“生态经济学”，我倡导“经济生态学”；老师言美丽，我言美利。虽然相去甚远，但是共通生态，共通天地。我的博士生导师樊纲教授，是我国经济学家的重要代表。老师以宏观经济学、制度经济学、发展经济学研究闻名，以实证分析、结构分析见长。我曾经撰写过《跟随樊纲老师读博士做研究》的长文，言经济学之美妙，言老师之高明，言自己之步趋。老师讲制度结构、制度转轨、制度变迁，我讲文化变迁、心灵变迁、制度生成。看似有别，实则“接着讲”老师的思想观点。对于老师，感激不尽。

父亲身在山村，心怀天下；教书育人，桃李芬芳。母亲心念田土，不惜力命；见人有难，如痛在己。父亲有忧乐之仁心，但有强胜之分别。母亲无虚华之美，行无言之教；但行慈悲，无求福德。父母之行，阴阳之道。于我而言，过去读父亲多过读母亲。2016年，母亲突然离世，家人悲痛欲绝，乡邻如失亲人。我无一日孝奉，抱憾终身。近年来，“重读母亲”“发现母亲”，让我“重获新生”。谨以此书献给我的母亲！

弟弟和姐姐承担了孝奉父母的重任，大家庭温暖如春。我的夫人承担了教养小孩的事务，小家庭如春温暖。我以人生为学，学术温度犹如生活温度。对于家人和亲人，感激不尽。

2011 年开始，我与中国财政经济出版社初次结缘，出版了“养老金融学”丛书。2021 年，再续前缘，出版“理解中国”丛书。刘五书博士以出版编辑为业，以史学研究为乐。我们心心相印于书卷之气、书香之味。对于中国财政经济出版社和刘五书博士，感激不尽。

从 2005 年前后开始撰写“养老金融丛书”，到 2021 年出版“理解中国丛书”，15 年的时间悄然而过，我的生活基本上局限于办公室和书房，与父母亲人、老师长辈的沟通减少了，与朋友同事的交流减少了。孝爱是一条长河，每逢佳节倍思亲，每每想到这里，心中总是苦痛不已。后面，我将努力把遗憾补回来。

最后，向所有关心我的师长、朋友、同事，表示衷心的感谢！

刘云龙

2020 年 12 月 15 日